Karl Kurbel

# Programmierstil
in Pascal, Cobol, Fortran, Basic, PL/I

Mit 52 Abbildungen

Springer-Verlag
Berlin Heidelberg New York Tokyo

Prof. Dr. Karl Kurbel

Universität Dortmund
Fachbereich Wirtschafts-
und Sozialwissenschaften
Lehrstuhl für Betriebsinformatik
Postfach 500500
4600 Dortmund 50

ISBN-13:978-3-642-70248-8     e-ISBN-13:978-3-642-70247-1
DOI: 10.1007/978-3-642-70247-1


CIP-Kurztitelaufnahme der Deutschen Bibliothek
Kurbel, Karl:
Programmierstil in Pascal, Cobol, Fortran, Basic, PL/I / Karl Kurbel. – Berlin; Heidelberg;
New York; Tokyo: Springer, 1985.
(Springer Compass)
ISBN-13:978-3-642-70248-8

© Springer-Verlag Berlin Heidelberg 1985
Softcover reprint of the hardcover 1st edition 1985

Gesamtherstellung: Appl, Wemding
2145/3140-543210

# SPRINGER COMPASS

Herausgegeben von
G. R. Kofer   P. Schnupp   H. Strunz

# Vorwort des Herausgebers

Moderne Programmierung wird meist in modernen Sprachen vorgeführt, in Pascal, Modula, Ada. Natürlich ist dies naheliegend und sinnvoll. Moderne Programmierung ist der problemgerechte Umgang mit Daten- und Kontrollstrukturen, und die modernen Sprachen wurden so entworfen, daß sie diese problemnahen Programmstrukturen nahelegen und optimal unterstützen.

Bloß – die meisten Softwareentwickler in der Praxis programmieren nicht in ihnen. Dafür haben sie gute Gründe:
- Die Sprachen sind auf der vorhandenen Hardware nicht verfügbar.
- Der Auftraggeber wünscht eine „klassische" Programmiersprache, auf Grund interner Normen, der Vorkenntnisse seines Wartungspersonals, der Verträglichkeit mit bereits vorhandenen Softwarekomponenten . . .
- Notwendige Basis- und Hilfssoftware, wie ein Datenbanksystem oder ein Taskmonitor, sind häufig nur aus COBOL oder FORTRAN heraus benutzbar.
- Die eingeführten und bewährten Projektstandards und Programmierwerkzeuge existieren nur für eine bestimmte Sprache.

Jeder Praktiker kann aus seiner Erfahrung diese Liste nahezu beliebig verlängern. Und er weiß, daß es oft sinnlos ist, gegen eine „alte, unstrukturierte" Sprache zu argumentieren.

„If you can't beat them, join them" sagen die anerkannt praktischen Amerikaner. Wenn wir die unmodernen Sprachen schon nicht aus dem Felde schlagen können, dann sollten wir in ihnen erst recht modern programmieren. Daß, und wie das geht, das zeigt dieses Buch.

Gute Software ist immer noch das Verdienst des Programmierers, nicht das der Programmiersprache. Und vielleicht stellt sich auch bei Ihnen beim Lesen dieses Buches zuweilen die Assoziation ein, die mich überkam: eigentlich klingen die Goldberg-Variationen auf einem Cembalo viel besser als auf einem Flügel.

Womit ich nichts gegen einen modernen Ada-Flügel gesagt haben will . . .

München, im Mai 1985                                      Peter Schnupp

# Vorwort

Gegenstand dieses Buches ist der sinnvolle Umgang mit klassischen Programmiersprachen. Darunter werden die in der Praxis verbreiteten prozeduralen Sprachen verstanden, deren bekannteste Vertreter Fortran, Cobol, PL/I, Basic und Pascal sind.

Die Idee, dieses Buch zu schreiben, entstand angesichts der unbefriedigenden Situation auf dem Gebiet der Programmiersprachen. Obwohl die Informatikforschung in den letzten zehn bis fünfzehn Jahren zahlreiche Sprachen hervorgebracht hat, die hervorragend aufgebaut sind und über durchgängige und klare Sprachkonzepte verfügen, werden nach wie vor in der Praxis hauptsächlich Programmiersprachen eingesetzt, die vor dieser Zeit entstanden sind und nach heutiger Einschätzung entscheidende Mängel aufweisen.

Es erscheint fraglich, ob die neue Generation von Programmiersprachen jemals die „alteingesessenen" Sprachen verdrängen kann, zumal die Flexibilität der Betriebe in dieser Hinsicht nicht besonders groß ist: viele betriebliche EDV-Anwender befinden sich noch heute im Stadium der Assembler-Programmierung, und häufig gilt es bereits als enormer Fortschritt, wenn überhaupt der Übergang zu Cobol oder einer anderen höheren Programmiersprache vollzogen wird.

Die Entstehung des Software Engineering und die Weiterentwicklung der Softwaretechnologie in den letzten ein bis zwei Jahrzehnten trugen dazu bei, daß wichtige Sprachelemente für den sinnvollen Aufbau von Programmen und Programmsystemen in die neuentwickelten Sprachen bereits aufgenommen wurden.

Dagegen bleibt der Anwender älterer Sprachen mit Schlagwörtern wie „strukturierte Programmierung", „schrittweise Verfeinerung", „Modularisierung", „Information Hiding" u.a. zunächst alleingelassen. In seiner Programmiersprache findet er keine oder nur wenige Ausdrucksmittel, die auf diese Konzepte unmittelbar zugeschnitten sind.

Angesichts der Verbreitung klassischer Programmiersprachen in der betrieblichen Praxis erscheint es daher dringend geboten, den Anwender bei der Umsetzung fundamentaler Konzepte in seine Sprache zu unterstützen. Dies ist das zentrale Anliegen des Buches. Dem Studierenden, der eine Programmiersprache erlernt, und dem Anwender, der mit einer Sprache umzugehen hat, soll eine Hilfestellung für die systematische Gestaltung von Programmen gegeben werden.

Programme sind Texte in einer künstlichen Sprache. Die Gestaltung eines Texts ist, abgesehen vom materiellen Inhalt, eine Frage des Stils. In diesem Sinne werden die Aspekte des Aufbaus und der Darstellung von Programmen als Elemente des Programmierstils betrachtet. Sie erstrecken sich von der inhaltlichen Strukturierung bis hin zur optischen Aufbereitung des Programmtexts.

Dieses Buch wendet sich nicht an den Programmierneuling. Der Leser sollte zumindest über Grundkenntnisse und gewisse Erfahrungen in einer beliebigen höheren Programmiersprache verfügen. Dies ist zum Verständnis der Sprachkonzepte und zur Beurteilung der Stilelemente erforderlich.

Das Buch hat im wesentlichen vier Zielrichtungen. Erstens soll es einen Überblick über Aufbau und Sprachkonzepte der wichtigsten in der Praxis verbreiteten Programmiersprachen geben. Behandelt werden die Sprachen Fortran, Cobol, Basic, PL/I und Pascal. Zweitens sollen zentrale Elemente des Programmierstils erörtert werden. Dabei wird gezeigt, wie diese mit den Ausdrucksmitteln der klassischen Sprachen zu realisieren sind. Ein drittes Anliegen geht dahin, den Leser, der bereits eine Programmiersprache beherrscht, beim Erlernen anderer Sprachen zu unterstützen und ihm die Realisierung wichtiger Programmkonstrukte vor Augen zu führen. Schließlich soll der Anwender in der Praxis eine Hilfestellung erhalten, die es ihm ermöglicht, mit seiner Sprache sinnvoll umzugehen und neuere Programmiertechniken auszunutzen.

Das Buch ist jedoch nicht als Ersatz für ein Nachschlagewerk oder ein Lehrbuch zu einer bestimmten Programmiersprache gedacht. Vielmehr geht es hier um grundlegende Konzepte und Strukturen. Die Details einer Sprache können und sollen nicht umfassend dargestellt werden. Dazu sei der Leser auf die einschlägigen Sprachbeschreibungen verwiesen.

Die skizzierten Anliegen werden in sieben Kapiteln behandelt. *Kapitel 1* gibt zunächst einen Überblick über qualitative Aspekte von Programmen und Programmiersprachen. Davon ausgehend werden in *Kapitel 2* Anforderungen formuliert, die an eine gute Programmiersprache zu richten sind. Auf der Grundlage dieser „Wunschliste" werden in den späteren Kapiteln die Elemente des Programmierstils erörtert.

*Kapitel 3* enthält eine Zusammenstellung der wichtigsten Sprachkonzepte von Fortran, Cobol, Basic, PL/I und Pascal, die aus ihrer historischen Entwicklung heraus erläutert werden. Die Bewertung der Sprachkonzepte und insbesondere die systematische Verwendung der Sprachelemente sind Gegenstand von *Kapitel 4*. Während hier die zentralen Elemente des Programmierstils sprachspezifisch behandelt werden, befaßt sich *Kapitel 5* mit verschiedenen Aspekten, die unabhängig von einer bestimmten Programmiersprache sind. *Kapitel 6* beschließt die Ausführungen mit einer Zusammenfassung und einem Ausblick auf neuere Programmiersprachen.

Die Erläuterungen werden durchweg mit Hilfe von Beispielen veranschaulicht. Die Tragweite der zahlreichen Einzelaspekte, die bei der systematischen Programmgestaltung zusammenwirken, wird jedoch nur deutlich, wenn man ein vollständiges und einigermaßen typisches Programm betrachtet. In *Kapitel 7* ist deshalb ein größeres Programmbeispiel beschrieben. Ausgehend von einer einheitlichen Problemstellung werden dort die zur Lösung entwickelten Programme in Fortran, Cobol, Basic, PL/I und Pascal wiedergegeben. Zum einen kann so der Leser Vergleiche zwischen den fünf Programmiersprachen anstellen. Zum andern können die Programme zum besseren Verständnis und zum Nachschlagen bei der Lektüre der Kapitel 3 und 4 herangezogen werden.

Beim Entwickeln und Testen der Musterprogramme im Anhang war Herr Dipl.-Kfm. Hans Hermann Soll behilflich. Dafür sei ihm herzlich gedankt. Besonderer Dank gebührt auch Frau Karin Wüstenbecker, die die mühselige Arbeit der Manuskripterstellung mit bewundernswerter Ausdauer bewältigte.

Dortmund, Mai 1985                                                    Karl Kurbel

# Inhaltsverzeichnis

# 1 Programme und Programmiersprachen

## 1.1 Aufgabe und Zweck einer Programmiersprache

Programme werden zur Problemlösung mit Hilfe des Computers eingesetzt. Programmiersprachen dienen dabei als Kommunikationsmittel zwischen dem Menschen, der einem Problem gegenübersteht, und der Maschine, die das Problem lösen soll. Die Programmierung wurde lange Zeit fast ausschließlich unter diesem Aspekt, der Mensch-Maschine-Kommunikation, betrachtet. Das Hauptaugenmerk bei der Verwendung einer Programmiersprache lag darauf, zu Problemlösungen unter möglichst effizienter Nutzung der Maschinenkapazität zu gelangen.

Mit dem wachsenden Computereinsatz rückte jedoch ein zweiter Aspekt immer stärker in den Vordergrund: Programmiersprachen sind auch Kommunikationsmittel zwischen Menschen!

Die zunehmende Komplexität der zu lösenden Probleme führt zu immer umfangreicheren Programmen, mit deren Entwicklung häufig nicht mehr einzelne Programmierer, sondern Programmierteams befaßt sind. Daraus ergibt sich die Notwendigkeit, daß der von einem Programmierer niedergeschriebene Programmtext auch für andere Personen verständlich sein muß.

Noch stärkeres Gewicht kommt den Schwierigkeiten zu, die die lange Lebensdauer von Programmen mit sich bringt. Ein Programm wird im allgemeinen nicht für eine einmalige Anwendung entwickelt, sondern ist für den langjährigen Einsatz bestimmt. Programme in der betrieblichen Praxis haben nicht selten eine Lebensdauer von zehn oder mehr Jahren. In diesem Zeitraum können sich die Umweltbedingungen und die Aufgabenstellung ändern oder Fehler entdeckt werden, so daß Anpassungen oder Korrekturen erforderlich werden.

Die Änderung, Erweiterung oder Korrektur eines Programms bezeichnet man als *Wartung*. Mit der Programmwartung sind sehr oft andere Programmierer beschäftigt als mit der Entwicklung. Der Programmtext hat damit auch eine Dokumentationsfunktion. Der Wartungsprogrammierer, der eine Änderung oder Verbesserung durchführen soll, muß anhand des Texts (sowie zusätzlicher Dokumente) in der Lage sein, ein Programm zu verstehen.

Der Programmwartung kommt in der Praxis eine erhebliche Bedeutung zu. Dies verdeutlichen empirische Untersuchungen über den Aufwand in der Entwicklungsphase (Problemanalyse, Entwurf, Codierung, Test) und in der Wartungsphase eines Programms. Verschiedene Untersuchungsergebnisse zeigen, daß der Aufwand sich ungefähr im Verhältnis

Entwicklung: Wartung = 30 : 70

auf die beiden Phasen verteilt[1].

Auch wenn Entwicklung und Wartung vom selben Programmierer durchgeführt werden, ist die Verständlichkeit des Programmtexts ein wichtiger Faktor. Die Schwierigkeiten, sich nach längerer Zeit in eigenen Programmen zurechtzufinden, sind jedem erfahrenen Programmierer bekannt. Im übrigen vereinfacht eine verständliche Niederschrift bereits die Entstehung eines Programms: der schrittweise fertiggestellte Text kann leichter überprüft, revidiert und fortentwickelt werden!

Diese kurzen Ausführungen mögen schon hinreichend verdeutlichen, weshalb Programmiersprachen nicht nur als Mittel zur Kommunikation des Menschen mit der Maschine, sondern auch als Mittel zur Kommunikation des Menschen mit anderen Menschen (bzw. mit sich selbst) betrachtet werden müssen. Letzterem wird in diesem Buch aus zwei Gründen Vorrang eingeräumt: erstens hat das Streben nach optimaler Maschinennutzung aufgrund der gesunkenen Hardwarekosten in den letzten Jahren stark an Bedeutung verloren, und zweitens ging es bei der Programmierung meist zu Lasten der Verständlichkeit.

Bevor in den folgenden Abschnitten auf qualitative Merkmale von Programmen und Programmiersprachen eingegangen wird, sollen einige zentrale Begriffe kurz erläutert werden:

Das einem Programm zugrundeliegende Lösungsverfahren wird als *Algorithmus* bezeichnet. Ein Algorithmus ist eine vollständige und eindeutige Vorschrift zur Lösung einer bestimmten Klasse von Problemen in einer Folge von Schritten, die in endlicher Zeit ausgeführt werden können. Die Objekte, die in einem Algorithmus bearbeitet werden, heißen *Daten* (sofern die Problemlösung mit Hilfe eines Computers erfolgt).

Der Begriff *Programm* bezeichnet eine maschinenverständliche Darstellung des Algorithmus und der Daten. Maschinenverständlichkeit wird dadurch erreicht, daß der Algorithmus und die Daten in einer *Programmiersprache* beschrieben werden.

Eine Programmiersprache ist eine künstliche Sprache; sie umfaßt eine Menge von Zeichen, die nach bestimmten Regeln zusammengesetzt werden können. Von Bedeutung ist, daß die daraus gebildeten Sprachelemente und -ausdrücke „automatisch" interpretiert werden; d. h., sie werden von der Maschine entweder unmittelbar oder unter Zuhilfenahme von Übersetzungsprogrammen „verstanden". Sprachen, die nicht übersetzt zu werden brauchen (sog. Maschinensprachen), besitzen heute keine praktische Bedeutung mehr für die Programmierung. Sie bleiben im weiteren außerhalb der Betrachtung.

Die Notwendigkeit der Übersetzung eines Programms aus einer bestimmten Sprache in die Maschinensprache ist charakteristisch für den Einsatz heutiger Programmiersprachen. Deshalb wird der Begriff des Programms häufig im Sinne einer zu übersetzenden oder übersetzten Texteinheit verwendet. Dieser Praxis soll auch hier gefolgt werden. Die oben gegebene Begriffsdefinition wird nun erweitert: Ein *Programm* ist eine in einer Programmiersprache notierte Beschreibung von Algorithmen und Daten, die als eine Einheit zusammen übersetzt werden.

Dieser Definition genügen sowohl Haupt- als auch Unterprogramme, wenn sie Übersetzungseinheiten darstellen. Als Unterscheidungskriterium dient die Art und

---

1 Vgl. Boehm (1976), S. 1236

Weise, wie die Ausführung des (übersetzten) Programms angestoßen wird. Die Ausführung eines *Hauptprogramms* wird durch ein Kommando des Betriebssystems des Computers veranlaßt, die Ausführung eines *Unterprogramms* dagegen durch einen - in einer Programmiersprache formulierten - Befehl, der in einem anderen Programm enthalten ist[2].

## 1.2 Qualitätsanforderungen an Programme

Zur Erörterung von Fragen der Programmgestaltung sind zunächst Kriterien erforderlich, anhand derer die Güte eines Programms beurteilt werden kann. Programme sind Produkte, die bestimmte Qualitätsmerkmale haben. Deshalb werden im folgenden wichtige Anforderungen an die Programmqualität skizziert.

### Verständlichkeit

Auf die Dokumentationsfunktion des Programmtexts und seine Rolle als Kommunikationsmittel wurde bereits im vorigen Abschnitt hingewiesen. Die Verständlichkeit eines Programms wird vor allem durch *Überschaubarkeit* und *Lesbarkeit* des Texts unterstützt.

Programme sollten eine bestimmte Größe nicht überschreiten; umfangreichere Programme sollten in überschaubare Einheiten zerlegt werden. Während diese Forderung als solche weithin anerkannt wird, gehen die Vorstellungen über eine geeignete Beschränkung der Größe eines Programms (oder einer Programmkomponente) weit auseinander. Programmierrichtlinien weisen hier ein weites Spektrum auf. Verschiedentlich findet man als Empfehlung 50-100 Programmanweisungen, während andere Autoren auch 1000 Anweisungen noch für tragbar halten[3].

Sinnvoller als solche starren Regeln erscheint die Orientierung an der Aufnahmefähigkeit eines Programmierers. Diese hängt jedoch sehr stark von der konkreten Problemstellung ab, insbesondere vom Schwierigkeitsgrad des zugrundeliegenden Algorithmus und von der verwendeten Programmiersprache!

Die Verständlichkeit wird nicht nur durch eine Beschränkung der Größe, sondern auch durch die statische und dynamische Programmstruktur beeinflußt. Aus statischer Sicht ist ein übersichtliches Programm-Layout erforderlich, da die menschliche Wahrnehmungsfähigkeit stark auf optischen Eindrücken beruht. Die dynamische Strukturierung muß dem Ziel dienen, den Ablauf eines Programms aus seinem Text unmittelbar ersichtlich zu machen.

In enger Beziehung zur Lesbarkeit eines Programms steht die Forderung nach *Selbstdokumentation*. Sie sagt, daß Daten- und Prozedurnamen, Anweisungen und Kommentare ihre Bedeutung erkennen lassen sollen, ohne daß zusätzliche Erläuterungen notwendig sind.

---

2 Subroutines in Fortran oder externe Prozeduren in PL/I werden also beispielsweise als Programme betrachtet.
3 Vgl. Singer (1980), S.62; Yourdon (1975), S.94f.

## Korrektheit

Für den Anwender stellt die Fehlerfreiheit eines Programms ein unabdingbares Qualitätsmerkmal dar. Die Forderung nach Korrektheit erscheint deshalb auf den ersten Blick selbstverständlich und banal. Die Erfahrung lehrt jedoch, daß völlige Fehlerfreiheit allenfalls bei kleinen Programmen erreicht werden kann. Dagegen ist dies bei größeren Programmen und Programmsystemen kaum noch möglich[4]. Insbesondere erweist es sich als undurchführbar, die Korrektheit größerer Programme zu *beweisen*.

Als Maß für die Funktionsfähigkeit eines Programms verwendet man deshalb häufig die *Zuverlässigkeit*. Ein Programm wird als zuverlässig betrachtet, wenn das Auftreten eines Fehlers bei der Benutzung des Programms unwahrscheinlich ist. Für quantitative Analysen wird die Zuverlässigkeit exakter definiert als die Wahrscheinlichkeit, daß ein Programm für eine bestimmte Zahl von Anwendungsfällen oder in einer vorgegebenen Zeitspanne fehlerfrei funktioniert[5].

## Änderbarkeit

Die Notwendigkeit der nachträglichen Fehlerkorrektur und der Anpassung an neue Anforderungen im Rahmen der Wartung verlangt, daß Programme möglichst leicht zu ändern sind. Dieses Qualitätsmerkmal wird häufig auch als *Wartungsfreundlichkeit* bezeichnet. Es kann unter zwei Gesichtspunkten betrachtet werden:

*Adaptabilität* bezieht sich auf die Änderbarkeit hinsichtlich neuer Anforderungen des Anwenders, die aus neuen oder modifizierten Aufgabenstellungen resultieren. Vor allem bei großen, langlebigen Programmen ist dies unvermeidbar. In der Literatur werden Fälle zitiert, in denen 60-70% (!) eines Programmsystems nach und nach neu geschrieben werden mußten[6].

Modifikationen sind im allgemeinen auch erforderlich, wenn ein Programm auf einem anderen Computer oder in einer anderen Softwareumgebung (z.B. neuer Übersetzer, neues Betriebssystem) eingesetzt werden soll. Dieser spezielle Aspekt der Änderbarkeit mit dem Ziel, ein Programm in eine andere Umgebung zu übertragen, wird als *Portabilität* bezeichnet.

## Allgemeinheit

Die Forderung nach Allgemeinheit (oder *Universalität*) besagt, daß ein Programm nicht auf eine einzige, ganz spezielle Aufgabe ausgerichtet werden soll. Vielmehr sollte es in der Lage sein, auch ähnliche Aufgaben zu lösen, ohne daß dafür Änderungen notwendig werden. Im Gegensatz zur Forderung nach Änderbarkeit steht hier der Aspekt der Wieder- oder Mehrfachverwendbarkeit im Vordergrund. Unnötige Einschränkungen des Anwendungsbereichs sollten vermieden werden; u.a. impliziert dies einen Verzicht auf maschinen- oder betriebssystemabhängige Elemente bei der Programmierung.

---

4 Ein besonders krasses Beispiel ist das Betriebssystem OS/360, bei dem jede neue Version ca. 1000 (!) neue Fehler enthielt. Vgl. Boehm (1973), S.57
5 Vgl. z.B. Myers (1976), S.7
6 Vgl. Boehm (1973), S.57

## Robustheit

Programme haben im allgemeinen Eingabedaten zu verarbeiten. Wenn diese Daten fehlerhaft sind, besteht die Gefahr, daß auch fehlerhafte Ergebnisse ermittelt werden. Die Fähigkeit, falsche Eingaben zu erkennen, ist eine wichtige Programmeigenschaft. Eingabefehler sollten abgefangen werden und nicht zu unkontrollierten Programmreaktionen führen. Ein Programm wird in dem Maße als robust angesehen, wie es in der Lage ist, fehlerhaftes Verhalten seiner Umwelt - dies sind vor allem Eingabefehler - in einer definierten Weise zu behandeln.

## Benutzerfreundlichkeit

Programme sind meist für bestimmte Benutzer gedacht (z. B. Sachbearbeiter in einem Versicherungsunternehmen, Wissenschaftler in einem Forschungsinstitut etc.). Benutzerfreundlichkeit bedeutet, daß ein Programm für den jeweiligen Benutzer einfach zu handhaben ist und sich dessen Erwartungen entsprechend verhält. Angesichts der immer weiteren Verbreitung der Bildschirmgeräte und des Dialogbetriebs ist dies ein Aspekt von zunehmender Bedeutung: immer mehr Menschen treten mit Programmen direkt in Kontakt!

## Effizienz

Als herausragende Maßstäbe für die Programmqualität wurde früher der Bedarf an Rechenzeit und an Arbeitsspeicherplatz bei der Programmausführung angesehen. Ein Programm galt als „gut", wenn die Inanspruchnahme der Computerkapazität möglichst gering war. Dieser Einschätzung lag die ausschließliche Interpretation eines Programms als Kommunikationsmittel zwischen Mensch und Maschine zugrunde. Dagegen wird das Effizienzstreben heute mit großer Skepsis betrachtet, da es häufig zu trickreicher Programmierung und damit zu unübersichtlichen, unverständlichen und fehlerhaften Programmen führt.

Die Qualitätsmerkmale Verständlichkeit, Zuverlässigkeit, Änderbarkeit, Allgemeinheit, Robustheit, Benutzerfreundlichkeit und Effizienz stehen nicht unabhängig nebeneinander. Vielmehr gibt es zwischen ihnen zahlreiche Wechselwirkungen. Auf die negativen Begleiterscheinungen der Effizienzforderung bezüglich der Verständlichkeit und der Korrektheit wurde eben hingewiesen. Als Beispiel für eine positive Folgewirkung sei das Streben nach Verständlichkeit erwähnt, das zugleich die Änderbarkeit eines Programms fördert.

Aussagen über die relative Gewichtung der einzelnen Qualitätsanforderungen lassen sich aufstellen, wenn man die Kosten näher untersucht, die mit der Entwicklung, dem Einsatz und der Wartung eines Programms verbunden sind. Man stellt fest, daß die durch Fehlerkorrekturen, Änderungen und falsche Ergebnisse verursachten Kosten den überwiegenden Teil ausmachen[7]. Daraus kann der Schluß gezogen werden, daß Zuverlässigkeit und Änderbarkeit besonders wichtige Programmeigenschaften sind, der Effizienz dagegen eine relativ geringe Bedeutung zukommt.

---

7 Vgl. Kurbel (1983b), S. 136ff.; Kurbel (1980), S. 252ff.

Eine genauere Analyse der Wechselwirkungen zwischen den genannten Qualitätsmerkmalen zeigt weiterhin, daß als wesentliche Voraussetzung für Zuverlässigkeit und Änderbarkeit die Verständlichkeit eines Programms zu fordern ist[8]. Es ist evident, daß die Fehlerfreiheit eines lesbaren und überschaubaren Programms eher hergestellt und daß Änderungen darin leichter durchgeführt werden können. (Am Rande sei auf ein anderes Untersuchungsergebnis hingewiesen: Das Effizienzstreben hat negative Auswirkungen auf alle übrigen Qualitätsmerkmale!)

Bei der Gestaltung eines Programms muß die Verständlichkeit folglich eine herausragende Rolle spielen. Dieser Ansatz wird im weiteren vorrangig vertreten. Insbesondere werden auch die später zu behandelnden Programmiersprachen nach Maßstäben beurteilt, die mit der Verständlichkeit der Programme in Zusammenhang stehen; d.h., die Qualität einer Programmiersprache wird u.a. daran gemessen, inwieweit sie das Erstellen verständlicher Programme unterstützt.

# 1.3 Zur Qualität von Programmiersprachen

Die Eigenschaften, die „gute" Programme charakterisieren, können nun dazu herangezogen werden, qualitative Anforderungen an eine Programmiersprache zu formulieren. An dieser Stelle sollen zunächst allgemeine Qualitätsmerkmale skizziert werden. Spezielle Sprachelemente, die im einzelnen wünschenswert sind und die eine Programmiersprache zur Verfügung stellen sollte, werden im nächsten Kapitel behandelt.

Die Qualität einer Programmiersprache läßt sich danach beurteilen, inwieweit sie die Entwicklung von Programmen unterstützt, die den beschriebenen Anforderungen genügen. Besonders die wichtigeren Eigenschaften Verständlichkeit, Zuverlässigkeit und Änderbarkeit sollen durch die Ausdrucksmittel der Sprache gefördert werden. Im folgenden werden einige Merkmale skizziert, die großenteils in enger Verbindung miteinander stehen. Sie können deshalb nicht als isolierte Qualitätskriterien betrachtet werden, sondern sollen vielmehr Anhaltspunkte für detailliertere Anforderungen geben.

### Einfachheit

Ein grundlegendes Qualitätsmerkmal ist die Einfachheit einer Sprache. Die Sprachkonzepte sollten klar und überschaubar sein, so daß die Sprache einfach zu erlernen und einfach zu benutzen ist.

Die *Erlernbarkeit* einer Sprache hängt vor allem von deren Aufbau und Umfang ab. Einfache, durchgängige Sprachkonzepte und eine geringe Zahl von Schlüsselwörtern erleichtern das Lernen.

Voraussetzung für die einfache *Benutzung* einer Sprache ist, daß der Programmierer Ausdrucksmittel vorfindet, mit denen er das Lösungsverfahren für ein kon-

---

8 Vgl. Kurbel (1983b), S.128ff.; Kimm u.a. (1979), S.43ff.

kretes Problem bequem formulieren kann. Dieser Aspekt betrifft u. a. die *Anwendungsbreite* einer Sprache. Programmiersprachen, die auf bestimmte Anwendungsgebiete fixiert sind, vereinfachen die Programmentwicklung erheblich, wenn Probleme aus dem vorgesehenen Anwendungsgebiet vorliegen. Sind die Probleme dagegen etwas anders gelagert, so kann die Benutzung derselben Sprache kompliziert und unhandlich sein. Dies gilt nicht nur für die echten Spezialsprachen zur Simulation, Werkzeugmaschinensteuerung etc., sondern auch für die sogenannten Universalsprachen: man denke etwa an die Schwierigkeiten, typische kommerzielle Dateiverarbeitungsprobleme in Fortran oder Pascal zu lösen!

## Uniformität

Die Ausdrucksmittel der Sprache sollten einheitlich sein in dem Sinne, daß gleiche Sachverhalte in verschiedenen Kontexten nicht unterschiedlich formuliert werden müssen oder unterschiedlichen Beschränkungen unterliegen. (Umgekehrt ist zu fordern, daß unterschiedliche Sachverhalte nicht mit gleichen oder ähnlichen Sprachmitteln ausgedrückt werden.) Verstöße gegen die Uniformitätsforderung findet man oft in der Syntax älterer Programmiersprachen. So dürfen etwa in Fortran an manchen Stellen ganzzahlige Werte durch Ausdrücke dargestellt werden, an anderen Stellen (z. B. in der Do-Anweisung) dagegen nur durch Konstante oder Variable.

Uniformität erstreckt sich im weitesten Sinne auf die *Allgemeingültigkeit* und *Orthogonalität* der Sprachkonzepte. Ausnahmen und Sonderfälle sollten möglichst nicht vorkommen, ebensowenig Überschneidungen der Sprachkonzepte. Letzteres bedeutet, daß für eine bestimmte Leistung auch genau ein Sprachmittel zur Verfügung steht.

Einheitliche Sprachkonzepte sind eine wichtige Voraussetzung für die Entwicklung verständlicher und korrekter Programme. Syntaktische und semantische Anomalien haben, neben vielen anderen, den Nachteil, daß sie dem Programmierer das Erlernen und Verstehen einer Sprache erheblich erschweren.

## Kompaktheit

Kompakte Ausdrucksmöglichkeiten in einer Sprache tragen dazu bei, den Programmtext kurz zu halten, und fördern damit tendenziell die Verständlichkeit. Kompaktheit darf jedoch nicht mit Kürze gleichgesetzt werden; auch ein großes Programm, in dem alle Variablennamen nur aus ein oder zwei Buchstaben bestehen und Anweisungen fortlaufend in jeder Zeile notiert werden, ist kurz, ohne daß man es als verständlich bezeichnen könnte!

Kompaktheit bezieht sich vielmehr auf die Anzahl und die Mächtigkeit der Sprachkonzepte. Eine Sprache sollte eine geringe Zahl verschiedener, aber fundamentaler Konzepte aufweisen, die nach einfachen und einheitlichen Regeln kombiniert werden. Für typische Schwerpunkte bei der Programmierung (z. B. Ein-/Ausgabe, mathematische Operationen, Sortieren, Strukturierung von Daten) sollte die Sprache eine Unterstützung vorsehen. Dies kann durch reguläre Sprachelemente, aber auch durch Standardfunktionen u. a. erfolgen, die die kompakte Formulierung eines Programms gestatten.

**Redundanz**

Die Forderung nach Redundanz einer Sprache scheint auf den ersten Blick im Widerspruch zu der nach Kompaktheit und Orthogonalität zu stehen. Tatsächlich enthalten viele Programmiersprachen redundante Sprachelemente, mit denen der gleiche Zweck erreicht wird und die also die Uniformität verletzen. (Beispielsweise kann die mehrfache Verzweigung in Fortran sowohl mit dem „berechneten" als auch mit dem „gesetzten" Sprung realisiert werden.)

Andererseits trägt eine gewisse Redundanz zur Verständlichkeit eines Programms bei. Füllwörter und verbale Formulierungen von Befehlen wären häufig verzichtbar, da die syntaktische Eindeutigkeit auch auf andere Weise hergestellt werden kann[9]. Sie sind jedoch wertvolle Hilfsmittel zur Selbstdokumentation eines Programms. Auch Datentypen sind redundant. Sie erlauben jedoch dem Übersetzer, eine Vielzahl von Überprüfungen vorzunehmen, und erhöhen deshalb die Programmzuverlässigkeit[10].

**Unterstützung der Lokalität**

Die Überschaubarkeit und Lesbarkeit eines Programms wird gefördert, wenn logisch zusammengehörende Teile auch im Programmtext in physischer Nachbarschaft stehen und nicht über weite Strecken, z. B. über mehrere Seiten, verstreut sind. An eine Programmiersprache ist deshalb die Anforderung zu richten, daß sie über sprachliche Ausdrucksmittel zur Unterstützung des Lokalitätsprinzips verfügen sollte.

Hierzu zählen im weitesten Sinne alle Sprachelemente, die das örtliche Zusammenfassen von Programmanweisungen erlauben, z. B. im Rahmen der Zerlegung eines Programms oder bei der Formulierung von Verbundanweisungen. Sprungbefehle können dagegen die Lokalität erheblich beeinträchtigen. Sprachelemente zur Zerlegung und Zusammenfassung ermutigen den Programmierer, auf Sprungbefehle zu verzichten.

Zur Lokalität gehört auch die Vereinbarung von Daten an den Stellen eines Programms, wo tatsächlich die Bearbeitung erfolgt. Ein Verstoß gegen dieses Prinzip liegt z. B. bei der Cobol-Version eines bekannten Computerherstellers vor. Dort wird verlangt, daß alle Dateien im Hauptprogramm zu vereinbaren sind. In einem großen Programmsystem, in dem viele Dateien jeweils in verschiedenen Unterprogrammen manipuliert werden, müssen somit Vereinbarungen an einer Stelle getroffen werden, wo gar keine Verarbeitung stattfindet!

**Sprachdefinition**

Eine Programmiersprache muß selbst exakt, eindeutig und klar definiert sein. Das Dokument, das die Sprache beschreibt, sollte in einer für den Benutzer verständlichen, übersichtlichen Form vorliegen.

---

9 Schmitz u. a. (1972), S. 89, führen in diesem Zusammenhang den Cobol-Befehl „MOVE A TO B" an, der auch als „A TO B" geschrieben interpretierbar wäre.
10 Vgl. Hahn (1981), S. 27

Da die Übersetzer für eine Programmiersprache im allgemeinen von verschiedenen Institutionen hergestellt werden, muß darüber hinaus eine *standardisierte Sprachdefinition* gefordert werden. Der Wildwuchs bei Implementierungen älterer Programmiersprachen, wo fast jeder Übersetzer einen anderen Sprachumfang akzeptiert, ist bekannt. Erweiterungen und Einschränkungen beeinträchtigen vor allem die Portabilität eines Programms.

Mit der Standardisierung von Programmiersprachen beschäftigen sich verschiedene nationale und internationale Institutionen, z. B. das *American National Standards Institute (ANSI)*, die *European Computer Manufacturers Association (ECMA)*, das *Deutsche Institut für Normung (DIN)* und die *International Organization for Standardization (ISO)*. Die Akzeptanz der Sprachstandards ist bei den Benutzern und den Übersetzerherstellern allerdings sehr unterschiedlich. Während manche Standards sich zunehmend durchsetzen (z. B. für Cobol), ist die Existenz anderer nahezu unbekannt (z. B. für Basic).

## Sicherheit

Von einer Programmiersprache muß gefordert werden, daß sie die Korrektheit bzw. die Zuverlässigkeit von Programmen unterstützt. Viele der bisher beschriebenen Anforderungen können hierfür als Voraussetzungen angesehen werden, insbesondere die Einfachheit, Kompaktheit und Uniformität der Sprache, eine gewisse Redundanz sowie das Vorliegen einer exakten, verständlichen Sprachdefinition.

Die Sprache sollte jedoch nicht nur Fehler vermeiden helfen, sondern auch die Suche und die Behebung von Fehlern unterstützen. In neuere Programmiersprachen werden deshalb entsprechende Sprachelemente gezielt aufgenommen, derer sich der Programmierer in der Testphase bedienen kann.

## Einfachheit und Effizienz der Implementierung

Als letztes seien einige Implementierungsaspekte genannt, die zwar vornehmlich den Übersetzerbauer interessieren, indirekt aber auch den Benutzer betreffen.

Die Implementierung einer Sprache, d. h. die Herstellung eines Übersetzers und seine Einbettung in das Betriebssystem eines konkreten Computers, sollte möglichst einfach sein. Dies ist um so eher der Fall, je mehr Freiheit der Übersetzerbauer bei der Auswahl und Ausgestaltung der zu berücksichtigenden Sprachelemente hat. Die Vorgabe eines exakten Sprachstandards schränkt diesen Spielraum ein und kann somit die Implementierung erschweren.

Die Implementierungsfreundlichkeit wirkt sich u. a. auf die Effizienz einer Sprache aus. Das Effizienzstreben bei der *Programm*entwicklung wurde oben als nachrangig eingestuft. Dies geschah nicht zuletzt deshalb, weil Effizienz heute als ein Merkmal angesehen wird, das eher im Hardware- und Betriebssystembereich anzusiedeln ist, wo in der Tat Effizienz verlangt werden muß.

An eine Programmiersprache kann die Effizienzforderung in zweifacher Hinsicht gestellt werden. Zum einen sollte der Vorgang der Übersetzung des Programms in die Maschinensprache effizient abgewickelt werden. Dies ist vor allem in der Testphase und in besonderem Maß im Ausbildungsbetrieb erforderlich, wo die Zahl der Übersetzungsläufe relativ hoch ist. Zum anderen, und dies ist der bedeutendere Aspekt, sollte das erzeugte Maschinenprogramm effizient sein, d. h., bei der Ausführung einen geringen Bedarf an Rechenzeit und Speicherplatz verursachen. Übersetzungsprogramme, die explizit dieses Ziel verfolgen, werden *optimierende Übersetzer* genannt. Ihre zunehmende Verbreitung ist ein weiterer Grund, das Effizienzstreben bei der Programmierung zu vernachlässigen. Optimierende Übersetzer sind heute in der Lage, höhere Effizienz der Maschinenprogramme zu erzielen, als dies dem Programmierer durch manuelle Effizienztricks in seiner Programmiersprache möglich ist.

# 2 Anforderungen an eine Programmiersprache

Nachdem im ersten Kapitel allgemeine Qualitätsmerkmale von Programmen und Programmiersprachen skizziert wurden, soll nun auf spezielle Anforderungen eingegangen werden, die an eine Programmiersprache zu stellen sind. Im folgenden werden wünschenswerte Sprachelemente beschrieben, die die Entwicklung „guter" Programme unterstützen. Die Schwerpunkte liegen dabei auf Strukturierungshilfen verschiedenster Art, auf Datentypen und Datenstrukturen sowie auf Sprachelementen, die zur Selbstdokumentation und Lesbarkeit von Programmen beitragen.

## 2.1 Strukturierungshilfen

Praktische Probleme sind im allgemeinen nicht so beschaffen, daß sie in kleinen Programmen gelöst werden können, die leicht zu überschauen sind und die ein Programmierer allein und ohne Schwierigkeiten entwickeln kann. Deshalb werden Strukturierungsmöglichkeiten benötigt, die den Entwicklungsprozeß unterstützen und eine sinnvolle Programmgliederung sowohl in statischer als auch in dynamischer Hinsicht gestatten.

Eine Programmiersprache sollte über strukturierende Sprachelemente verfügen. Diese werden im folgenden nach Zerlegungs-, Verfeinerungs- und Steuerkonstrukten unterschieden. Zerlegungs- und Verfeinerungskonstrukte dienen vor allem der Vereinfachung des Entwicklungsprozesses und der statischen Strukturierung, während Steuerkonstrukte zur dynamischen Gestaltung von Programmabläufen verwendet werden.

### 2.1.1 Zerlegungskonstrukte

Die Lösung eines komplexen Problems in einem einzigen Programm ist zwar theoretisch denkbar, wegen des erforderlichen Programmumfangs jedoch keineswegs praktikabel. Ein solches Programm – auch *monolithisches* Programm genannt – ist nicht mehr überschaubar. Dies ist nicht nur hinderlich bei späteren Änderungen und Korrekturen, sondern erschwert bereits die Entwicklung, da der Programmierer bzw. das Programmierteam kaum in der Lage ist, zu jedem Zeitpunkt den Überblick über das gesamte Programm zu behalten und die Auswirkungen von Entwurfsentscheidungen oder -änderungen auf alle Programmteile vollständig zu beurteilen.

Umfangreichere Probleme müssen deshalb zunächst in Teilprobleme zerlegt werden, die für sich allein und weitgehend unabhängig von anderen Teilproblemen gelöst werden können. Den Vorgang der Zerlegung bezeichnet man als *Modularisierung*. Die Komponenten, die später zur Lösung des Gesamtproblems zusammengesetzt werden, heißen *Module*.

Ein Modul läßt sich ganz allgemein als ein Baustein in einem Softwaresystem charakterisieren. Für den Modulbegriff existiert eine Vielzahl von Definitionen, die meist auf bestimmte Kriterien der Modulbildung Bezug nehmen und hier nicht weiter ausgeführt werden sollen. Auf eine wichtige Differenzierung sei jedoch hingewiesen: ausgehend von der Erkenntnis, daß sich die Problemkomplexität nicht nur in umfangreichen Algorithmen, sondern auch in komplexen Datenstrukturen niederschlägt, wird eine Unterscheidung zwischen *funktionsorientierten* und *datenorientierten* Modulen getroffen[1].

Ein funktionsorientiertes Modul enthält einen Algorithmus, der einen Teil des Gesamtlösungsverfahrens umfaßt, während ein datenorientiertes Modul bestimmte Daten verwaltet. In beiden Fällen stellt das Modul die Konkretisierung einer Abstraktion dar; d.h., ein Modul kann als „black box" betrachtet werden. Innerhalb des Gesamtsystems hat es eine ganz bestimmte (Teil-) Aufgabe, die gelöst wird, wenn man das Modul benutzt. Die Art und Weise, wie die Lösung realisiert wird, ist für die Benutzung jedoch unerheblich und bleibt im Modulinnern verborgen (Prinzip des *Information Hiding*[2]).

Modularisierungsprinzipien sind gedankliche Hilfsmittel zur Zerlegung komplexer Probleme und somit zunächst unabhängig von einer Programmiersprache. Die programmiertechnische Umsetzung der gedanklichen Zerlegung wird aber stark von den Möglichkeiten der verwendeten Sprache beeinflußt. Stehen die notwendigen Ausdrucksmittel zur Verfügung, so kann eine Modularisierung eleganter und effektiver realisiert werden, als wenn sich der Programmierer Ersatzkonstruktionen überlegen und Module in irgendeiner Weise simulieren muß.

An eine gute Programmiersprache ist deshalb die Forderung zu richten, daß sie Formulierungshilfen zur Modulbildung vorsieht. Diese Formulierungshilfen sollten sich auf beide Arten von Modulen erstrecken. Datenorientierte Module, die sich in Aufbau und Verwendung erheblich von funktionsorientierten Modulen unterscheiden, werden bei der Behandlung der Datentypen und Datenstrukturen in 2.2.3 näher erläutert. Zur Realisierung funktionsorientierter Module, bei denen der algorithmische Aspekt im Vordergrund steht, werden Unterprogramme benötigt.

Ein *Unterprogramm* ist eine abgeschlossene Einheit, in der ein Algorithmus zur Lösung eines Teilproblems und die Daten, die der Algorithmus bearbeitet, zusammengefaßt werden. Die Daten sind in diesem Sinne „lokal" zu dem Unterprogramm. Da ein Unterprogramm als Teil in einem Gesamtsystem steht, muß darüber hinaus ein Kommunikationsmechanismus zu den anderen Programmen existieren. Die Datenkommunikation wird im wesentlichen durch die *Parametrisierung* von

---

1 Vgl. dazu Goos, Kastens (1978), S. 157 f.; Denert (1979), S. 208 f.
2 Vgl. Parnas (1972), S. 1056

Unterprogrammen hergestellt. Auf diese Weise können Daten zwischen verschiedenen Programmen hin- und hergereicht werden.

Die Art der Parameterweitergabe kann durch einen Übersetzer unterschiedlich durchgeführt werden. Die verschiedenen Möglichkeiten beeinflussen u. a. die Programmqualität, insbesondere die Zuverlässigkeit, Robustheit und die Effizienz. Sie sind jedoch weitgehend der Einflußnahme durch den Programmierer entzogen und werden hier nicht weiter behandelt. Der interessierte Leser sei auf die Literatur verwiesen[3].

Aus Gründen des Benutzungskomforts unterscheidet man zwei Arten von Unterprogrammen:

Eine *Funktion* (Funktionsunterprogramm) ist ein Unterprogramm, das als Ergebnis einen Wert zur Verfügung stellt. Auf diesen Wert greift man unmittelbar zu, indem man auf den Namen der Funktion Bezug nimmt. Der Funktionsname kann z. B. in einem arithmetischen Ausdruck auftreten, da er für einen - noch zu ermittelnden - Wert steht.

Eine *Prozedur* (Unterprogramm im engeren Sinn) hat dagegen weitergefaßte Aufgaben. Das Ergebnis eines Prozeduraufrufs kann in null oder mehr Werten bestehen, die als Parameter übergeben werden. Zum Aufruf einer Prozedur ist im allgemeinen ein besonderer Befehl erforderlich (*call*-Befehl o. ä.).

Ein spezieller Aspekt bei der Benutzung von Unterprogrammen ist die Möglichkeit des *rekursiven* Aufrufs. Ein Unterprogramm ist rekursiv, wenn es sich selbst - direkt oder indirekt - wieder aufruft. Für viele Algorithmen existieren sehr einfache rekursive Formulierungen. Wenn eine Programmiersprache Rekursion zuläßt, so können solche Algorithmen unmittelbar in Programme überführt werden, die meist sehr kurz und leicht zu verstehen sind. Die Darstellung eines rekursiven Algorithmus in einem nichtrekursiven Programm erfordert dagegen einen erheblich größeren Programmieraufwand.

Zum Abschluß dieses Punktes soll noch die Verwendung zweier Begriffe geklärt werden. Die Zusammenfassung mehrerer Programme (Haupt- und Unterprogramme), aus deren Zusammenwirken man die Lösung eines Problems erhält, sei als *Programmsystem* bezeichnet. Eine etwas weitere Betrachtungsweise liegt dem Begriff *Softwaresystem* zugrunde, in den auch die konzeptionellen Zerlegungsaspekte eingehen: ein Softwaresystem besteht aus konzeptioneller Sicht aus Modulen, programmiertechnisch dagegen aus Programmen. In diesem Sinne kennzeichnet der Begriff Programmsystem also einen speziellen Aspekt eines Softwaresystems.

## 2.1.2 Verfeinerungskonstrukte

Das Ziel der Modularisierung ist die Zerlegung eines komplexen Problems in Teile, die für sich allein bearbeitet werden können. Wenn die Module eines Systems spezifiziert sind bzw. wenn der Problemumfang es zuläßt, das Problem in einem einzigen Programm zu lösen, dann müssen die Algorithmen und Datenstrukturen für jedes Programm entwickelt werden.

---

3 Vgl. z. B. Hahn (1981), S. 182 ff.; Nicholls (1975), S. 499 ff.

Wie bei der Modularisierung bedient man sich hierzu gewisser Abstraktionsmechanismen. Die Problemlösung erfolgt in einzelnen Stufen. Diese Vorgehensweise wird als *schrittweise Verfeinerung* oder *Top-down-Programmentwicklung* bezeichnet.

Ausgangspunkt ist das spezifizierte Problem, für das zunächst ein Grobalgorithmus formuliert wird. Dieser enthält alle wesentlichen Lösungsschritte, jedoch ohne Angaben über die detaillierte Realisierung. Der algorithmische Grobrahmen erfährt dann eine Verfeinerung, indem für jeden Lösungsschritt ein Algorithmus angegeben wird, der unter Umständen selbst wieder verfeinert werden muß. Die zunehmende Detaillierung setzt sich fort, bis alle Anweisungen unmittelbar durch die elementaren Befehle der verwendeten Programmiersprache ausgedrückt werden können.

Das Prinzip der schrittweisen Verfeinerung umfaßt zwei Aspekte: zum einen charakterisiert es das Vorgehen des Programmierers bei der Lösung eines Problems; zum andern beschreibt es aber auch die Struktur des fertigen Programms, in dem sich die Verfeinerungsstufen widerspiegeln sollen.

In der Literatur über Programmentwicklung wird häufig nur der erste Aspekt hervorgehoben. Diese Betrachtungsweise ist jedoch zu eng. Die Verfeinerung eines Grobalgorithmus in dem Sinne, daß nach und nach die nicht näher ausgeführten Lösungsschritte durch detailliertere Algorithmen *ersetzt* werden, ist nur in der Phase der Programmentwicklung eine Hilfe für den Programmierer. Das fertige Programm besteht letztlich doch aus einer Ansammlung vieler Befehle, die den gedanklichen Problemlösungsprozeß in einzelnen Verfeinerungsstufen nicht mehr erkennen lassen. Die Lesbarkeit des Programms, die z.B. für spätere Änderungen unabdingbar ist, wird durch die Vorgehensweise des Programmierers allein noch nicht gefördert. Vielmehr müssen die Verfeinerungsstufen im Programmtext auch sichtbar sein.

Benutzt man den Begriff „schrittweise Verfeinerung" nur zur Beschreibung des Problemlösungsprozesses, so charakterisiert er ein allgemeines Prinzip, das nicht an bestimmte Darstellungsweisen und Notationen gebunden und folglich auch programmiersprachenunabhängig ist. Dagegen wird die Möglichkeit, Verfeinerungsstufen im Programmtext auszudrücken, sehr stark von den verfügbaren Sprachelementen beeinflußt. Insbesondere werden Sprachelemente benötigt, die es gestatten, Grobalgorithmen zu formulieren und deren Anweisungen an *anderer* Stelle des Programmtexts durch detailliertere Algorithmen zu beschreiben. Solche Sprachelemente werden *Verfeinerungskonstrukte* oder *Refinements* genannt.

Verfeinerungskonstrukte ähneln in gewisser Weise den bei der Zerlegung eines Systems entstehenden funktionsorientierten Modulen, die durch Unterprogramme realisiert werden. Der wesentliche Unterschied liegt darin, daß ein Unterprogramm über einen *lokalen* Datenbereich verfügt, der außerhalb nicht bekannt ist, und daß es grundsätzlich auch keinen Zugriff auf Daten anderer Programme hat. Von verschiedenen Programmen bearbeitete Daten müssen vielmehr als Parameter transferiert werden.

Bei der Verfeinerung innerhalb des einzelnen Programms sollte dagegen der Zugriff auf alle Daten möglich sein; d.h., an ein Verfeinerungskonstrukt wird die Forderung nach *globaler* Bekanntheit aller Programmdaten gestellt. Diese Forderung hat hauptsächlich praktische Gründe, da die Teile eines Programms im allgemeinen dieselben Daten benutzen und von daher eine enge Verflechtung aufweisen.

Wünschenswert wäre allerdings auch hier ein Mechanismus, der die Verfeinerung von Datenbeschreibungen erlaubt. Die Schritte eines Grobalgorithmus könnten dann auf ebenfalls grobe Datenbeschreibungen Bezug nehmen, die synchron mit der algorithmischen Verfeinerung weiter detailliert werden. Die Ausstattung der gängigen Programmiersprachen ist hier eher kärglich, so daß diese kurze Anmerkung genügen mag. In gewissen Grenzen ist es jedoch möglich, mit Abstraktionen von Daten zu arbeiten, die an anderer Stelle verfeinert werden. In 2.2.3 wird dieser Aspekt nochmals aufgegriffen.

### 2.1.3 Steuerkonstrukte

Während Verfeinerungs- und Zerlegungskonstrukte vornehmlich Hilfsmittel zur statischen Strukturierung eines Programms bzw. Programmsystems sind, steht bei den Steuerkonstrukten der dynamische Aspekt im Vordergrund. Die Strukturierung des Programmablaufs, d.h. die Reihenfolge, in der die Befehle ausgeführt werden, erfordert ebenfalls eine Unterstützung durch die Programmiersprache.

Die Diskussion über eine sinnvolle Ablaufstrukturierung wurde 1968 von Dijkstra ausgelöst, der in seinem berühmt gewordenen Leserbrief „Go To Statement Considered Harmful" auf die Schädlichkeit von Sprungbefehlen hinwies und die negativen Auswirkungen bezüglich der Programmverständlichkeit hervorhob[4]. Die Problematik der Sprungbefehle wurde unter dem Schlagwort *„Strukturierte Programmierung"* längere Zeit kontrovers diskutiert. Inzwischen gilt die Erkenntnis als allgemein akzeptiert, daß die Ablaufsteuerung nur mit Hilfe weniger, standardisierter Konstruktionen erfolgen sollte. Diese Konstruktionen werden *Steuerkonstrukte,* manchmal auch *Kontrollstrukturen,* genannt.

Zur Erläuterung werden im folgenden Struktogrammsymbole herangezogen. Diese Diagrammtechnik wurde 1973 von Nassi und Shneidermann vorgestellt und eignet sich besonders zur graphischen Veranschaulichung der Steuerkonstrukte[5]. Mit der zunehmenden Akzeptanz der Strukturierten Programmierung fand sie in den letzten Jahren eine immer weitere Verbreitung.

Die Darstellung der standardisierten Konstruktionen zur Ablaufsteuerung ist jedoch nicht an einen bestimmten Formalismus gebunden. Ebenso könnte man Programmablaufpläne verwenden[6]. Häufig wird auch ganz auf graphische Hilfsmittel verzichtet und die Beschreibung in einer programmiersprachenähnlichen Notation vorgenommen, die z.B. an Pascal oder Algol angelehnt ist.

Grundlegende Steuerkonstrukte sind die Aneinanderreihung *(Sequenz),* die Auswahl *(Selektion)* und die Wiederholung *(Repetition)* von Strukturblöcken; Auswahl und Wiederholung existieren jeweils in mehreren Ausprägungen. Als *Strukturblock* wird ein Stück Programmtext mit einem Eingang und einem Ausgang bezeichnet[7]. Fügt man Strukturblöcke nach den Regeln zur Bildung von Steuerkon-

---

4 Vgl. Dijkstra (1968), S. 147 f.

5 Vgl. Nassi, Shneiderman (1973), S. 12 ff.

6 Auf die Nachteile der Programmablaufpläne gegenüber Struktogrammen wird in Kurbel (1983 a), S. 65, hingewiesen.

7 Vgl. Schnupp, Floyd (1979), S. 46 f.; Kurbel (1983 a), S. 59 f.

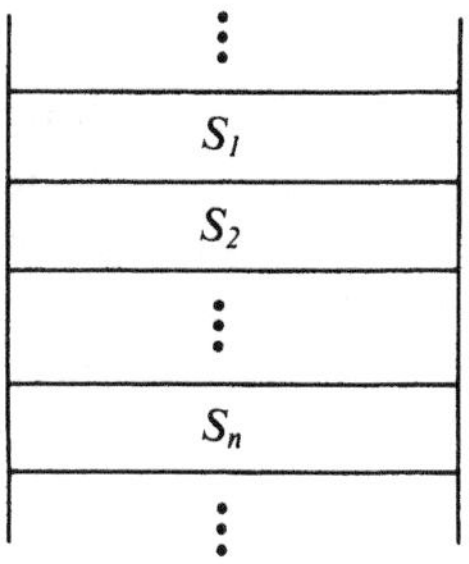

$$\vdots$$
$$S_1$$
$$S_2$$
$$\vdots$$
$$S_n$$
$$\vdots$$

**Abb. 2.1.** Sequenz

strukten zusammen, so entsteht wieder ein Strukturblock; d. h., Strukturblöcke können geschachtelt werden.

### 2.1.3.1 Sequenz

Das Steuerkonstrukt „Sequenz" bezeichnet eine Aneinanderreihung von Strukturblöcken. Abbildung 2.1 zeigt diesen Fall. Die Strukturblöcke $S_1, \ldots, S_n$ werden in der Reihenfolge der Niederschrift ausgeführt. Jeder Block kann andere Blöcke enthalten, z. B. eine Form der Auswahl oder der Wiederholung.

Ein Spezialfall der Sequenz ist der *Begin-End-Block,* der in manchen Programmiersprachen realisiert werden kann. Im Unterschied zu der einfachen Aneinanderreihung existiert dort ein explizites Klammerungskonstrukt, und der Gültigkeitsbereich von Datenvereinbarungen kann auf einen solchen Block beschränkt werden. (Nassi und Shneiderman führten zu diesem Zweck noch ein zusätzliches Symbol ein[8].)

### 2.1.3.2 Selektion

Die Auswahl eines Strukturblocks erfolgt aufgrund einer Bedingung bzw. eines logischen Ausdrucks, der dynamisch ausgewertet wird. In Abhängigkeit von dem Auswertungsergebnis gelangt dann ein bestimmter Strukturblock zur Ausführung. Nach der Anzahl der Auswahlmöglichkeiten werden verschiedene Formen der Selektion unterschieden.

In Abbildung 2.2 ist die *einseitige Alternative* dargestellt. Der Strukturblock $S_1$ wird ausgeführt, falls die Bedingung erfüllt ist. Trifft dies nicht zu, so setzt sich der Ablauf mit dem auf die Auswahl folgenden Strukturblock fort.

Abbildung 2.3 zeigt die *zweiseitige Alternative.* In Abhängigkeit von der Bedingungsüberprüfung kommt entweder der Block $S_1$ oder der Block $S_2$ zur Ausführung.

Eine Verallgemeinerung dieser Auswahlstrukturen ist die *Fallunterscheidung,* die nach dem in manchen Sprachen verfügbaren Befehl auch *Case-Konstrukt* genannt wird. Die Bedingung, anhand derer die Auswahl eines Strukturblocks erfolgt, muß hier in einen *Ausdruck* und in eine Reihe von *Falldiskriminatoren* aufgespalten werden. Bei der Auswertung wird der Wert des Ausdrucks mit den Diskriminatoren verglichen. Zur Ausführung gelangt dann der Strukturblock, dessen Diskriminator

---

8 Vgl. Nassi, Shneiderman (1973), S. 17

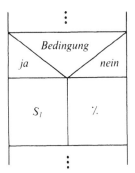

**Abb. 2.2.** Einseitige Alternative

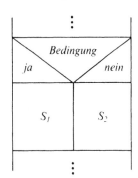

**Abb. 2.3.** Zweiseitige Alternative

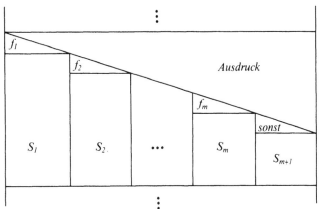

**Abb. 2.4.** Fallunterscheidung

gleich dem Wert des Ausdrucks ist. Wenn dies für keinen der möglichen Fälle zutrifft, wird der Sonst-Zweig durchlaufen. Abbildung 2.4 veranschaulicht die Fallunterscheidung; die Symbole $f_1, \ldots, f_m$ stehen für die Diskriminatoren.

### 2.1.3.3 Repetition

Die Wiederholungskonstrukte dienen zur Formulierung von Programmschleifen. Sie werden im wesentlichen danach unterschieden, ob die Bedingung zur Fortsetzung der Repetition am Anfang, am Ende oder an einer anderen Stelle des Schleifenrumpfs überprüft wird.

Die *abweisende Schleife* oder *While-Schleife* ist ein Steuerkonstrukt, bei dem die Fortsetzungsbedingung vor Eintritt in den Schleifenrumpf geprüft wird („Precheck"). Der Strukturblock S in Abb. 2.5 gelangt also solange immer wieder zur Ausführung, wie die Schleifenbedingung erfüllt ist.

Bei der *nichtabweisenden Schleife* oder *Until-Schleife* wird die Bedingung dagegen jeweils erst nach dem Durchlaufen des Schleifenrumpfs kontrolliert („Postcheck"). Dies bedeutet u. a., daß der Strukturblock in Abbildung 2.6 auf jeden Fall mindestens einmal ausgeführt wird. Die Wiederholung setzt sich fort, bis die Abbruchbedingung eintritt.

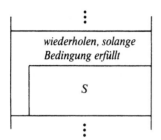

**Abb. 2.5.** While-Schleife

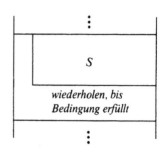

**Abb. 2.6.** Until-Schleife

Steht die Fortsetzungs- bzw. Abbruchbedingung nicht am Anfang oder am Ende, sondern an einer beliebigen anderen Stelle des Schleifenrumpfs, so spricht man von einer *Cycle-Schleife mit Unterbrechung* (Schleife mit *Middlebreak*). Abbildung 2.7 verdeutlicht dieses Steuerkonstrukt. Nach jeder Ausführung des Strukturblocks $S_1$ (und vor der Ausführung von $S_2$) erfolgt die Überprüfung der Bedingung. Trifft sie zu, so wird die Schleife verlassen.

Eine Sonderform der While-Schleife ist die *Zählschleife*. Bei dieser Form wird mit der Ausführung des Schleifenrumpfs eine sog. *Kontrollvariable* assoziiert (häufig auch Laufvariable oder Zählindex genannt).

In der Schleifenanweisung erhält die Kontrollvariable einen *Anfangswert* für den ersten Schleifendurchlauf, der anschließend vor jedem weiteren Durchlauf um eine *Schrittweite* verändert wird. Der Schleifenrumpf kommt jedoch nur zur Ausführung, solange die Kontrollvariable einen bestimmten *Endwert* noch nicht über- bzw. unterschritten hat. Dieser Sachverhalt ist in Abb. 2.8 verkürzt durch die Anweisung

„wiederholen für Kontrollvariable = Anfangswert (Schrittweite) Endwert"

ausgedrückt. Die Zählschleife ist also ebenfalls eine abweisende Schleife, da die Fortsetzungsbedingung vor Eintritt in den Schleifenrumpf überprüft wird.

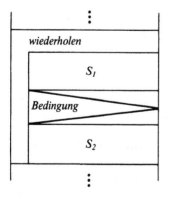

**Abb. 2.7.** Cycle-Schleife mit Unterbrechung

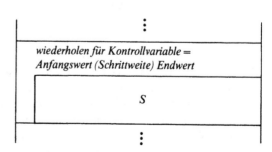

**Abb. 2.8.** Zählschleife

# 2.2 Datenbeschreibung

Ein wichtiges Merkmal höherer Programmiersprachen ist die Möglichkeit, bestimmte Eigenschaften von Daten zu definieren und bei der Bearbeitung der Daten darauf Bezug zu nehmen. Grundsätzlich ist dies ebenso redundant wie die verschiedenen Strukturierungshilfen. Daten werden im Computer letztlich durch Folgen von Bits dargestellt. Ebenso wie ein Programm ohne Zerlegungs-, Verfeinerungs- und Steuerkonstrukte entwickelt werden könnte, wäre es denkbar, die einzelnen Bits direkt zu manipulieren.

Der Grund, weshalb dies nicht gemacht wird, liegt auf der Hand: für den Programmierer ist es einfacher und einsichtiger, wenn er Daten nicht auf der Ebene der Maschinenbits bearbeiten muß, sondern sich auf einem höheren Abstraktionsniveau bewegen kann, das an seinen Problemstellungen orientiert ist. Die Güte einer Programmiersprache wird deshalb auch daran gemessen, in welchem Umfang sie dem Benutzer komfortable Möglichkeiten der Datenbeschreibung zur Verfügung stellt.

## 2.2.1 Datentypen

### 2.2.1.1 Zum Begriff des Datentyps

Der Begriff des Datentyps bildet den Ausgangspunkt für die Beschreibung von Daten. Obwohl es sich hierbei um ein zentrales Konzept in den meisten Programmiersprachen handelt, existiert keine einheitliche Definition[9]. Dies mag teilweise daran liegen, daß die einschlägige Forschung innerhalb der Informatik zwar intensiv betrieben wird, aber noch keinen Abschluß gefunden hat. In Anlehnung an Wirth sei der Begriff hier wie folgt definiert[10]:

Der *Datentyp* bestimmt die Menge von Werten, die eine Variable, ein Ausdruck oder eine Funktion annehmen kann bzw. zu der eine Konstante gehört.

Mit jedem Datentyp sind bestimmte Operationen assoziiert, die auf Daten des betreffenden Typs angewendet werden können. Beispielsweise ist die Zuweisungsoperation bei jedem Typ zulässig, während etwa arithmetische Operationen nur auf Zahlen, nicht dagegen auf Texten o. a. definiert sind.

Datentypen haben im wesentlichen zwei Aufgaben. Einerseits stellen sie Informationen für den Übersetzer dar, aufgrund derer eine adäquate maschineninterne Repräsentation der Daten ausgewählt werden kann; Datentypen wurden früher vorrangig unter diesem Gesichtspunkt betrachtet. In dem Maße, wie die Beschäftigung mit Fragen der Programmqualität zunahm, rückte jedoch ein zweiter Aspekt in den Vordergrund: Datentypen tragen wesentlich zur Verständlichkeit und Zuverlässigkeit von Programmen bei.

Dafür sind zwei Gründe maßgebend. Zum einen ist der Zweck einer Operation leichter zu erkennen, wenn die Art der bearbeiteten Objekte bekannt und ersichtlich ist. Auf diese Weise lassen sich Fehler vermeiden. Zum anderen kann eine Vielzahl

---

9 Einen Überblick über verschiedene Definitionsansätze gibt Hahn (1981), S. 75 f.
10 Vgl. Wirth (1979), S. 19 f.

automatischer Überprüfungen erfolgen, da das Übersetzungsprogramm Informationen über Eigenschaften der Daten erhält. Die Fehlererkennung wird also ebenfalls verbessert.

### 2.2.1.2 Standarddatentypen

Datentypen, die ständig verwendet werden, sind in den meisten Programmiersprachen vordefiniert[11]. Einige elementare, vordefinierte Typen werden häufig als *Standarddatentypen* bezeichnet. Wenngleich es bei der Vielfalt von Typen, die man in verschiedenen Programmiersprachen antrifft, etwas übertrieben erscheint, von einem Standard zu sprechen, so stellen die damit bezeichneten Typen doch eine brauchbare Grundlage für viele Programmierprobleme dar. Im folgenden werden vier Standardtypen unterschieden:

### (1) Ganzzahlig

Der Typ *ganzzahlig (integer)* bezeichnet eine Teilmenge der ganzen Zahlen; d.h., eine Variable dieses Typs kann (fast) beliebige ganzzahlige Werte annehmen. Die Beschränkung auf eine Teilmenge ist aus praktischen Gründen erforderlich, da zur Zahlendarstellung in digitalen Computern nur eine endliche Anzahl von Ziffern verwendet werden kann. Der Wertebereich wird im allgemeinen nicht von der Programmiersprache, sondern von dem zugrundeliegenden Hardwaresystem begrenzt. Bei Wortmaschinen hängt er von der jeweiligen Wortgröße ab; bei Bytemaschinen findet man häufig das Intervall $[-2^{31}, +2^{31}-1]$ vor.

### (2) Reell

Der zweite Datentyp ist ebenfalls numerisch. Die gebräuchliche Bezeichnung *reell (real)* ist allerdings etwas irreführend, da der Wertebereich nicht aus allen reellen Zahlen besteht. Genau genommen handelt es sich nur um eine Teilmenge der rationalen Zahlen. Dies hängt wieder mit der diskreten Zahlendarstellung in digitalen Computern zusammen und hat u.a. zur Folge, daß bei Rechenoperationen gewisse Rundungsfehler auftreten. Die Ergebnisse sind also im allgemeinen nicht ganz exakt. Der verfügbare Wertebereich ist auch hier hardwareabhängig[12].

### (3) Zeichenkette (Text)

Der Typ *Zeichenkette* oder *Text (character)* besteht aus Werten, die durch Folgen beliebiger Schriftzeichen gebildet werden. Die Menge der darstellbaren Zeichen ist allerdings durch die Programmiersprache bzw. durch die Betriebssystemumgebung festgelegt. Meist findet ein 6-, 7- oder 8-Bit-Code Verwendung. Die verbreitetsten Codes sind EBCDIC (Extended Binary Coded Decimal Interchange Code) und

---

11 Am Rande sei darauf hingewiesen, daß auch Programmiersprachen existieren, die keine Datentypen zur Verfügung stellen. Auf solche Sprachen wird im weiteren nicht eingegangen.

12 Reelle Zahlen werden im allgemeinen in der sog. *Gleitkommarepräsentation* gespeichert. Die obere und untere Grenze des darstellbaren Zahlenintervalls werden dabei hauptsächlich von der Anzahl der Ziffern beeinflußt, die für den Exponenten zur Verfügung stehen.

ASCII (American Standard Code for Information Interchange). Sie gestatten die Darstellung der Groß- und Kleinbuchstaben, der Ziffern und der wichtigsten Sonderzeichen.

Zur Vereinbarung einer Textvariablen gehört auch die Angabe der Zeichenkettenlänge. Insofern ist es ungenau, von *einem* Typ „Text" zu sprechen. Eine Zeichenkette der Länge *m* gehört einem anderen Typ an als eine Kette der Länge *n,* da die Wertemengen unterschiedlich sind. Zur Vereinfachung soll diese Sprechweise dennoch beibehalten werden. Die maximale Länge eines Texts ist wiederum programmiersprachen- oder betriebssystemabhängig.

## (4) Logisch

Der Datentyp *logisch* wird nach dem englischen Mathematiker George Boole (1815-1864) häufig auch als *Boole'scher* Typ bezeichnet *(boolean)*. Die Wertemenge dieses Typs besteht nur aus den beiden Wahrheitswerten *wahr (true)* und *falsch (false)*. Auf Boole'schen Daten sind u. a. die logischen Operationen Konjunktion, Disjunktion und Negation definiert, derer man sich bei der Formulierung zusammengesetzter Bedingungen bedient.

Diese vier Grundtypen sind für viele Programmierprobleme ausreichend. Allerdings erscheint die Unterscheidung der numerischen Typen in ganzzahlig und reell etwas willkürlich. Für die praktische Programmierung wäre es nützlicher, etwa einen Typ „Index" von anderen Zahlen abzuheben, oder auf die Differenzierung ganz zu verzichten.

Die unterschiedlichen Typen sind historisch entstanden und an den Formen der internen Speicherung in (dualer) Festkomma- bzw. in Gleitkommaform orientiert. Diese Speicherformen sind besonders gut zum Rechnen und somit für Probleme geeignet, bei denen die Rechenintensität im Vordergrund steht. Sie haben jedoch den Nachteil, daß der Konvertierungsaufwand zwischen interner und externer Darstellung, z. B. bei Ein-/Ausgabevorgängen, erheblich ist.

Viele Probleme, insbesondere im kommerziellen und administrativen Bereich, sind so gelagert, daß gerade die Ein-/Ausgabevorgänge einen Großteil der Operationen ausmachen. Zwar werden auch hier große Zahlenmengen bearbeitet; der Anteil der Rechenoperationen ist jedoch relativ gering. Deshalb sollte eine Form der Zahlendarstellung zur Verfügung stehen, bei der die Konvertierung möglichst einfach ist, selbst wenn dadurch ein etwas höherer Rechenaufwand verursacht wird. Der entsprechende Datentyp wird auf die gleiche Stufe wie die vier „Standardtypen" erhoben:

## (5) Ziffernkette

Der Typ *Ziffernkette* weist gewisse Ähnlichkeiten mit dem Typ „Zeichenkette" auf. Ein Wert dieses Typs wird durch eine Folge von dezimalen Ziffern repräsentiert. Darüber hinaus werden zwei Anforderungen formuliert:

- Es muß eine Möglichkeit existieren, mit der Ziffernkette das Vorzeichen und die Dezimalstellen der zugrunde liegenden Zahl zu kennzeichnen.

- Die arithmetischen Grundoperationen müssen auf Ziffernketten anwendbar sein.

Man beachte, daß die zweite Forderung bezüglich einer Zeichenkette, die ja auch aus Ziffern bestehen kann, nicht gestellt wird!

## 2.2.2 Datenstrukturen

Die bislang behandelten Datentypen beschreiben jeweils den Typ eines einzelnen, variablen oder konstanten Datenelements. Sie werden auch *einfache* oder *unstrukturierte* Typen genannt.

Bei der Lösung eines Problems treten jedoch häufig Daten auf, die nicht unabhängig voneinander sind, sondern in einem sachlichen Zusammenhang stehen. Wenn man einzelne Daten zu einer größeren Einheit zusammenfaßt, so entsteht ein neuer Datentyp. Dieser Typ ist *strukturiert,* d.h., die Wertemenge enthält Zusammenfassungen von Komponententypen, die bereits definiert sind. Strukturierte Typen werden meist als *Datenstrukturen* bezeichnet.

Wie bei den einfachen Typen gibt es auch bei den Datenstrukturen gewisse Grundtypen, die sehr häufig Verwendung finden. Deshalb spricht man auch hier manchmal von *Standarddatenstrukturen* oder von *elementaren* Datenstrukturen, wenngleich der „Standard" genauso uneinheitlich wie bei den einfachen Typen ist. An eine universell einsetzbare Programmiersprache wird die Forderung gerichtet, daß wichtige Datenstrukturen vordefiniert sind und Sprachelemente zu ihrer Behandlung zur Verfügung stehen. Als Mindestausstattung sollten folgende Datenstrukturen vorgesehen sein:

### (1) Array

Die Datenstruktur *Array* stellt eine Zusammenfassung von Komponenten des gleichen Grundtyps dar und wird deshalb auch als *homogene* Struktur bezeichnet. Der Arraytyp ist in allen höheren Programmiersprachen verfügbar, allerdings unter den verschiedensten Namen (z.B. „Feld", „Tabelle", „Bereich" u.a.). Zur Identifizierung der einzelnen Arraykomponenten dient eine Indexangabe. Diese kann aus einer Konstanten, einer Variablen oder allgemeiner aus einem Ausdruck (i.a. vom Typ „ganzzahlig") bestehen.

Ist der Grundtyp eines Arrays ebenfalls ein Array, so liegt ein *mehrdimensionaler* Array vor. In Anlehnung an die mathematische Sprechweise wird ein eindimensionaler Array auch als Vektor, ein zweidimensionaler als Matrix bezeichnet.

### (2) Record

Im Gegensatz zum Array ist der *Record* eine Datenstruktur, deren Komponenten von *unterschiedlichem* Typ sein können. In Records werden hierarchische Strukturen zwischen Komponenten abgebildet. Ist eine Komponente selbst vom Typ „Record", so entsteht eine mehrstufige Hierarchie.

Records werden häufig zur Beschreibung von Daten verwendet, die von Eingabedatenträgern eingelesen bzw. auf Ausgabedatenträger ausgegeben werden sollen.

Die Bezeichnung dieser Datenstruktur ist noch uneinheitlicher als die des Arrays. So findet man etwa die Namen „Datengruppe", „Datensatz", „Segment", „Struktur", „Datenstruktur", „Verbund", „Verband", „kartesisches Produkt" u.a.[13].

Bei der Verwendung von Records zur Beschreibung von Eingabedaten tritt manchmal das Problem auf, daß erst nach dem Einlesen ermittelt werden kann, welche Recordstruktur zwischen den Daten vorliegt. In diesen Fällen ist es hilfreich, wenn man Records mit *Varianten* definieren kann[14]. In Abhängigkeit von einem bestimmten Merkmal, z.B. einer in den Eingabedaten enthaltenen „Kartenart", wird dann nachträglich die für den konkreten Fall zutreffende Variante ausgewählt.

Grundsätzlich werden für die Komponententypen eines Records keine Einschränkungen formuliert. Die Komponenten können z.B. einen Standarddatentyp, aber auch einen strukturierten Typ aufweisen. Analoges gilt für den Komponententyp eines Arrays. Damit ist also auch der häufig auftretende Fall abgedeckt, daß ein Array aus Records besteht oder daß ein Record u.a. einen Array enthält.

Array und Record sind Datenstrukturen, die zur Beschreibung und Manipulation von Daten innerhalb eines Programms verwendet werden. Im Gegensatz dazu dient eine *Datei* hauptsächlich der Aufbewahrung von Daten unabhängig von einem bestimmten Programm. Auf einem externen Datenträger kann eine Datei über einen längeren Zeitraum hinweg gespeichert werden.

Die Komponenten einer Datei können einem beliebigen Grundtyp angehören; d.h., eine Datei stellt eine Zusammenfassung von einzelnen Datenelementen, von Arrays oder von Records dar. Besonders häufig ist der letzte Fall. Records, die in einer Datei gespeichert werden, bezeichnet man meist als *Datensätze*. Nach der Reihenfolge, in der auf die Datensätze (bzw. allgemeiner auf die Komponenten[15]) zugegriffen werden kann, lassen sich zwei Dateitypen unterscheiden: die sequentielle und die direkte Datei.

## (3) Sequentielle Datei

Die *sequentielle Datei* ist dadurch gekennzeichnet, daß die Datensätze in einer bestimmten Reihenfolge angeordnet sind. Der Zugriff auf die Sätze kann nur in dieser Reihenfolge erfolgen. Insbesondere ist es nicht möglich, auf einen beliebigen Satz in der Datei direkt zuzugreifen. Die Anordnung der Datensätze entsteht bei der Erzeugung der Datei; so wie die Sätze eingetragen werden, müssen sie nacheinander wieder gelesen werden.

Eine sequentielle Datei besitzt ein eindeutiges Ende. Der Versuch, über das Dateiende hinaus zu lesen, führt zu einem undefinierten Resultat und stellt einen Fehler dar. Eine Programmiersprache muß deshalb Vorkehrungen zur Vermeidung un-

---

13 Die letzte Bezeichnung kommt daher, daß die Wertemenge des Recordtyps sich als kartesisches Produkt aus den Komponententypen ergibt.
14 Vgl. Wirth (1979), S.42ff.
15 Da Records die weitaus häufigsten Dateikomponenten sind, wird im folgenden (ohne Einschränkung der Allgemeingültigkeit) stets von Datensätzen gesprochen.

zulässiger Leseoperationen unterstützen. Dazu sind Sprachelemente erforderlich, die eine Überprüfung des Dateizustands („Dateiende erreicht oder nicht") gestatten.

## (4) Direkte Datei

Während bei einer sequentiellen Datei die Zugriffsreihenfolge durch die Anordnung der Datensätze implizit festgelegt ist, kann sie bei einer *direkten Datei* mit Hilfe von Ordnungsbegriffen explizit gesteuert werden. Der Ordnungsbegriff für den Zugriff wird meist als *Schlüssel (key)* bezeichnet. Im einfachsten Fall sind die Schlüssel fortlaufende Nummern. Durch Angabe eines Schlüsselwerts kann bei diesem Dateityp ein beliebiger Satz direkt angesprochen werden.

Wie bei der sequentiellen Datei, so muß auch hier der Lesezugriff auf nicht existierende Sätze ausgeschlossen werden. Die Programmiersprache sollte entsprechende Maßnahmen zur Erkennung unzulässiger Schlüsselwerte vorsehen.

Die Existenz eines sequentiellen und eines direkten Dateityps wird als Minimalausstattung einer Programmiersprache betrachtet. Für viele praktische Probleme, bei denen die Behandlung umfangreicher Datenbestände im Vordergrund steht, ist es nicht ausreichend, wenn nur ein Dateityp für den Direktzugriff zur Verfügung steht. Programmiersprachen, die in diesem Bereich eingesetzt werden, sehen deshalb meist verschiedene Typen direkter Dateien vor. Diese unterscheiden sich vor allem in der Form der Speicherorganisation auf dem externen Datenträger und in der Verwendung problemorientierter Datenelemente als Schlüssel (z. B. „klassifizierende Schlüssel")[16].

## 2.2.3 Neudefinierte Datentypen

Zu Beginn dieses Abschnitts wurde darauf hingewiesen, daß auf Datentypen - ebenso wie auf Strukturierungshilfen - grundsätzlich verzichtet werden könnte. Sie unterstützen jedoch den Benutzer bei der Programmentwicklung, weil sie die Beschreibung von Daten in einer seinem Problem angemessenen Form gestatten, und tragen zur Verständlichkeit eines Programms bei.

Die in einer Programmiersprache vorgesehenen Datentypen werden *eingebaute* Typen *(built-in types)* oder *vordefinierte* Typen *(predefined types)* genannt[17]. Die Unterstützung des Benutzers durch solche Typen ist jedoch nicht ausreichend. Die eingebauten Typen, z. B. die Standarddatentypen und -strukturen, sind zwar sicherlich problemnäher als bitweise beschriebene Daten. Die Abstraktion von der Maschinenebene bleibt jedoch sehr allgemein. Wünschenswert ist deshalb eine weiterge-

---

16 Die damit zusammenhängenden Fragen sind Gegenstand der *Datenorganisation* und werden hier nicht weiter erörtert. Vgl. z. B. Haindl (1982); Wedekind (1975); ferner 3.2.2.2 in diesem Buch.

17 Die beiden Begriffe werden synonym verwendet, da eine weitere Differenzierung hier ohne Belang ist. Es sei jedoch darauf hingewiesen, daß als eingebaute Typen manchmal die im Compiler fest verankerten Typen bezeichnet werden, während vordefinierte Typen durch Spracherweiterungen (z. B. Bibliotheksprogramme) realisiert werden. Vgl. Hahn (1981), S. 78

hende Möglichkeit, die es gestattet, Datentypen zu definieren, die an den speziellen Problemen eines Benutzers orientiert sind.

Bei der Einführung neuer, vom Benutzer definierter Typen muß beachtet werden, daß mit einem Typ bestimmte Operationen assoziiert sind, die auf Daten des betreffenden Typs ausgeführt werden können. Bei den eingebauten Typen sind diese Operationen implizit festgelegt und finden sich meist in den Syntaxregeln der Programmiersprache wieder. Neudefinierte Typen lassen sich danach unterscheiden, ob mit der Typvereinbarung auch neue Operationen eingeführt werden oder nicht. Somit existieren grundsätzlich zwei verschiedene Arten von neudefinierten Typen: abgeleitete und abstrakte Typen.

### (1) Abgeleitete Typen

Besteht eine enge Anlehnung des neudefinierten Typs an einen eingebauten Typ, so spricht man von einem *abgeleiteten* Typ. Dazu wird ein neuer Name für die Wertemenge eines vordefinierten Typs oder für eine Teilmenge davon eingeführt. Der neue Typ „erbt" jedoch die Operationen des vordefinierten[18]. Abgeleitete Typen dienen vor allem der Verständlichkeit, da der Programmierer mit problemadäquaten Bezeichnungen arbeiten kann.

Soll beispielsweise ein Array, der bestimmte Monatsdaten enthält, indiziert werden, so verwendet man meist einen Index des (allgemeinen) Typs „ganzzahlig". Statt dessen könnte jedoch auch ein (problemnäherer) Typ „Monat" definiert werden, der Werte aus der Teilmenge (1, . . ., 12) der ganzen Zahlen umfaßt. Auf diesem Typ wären dann die gleichen Operationen zulässig wie auf dem Typ „ganzzahlig". Ebenso könnte etwa zur Beschreibung von Artikeldaten, die eine Recordstruktur aufweisen, ein neuer Typ „Artikelsatz" vereinbart werden. Dieser Typ erbt die Eigenschaften des Recordtyps, so daß die gleichen Operationen anwendbar sind.

### (2) Abstrakte Typen

Ein vollkommen neuer Datentyp, der nicht auf die Wertemenge eines vordefinierten Typs Bezug nimmt, wird als *abstrakter Datentyp* bezeichnet. Bei einem solchen Typ müssen auch die zugehörigen Operationen neu eingeführt werden.

Abstrakte Datentypen werden u. a. als Modularisierungskriterium bei der Zerlegung eines Softwaresystems herangezogen und konzeptionell als Module aufgefaßt[19]. Ein solches Modul stellt eine konzeptionelle Einheit dar, in der bestimmte Daten und die Operationen zur Manipulation der Daten zusammengefaßt sind. Das Attribut „abstrakt" kommt daher, daß von Implementierungsdetails wie der konkreten Datenrepräsentation und den Zugriffsmechanismen innerhalb des Moduls abgesehen wird.

Nach außen hin - zur Benutzung des Moduls - stehen nur die für den abstrakten Typ definierten Zugriffsoperationen zur Verfügung. Der abstrakte Typ wird damit letztlich durch die Zugriffsoperationen definiert. Wegen der Zusammenfassung von Daten und Operationen zu einem Modul bezeichnet man abstrakte Datentypen

---

18  Vgl. Hahn (1981), S. 79
19  Vgl. dazu auch Kurbel (1983 b), S. 164 ff.

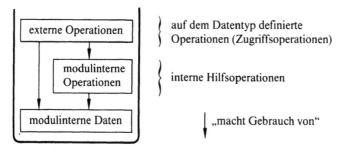

**Abb. 2.9.** Schema einer Datenkapsel

häufig auch als *Datenkapseln* (encapsulated data types)[20]. Abbildung 2.9 zeigt das zugrundeliegende gedankliche Schema.

Als Beispiel eines abstrakten Typs sei der *Stack* angeführt. Ein Stack – auch Keller oder Stapel genannt – ist eine dynamische Datenstruktur, bei der Daten eines bestimmten, festzulegenden Typs nach dem Last-in-firstout-Prinzip gespeichert und entfernt werden. Die wichtigsten, einen Stack charakterisierenden Operationen sind:

- Anlegen eines Stack
- Einkellern eines Elements
- Auskellern eines Elements

Diese Operationen werden zur Benutzung des Stack zur Verfügung gestellt; dagegen bleibt die konkrete Realisierung innerhalb des Moduls, das den Stack implementiert, verborgen. Wie in diesem Beispiel beschreibt ein abstrakter Datentyp meist nicht ein einzelnes Datenelement, sondern eine Datenstruktur. Deshalb spricht man häufig auch von *abstrakten Datenstrukturen*.

Seit einigen Jahren bilden abstrakte Typen einen Forschungsschwerpunkt der Informatik. Bei vielen neuentwickelten Programmiersprachen spielen sie eine zentrale Rolle. Die heute in der Praxis verbreiteten Sprachen bieten dagegen nur eine geringe Unterstützung; da die Datenabstraktion nicht als Sprachkonzept verankert ist, müssen Ersatzkonstruktionen gebildet werden. Bei der Beurteilung dieser Sprachen ist also zu überprüfen, in welchem Umfang wenigstens Hilfsmittel für Ersatzkonstruktionen verfügbar sind.

Bereits an dieser Stelle sei darauf hingewiesen, daß bei den Ersatzkonstruktionen im allgemeinen nicht von einem Typ im eigentlichen Sinne gesprochen werden kann. Ein Typ dient grundsätzlich dazu, die Eigenschaften einer beliebigen Anzahl von Objekten (z. B. von Variablen, Konstanten, Ausdrücken) zu beschreiben. Die Ersatzkonstruktionen lassen sich meist nur so gestalten, daß sie ein einziges, ganz bestimmtes Objekt eines abstrakten Typs festlegen. D. h., die Vereinbarung des Typs und die Vereinbarung eines Objekts des Typs fallen zusammen.

---

20 Vgl. Horning (1976), S. 60

# 2.3 Unterstützung der Selbstdokumentation

Die Strukturierungshilfen zur Zerlegung, Verfeinerung und Ablaufsteuerung sind wie die Datentypen Voraussetzungen für die Entwicklung konzeptionell klarer Programme. Sie schaffen wichtige Rahmenbedingungen für die Programmverständlichkeit.

Die Lesbarkeit eines Stücks Programmtext wird jedoch nicht nur von diesen strukturellen Aspekten beeinflußt, sondern ebenso von der verbalen Ausgestaltung und der optischen Anordnung der Textelemente bestimmt. Von einer Programmiersprache ist deshalb auch eine Unterstützung bei der externen Programmrepräsentation zu verlangen.

Für den Leser soll die Bedeutung eines Programms bereits anhand des Texts erkennbar sein, ohne daß zusätzliche Dokumente herangezogen werden müssen. Dies ist Gegenstand der Forderung nach Selbstdokumentation. Als wichtigste Aspekte werden im folgenden die Benennung von Objekten im Programm sowie die Kommentierung und das Layout des Texts erörtert.

## 2.3.1 Verbalisierung

Objekte eines Programms sind Daten und Anweisungen sowie Zusammenfassungen von Daten und/oder Anweisungen. Zur Benennung dieser Objekte werden Bezeichnungen vergeben. Die Art und Weise der Namensgebung hat entscheidenden Einfluß auf die Verständlichkeit des Programmtexts. Die Wahl der Namen liegt jedoch nur teilweise im Ermessen des Programmierers. Restriktionen der Programmiersprachen schränken die Wahlmöglichkeiten oft erheblich ein.

Namen sollten sinnentsprechend und gut lesbar sein. Während die inhaltlichen Gesichtspunkte nur vom Programmierer festgelegt werden können, muß die Programmiersprache angemessene Formulierungsmöglichkeiten bieten. Zu fordern sind insbesondere:

*a) Keine Längenbeschränkung*
Die Anzahl der Zeichen, die zu einem Namen zusammengesetzt werden dürfen, sollte nicht beschränkt sein oder zumindest in einer Größenordnung liegen, die der Formulierung aussagekräftiger Namen nicht entgegensteht (z. B. 30 Zeichen). Der Programmierer sollte nicht zu Abkürzungen auf Kosten der Lesbarkeit gezwungen werden, sondern ausgeschriebene Namen verwenden können, z. B.:

|  |  |  |
|---|---|---|
| *stammdatei* |  | *sdat* |
| *pivotzeile* | statt | *pz* |
| *ueberschrift* |  | *ueb* |

*b) Trennung von Namensteilen*
Bei zusammengesetzten Namen sollte ein Strukturierungselement erlaubt sein, das die einzelnen Komponenten abtrennt. Als Trennzeichen kommt der Bindestrich, evtl. auch der Zwischenraum, in Betracht. Übersichtlicher sind z. B. die Schreibweisen:

*kunden-nummer-lesen*     statt     *kundennummerlesen*
*knoten-anfuegen*                   *knotenanfuegen*

Regeln zur Bildung von Namen sollten möglichst für alle Objekte einheitlich sein; d.h., für Variablen- oder Konstantennamen dürfen nicht andere Vorschriften als beispielsweise für Prozedurnamen gelten. Im einzelnen sind folgende Punkte hervorzuheben:

**(1) Variablennamen**

In manchen Programmiersprachen erfolgt die Vereinbarung des Datentyps einer Variablen implizit, z.B. aufgrund des Anfangsbuchstabens, wenn keine explizite Vereinbarung im Programm getroffen wird. Dies ist zum einen eine Fehlerquelle, da eine Variable auch aufgrund eines Tippfehlers entstehen kann[21]. Zum anderen behindert es die Lesbarkeit - nicht zuletzt deshalb, weil Programmierer dazu neigen, die Wahl des Anfangsbuchstabens an der gewünschten, impliziten Typenvereinbarung auszurichten[22]. Aus diesen Gründen ist es wünschenswert, daß die Programmiersprache den Programmierer zwingt, alle Variablen explizit zu definieren.

**(2) Konstantennamen**

*Literale* sind Zeichenfolgen, die konstante Werte repräsentieren und durch ihr Auftreten im Text bereits definiert sind. Man bezeichnet sie oft auch vereinfacht als *Konstante*. Ein Literal an irgendeiner Stelle des Programms läßt ohne zusätzliche Erläuterung i.a. nicht erkennen, aus welchem Grund es angegeben ist. Dies gilt vor allem für numerische Literale (Zahlen). Daraus folgt die Forderung, daß außer den Zahlen 0, 1, − 1 möglichst keine numerischen Literale im Programm vorkommen sollten.

Die Vermeidung von Literalen hat zwei Ziele. Einmal drückt eine für sich allein stehende Zahl ohne zusätzliche Erläuterung keinen Inhalt aus. Den Sinn des Literals *55* in einem Druckalgorithmus kann der Leser bestenfalls erraten: möglicherweise handelt es sich um die gewünschte Zeilenzahl pro Druckseite (vielleicht auch nicht). Die Unklarheit ist beseitigt, wenn die Konstante einen Namen erhält (z.B. *zeilenzahl*) und unter diesem Namen angesprochen wird.

Neben der Lesbarkeit können Literale auch die Änderbarkeit erschweren. Tritt in einem kommerziellen Programm z.B. an verschiedenen Stellen der Mehrwertsteuersatz *0.14* auf, so muß bei einer eventuellen Anhebung dieser „Konstanten" das Programm nach der Zahl *0.14* durchforstet werden. Hat man dagegen einen Namen, z.B. *mwst*, vergeben, so braucht nur die Stelle im Programm geändert zu werden, an der *mwst* den Wert *0.14* erhält.

Als Hilfestellung der Programmiersprache ist hier zu fordern, daß sie die *Benennung von Konstanten* explizit vorsieht. Dies ist nicht gleichzusetzen mit der Verwendung eines Variablennamens für denselben Zweck; denn eine Variable ist nicht gegen gewollte oder ungewollte Änderungen im Programm geschützt.

---

21 Myers (1976), S.25, zitiert in diesem Zusammenhang ein Weltraumprojekt der NASA, das aufgrund eines Tippfehlers in einem Fortran-Programm scheiterte: aus einer Do-Anweisung wurde auf diese Weise ein implizit vereinbarter Variablenname.

22 Ein typischer Fortran-Programmierer schreibt deshalb z.B. `izeile`, wenn er `zeile` meint.

**(3) Namen von Textsequenzen**

Als Namen von Textsequenzen werden hier die Namen von Anweisungen, von Prozeduren, Funktionen und anderen Textzusammenfassungen bezeichnet[23]. Auch diese Namen sollten sinnentsprechend und gut verständlich gewählt werden können. Insbesondere sollte die Programmiersprache nicht verlangen, daß statt Namen Zahlen verwendet werden müssen. Eine Zahl drückt auch hier keinen Sinn aus, während ein geeigneter Name den semantischen Zusammenhang zum Problem herstellt.

Abschließend sei bemerkt, daß zur Lesbarkeit eines Texts auch die Verständlichkeit der Befehle selbst beiträgt. Sieht man von den Assemblersprachen ab, so scheint dies bei den heute gebräuchlichen Sprachen gewährleistet. Befehle werden dort meist mit Hilfe von verständlichen Wörtern der (englischen) Umgangssprache gebildet.


## 2.3.2 Kommentierung

Die Verwendung aussagefähiger Namen reicht häufig nicht aus, den Sinn eines Programms, einer Datenstruktur, einer Anweisung etc. deutlich zu machen, so daß zusätzliche Erläuterungen notwendig sind. Eine Programmiersprache muß deshalb die Kommentierung des Programmtexts gestatten. Kommentare dienen ausschließlich der Mensch-Mensch-Kommunikation! Sie werden bei der Übersetzung übergangen und erzeugen keine Anweisungen im Maschinencode[24].

Kommentare müssen für den Übersetzer vom sonstigen Programmtext abgehoben werden. Zur Kennzeichnung eines Kommentars sind grundsätzlich drei Möglichkeiten denkbar:

(1) Ein Kommentar wird durch ein eindeutiges Symbol - ein Zeichen oder eine Zeichenfolge - eingeleitet und durch ein - evtl. anderes - Symbol beendet.
(2) Nur der Anfang eines Kommentars wird durch ein spezielles Symbol gekennzeichnet. Als Inhalt des Kommentars gelten alle Zeichen bis zum Zeilenende.
(3) Eine ganze Zeile wird durch ein besonderes Symbol als Kommentarzeile ausgewiesen.

Keine dieser Möglichkeiten besitzt nur Vorteile oder nur Nachteile. Am flexibelsten ist die erste Alternative. Ein Kommentar kann hier an einer beliebigen Stelle innerhalb einer Zeile auftreten oder sich über mehrere Zeilen erstrecken. Damit ist aber gleichzeitig eine Fehlerquelle verbunden: wenn man das den Kommentar beendende Symbol vergißt, wird unter Umständen der Rest des Programms bei der Übersetzung ignoriert.

Bei der zweiten und dritten Alternative besteht diese Gefahr nicht. Sie sind also sicherer. Ein Nachteil liegt jedoch darin, daß bei mehrzeiligen Erläuterungen das Kommentarsymbol in jeder Zeile erneut angegeben werden muß. Dies wirkt im

---

23 Manchmal spricht man auch von „Marken" oder „Anweisungsnummern"(!).
24 Hinweise für die sinnvolle Verwendung von Kommentaren werden in den Kapiteln 4 und 5 gegeben.

Text besonders störend, wenn das Symbol aus mehreren Zeichen besteht. Die dritte Alternative ist darüber hinaus zu starr. Sie gestattet es nicht, daß innerhalb einer Zeile zu Operationen, Ausdrücken etc. Kurzkommentare gegeben werden.

### 2.3.3 Programm-Layout

Da die Wahrnehmungsfähigkeit des Menschen stark auf optischen Eindrücken beruht, ist für die Lesbarkeit eines Programms ein übersichtliches Layout genauso wichtig wie die Verbalisierung und Kommentierung. Die Darstellung eines Programms sollte nach Regeln erfolgen, die auch auf andere Texte angewendet werden.

Optische Strukturierungsmittel sind z.B. Absätze, Leerzeilen, Einrücken und Zusammenfassen von zusammengehörenden Textsequenzen, Interpunktion etc. Auf die diesbezüglichen stilistischen Fragen und auf die Vor- und Nachteile der Strukturierung wird in den Kapiteln 4 und 5 eingegangen. Damit ein Programmtext überhaupt optisch „aufgelockert" werden kann, muß die Programmiersprache die Verwendung folgender Gestaltungsmittel vorsehen:

- *Zwischenräume* an beliebigen Stellen vor, nach und innerhalb einer Anweisung (nicht innerhalb von Wörtern); dadurch wird Einrücken, Untereinanderschreiben etc. ermöglicht.
- *Leerzeilen* an beliebigen Stellen; dabei sollte der Programmierer nicht zum Ausweichen auf Kommentarzeilen, die aus Zwischenräumen bestehen, gezwungen werden, sondern tatsächlich leere Zeilen einfügen können.
- *Fortsetzung* einer Anweisung über mehrere Zeilen.
- *Interpunktion* zur Trennung von Textelementen, z.B. Beendigung einer Anweisung durch Punkt oder Semikolon, Trennung der Elemente einer Aufzählung durch Kommata; wenn die Programmiersprache Satzzeichen nicht zwingend vorschreibt, sollte zumindest ihre Verwendung erlaubt sein.

## 2.4 Weitere Anforderungen

Bei den bisher beschriebenen Anforderungen an eine Programmiersprache stand vor allem die Programmverständlichkeit im Vordergrund. Zum Abschluß soll nun kurz auf einige Punkte eingegangen werden, die stärker auf Benutzerfreundlichkeit, Zuverlässigkeit und Robustheit ausgerichtet sind.

Die sichtbare Kommunikation zwischen Programm und Benutzer wird programmtechnisch in Form von *Eingabe- und Ausgabevorgängen* realisiert. Benutzerfreundlichkeit verlangt u.a., daß die Darstellung der Ein-/Ausgabedaten möglichst übersichtlich und verständlich ist. Diese Darstellung liegt großenteils im Ermessen des Programmierers; sie wird jedoch auch von den Ausdrucksmitteln beeinflußt, die die Programmiersprache im Bereich der Ein-/Ausgabe bietet.

Bei der Ausgabe sollten komfortable Aufbereitungsmöglichkeiten zur Verfügung stehen, die es gestatten, ähnlich wie beim Programmtext ein aufgelockertes

Druckbild zu erzeugen (z. B. beliebige Zahl von Leerzeilen, Seitenvorschub, Tabulierung, Zwischenräume, einfaches Unterstreichen, Strukturierung großer Zahlen durch Zwischenräume, Punkte, Kommata etc.). Wünschenswert ist auch die Ausgabe von Texten in Groß-/Kleinschreibung; neben der Programmiersprache setzt hier jedoch das verwendete Ausgabegerät oft zusätzliche Restriktionen.

Die Eingaben des Benutzers sollten von einem Programm generell in einer Darstellung akzeptiert werden, die an der manuellen Schreibweise orientiert ist. Für Zahlen bedeutet dies beispielsweise, daß der übliche Aufbau mit Dezimalpunkt oder -komma und Vorzeichen zulässig sein und evtl. eine gewisse Flexibilität bezüglich der vorgegebenen Spalteneinteilung bestehen sollte.

Eine weitere Unterstützung durch die Programmiersprache ist im Hinblick auf die Zuverlässigkeit zu fordern. Dem Erkennen und Auffinden von Fehlern dient das Testen eines Programms. Der Test wird wesentlich erleichtert, wenn die Programmiersprache selbst *Testhilfen* zur Verfügung stellt, die in das Programm eingebaut werden können. Solche Testhilfen umfassen z. B. die Verfolgung des Programmablaufs, das Unterbrechen der Programmausführung an bestimmten Stellen mit dem Ziel, Variablenwerte zu betrachten oder zu ändern, und die Ausgabe eines Speicherauszugs bei Programmabbruch (post-mortem-dump).

Vor allem zur Robustheit trägt es bei, wenn *Ausnahme- und Fehlersituationen* im Programm überprüft und behandelt werden. Dies ist eine Aufgabe des Programmierers, die jedoch nur zum Teil mit normalen Sprachelementen gelöst werden kann. Eine wesentliche Hilfestellung bietet die Programmiersprache, wenn sie spezielle Elemente zum Erkennen und Behandeln von Ausnahmen und Fehlern enthält. Solche Situationen sind beispielsweise das Überschreiten des Wertebereichs eines Arrayindex, Division durch Null, Wertzuweisung an eine Zeichenkettenvariable mit zu kleiner Stellenzahl, Konvertierungsfehler bei fehlerhaften Eingabedaten u. a.

Wenn die Sprache keine explizite Behandlung von Ausnahmen und Fehlern erlaubt, werden statt dessen oft sehr rigorose oder gar keine Maßnahmen wirksam. D. h., wenn einer der genannten Fehler auftritt, wird das Programm entweder abgebrochen oder, was erheblich schlimmer ist, mit eventuell fehlerhaften Werten fortgesetzt. In beiden Fällen ist eine differenziertere Behandlung wünschenswert.

# 3 Verbreitete Programmiersprachen

Die wichtigsten in der Praxis verbreiteten Programmiersprachen sollen nun kurz skizziert werden. Neben der Entstehungsgeschichte und der Motivation der Sprachautoren werden jeweils die bei der Entwicklung realisierten Konzepte dargestellt.

Die behandelten Sprachen stammen überwiegend aus einer Zeit, in der den Fragen der Programmqualität noch kaum Aufmerksamkeit geschenkt wurde: die oben beschriebenen Anforderungen und die als notwendig erachteten Sprachelemente rückten erst sehr viel später ins Bewußtsein.

Deshalb wird im folgenden eine zweistufige Vorgehensweise gewählt: Gegenstand dieses Kapitels sind ausschließlich die Konzepte und die Ausdrucksmöglichkeiten, die in den verschiedenen Sprachen zur Verfügung stehen; eine Wertung wird dabei nicht vorgenommen. Auf der Grundlage dieses Überblicks wird dann in Kapitel 4 auf die sinnvolle Verwendung und auf die Vor- und Nachteile der vorhandenen Sprachelemente eingegangen.

Die im weiteren behandelten Sprachen sind *Fortran, Cobol, Basic, PL/I* und *Pascal*. Diese Sprachen besitzen heute weltweit die größte Verbreitung. Cobol, Fortran und PL/I dominieren im Großrechnerbereich (mit Cobol an der Spitze). Auf Kleincomputern werden dagegen vor allem Basic und Pascal eingesetzt. Größere Bedeutung besitzen daneben nur noch Assemblersprachen; ihre Verbreitung geht wegen der eklatanten Nachteile jedoch allmählich zurück. Assemblersprachen werden aus prinzipiellen Erwägungen nicht behandelt.

Die Ausführungen über Sprachelemente werden durch zahlreiche Beispiele verdeutlicht. Vollständige Programme können allerdings in diesem Kapitel noch nicht wiedergegeben werden, da auf die systematische Programmkonstruktion erst in Kapitel 4 eingegangen wird. Der nach Anschaulichkeit verlangende Leser sei jedoch bereits hier ermuntert, die in Kapitel 7 dargestellten Programme heranzuziehen.

## 3.1 Fortran

### 3.1.1 Entstehung von Fortran

Die älteste der hier behandelten Sprachen ist Fortran. Sie entstand in einer Zeit, als die Programmierung durchweg in Assemblersprachen erfolgte und von Programmierern ausgeführt wurde, die Spezialisten für einen bestimmten Computertyp und die betreffende maschinenorientierte Sprache waren. Aufgrund der hohen Maschinenkosten galt es vor allem, die teure Hardware optimal auszunutzen.

Die wichtigste Rahmenbedingung für den Entwurf von Fortran war damit bereits vorgezeichnet. Eine neue Programmiersprache konnte nur konkurrenzfähig sein, wenn das bei der Übersetzung erzeugte Maschinenprogramm genau oder zumindest annähernd so effizient war wie ein assembliertes Programm. Das vorrangige Entwurfsziel der Laufzeit- und Speichereffizienz führte zu einer Reihe von Sprachelementen, die heute als besonders nachteilig angesehen werden, die aber immer noch in Fortran enthalten sind.

Die Entstehung von Fortran stellt einen Meilenstein in der Geschichte der Programmiersprachen dar. Der Hauptgrund für die Entwicklung einer - gegenüber den maschinenorientierten Sprachen - „höheren" Programmiersprache lag in der Schwerfälligkeit der Assemblerprogrammierung. Mit zunehmendem Problemumfang wurden die Programme immer unübersichtlicher und insbesondere immer fehlerhafter.

Einer der federführenden Sprachentwickler, John W. Backus, gibt an, daß etwa ¾ der Kosten eines Rechenzentrums damals durch Fehlersuche und Fehlerbehebung verursacht wurden[1]. Ein wesentliches Entwurfsziel für die neue Sprache war deshalb, die Formulierung von Programmen zu vereinfachen und Programme leichter verständlich zu machen.

Da Computer zu jener Zeit hauptsächlich zur Unterstützung mathematischer Berechnungen herangezogen wurden, sollte die Vereinfachung vor allem durch eine kompakte, mathematische Notation erreicht werden. Dies kommt auch in dem Namen zum Ausdruck, den man der Sprache gab: *Fortran* ist eine Kurzform von „*For*mula *tran*slating system". Der Anwendungsschwerpunkt blieb im Lauf der Jahre unverändert. Im mathematischen und naturwissenschaftlichen Bereich ist Fortran immer noch die am weitesten verbreitete Programmiersprache.

Die ersten Überlegungen zur Entwicklung von Fortran wurden 1953 von Mitarbeitern der Firma IBM, insbesondere von John W. Backus, angestellt und ein Jahr später in einer vorläufigen Sprachspezifikation niedergelegt[2]. Zwei Jahre darauf erschien ein Programmiererhandbuch, und 1957 wurde der erste Übersetzer für eine IBM-Anlage - IBM 704 - freigegeben. Damit war das Programmieren in Fortran möglich.

Nach einer Revision wurde 1958 eine neue Sprachversion unter dem Namen *Fortran II* verfügbar gemacht, die zahlreiche Erweiterungen enthielt. Vor allem waren nun Unterprogramme vorgesehen, die die Entwicklung größerer Programmsysteme ermöglichten. Fortran II fand eine weite Verbreitung; auch andere Computerproduzenten stellten nun Übersetzer für ihre Anlagen her.

Aus einer erneuten Überarbeitung resultierte 1962 eine effizientere Sprachversion, die später als *Fortran IV* bezeichnet wurde. Aufgrund zahlreicher Änderungen und Erweiterungen war diese Version mit Fortran II nicht kompatibel. Fortran IV beschreibt einen Sprachumfang, der über Jahre hinweg im wesentlichen unverändert blieb und auf vielen Anlagen auch heute noch Anwendung findet.

Da beim Entwurf von Fortran die Effizienz und damit die Ausnutzung spezifi-

---

1 Vgl. Backus (1978), S. 166
2 Vgl. zur Entstehungsgeschichte Sammet (1969), S. 143 ff.; Backus (1978), S. 167 ff.

scher Hardwareeigenschaften eine dominierende Rolle spielten, waren die Hardwarehersteller gezwungen, eigene Fortran-Versionen zu entwickeln. Dies hatte einen immensen Wildwuchs zur Folge, so daß die Portabilität von Fortran-Programmen äußerst gering war.

Relativ früh setzten deshalb Normierungsbestrebungen ein, die in den USA unter der Aufsicht der damaligen *American Standards Association (ASA)* durchgeführt wurden. Der 1966 verabschiedete Sprachstandard war weitgehend mit der IBM-Version von Fortran IV identisch.

Die Standardisierung hatte jedoch zunächst nur geringe Auswirkungen. Die von den Hardwareherstellern entwickelten Übersetzer hielten meist den Standard nicht ein, und den Programmierern blieb er häufig unbekannt, zumal die Sprachbeschreibungen der Hardwarehersteller nach wie vor nur ihre speziellen Implementierungen dokumentierten.

Mit der Entstehung der Informatik und der Beschäftigung mit Fragen der Programmqualität rückten in den vergangenen 15 Jahren Anforderungen an Programmiersprachen in den Vordergrund, die bei der Entwicklung neuer Sprachen teilweise bereits berücksichtigt sind. Deshalb wurde auch Fortran überarbeitet mit dem Ziel, eklatante Mängel zu beseitigen und insbesondere die Portabilität von Fortran-Programmen zu erhöhen. Das *American National Standards Institute (ANSI)* schlug 1977 einen neuen Sprachstandard vor, in den verschiedene Elemente zusätzlich aufgenommen wurden (z. B. zur Formulierung von Steuerkonstrukten).

In der Praxis hat der neue Standard den alten erst teilweise verdrängt, obwohl eine weitgehende Aufwärtskompatibilität besteht; d.h., Programme, die dem früheren Standard genügten, sind meist auch mit dem neuen Standard verträglich. Auf manchen Anlagen ist der neue Standard nicht einmal verfügbar. Deshalb werden im weiteren beide Versionen berücksichtigt. Dem üblichen Sprachgebrauch folgend, sei die ältere Version als *Fortran66,* die neuere als *Fortran77* bezeichnet.

### 3.1.2 Sprachkonzepte von Fortran66

In diesem Abschnitt sollen einige charakteristische Eigenschaften von Fortran66 skizziert werden, die großenteils auch in Fortran77 Gültigkeit behalten haben.

#### (1) Einige Syntaxvorschriften

Fortran entstand als lochkartenorientierte Sprache. Grundsätzlich muß jede Anweisung in einer neuen Zeile (bzw. auf einer neuen Lochkarte) beginnen. Für den Anweisungstext stehen die Spalten 7-72 zur Verfügung. Reicht dieser Bereich nicht aus, können Zeilen angehängt und durch ein Zeichen in Spalte 6 als Fortsetzungszeilen markiert werden.

Auch *Kommentare* müssen sich in die Zeilenstruktur einfügen. Eine Zeile, die in Spalte 1 den Buchstaben *c* enthält, gilt als Kommentarzeile.

*Leerzeilen* sind nicht erlaubt[3]. Dagegen dürfen innerhalb einer Zeile *Zwischen-*

---

3 Allerdings läßt die Beschreibung des Fortran-Standards den merkwürdig anmutenden Schluß zu, daß eine Anweisung mit einer leeren Zeile beginnen darf. Der Anweisungstext muß dann als Fortsetzung der Leerzeile gekennzeichnet werden. Vgl. ANSI (1978b), S. 3-2s.

*räume* an beliebigen Stellen auftreten, selbst innerhalb von Befehlswörtern und Namen!

Die zur Benennung von Variablen und Programmen gebildeten *Namen* können aus maximal 6 Buchstaben oder Ziffern bestehen; das erste Zeichen muß ein Buchstabe sein.

Zur Identifizierung von Anweisungen sind dagegen nur *Anweisungsnummern* zulässig, die in den Spalten 1–5 notiert werden. Die Numerierung braucht im Programm nicht aufsteigend zu sein.

Die *Schlüsselwörter* der Sprache sind nicht reserviert. Dies bedeutet, daß auch Namen wie read, if, function etc. zur Benennung von Objekten vergeben werden können. Wenn der Programmierer von dieser Möglichkeit Gebrauch macht, wird die Lesbarkeit des Programms erheblich beeinträchtigt.

### (2) Übersetzungseinheiten

Übersetzungseinheiten sind Hauptprogramme, Funktionen und Prozeduren. Als Hauptprogramm gilt eine Folge von Textzeilen, die mit der Anweisung end abgeschlossen wird. Eine besondere Kennzeichnung des Programmanfangs ist nicht möglich[4]. Eine Funktion wird mit dem Schlüsselwort function, eine Prozedur mit subroutine eingeleitet und mit der end-Anweisung beendet.

Bezüglich der getrennten Übersetzung von Unterprogrammen ist keine Wahlmöglichkeit gegeben. D.h., eine Funktion oder eine Prozedur (Subroutine) wird stets als eine abgeschlossene Einheit übersetzt.

### (3) Lokale und globale Daten

Grundsätzlich sind alle Daten lokal und nur innerhalb einer Übersetzungseinheit bekannt. Gleiche Namen in verschiedenen Übersetzungseinheiten bezeichnen also unterschiedliche Objekte.

Die globale Bekanntheit von Datenobjekten läßt sich jedoch erreichen, indem die Daten in einen gemeinsamen Datenbereich eingestellt werden (common-Bereich). Jedes Unterprogramm bzw. das Hauptprogramm, welches auf den common-Bereich Bezug nimmt, kann dann dieselben Datenobjekte ansprechen.

### (4) Unterprogramme

Die unter (2) genannten Funktionen werden in Fortran *externe Funktionen* genannt. Darüber hinaus existieren zwei weitere Arten von Funktionen, so daß insgesamt vier Formen eines Unterprogramms auftreten können:

- Subroutine
- externe Funktion
- Anweisungsfunktion
- intrinsische Funktion

Bei allen Formen ist eine Parametrisierung möglich.

---

[4] Viele Fortran-Implementierungen sehen allerdings eine optionale program-Anweisung vor, die dann in Fortran77 auch aufgenommen wurde.

Eine *Anweisungsfunktion* ist ein spezielles Funktionsunterprogramm, das aus einer einzigen Anweisung besteht. Sie ist nur innerhalb der Übersetzungseinheit bekannt, die die Anweisungsfunktion enthält, und kann nicht von anderen Programmen aus aufgerufen werden. Anweisungsfunktionen dienen vor allem dazu, längere arithmetische (oder logische) Ausdrücke zu benennen und auszulagern.

Als *intrinsische* oder *eingebaute Funktionen* werden Funktionsunterprogramme bezeichnet, die in der Programmiersprache bereits vordefiniert sind. Fortran stellt eine Reihe solcher Funktionen zur Verfügung, z. B.:

| | |
|---|---|
| exp (x) | Exponentialfunktion |
| sqrt (x) | Wurzelfunktion |
| alog (x) | natürlicher Logarithmus |
| sin (x) | Sinusfunktion |

Der Aufruf eines Funktionsunterprogramms erfolgt in der üblichen Weise durch Nennung des Funktionsnamens - evtl. von einer Parameterliste gefolgt - als Operand in einem anderen Befehl. Ein Subroutine-Unterprogramm wird mit dem call-Befehl aufgerufen.

Die Ausführung einer externen Funktion oder eines Subroutine-Unterprogramms kann mit Hilfe der return-Anweisung vorzeitig beendet werden; andernfalls kehrt die Kontrolle in das rufende Programm zurück, wenn die end-Anweisung erreicht wird.

### 3.1.2.1 Typ, Struktur und Vereinbarung von Daten

Fortran66 stellt teilweise die in Kap. 2 erörterten Standarddatentypen zur Verfügung. Darüber hinaus sind aber Erweiterungen und vor allem zahlreiche Restriktionen vorgesehen. Als Datentypen gelten die folgenden:

- integer: Die Wertemenge ist eine Teilmenge der ganzen Zahlen. Der erfaßte Bereich hängt von dem zugrundeliegenden Hardwaresystem ab.
- real: Die Wertemenge ist eine - ebenfalls hardwareabhängige - Teilmenge der rationalen Zahlen.
- double precision: Die Wertemenge ist wie beim Typ real eine Teilmenge der rationalen Zahlen. Sie unterscheidet sich jedoch dadurch, daß bei der internen, digitalen Repräsentation eine größere Anzahl signifikanter Ziffern einer Zahl gespeichert werden kann.
- complex: Die Wertemenge stellt eine Teilmenge der komplexen Zahlen dar.
- logical: Die Wertemenge des logischen Typs besteht aus den beiden Wahrheitswerten. Die Fortran-Schreibweise für die logischen Konstanten ist .true. und .false..
- hollerith: Dieser Typ wird zur Darstellung von Zeichenketten verwendet. Dabei gelten jedoch einschneidende Restriktionen. Insbesondere können keine Variable des Typs hollerith vereinbart werden! Konstante sind nur in einem eng begrenzten Kontext zulässig, z. B. im Druckbefehl zur Ausgabe eines Literals. In einer Wertzuweisung dürfen sie nicht auftreten.

Es besteht kein Deklarationszwang für Variable. Unterläßt der Programmierer die Vereinbarung, so erfolgt implizit die Festlegung anhand des Anfangsbuchstabens.

Variable, die mit i, j, k, l, m oder n beginnen, werden dem Typ integer zugerechnet; alle anderen gelten als real. Nur die Typen double precision, complex und logical müssen explizit deklariert werden.

Die explizite Vereinbarung von Variablen erfolgt in *Typanweisungen*, die jeweils mit dem Typnamen eingeleitet werden:

*typname vn$_1$, vn$_2$, . . ., vn$_m$*

*(vn$_i$* steht für einen Variablennamen). Durch die Vereinbarungen

```
integer menge, lfdnr
logical ende
```

werden beispielsweise die Variablen menge und lfdnr als numerisch ganzzahlig, ende als logisch vereinbart.

Sowohl die implizit als auch die explizit vereinbarten Variablen können mit *Anfangswerten* versehen werden. Dazu dient die data-Anweisung, in welcher die Anfangswerte durch Schrägstriche gekennzeichnet werden. Mit der Anweisung

```
data pi /3.14159/, zins /0.045/
```

erhalten z. B. die beiden reellen Variablen pi und zins die angegebenen Anfangswerte. Abweichend vom Fortran-Standard akzeptieren die meisten Übersetzer darüber hinaus die Zuweisung von Anfangswerten innerhalb der Typanweisung, z. B.:

```
integer anzahl /100/, laenge /72/
```

Am Rande sei darauf hingewiesen, daß die meisten Übersetzer weitere Typen vorsehen, die der effizienteren Speicherausnutzung dienen. Beispiele sind die Typen integer*2 und logical*1, deren Werte auf Bytemaschinen statt der üblichen 4 Byte nur 2 bzw. 1 Byte belegen.

Die Möglichkeiten zur *Datenstrukturierung* sind sehr begrenzt. Fortran66 stellt im wesentlichen nur eine *Array-Struktur* zur Verfügung, die maximal 3 Dimensionen zuläßt. Die *Record-Struktur* ist nicht verfügbar.

Die Vereinbarung einer Arrayvariablen muß mit Hilfe der dimension-Anweisung erfolgen, wenn der Grundtyp der Elementvariablen anhand der Anfangsbuchstabenkonvention bestimmt wird; z. B. wird durch

```
dimension x(10,10), monat (12)
```

eine reelle Matrix x und ein ganzzahliger Vektor monat vereinbart. Nur die obere Dimensionsgrenze ist frei wählbar; die untere Grenze ist stets 1. Bei expliziter Typfestlegung kann die Dimensionierung in der Typanweisung vorgenommen werden, z. B.

```
real umsatz (12)
```

Operationen auf ganzen Arrays sind, abgesehen von einem Spezialfall bei der Ein-/Ausgabe, nicht möglich. Operationen müssen stets auf den Elementen eines Arrays ausgeführt werden.

Die Identifizierung der Arrayelemente erfolgt durch Indexausdrücke *(subscript expressions)*. Ein Indexausdruck ist ein Ausdruck vom Typ integer, für dessen Formulierung jedoch eigenartige Vorschriften gelten. Wenn $i$ und $j$ für Variable, $c_1$

und $c_2$ für Konstante des Typs integer stehen, dann ist die maximale Zusammensetzung eines Indexausdrucks durch

$$c_1 * i \pm c_2$$

gegeben. D.h., die folgenden Schreibweisen wären als Indexausdrücke

| *zulässig* | *unzulässig* |
|---|---|
| *i* | *i + j* |
| *i - 1* | *1 - i* |
| *2 * i* | *i * 2* |
| *3 * i + 1* | *1 + 3 * i* |
| | *(i + j) / 2* |

*Dateitypen* können explizit nicht vereinbart werden. Die Ein-/Ausgabeanweisungen verwenden jedoch implizit Dateien. Diese sind nur für *sequentiellen Zugriff* definiert. Dateien können nicht benannt werden. Nach dem in Fortran realisierten Ein-/Ausgabemodell ist eine Datei stets an eine sog. Ein-/Ausgabeeinheit gebunden, die ein reales oder gedachtes Peripheriegerät repräsentiert. Diese Einheiten müssen durch Nummern identifiziert werden, die man auch als *logische Gerätenummern* bezeichnet.

### 3.1.2.2 Anweisungen

Anweisungen werden in Fortran in „nicht ausführbare" und in „ausführbare" Anweisungen unterschieden. Die ersteren werden sonst als Vereinbarungen bezeichnet. Dazu gehören z. B. die Typvereinbarung, die Formatanweisung u. a. Die letzteren sollen wie üblich im engeren Sinne als Anweisungen bezeichnet werden. Zu behandeln sind nun Anweisungen für die

- Wertzuweisung
- Ein-/Ausgabe
- Programmablaufsteuerung

### (1) Ergibtanweisung

Zur Wertzuweisung an eine Variable dient die Ergibtanweisung. Sie hat die Form:

*vn = ausdruck*

*vn* steht für den Namen einer einfachen Variablen. Je nach Typ der Variablen *vn* wird zwischen der arithmetischen und der logischen Ergibtanweisung unterschieden. Ist *vn* numerisch, so darf auf der rechten Seite eine Konstante, Variable oder ein allgemeinerer arithmetischer Ausdruck stehen. Operanden mit unterschiedlichen numerischen Typen sind in Fortran66 grundsätzlich nicht zugelassen; sie werden aber von den meisten Übersetzern akzeptiert.

Ist *vn* vom Typ logisch, so muß auf der rechten Seite eine logische Konstante oder Variable bzw. ein allgemeinerer logischer Ausdruck stehen, der mit Vergleichsoperatoren und logischen Operatoren gebildet wird[5].

---

5 Vgl. dazu auch unten die Ausführungen zur if-Anweisung.

**(2) Ein-/Ausgabeanweisungen**

Zur Eingabe von Werten dient die read-Anweisung. Sie hat die Form:

> read *(kontroll-liste) $vn_1$, $vn_2$, . . ., $vn_m$*

Mit einer read-Anweisung wird stets eine ganze Lochkarte bzw. ein Datensatz aus einer Datei gelesen. Die *kontroll-liste* enthält neben der logischen Gerätenummer im allgemeinen eine Anweisungsnummer; diese verweist auf eine zugehörige Format-anweisung, in der die externe Darstellung der Daten auf dem Datenträger beschrieben wird.

Analog zur Eingabeanweisung ist die write-Anweisung für die Ausgabe von Werten aufgebaut:

> write *(kontroll-liste) $a_1$, $a_2$, . . ., $a_n$*

$a_1$, . . ., $a_n$ stehen für Ausdrücke. Auch die write-Anweisung bezieht sich auf einen ganzen Datensatz bzw. eine Druckzeile, deren Aufbau in der Regel in einer Format-anweisung definiert wird. Eine vereinfachte Form der Ausgabeanweisung ist die Anweisung

> print *f, $a_1$, $a_2$, . . ., $a_n$*

Statt einer *kontroll-liste* wird hier nur die Nummer der zugehörigen Formatanweisung *(f)* notiert. Die print-Anweisung bewirkt eine Ausgabe auf das Standardaus-gabegerät „Drucker".

Für die Ein-/Ausgabeanweisungen existieren zahlreiche Varianten der o. g. For-mate, auf die nicht näher eingegangen werden kann. Vor allem die Ein-/Ausgabe von Arrays wird durch verschiedene Möglichkeiten unterstützt.

**(3) Steueranweisungen**

Zur Steuerung des Programmablaufs stehen im wesentlichen nur der Sprungbefehl in mehreren Ausprägungen, zwei Formen des if-Befehls sowie eine Zählschleife zur Verfügung. Wenn $n_1$, $n_2$, . . . Anweisungsnummern sind, dann haben die Steuer-befehle folgende Gestalt:

- *unbedingter Sprung (unconditional goto):*

> go to *$n_1$*

Der Ablauf wird mit der durch Anweisungsnummer $n_1$ markierten Anweisung fortgesetzt.

- *berechneter Sprung (computed goto):*

> go to *($n_1$, $n_2$, . . ., $n_m$), i*

Der Ablauf wird mit der durch $n_k$ markierten Anweisung fortgesetzt, falls der Wert von *i* gleich *k* ist *(k=1, . . ., m); i* steht für eine Variable vom Typ integer[6].

---

6 In Fortran77 ist auch ein ganzzahliger Ausdruck zulässig.

- *gesetzter Sprung (assigned goto):*

  go to  $i, (n_1, n_2, \ldots, n_m)$

Auch bei dieser Form wird der Ablauf an einer der durch $n_1, n_2, \ldots$ markierten Stellen fortgesetzt. Die Variable $i$ (vom Typ integer) muß hier jedoch einen Wert haben, der gleich einer der Anweisungsnummern $n_1, \ldots, n_m$ ist. Die vorherige Wertzuweisung an $i$ kann nur mit Hilfe eines speziellen Befehls, der Anweisungsnummernzuweisung, erfolgen:

  assign  $c$  to  $i$

$c$ steht für eine Anweisungsnummer aus der Menge $\{n_1, n_2, \ldots, n_m\}$.

- *arithmetisches* if *(arithmetic if):*

  if  $(a)\, n_1, n_2, n_3$

$a$ ist ein arithmetischer Ausdruck, der ausgewertet wird. Der Ablauf setzt sich dann fort an der Stelle

  $n_1$, wenn $a < 0$
  $n_2$, wenn $a = 0$
  $n_3$, wenn $a > 0$

- *logisches* if *(logical if):*

  if  $(l)\, st$

$st$ steht hier für eine Anweisung, $l$ für einen logischen Ausdruck, der mit Hilfe der Vergleichsoperatoren

| | |
|---|---|
| .eq. („equal") | .ge. („greater or equal") |
| .ne. („not equal") | .lt. („less than") |
| .gt. („greater than") | .le. („less or equal") |

und der logischen Operatoren

  .and.
  .or.
  .not.

gebildet werden kann. Die Anweisung gelangt zur Ausführung, falls der logische Ausdruck wahr ist. (*st* darf jedoch keine logische if-Anweisung und keine do-Anweisung sein.)

- *Schleife* (do-statement):

  do  $n_1\, i = c_1, c_2$   bzw.   do  $n_1\, i = c_1, c_2, c_3$

Die Variable $i$ (Typ integer) ist die Kontrollvariable; $c_1, c_2$ und $c_3$ sind ganzzahlige Konstante oder Variable, welche den Anfangswert, den Endwert und die Schrittweite bezeichnen. Fehlt $c_3$, so wird eine Schrittweite von 1 angenommen. Erlaubt sind nur positive Schrittweiten. Zum Schleifenrumpf gehören alle auf den do-Befehl folgenden Anweisungen bis einschließlich der mit $n_1$ markierten.

– *Leeranweisung*

```
continue
```

Die Ausführung der Leeranweisung hat keinen Effekt. Sie wird vor allem als Stilmittel benutzt[7].

– *Stopanweisung*

```
stop
```

Die Stopanweisung bewirkt die sofortige Beendigung der Programmausführung.

Auch die bereits erwähnten Anweisungen call, return und end zählen zu den Steueranweisungen. Die end-Anweisung hat dabei eine Doppelfunktion. Sie zeigt dem Übersetzer das Ende einer Übersetzungseinheit an und muß deshalb als letzte Zeile eines Programms auftreten. Sie bewirkt darüber hinaus die Beendigung der Programmausführung, sofern keine return- bzw. stop-Anweisung durchlaufen wird.

### 3.1.3 Spracherweiterungen in Fortran77

Der Fortran-Standard von 1977 enthält zahlreiche Erweiterungen. Viele Restriktionen wurden aufgehoben. Die grundlegende Sprachstruktur, insbesondere das zeilenorientierte Format, blieb jedoch erhalten. Der Standard definiert für die Sprache einen vollen Umfang *(full language)* und eine Teilmenge *(subset language)*. Im folgenden werden die wichtigsten Änderungen dargestellt, durch die sich die volle Sprache von Fortran66 unterscheidet.

#### (a) Einige zusätzliche Sprachelemente

*Kommentare* belegen weiterhin ganze Zeilen. Statt des Buchstabens c kann jedoch auch ein Stern (*) in Spalte 1 eine Kommentarzeile einleiten. Der Begriff der Kommentarzeile wurde darüber hinaus auf Zeilen ausgedehnt, die nur Zwischenräume enthalten. Somit sind auch echte *Leerzeilen* zulässig.

Zur Benennung eines Hauptprogramms kann ein Name vergeben werden. Zu diesem Zweck wurde die optionale program-Anweisung eingeführt, welche am Anfang eines Hauptprogramms stehen darf.

Die parameter-Anweisung hat entgegen ihrem suggestiven Namen nichts mit der Parametrisierung von Unterprogrammen zu tun. Sie dient vielmehr zur Benennung von Konstanten; z. B. kann nach

```
parameter (mwst = 0.14, pi = 3.14159)
```

auf die Konstanten 0.14 und 3.14159 unter dem Namen mwst bzw. pi Bezug genommen werden.

---

7 Vgl. dazu auch 4.2

**(b) Unterprogramme**

Durch die entry-Anweisung können externe Funktionen und Subroutines mit mehreren Eingangsstellen (sekundären Eingangsstellen) versehen werden.

Die Zahl der intrinsischen Funktionen wurde erhöht. Darüber hinaus wurde das Konzept der *generischen Funktionen* eingeführt[8].

**(c) Datentypen**

Der Typ hollerith, der im wesentlichen nur zur Ausgabe von Zeichenkettenkonstanten erlaubt war, ist in Fortran77 nicht mehr enthalten. Er wurde durch einen allgemeineren Datentyp character ersetzt.

Der Typ character wird wie andere Typen behandelt; d.h. insbesondere, daß Variable vereinbart werden können und Operationen auf character-Daten definiert sind. Operationen sind z.B. die Zuweisung und die Verkettung (concatenation). Ferner ist der Zugriff auf Teilketten (substrings) einer Zeichenkette möglich.

**(d) Datenstrukturen**

Verfügbare Datenstrukturen in Fortran77 sind der Array, die sequentielle Datei und die direkte Datei.

Bei der Vereinbarung eines *Arrays* können als untere Dimensionsgrenzen andere Werte als 1 auftreten. Die Restriktionen bezüglich der Bildung von Indexausdrücken wurden aufgehoben; d.h., zur Indizierung kann ein beliebiger ganzzahliger Ausdruck verwendet werden.

Bezüglich der *Dateiverarbeitung* sind verschiedene Erweiterungen realisiert.

Dateien können mit *Namen* versehen und angesprochen werden. Regeln zur Namensgebung überläßt der Standard allerdings der jeweiligen Implementation.

Der *direkte Zugriff* auf Datensätze einer Datei wird mit Hilfe einer fortlaufenden Satznumerierung ermöglicht. Durch Angabe einer Satznummer kann beim Lesen und Schreiben ein bestimmter Datensatz identifiziert werden.

Beim *sequentiellen Lesezugriff* wurde eine Spezifikation zur Überprüfung des Dateiendes eingeführt. Wird das Dateiende erkannt, so erfolgt ein Sprung zu einer in der Kontroll-Liste der read-Anweisung angegebenen Anweisungsnummer.

**(e) Steueranweisungen**

Die einschneidendsten Erweiterungen gegenüber Fortran66 findet man im Bereich der Steueranweisungen. Die dort enthaltenen Befehle blieben weitgehend unverändert. Es wurde jedoch eine Reihe von Anweisungen neu eingeführt, die es gestatten, die Verzweigung mit vollständiger, zweiseitiger Alternative - ähnlich der in anderen Sprachen verfügbaren if...then...else-Konstruktion - zu formulieren. Da die

---

8 Die Verwendung eines *generischen* Funktionsnamens bewirkt, daß je nach Typ der Argumente eine *spezifische intrinsische Funktion* zur Ausführung gelangt. Beispielsweise veranlaßt der generische Aufruf von log10(x), daß zur Berechnung des Zehner-Logarithmus die spezifische Funktion alog10(x) ausgeführt wird, falls x vom Typ real ist, bzw. dlog10(x), falls x vom Typ double precision ist.

```
if (l) then            if (l) then              if (l) then

  <if-block>             <if-block>               <if-block>

end if                 else                     else if (Î) then

                         <else-block>             <else-if-block>

                       end if                   else

                                                  <else-block>

                                                end if
```

**Abb. 3.1.** Beispiele zur block-if-Anweisung

Zeilenorientierung auch in Fortran77 fortbesteht, gelten alle hierzu notwendigen Klauseln als eigene Anweisungen. Sie sind jedoch nur im Kontext einer bestimmten if-Anweisung zulässig, die als block if bezeichnet wird:

- if (l) then heißt block-if-Anweisung. Wenn der logische Ausdruck *l* wahr ist, dann gelangt der sog. if-Block zur Ausführung. Ein if-Block entspricht in der Terminologie der Strukturierten Programmierung einer Sequenz von Anweisungen.
- else leitet den sog. else-Block ein, der ebenfalls einer Sequenz entspricht und ausgeführt wird, falls der Ausdruck *l* falsch ist.
- else if (Î) then dient zur Schachtelung von Verzweigungen und leitet den sog. else-if-Block ein. Dieser wird durchlaufen, wenn keiner der logischen Ausdrücke *l* und *Î* wahr ist.
- end if schließt die gesamte block-if-Konstruktion ab.

Abbildung 3.1 veranschaulicht die Zusammenhänge schematisch anhand von drei Beispielen. Ausführlicher wird auf die Verwendung der block-if-Anweisung in Kapitel 4 eingegangen.

## 3.2 Cobol

### 3.2.1 Entstehung von Cobol

Die Entstehungsgeschichte von Cobol geht bis in das Jahr 1959 zurück. Zu dieser Zeit wurde noch weitgehend in Assemblersprachen programmiert. Im mathematisch-naturwissenschaftlichen Bereich setzte gerade die Verbreitung von Fortran ein.

Computerhersteller und Anwender hatten bereits die Notwendigkeit erkannt, auch kommerzielle Problemlösungen durch höhere Programmiersprachen zu erleichtern, die besonders die Verarbeitung großer Datenbestände und die Ein-/Ausgabe unterstützen. Aus diesem Grund waren in der zweiten Hälfte der fünfziger Jahre einzelne Sprachen entwickelt worden, von denen *Flow-matic, Aimaco* (*Air materiel command* der US Air Force) und *Comtran* (*Comm*ercial *tran*slator) die bekanntesten sind. Diese Sprachen waren noch auf spezielle Anlagen zugeschnitten: Flow-matic und Aimaco auf Univac-Anlagen, Comtran auf einen IBM-Typ.

Im Frühjahr 1959 trat eine Arbeitsgruppe von Computerfachleuten an der University of Pennsylvania zusammen und regte an, auf der Grundlage der vorhandenen Sprachen eine neue, problemorientierte Programmiersprache für kommerzielle Anwendungen zu entwickeln. Diese Sprache sollte maschinenunabhängig sein. Auf der Suche nach einem Sponsor für die Sprachentwicklung wurde das amerikanische Verteidigungsministerium gewonnen.

Anläßlich eines vom Pentagon veranstalteten Treffens im Mai 1959, zu dem Vertreter von Herstellern sowie von privaten und öffentlichen Anwendern eingeladen wurden, entstand das *Codasyl*-Komitee (*C*onference on *da*ta *s*ystems *l*anguages). Dieses Komitee setzte einen Ausschuß ein, der die bereits existierenden kommerziellen Sprachen untersuchen und die neue Sprache entwickeln sollte[9].

Der Ad-hoc-Charakter der Entstehung von Cobol zeigte sich in den folgenden Monaten. Es wurden drei Komitees gebildet: Ein kurzfristiges, das innerhalb von drei Monaten die Vorläufersprachen aufarbeiten und Sprachvorschläge unterbreiten sollte; ein mittelfristiges, dem die Definition einer „Interimssprache" in einem Zeitraum von zwei Jahren oblag; und ein langfristiges, das die „endgültige" Version der Sprache entwickeln sollte.

Diese Konzeption wurde aber nie verwirklicht. Es blieb im wesentlichen dabei, daß das kurzfristige Komitee nach einem Vierteljahr einen Sprachentwurf vorlegte und diesen nach einer Verlängerung um weitere drei Monate überarbeitete und aufpolierte. Damit lag die erste Version der Sprache fest. Mit Blickrichtung auf das Anwendungsgebiet erhielt sie den Namen *Cobol* (*C*ommon *b*usiness *o*riented *langua*ge). In der hastigen Entwicklung dürften sicherlich einige Ursachen für zahlreiche Ungereimtheiten liegen, die der Sprache auch heute noch anhaften.

Die erste Sprachbeschreibung für Cobol wurde 1960 veröffentlicht. Zwei Firmen entwickelten Übersetzer für ihre Anlagen (Univac und RCA). Nach einer vollständigen Überarbeitung entstand ein Jahr später eine neue Sprachversion, die den Namen *Cobol-61* erhielt. Sie war mit ihrem Vorgänger nicht kompatibel.

Cobol-61 bildete die Grundlage für alle späteren Sprachversionen. Zahlreiche Komponenten, die gerade in der kommerziellen Datenverarbeitung notwendig sind (z. B. Sortieren, Listengenerierung), wurden etwas später in die Sprache integriert, die nun *Cobol-61 Extended* hieß.

Signifikante Erweiterungen wurden nochmals 1965 vorgenommen. Dabei kamen insbesondere Sprachelemente für die Verarbeitung von Massendaten auf anderen externen Speichern als Magnetbändern hinzu. Auch seitdem werden noch ständig Modifikationen und Erweiterungen der Sprache durchgeführt. Den jeweils neuesten Stand veröffentlicht das Codasyl-Komitee im Abstand von drei Jahren.

Die diversen Sprachversionen wurden von den Übersetzern nie im vollen Umfang berücksichtigt. Cobol-Implementierungen verschiedener Hersteller wiesen

---

9 Eine Beschreibung der Entstehungsgeschichte von Cobol aus erster Hand findet man bei Sammet (1969), S. 330 ff.; vgl. auch ANSI (1974), S. XIV-1 ff.

schon von Anfang an große Unterschiede auf. Die Notwendigkeit einer Vereinheitlichung wurde recht bald erkannt. Bereits im Januar 1963 konstituierte sich ein Komitee der amerikanischen Normenorganisation ANSI, das die Standardisierung von Cobol betreiben sollte[10]. Auf der Basis von Cobol-61 wurde in Zusammenarbeit mit anderen Normenorganisationen, insbesondere der ECMA (European Computer Manufacturers Association), 1968 ein Sprachstandard als *USA Standard Cobol* verabschiedet[11].

Schon unmittelbar nach der Veröffentlichung wurde mit der Revision des Standards begonnen. Im Jahre 1974 erschien dann ein neuer Sprachstandard unter dem Namen *ANS Cobol*. Er ist im wesentlichen aufwärtskompatibel mit der früheren Version, enthält aber zahlreiche teils kleinere, teils substantielle Veränderungen. Ein spezieller Mangel des Standards ist darin zu sehen, daß die früher von den meisten Übersetzern akzeptierten sekundären Eingangsstellen in Unterprogramme (Entries) nicht aufgenommen wurden. Dies widerspricht - wie vieles andere - neueren Erkenntnissen der Softwaretechnologie und behindert vor allem die Verwirklichung des Datenabstraktionsprinzips erheblich[12].

Während der Standard von 1968 zwar bekannt, aber von den gängigen Übersetzern nicht eingehalten wurde, kann der Standard von 1974 als weithin akzeptiert gelten. Die meisten Übersetzer orientieren sich heute an ANS Cobol oder zumindest an einer Teilmenge davon. Deshalb wird im weiteren auf diese Version von Cobol Bezug genommen. Ein neuer Standard befindet sich seit längerer Zeit in Bearbeitung und wird schon seit mehreren Jahren erwartet. Seine Verabschiedung steht jedoch noch aus.

Die kurze Darstellung der Entwicklungsgeschichte verdeutlicht, daß Cobol ähnlich wie Fortran, eine sehr alte Sprache ist. Die auch heute noch zugrundeliegende Sprachstruktur geht im wesentlichen auf Cobol-61 zurück. Daraus erklären sich zahlreiche Elemente, die aus heutiger Sicht als mangelhaft angesehen werden.

Dennoch ist Cobol immer noch die weltweit am stärksten verbreitete höhere Programmiersprache[13]. Für diese Beliebtheit lassen sich hauptsächlich drei Gründe vermuten:

(1) Die Unternehmen haben viel in die Ausbildung von Programmierern sowie in Methodik und Hilfsmittel der Softwareeentwicklung in Cobol investiert. Auch die Programmierer neigen dazu, die einmal erlernte Sprache beizubehalten.

(2) In der Praxis befinden sich sehr viele Cobol-Programme und Programmsysteme im Einsatz. Ganze Rechenzentren werden in Cobol „betrieben". Deshalb ist es naheliegend, auch Erweiterungen und Neuentwicklungen in Cobol durchzuführen; das Umsteigen auf eine andere Sprache kann dagegen mit hohen Umstellungskosten verbunden sein.

---

10 Die amerikanische Normenorganisation trug damals noch den Namen ASA (American Standards Organization); sie wurde später in USASI (USA Standards Institute) und 1969 in ANSI (American National Standards Institute) umbenannt. Aus diesem Grund findet man auch z.T. einen unterschiedlichen Vorspann bei Sprachnamen, etwa USASI Cobol, ASA Fortran, ANS Cobol.

11 Vgl. zur Geschichte der Cobol-Standardisierung ANSI (1974), S.XIV-6ff.

12 Vgl. dazu auch 4.3.1

13 Die gegenwärtige Situation wird treffend von Schnupp in seinem Artikel „Ist Cobol unsterblich?" charakterisiert; vgl. Schnupp (1978), S.28ff.

(3) Neuere Programmiersprachen sind häufig noch nicht völlig ausgereift und bieten in wichtigen Bereichen zu wenig Unterstützung. Zwar sind die Strukturierungshilfen und die Verbalisierungsmöglichkeiten im allgemeinen zufriedenstellend. Der Bereich der Dateiverarbeitung und der Ein-/Ausgabe, der für die kommerzielle Datenverarbeitung von herausragender Bedeutung ist, wird dagegen meist nur unzureichend unterstützt.

## 3.2.2 Sprachkonzepte von Cobol

### 3.2.2.1 Textgestaltung und statische Programmstruktur

Grundlegende Entwurfsziele bei der Entwicklung von Cobol waren vor allem die Portabilität und die Verständlichkeit der Programme. Zum einen sollten Cobol-Programme weitgehend maschinenunabhängig sein. Zum andern wurde die Lesbarkeit des Programmtexts wie in kaum einer anderen Sprache als dominierende Anforderung für den Sprachentwurf angesehen. Damit sollte zugleich das Erlernen der Sprache erleichtert und der Computereinsatz, insbesondere das Formulieren von Problemlösungen, einem breiteren Benutzerkreis nahegebracht werden.

Ob diese letzteren Ziele tatsächlich erreicht wurden, mag man bezweifeln. Sie erklären jedoch, weshalb in Cobol eine starke Anlehnung an die (englische) Umgangssprache realisiert wurde.

In diesem Abschnitt sollen einige grundlegende Sprachkonzepte skizziert werden, die unmittelbar mit den Zielen Verständlichkeit und Portabilität zusammenhängen.

### (1) Ausgeprägte Verbalisierung

Ein Cobol-Programm weist gewisse Ähnlichkeit mit einem Prosatext auf. Wie keine andere Sprache erlaubt bzw. verlangt Cobol eine extensive Verbalisierung. So wird z.B. jeder Befehl mit einem Verb eingeleitet. Sogar für die einzelnen Grundrechenarten stehen Befehlswörter (add, subtract etc.) zur Verfügung.

Entsprechend großzügig sind die Regeln zur Namensgebung. Für häufig verwendete Konstante existieren ausgeschriebene Formen, z.B. zero für Null oder spaces für Zwischenräume (sog. figurative Konstante).

Auch logische Operatoren und Vergleichsoperatoren können ausgeschrieben werden (z.B. greater statt >). Zur weiteren Anpassung an einen geschriebenen Text sind an vielen Stellen sog. Füllwörter zulässig (z.B. kann statt greater auch greater than oder is greater than verwendet werden).

### (2) Programmgliederung

Die statische Struktur eines Cobol-Programmes ist weitgehend vorgegeben und relativ starr. Jedes Programm besteht aus vier Hauptteilen:

- Erkennungsteil (identification division)
- Umgebungsteil (environment division)

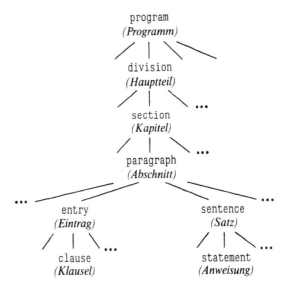

```
                            program
                           (Programm)
                        /     |     \
                         division
                         (Hauptteil)
                       /    |    \  ...
                        section
                        (Kapitel)
                      /    |    \  ...
                       paragraph
                       (Abschnitt)
        ...  _____/                _____  ...
            entry                          sentence
           (Eintrag)                        (Satz)
           / | \ ...                        / | \ ...
```

**Abb. 3.2.** Statische Programmstruktur
(Begriffshierarchie)

clause
*(Klausel)*

statement
*(Anweisung)*

- Datenteil (data division)
- Prozedurteil (procedure division)

Die Teile können in Kapitel gegliedert werden, diese wiederum in Abschnitte (Paragraphen). Die Abschnitte enthalten Sätze, die ihrerseits aus Anweisungen bestehen, oder sie enthalten Einträge, die sich aus Klauseln zusammensetzen. Man findet also eine Hierarchie von Begriffen vor, die an den Aufbau eines Buchs erinnert. Abbildung 3.2 verdeutlicht die Zusammenhänge.

**(3)  Isolierung des maschinenabhängigen Teils**

Maschinenabhängige (bzw. betriebssystemabhängige) Elemente eines Cobol-Programms werden prinzipiell im Umgebungsteil zusammengefaßt. Dieser besteht aus einem Kapitel, das die Hardwareausstattung beschreibt (configuration section), und einem Kapitel, das gerätebezogene Merkmale der verwendeten Dateien und Angaben für den Datentransfer zwischen Programm und externen Geräten festlegt (input-output section).

Die aus Portabilitätsgründen sehr sinnvolle Trennung maschinenabhängiger Sprachelemente von maschinenunabhängigen und deren Zusammenfassung in der environment division wird allerdings nicht konsequent durchgehalten. Angaben zum Dateiaufbau, die eindeutig anlagenabhängig sind, müssen nämlich auch im Datenteil gemacht werden (z. B. zur Blockung von Datensätzen, zu Dateietiketten etc.). Bei der Beschreibung von Programmdaten findet man ebenfalls maschinen- bzw. herstellerbezogene Details; darauf wird später noch hingewiesen.

**4)  Trennung von Datenbeschreibung und Algorithmus**

Die Beschreibung aller im Programm verwendeten Daten erfolgt in einem separaten Hauptteil, der data division, während die Darstellung des Algorithmus in einem anderen Hauptteil, der procedure division, angesiedelt ist. Diese Trennung dient prinzipiell der Übersichtlichkeit[14]. Sie kann das Verständnis bei größeren Programmen allerdings auch erschweren, da sie gegen die Lokalitätsforderung verstößt; Daten und bearbeitende Anweisungen liegen nämlich eventuell weit auseinander.

Die in der data division vereinbarten Daten sind im ganzen Programm global bekannt. Der Gültigkeitsbereich kann innerhalb eines Programms nicht beschränkt werden.

Die Beschreibung der Daten erfolgt in zwei unterschiedlichen Kapiteln, denen die Aufteilung des vom Programm adressierbaren Speichers zugrunde liegt! Die „normalen" Vereinbarungen werden im Arbeitsspeicherkapitel (working-storage section) vorgenommen. Die mit der Ein-/Ausgabe – genauer: mit dem Datentransfer zwischen Programm und Dateien auf Ein-/Ausgabegeräten oder externen Speichern – verbundenen Daten müssen dagegen im Dateikapitel (file section) vereinbart werden. Dort erfolgt nämlich die Beschreibung der Eingabe- und Ausgabepuffer! Für die Datendefinitionen in den beiden Kapiteln gelten zum Teil sehr unterschiedliche Regeln.

**(5) Statische Gliederung des algorithmischen Teils**

Die Darstellung des Algorithmus erfolgt in einem eigenen Hauptteil, der procedure division. Für diesen Hauptteil stehen prinzipiell die gleichen Strukturierungsmittel wie für die anderen Teile zur Verfügung: Kapitel (section) und Abschnitte (paragraph). In der Cobol-Terminologie werden Kapitel und Abschnitte der procedure division auch als „Prozeduren" bezeichnet. Diese Benennung ist jedoch irreführend und weicht vom Sprachgebrauch der Informatik ab.

Kapitel und Abschnitte sind weitgehend nur statische Strukturierungsmittel. Zur übersichtlichen Aufgliederung des Programmtexts eignen sie sich hervorragend. Sie erfüllen jedoch aus verschiedenen Gründen nicht die Anforderungen, die üblicherweise an eine Prozedur gestellt werden.

Einmal besitzen die sogenannten Prozeduren keinen eigenen Datenraum. Unter Punkt (4) wurde bereits darauf hingewiesen, daß alle Datenvereinbarungen in der data division erfolgen müssen. Sie sind dann in der ganzen procedure division global bekannt. Der Gültigkeitsbereich kann nicht auf ein bestimmtes Kapitel oder einen Abschnitt beschränkt werden. Eine Parametrisierung der Prozeduren ist ebensowenig möglich.

Besonders gravierend ist es, daß eine Prozedur auf beliebige Weise angesteuert werden kann, z.B. durch einen Sprungbefehl, einen Prozeduraufruf, aber auch einfach dadurch, daß bei der sequentiellen Programmausführung der Ablauf auf den Prozeduranfang stößt! Abbildung 3.3 zeigt dies an einem Beispiel. Wenn der Kontrollfluß prozedur-1 durchläuft, dann gelangt prozedur-2 zunächst durch den „normalen" Unterprogrammaufruf (perform) zur Ausführung. Danach wird sie – im Anschluß an prozedur-1 – sequentiell durchlaufen und schließlich durch den go-to-Befehl noch einmal angesteuert.

---

14 Leider bleiben die Datenbeschreibungen nicht auf die data division begrenzt. Verschiedene Angaben, die im Zusammenhang mit der Verarbeitung von Dateien stehen, müssen auch im Umgebungsteil gemacht werden (z.B. Name des Satzschlüssels bei Direktzugriff).

```
procedure division.
        ⋮
prozedur-1.
        ⋮
    perform prozedur-2.
        ⋮
prozedur-2.
        ⋮
prozedur-3.
        ⋮
    go to prozedur-2.
        ⋮
```

**Abb. 3.3.** Ansteuerung von Cobol-Prozeduren

Das Beispiel verdeutlicht auch den statischen Charakter der Strukturierungs-mittel. Einem Abschnitt wie prozedur-2 sieht man es zunächst überhaupt nicht an, ob er als Unterprogramm gedacht ist oder nur einen benannten, sequentiell zu durchlaufenden Programmteil darstellt.

### 3.2.2.2 Datenbeschreibung

Die Beschreibung von Daten orientiert sich in Cobol weitgehend an der externen Repräsentation; d.h., die Daten werden entsprechend ihrem äußeren Erschei-nungsbild auf einem vom Menschen lesbaren Datenträger (z.B. in gedruckter Form oder auf dem Bildschirm) beschrieben. Im Gegensatz zu den anderen Sprachen exi-stieren keine Datentypen im eigentlichen Sinne. Die Daten werden vielmehr zei-chenweise definiert; dies bedeutet, daß jede einzelne Stelle eines Datenelements für sich definiert wird.

Zur Beschreibung einer einzelnen Stelle stehen sog. Maskenzeichen zur Verfü-gung. Eine Aneinanderreihung von Maskenzeichen wird Maske (picture bzw. pic) genannt. Da nur bestimmte Kombinationen von Maskenzeichen zulässig sind, wird letztlich doch eine Beschränkung auf einige Quasi-Typen erreicht. Der Cobol-Standard definiert fünf „Datentypen":

- Der Typ *alphabetisch (Buchstabenkette)* wird durch eine Folge von Maskenzei-chen a festgelegt. Beispielsweise beschreibt

      77 monat picture a(9).

  eine Variable, die maximal 9 Buchstaben aufnehmen kann[15].

- Der Typ *alphanumerisch (Zeichenkette)* wird durch die Maskenzeichen x defi-niert. Z.B. wird mit

      77 kfz-kennzeichen picture x(11).

  eine Zeichenkettenvariable der Länge 11 vereinbart.

---

15 77 ist eine Kennzeichnung, daß es sich um eine Datenvereinbarung handelt. a(9) ist die ver-kürzte Schreibweise der 9-stelligen Maske aaaaaaaaa.

– Der Typ *numerisch* repräsentiert eine *Ziffernkette,* wie sie in 2.2.1.2 beschrieben wurde. Als Maskenzeichen dienen:

9   für eine einzelne Ziffer
v   für die gedachte Dezimalstelle
s   für ein beim Rechnen intern zu berücksichtigendes, aber extern nicht dargestelltes Vorzeichen

Eine Variable saldo, die mit

```
77 saldo picture s9(6)v99.
```

vereinbart wird, könnte dann 8-stellige, positive oder negative Werte annehmen, deren letzte beide Ziffern als Nachkommastellen interpretiert würden.

– Der Typ *numerisch editiert* beschreibt eine zu Ausgabezwecken *aufbereitete Ziffernkette.* Hier können Maskenzeichen angegeben werden, die ausschließlich der übersichtlicheren externen Darstellung einer Zahl dienen. Die Anzahl der Möglichkeiten ist sehr groß und kann hier nicht erschöpfend aufgezeigt werden. Einige der wichtigeren Maskenzeichen dienen zur Sichtbarmachung von sonst nur intern geführten Informationen, zur Einfügung zusätzlicher Zeichen oder zur Unterdrückung führender Nullen:

.   Dezimalpunkt
+   negatives oder positives Vorzeichen
b   Einfügung eines Zwischenraums
$   Voranstellung eines Dollarzeichens
z   Ziffer bzw. Zwischenraum, wenn die Ziffer eine führende Null ist

Eine druckaufbereitete Variable, die die gleichen Zahlenwerte darstellen kann wie die oben definierte Variable saldo, ließe sich z. B. vereinbaren als

```
77 druck-saldo picture +zzzbzz9.99
```

Der Zahlenwert 123456,78 würde dann als +123 456.78, der Zahlenwert 1234 als + 1 234.00 aufbereitet.

– Der selten verwendete Typ *alphanumerisch editiert* bietet die Möglichkeit, in Zeichenketten zusätzliche Zeichen – Zwischenräume, Nullen oder Schrägstriche – einzufügen.

Wie die Beschreibung der fünf Typen zeigt, sind die in 2.2.1.2 behandelten Standardtypen nur teilweise realisiert. Insbesondere existiert kein *logischer* Typ, und die numerischen Typen *ganzzahlig* und *reell* sind ebenfalls nicht vertreten. Es werden aber gewisse Ersatzkonstruktionen zur Verfügung gestellt, auf die kurz einzugehen ist.

Als Ersatz für den logischen Typ können in Grenzen die *Bedingungsnamen* betrachtet werden. Ein Bedingungsname dient dazu, einen logischen Ausdruck der Form

*variable = konstante*

mit einem Namen zu versehen. An den Stellen des Programms, an denen der logische Ausdruck überprüft wird – z. B. als Verzweigungs- oder Schleifenbedingung –, kann dann statt des Ausdrucks der Name der Bedingung geschrieben werden.

Dies soll an einem Beispiel verdeutlicht werden: Die Variable teileart diene dazu, Datensätze einer Produktionsdatenbank anhand eines Buchstabens nach Endprodukten (e), Baugruppen (b) und Einzelteilen (t) zu unterscheiden. Eine Folge von Abfragen im Programm wie

```
if teileart = 'e' perform endprodukt-verarbeitung;
    else if teileart = 'b' perform baugruppen-verarbeitung;
        else if teileart = 't' perform einzelteil-verarbeitung;
            else perform fehler-prozedur.
```

läßt sich mit Hilfe von Bedingungsnamen noch stärker verbalisieren. Bedingungsnamen müssen mit der speziellen Stufennummer 88 gekennzeichnet werden. Vereinbart man im Beispiel

```
77 teileart picture x.
    88 endprodukt value 'e'.
    88 baugruppe  value 'b'.
    88 einzelteil value 't'.
```

dann können die Bedingungsnamen endprodukt, baugruppe bzw. einzelteil statt der logischen Ausdrücke

```
teileart = 'e'
teileart = 'b'
teileart = 't'
```

geschrieben werden. Die folgende Formulierung fragt die verschiedenen Werte von teileart ab und ist mit der obigen äquivalent:

```
if endprodukt perform endprodukt-verarbeitung;
    else if baugruppe perform baugruppen-verarbeitung;
        else if einzelteil perform einzelteil-verarbeitung;
            else perform fehler-prozedur.
```

Bedingungsnamen sind ein nützliches Verbalisierungsinstrument. Den logischen Datentyp können sie jedoch nur in Grenzen ersetzen. Eine erhebliche Einschränkung liegt darin, daß andere Bedingungen als Gleichheitstests nicht benannt werden können.

Explizite numerische Typen, die zum Rechnen besser geeignet sind als der Typ „Ziffernkette", fehlen in Cobol. Sie werden jedoch gewissermaßen durch die Hintertür eingeführt. Der Cobol-Standard sieht bei der Vereinbarung von Daten des Typs „numerisch" eine Klausel vor, in der angegeben werden kann, daß die Daten zum Rechnen verwendet werden sollen. Diese Klausel heißt

```
usage is computational
```

Der Standard überläßt es dem Übersetzerbauer, eine geeignete interne Speicherungsform zu realisieren. Da viele Hersteller eine einzige Speicherungsform als nicht ausreichend ansehen, findet man zahlreiche und uneinheitliche Variationen. Sie werden meist mit

```
computational
computational-1
computational-2
        ⋮
```

bezeichnet und stehen für verschiedene interne Repräsentationsformen, z. B. für duale oder dezimal gepackte Festkommadarstellung, Gleitkommadarstellung etc. Dies sind zum Teil die gleichen Speicherungsformen wie bei den expliziten numerischen Typen integer und real!

Nach der Beschreibung der Datentypen soll nun auf die in Cobol vorgesehenen *Datenstrukturen* eingegangen werden. Alle wichtigen Datenstrukturen werden zur Verfügung gestellt: der Record, der Array sowie die Datei mit sequentiellem und mit direktem Zugriff.

## (1) Record

Die hierarchische Struktur eines Records wird durch Stufennummern zum Ausdruck gebracht. Der Recordname erhält die Stufennummer 01; die Komponenten werden durch größere Nummern entsprechend ihrer Stellung in der Hierarchie gekennzeichnet. Ein Record, der Komponente eines anderen Records ist, heißt in der Cobol-Terminologie *Datengruppe (group item)*.

Stufennummern dienen auch dazu, einfache Datenelemente von strukturierten Daten zu unterscheiden; die bereits verwendete Stufennummer 77 wird herangezogen, um einfache Datenelemente (noncontiguous data items) zu vereinbaren. Für Bedingungsnamen ist die Nummer 88 reserviert.

Das folgende Beispiel zeigt die Vereinbarung eines Records in Cobol:

```
01 artikelsatz.
   02 identifikationsdaten.
      03 satzadresse        picture 9(5).
      03 artikel-nr         picture 9(5).
      03 artikel-name       picture x(30).
   02 bestandsdaten.
      03 lagerbestand       picture 9(4).
      03 sicherheitsbestand picture 9(4).
   02 preis                 picture 9(5)v99.
```

Records sind die Datenaggregate, auf denen die Ein-/Ausgabeoperationen read und write definiert sind. Auch der Übertragungsbefehl (move) kann auf Records angewendet werden. Dabei ist ein selektives Übertragen möglich, bei dem nur namensgleiche Elemente berücksichtigt werden (move corresponding).

**(2) Tabelle**

*Tabelle (table)* ist die Cobol-Bezeichnung für einen Array. Der Aufbau einer Tabelle ist sehr stark dem Recordkonzept nachempfunden; d.h., auch Tabellen werden hierarchisch strukturiert.

Grundsätzlich hat eine Tabelle einen Namen, der sich von dem Namen der Elemente unterscheidet. Bei der Elementvereinbarung wird mit der occurs-Klausel angegeben, wieviele Elemente die Tabelle enthält. So wird etwa durch die Vereinbarung

```
01 vektor.
   02 element  picture 9(5)v9(5) occurs 30 times.
```

ein eindimensionaler, numerischer Array mit 30 Elementen vereinbart. Der Array heißt vektor, die Elemente dagegen element (1), element (2), . . . , element (30).

Die hierarchische Struktur setzt sich bei mehrdimensionalen Arrays in entsprechender Weise fort. Maximal sind drei Dimensionen zulässig. Das folgende Beispiel verdeutlicht, daß die zweidimensionale Tabelle matrix als Tabelle von Elementen aufgefaßt wird, die selbst Tabellen sind:

```
01 matrix.
   02 spalte occurs 10 times.
      03 eintrag  picture  X(12) occurs 20 times.
```

Elemente von matrix sind spalte (1) ... spalte (10); Elemente einer Spalte (i) sind eintrag (i,1) ... eintrag (i,20).

Cobol weist die merkwürdige Eigenart auf, daß zwei unterschiedliche Zugriffsformen auf Tabellenelemente realisiert sind. Diese werden als Subskribierung und Indizierung bezeichnet. Die beiden Formen unterscheiden sich ganz erheblich.

*Subskribierung* ist die Zugriffsform, die den in anderen Sprachen realisierten Formen am nächsten kommt. Als Subskripte dienen Konstante oder einfache Variable des Typs „numerisch", die einen positiven, ganzzahligen Wert haben müssen. Subskripte sind also normale Datenelemente, auf die alle für numerische Daten zulässigen Operationen angewendet werden können. Die einschneidendste Einschränkung liegt darin, daß keine Subskriptausdrücke erlaubt sind. Man kann also z.B. eintrag (1,1) oder eintrag (i,j) schreiben, aber nicht eintrag (i+1,j).

*Indizierung* ist eine Zugriffsform, die sich grundlegend von der Subskribierung unterscheidet. Der Zugriff erfolgt hier über Indices, die unmittelbar an die Tabellenvereinbarung gebunden werden. Im folgenden Beispiel stellt k einen Index dar:

```
01 namenstabelle.
   02 name  picture X(20) occurs 1000 times
                        indexed by k.
```

Der Index k ist fest mit der Tabelle assoziiert. Er wird in Cobol nicht als ein Datenelement betrachtet und vereinbart. Dies bedeutet, daß die normalen Operationen für numerische Daten auf Indices nicht zulässig sind! Ein Index kann nur mit speziellen Befehlen bearbeitet werden.

Trotz dieser Einschränkungen bietet die Indizierung verschiedene Vorteile. Einmal ist eine relative Indizierung durch Addition oder Subtraktion einer ganzen Zahl möglich (z. B. name (k-2)). Darüber hinaus existieren spezielle Sprachelemente zum Durchsuchen einer Tabelle. Darauf wird in 3.2.2.3 eingegangen.

### (3) Sequentielle Datei

Eine Datei ist in Cobol als Sammlung von Records definiert. Die Organisationsform (d. h. die logische Anordnung der Datensätze) und die Zugriffsart müssen in der input-output section des Umgebungsteils definiert werden. Der Aufbau der Datensätze, aus denen die Datei besteht, wird dagegen in der file section des Datenteils beschrieben.

Die Zusammenhänge sollen hier nur kurz an einem Beispiel skizziert werden. Für eine ausführlichere Behandlung der Thematik muß auf die Literatur verwiesen werden[16].

```
environment division.
 :
input-output section.
file-control.
    select bewegungsdatei, assign to xxxxxx,
                          organization is sequential,
                          access mode is sequential.
 :
data division.
file section
fd  bewegungsdatei, label record is omitted,
                          data record is bewegungssatz.
01  bewegungssatz.
    02 artikel-nr  picture 9(5).
    02 menge       picture 9(4).
    02 datum       picture X(6).
 :
```

*Erläuterung:* Durch den select-Eintrag wird eine Datei spezifiziert, die im Cobol-Programm unter dem Namen bewegungsdatei angesprochen werden kann; *xxxxxx* steht für den Namen, unter dem die Datei von dem Datenverwaltungssystem des Betriebssystems geführt wird. Mit der organization-Klausel wird eine sequentielle Anordnung der Datensätze definiert. Die Zugriffsart (access mode) zu diesen Datensätzen ist ebenfalls sequentiell.

Durch den Eintrag fd („file description") im Datenteil wird die Verbindung zwischen dem Dateinamen (bewegungsdatei) und dem Namen der Datensätze (bewegungssatz), aus denen die Datei besteht, hergestellt[17].

---

16 Vgl. z. B. ANSI (1974), Kapitel IV; Kähler (1980), S. 186 ff.
17 Die Klausel label record is omitted besagt, daß kein Dateietikett verwendet wird. Konzeptionell wäre diese Angabe sinnvoller in der input-output section angesiedelt!

**(4) Relative Datei**

Cobol sieht zwei Dateitypen vor, die den Direktzugriff erlauben. Beim ersten Typ, dessen Organisationsform als relative Organisation bezeichnet wird, sind den Datensätzen fortlaufende Positionsnummern zugeordnet. In einer Datei mit n Sätzen hat der erste Satz die Nummer 1, der n-te Satz die Nummer n. Durch Angabe der Satznummer kann beim Lesen oder Schreiben direkt auf einen bestimmten Satz zugegriffen werden.

Auch hier soll nur ein kurzes Beispiel gegeben werden. Die Dateieigenschaften sind wie bei der sequentiellen Datei teils in der environment division, teils in der data division aufzuführen. Das Beispiel beschreibt eine Datei, die im Programm unter dem Namen stammdatei angesprochen werden kann; *yyyyyy* steht für den Betriebssystemnamen der Datei. Neben der Organisationsform und der Zugriffsart enthält der select-Eintrag nun eine weitere Klausel, die den Namen des Satzschlüssels festlegt. Im Beispiel ist dies die Variable satzindex. Ihr Wert dient beim Lesen oder Schreiben als Positionsnummer zum Auffinden des gewünschten Satzes.

```
environment division.
  ⋮
input-output section.
file-control.
    select stammdatei, assign to yyyyyy,
                       organization is relative,
                       access mode is random,
                       relative key is satzindex.
  ⋮
data division.
file section.
fd  stammdatei, label record is omitted,
                data record is stammsatz.
01  stammsatz.
     ⋮
```

Grundsätzlich kann auf eine relativ organisierte Datei auch sequentiell zugegriffen werden. Statt der Zugriffsart random braucht nur sequential angegeben zu werden, und die Klausel relative key entfällt. Auch die Verwendung beider Zugriffsarten innerhalb eines Programms ist zulässig. In diesem Fall muß

```
    access mode is dynamic
```

vereinbart werden.

**(5) Index-sequentielle Datei**

Als zweiten Dateityp für direkten Zugriff stellt Cobol die index-sequentielle Datei *(indexed file)* zur Verfügung. Für den Benutzer unterscheidet sich diese Organisationsform von der relativen Organisation vor allem dadurch, daß nicht Positionsnummern, sondern Datenelemente des Typs „Zeichenkette" als Satzschlüssel dienen.

Dies ist besonders von Vorteil, wenn die Datensätze bereits Ordnungsbegriffe aufweisen, die auch Buchstaben oder Sonderzeichen enthalten. Die Ordnungsbegriffe können dann direkt als Satzschlüssel herangezogen werden.

Die Bezeichnung „index-sequentielle Organisation" ist darauf zurückzuführen, daß die Speicherung der Datensätze sequentiell erfolgt. Die Zuordnung der alphanumerischen Satzschlüssel zu den Datensätzen in der Datei realisiert das Betriebssystem intern mit Hilfe sogenannter Indextabellen. Dem Zugriff auf einen Datensatz geht also zunächst eine Suche in den Indextabellen voraus, bei der anhand des Satzschlüssels die physische Speicheradresse ermittelt werden muß. Deshalb ist der Zugriff zeitaufwendiger als bei der relativen Organisationsform.

Im folgenden Beispiel wird angenommen, daß die Datensätze der Datei `material-datei` zehnstellige Ordnungsbegriffe(`material-nr`) enthalten, die sowohl aus Buchstaben als auch aus Ziffern bestehen, z.B. ‚st12345alu'. Die im `materialsatz` vereinbarte `material-nr` wird gleichzeitig als Satzschlüssel in der `record-key`-Klausel definiert:

```
environment division.
  :
input-output section.
file-control.
    select materialdatei, assign to zzzzzz,
                          organization is indexed,
                          access mode is random,
                          record key is material-nr.
  :
data division.
file section.
fd  materialdatei, label record is omitted,
                   data record is materialsatz.
01  materialsatz.
    02 material-nr   picture X(10).
    02 weitere-daten.
      :
```

Auch bei der index-sequentiellen Organisationsform kann statt des direkten Zugriffs der sequentielle bzw. der sequentielle und direkte Zugriff vereinbart werden.

Am Rande sei darauf hingewiesen, daß die index-sequentielle Organisation von manchen Betriebssystemen nicht unterstützt wird. Andererseits bieten verschiedene Cobol-Versionen weitere, anlagenspezifische Organisationsformen für Direktzugriff an. Auch die hier beschriebenen Formen werden teilweise mit anderen Sprachelementen realisiert. Dateiorganisation und Dateiverarbeitung sind die Bereiche, in denen die Standardisierung der Sprache noch am wenigsten ausgeprägt ist.

### 3.2.2.3 Weitere charakteristische Merkmale von Cobol

Zur Abrundung werden in diesem Abschnitt weitere charakteristische Eigenschaften von Cobol skizziert. Als Grundlage dient auch hier der in ANS Cobol definierte Sprachumfang.

**(1) Einige Syntaxvorschriften**

Der Aufbau einer Programmzeile ist ähnlich wie bei Fortran am Lochkartenformat orientiert. Eine Zeile wird in 4 Bereiche (areas) aufgeteilt:

- *sequence number area:* Die Spalten 1-6 können zur Zeilennumerierung verwendet werden.
- *indicator area:* Spalte 7 nimmt Zeichen zur Kennzeichnung spezieller Zeilen auf (z. B. Kommentarzeilen, Fortsetzung von Literalen).
- *area A:* In diesem Bereich (Spalte 8-11) müssen bestimmte Wörter beginnen, insbesondere die Namen der zur Strukturierung dienenden Sprachelemente (`division, section, paragraph`).
- *area B:* Der Rest der Zeile ab Spalte 12 nimmt die Sätze des Cobol-Programms auf[18]. In diesem Bereich herrscht Formatfreiheit; d. h., die Anweisungen können beliebig positioniert oder mit Zwischenräumen aufgelockert werden[19]. Eine Anweisung kann sich auch über eine beliebige Anzahl von Zeilen erstrecken, ohne daß eine besondere Markierung notwendig ist.

*Kommentare* sind stets ganze Zeilen. Eine Kommentarzeile wird durch einen Stern in der *indicator area* gekennzeichnet.

*Leerzeilen* dürfen an beliebigen Stellen des Programms auftreten.

Die Anweisungen und Einträge in den Cobol-Sätzen bestehen aus Wörtern, Interpunktionszeichen und anderen Symbolen. Zu den Wörtern zählen die Namen und die Schlüsselwörter. Die *Schlüsselwörter* sind reserviert. Diese aus Gründen der Übersichtlichkeit an sich wünschenswerte Beschränkung ist in Cobol jedoch nicht unproblematisch. Die Zahl der reservierten Wörter beträgt 300; darunter sind Wörter wie `alter`, `status`, `first` etc. Da ein Programmierer kaum in der Lage ist, sämtliche reservierten Wörter im Kopf zu behalten, kann es durchaus vorkommen, daß eines davon versehentlich als Datenname gewählt wird!

*Namen* zur Benennung von Daten und Prozeduren können mit Hilfe von (mindestens einem) Buchstaben und Ziffern gebildet werden. Zur Trennung von Wortteilen sind Bindestriche zulässig. Die maximale Länge eines Namens beträgt 30 Zeichen[20].

*Interpunktionszeichen* sind teils obligatorisch, teils optional. Jeder Satz muß grundsätzlich mit einem Punkt abgeschlossen werden. Elemente einer Aufzählung (z. B. mehrere Anweisungen in einem Satz) können durch Kommata oder Semikola strukturiert werden; diese Satzzeichen dürfen aber auch fehlen.

Die Regeln über Zeichen zur *Begrenzung* von Wörtern sind so umfangreich und z. T. verwirrend, daß auf ihre Wiedergabe hier verzichtet wird[21]. Vereinfachend können sie wie folgt umrissen werden: zur Wortbegrenzung dient der Zwischenraum oder ein Sonderzeichen in Verbindung mit einem Zwischenraum[22].

---

18 Der ANSI-Standard überläßt die rechte Begrenzung der *area B* dem Implementierer. In der Regel erstreckt sich der Bereich bis Spalte 72.
19 Zwischenräume innerhalb eines Wortes oder eines Symbols sind, anders als in Fortran, jedoch unzulässig.
20 Bei vielen Implementierungen gelten für die Namen von Programmen und Dateien jedoch andere Regeln.
21 Vgl. dazu die Regeln in ANSI (1974), S. I-75f.
22 Beispielsweise gilt das Komma als Begrenzer; es muß ihm aber ein Zwischenraum folgen!

## (2) Übersetzungseinheiten

Übersetzungseinheiten sind Hauptprogramme und Unterprogramme. Die letzteren dürfen nicht mit den in 3.2.2.1 skizzierten „Prozeduren" verwechselt werden. Cobol-Unterprogramme sind vollständige Programme mit eigenem Erkennungs-, Umgebungs-, Daten- und Prozedurteil. Ihr Aufbau gleicht weitgehend dem eines Hauptprogramms[23].

Namen, die im Datenteil eines Unterprogramms vereinbart werden, sind nur innerhalb des Unterprogramms bekannt. Durch Parametrisierung kann jedoch eine Verbindung zum rufenden Programm hergestellt werden. Dazu wird im Datenteil ein weiteres Kapitel, die linkage section, eingeführt, das die Vereinbarung der Parameter enthält.

Unterprogramme werden, anders als die sog. Prozeduren, mit einem call-Befehl aufgerufen. Eingangsstelle ist der Anfang des Prozedurteils. Sekundäre Eingangsstellen sieht der Standard – im Gegensatz zu vielen früheren Cobol-Implementierungen – nicht vor. Der Rücksprung erfolgt durch die Anweisung exit program.

## (3) Anweisungen

Cobol enthält eine größere Zahl von Anweisungen als jede andere der hier behandelten Programmiersprachen.

Die Wertzuweisung wird mit einem Übertragungsbefehl realisiert; Empfangsfeld ist die Variable $vn_2$, übertragen wird der Wert einer Variablen $vn_1$ oder eine Konstante $k$[24]:

move $vn_1$ to $vn_2$    bzw. move $k$ to $vn_2$

Grundsätzliche Typengleichheit wird nicht gefordert. Manche Typkombinationen sind jedoch verboten[25]. Der move-Befehl bietet noch weitergehende Möglichkeiten, z. B. die vollständige oder selektive Übertragung von Recordkomponenten (move corresponding).

Für die Grundrechenarten existieren die eigenständigen Befehle add, subtract, multiply und divide. Ihre Formate sind derart aufgebläht, daß von einer Wiedergabe Abstand genommen wird. Auf diese Befehle kann auch weitgehend verzichtet werden, da ein spezieller Befehl zur Berechnung arithmetischer Ausdrücke zur Verfügung steht:

compute $vn$ = ausdruck

Auch das Format des compute-Befehls enthält eine Reihe von Optionen, deren nähere Ausführung hier unterbleiben muß.

---

23 Im ANSI-Standard taucht deshalb der Begriff „Unterprogramm" gar nicht auf. Dort ist stets nur von „Programmen" die Rede.

24 Die Begriffe „Variable" und „Konstante" tauchen in der Cobol-Sprachbeschreibung nicht auf; statt dessen wird von „Bezeichnern" oder „Datennamen" bzw. von „Literalen" gesprochen. Die Begriffe werden hier dennoch verwendet, um die Darstellung der Programmiersprachen in diesem Kapitel zu vereinheitlichen.

25 Die Kombinationsregeln findet man in ANSI (1974), S. II-76.

Die direkte Ein-/Ausgabe von Daten über ein implementationsabhängig festgelegtes Standardgerät – bei Dialogbetrieb ist dies regelmäßig das Terminal – wird mit Hilfe der Anweisungen

```
accept  vn
display  d₁, d₂, ..., dₙ
```

durchgeführt ($d_i$ steht für einen Variablennamen oder eine Konstante). Bei der Ausgabe erfolgt keine Aufbereitung der Daten. Da die Daten in Cobol grundsätzlich in ihrer externen Darstellung beschrieben sind, werden sie auch unverändert ausgegeben.

Zur Ein-/Ausgabe aus bzw. in Dateien sind die Anweisungen

```
read
write
```

vorgesehen. Die Objekte der Datenübertragung stellen stets *Records* dar. Fehler- und Ausnahmesituationen, Vorschub bei Druckdateien u. a. werden durch weitere Klauseln in den Befehlsformaten behandelt. Neben den Anweisungen read und write stehen auch die üblichen Dateioperationen

```
open
close
delete
rewrite
```

für entsprechend vereinbarte Dateitypen zur Verfügung.

Die Steueranweisungen werden nachfolgend in einem gesonderten Punkt dargestellt.

**(4) Steueranweisungen**

Der Prozedurteil eines Cobol-Programms ist statisch in Kapitel, Abschnitte, Sätze und Anweisungen gegliedert. Dies sind folglich auch die Objekte, auf welche die Steueranweisungen Bezug nehmen. Im einzelnen stehen folgende Möglichkeiten zur Verfügung.

- Die if-Anweisung erlaubt eine *If-then-else-Konstruktion,* in der das Wort then allerdings nicht auftaucht:

    if *bedingung; anweisung₁;* else *anweisung₂.*

Wenn die *bedingung* erfüllt ist, wird *anweisung₁* ausgeführt, sonst *anweisung₂.* Die beiden Anweisungen dürfen auch jeweils aus mehreren Anweisungen bestehen, so daß in beiden Zweigen eine Sequenz realisiert werden kann[26]. Das gesamte if-Konstrukt wird durch den Satzpunkt des Satzes beendet, welcher die if-An-

---

26 Diese Möglichkeit mag zunächst verwundern, da sie unvereinbar mit der Syntax der if-Anweisung erscheint. Die Cobol-Väter retteten sie jedoch durch die erstaunliche Definition dessen, was in Cobol als (unbedingte) Anweisung gilt: „An imperative statement may consist of a sequence of imperative statements" (vgl. ANSI (1974), S. I-120)!

weisung enthält[27]. Dies hat verschiedene, unangenehme Nebenwirkungen, auf die unter (5) noch hingewiesen wird. Eine unmittelbare Folge ist, daß der Falsch-Zweig nur durch den Satzpunkt beendet werden kann. Der Wahr-Zweig ist beendet, wenn das Schlüsselwort else oder – bei Fehlen des else-Teils – der Satzpunkt folgt. Zum Überspringen eines Zweigs darf statt der *anweisung₁* oder der *anweisung₂* auch next sentence geschrieben werden.

- Die go-to-Anweisung bewirkt einen Transfer des Kontrollflusses zu der mit $p_1$ bezeichneten Prozedur:

  go to $p_1$

  Das Sprungziel $p_1$ ist also der Kopf eines Kapitels oder eines Paragraphen[28].

- Die Anweisung go to ... depending on realisiert einen ähnlichen Kontroll-flußtransfer wie der berechnete Sprung in Fortran. Wenn *i* eine als ganzzahlig vereinbarte, numerische Variable (d.h. ohne Nachkommastellen) und $p_1 \ldots p_m$ Prozedurnamen darstellen, dann erfolgt aufgrund der Anweisung

  go to $p_1, p_2, \ldots, p_m$ depending on $i$

  ein Sprung zu der Prozedur $p_k$, falls der Wert von *i* gleich *k* ist *(k=1, ..., m).*

- Die perform-Anweisung spielt eine zentrale Rolle bei der Ablaufsteuerung. Sie existiert in zahlreichen Varianten. Insbesondere wird sie zu Schleifenkonstruktionen herangezogen, da Cobol keine expliziten While-, Until-, Zähl- oder Cycle-Schleifen zur Verfügung stellt. Dabei ist zu beachten, daß der Schleifenrumpf immer ausgelagert werden muß; $p_1$ und $p_2$ sind auch im folgenden die Namen von Prozeduren (Kapiteln bzw. Paragraphen).

• perform $p_1$

bewirkt die einmalige Ausführung der Prozedur $p_1$ im Sinne eines Unterprogrammaufrufs.

• perform $p_1$ $j$ times

realisiert eine Zählschleife in der Form, daß $p_1$ genau *j* Male ausgeführt wird; *j* steht für ein numerisches Literal oder eine Variable mit positivem, ganzzahligem Wert.

• perform $p_1$ until *bedingung*

dient zur Formulierung einer abweisenden Schleife. Die Prozedur $p_1$ gelangt immer wieder zur Ausführung, bis die *bedingung* eintritt. Entgegen der durch das Schlüsselwort until nahegelegten Bedeutung handelt es sich jedoch nicht um ei-

---

27 Die beiden Semikola sind im übrigen optional und dienen nur der Lesbarkeit.

28 Der Vollständigkeit halber sei auf ein Sprachelement hingewiesen, das bewußt in eine Fußnote verbannt wird. Cobol gestattet die dynamische Manipulation von Sprungzielen während der Programmausführung. Mit Hilfe der alter-Anweisung kann ein im go-to-Befehl angegebenes Sprungziel verändert werden. Der (statische) Programmtext weist dann ein anderes Sprungziel aus, als (dynamisch) tatsächlich angesteuert wird. Von der Verwendung der alter-Anweisung wird dringend abgeraten, da sie der Programmverständlichkeit diametral entgegensteht!

ne Schleife mit Postcheck, sondern um eine Schleife mit Precheck (Vorabprüfung der Bedingung). Diese Schleifenform ist also einer While-Schleife mit negierter Bedingung äquivalent!

- `perform` $p_1$ `varying` $l$ `from` $r$ `by` $q$ `until` *bedingung*

stellt eine Schleifenart dar, bei der mit jedem Durchlauf eine Kontrollvariable $l$ assoziiert ist; $r$ und $q$ sind ganzzahlige, positive Datenelemente (Konstante oder Variable), die den Anfangswert und die Schrittweite wie bei einer Zählschleife spezifizieren. Die Schleife ist jedoch nur dann mit einer Zählschleife identisch, wenn die *bedingung* in Bezug auf die Kontrollvariable $l$ formuliert wird. Die Cobol-Syntax verlangt dies nicht!

Die der Zählschleife ähnelnde Form kann dahingehend ausgebaut werden, daß mehrere Kontrollvariable (maximal 3) im Sinne einer geschachtelten Schleifenkonstruktion geführt werden. Zur Verdeutlichung der Schachtelung seien die obigen Symbole $l, r, q$ sowie *bedingung* mit den Indices 1, 2 bzw. 3 versehen.

- `perform` $p_1$ `varying` $l_1$ `from` $r_1$ `by` $q_1$ `until` *bedingung*$_1$
      `after` $l_2$ `from` $r_2$ `by` $q_2$ `until` *bedingung*$_2$
      `after` $l_3$ `from` $r_3$ `by` $q_3$ `until` *bedingung*$_3$

realisiert dann ein Konstrukt, das sinngemäß in Struktogramm-Notation in Abbildung 3.4 wiedergegeben ist.

Mit dieser Aufzählung sind die Variationen der `perform`-Anweisung noch nicht erschöpft. Bei jeder Form kann statt des Prozedurnamens $p_1$ auch eine `through`- (*bzw.* `thru`-) Klausel mit einem zweiten Prozedurnamen $p_2$ stehen:

$p_1$ `thru` $p_2$

Dies bewirkt, daß alle im Programmtext statisch zwischen $p_1$ und $p_2$ liegenden Prozeduren (einschließlich $p_1$ und $p_2$) unter der jeweiligen Bedingung ausgeführt werden.

Angesichts dieser Vielzahl von Möglichkeiten sind Stilregeln zur sinnvollen Verwendung der `perform`-Anweisung dringend erforderlich. Darauf wird in Kap. 4 eingegangen.

- Die `exit`-Anweisung ist eine Leeranweisung (wie die `continue`-Anweisung in Fortran). Sie muß in einem eigenen Paragraphen als einzige Anweisung stehen und dient ausschließlich dazu, eine bestimmte Stelle im Programm mit einem

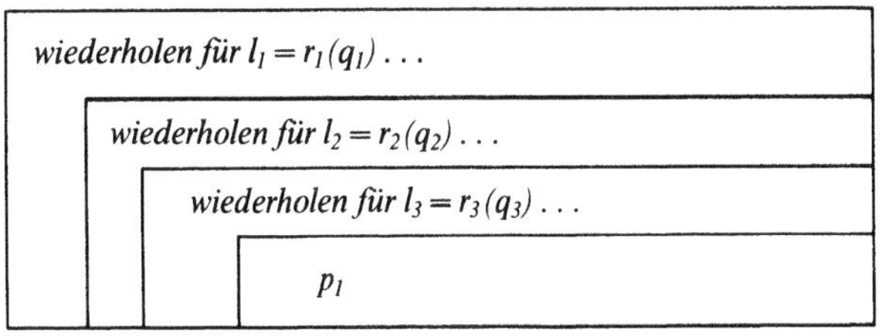

**Abb. 3.4.** Schachtelungsstruktur bei `perform` ... `after` ...

Prozedurnamen zu versehen. Wenn p-name einen Paragraphennamen repräsentiert, dann kann auf die mit

```
p-name.
    exit.
```

bezeichnete Stelle z. B. in einer go-to- oder perform-thru-Anweisung Bezug genommen werden. Die exit-Anweisung selbst hat entgegen ihrem suggestiven Namen keine Wirkung; insbesondere veranlaßt sie nicht den Ausgang aus einer Prozedur!

- Die stop-Anweisung bewirkt das sofortige Ende der Programmausführung. Sie hat die Form:

```
stop run.
```

Anweisungen zur Ablaufsteuerung sind auch die bereits erwähnten Anweisungen call und exit program, die zum Aufruf bzw. zum Verlassen eines getrennt übersetzten Unterprogramms dienen. Unterprogramme, die in anderen Sprachen als Cobol geschrieben sind, können grundsätzlich mit einer enter-Anweisung aktiviert werden; diese Möglichkeit ist jedoch in starkem Maße implementationsabhängig.

Mit dieser Übersicht sind die den Programmablauf beeinflussenden Sprachelemente noch keineswegs erschöpft. Bislang wurden Anweisungen dargestellt, die explizit zur Ablaufsteuerung herangezogen werden. Darüber hinaus existieren sogenannte *bedingte Befehle*, bei denen als Nebeneffekt unter Umständen ebenfalls ein Transfer des Kontrollflusses erfolgt.

Die meisten bedingten Befehle entstehen dadurch, daß einem unbedingten Befehl eine Bedingungsklausel zur Überprüfung von Ausnahmesituationen angefügt wird. Hauptsächlich gilt dies für die arithmetischen Befehle (add, subtract, multiply, divide, compute) und die Ein-/Ausgabebefehle (read, write u.a.).

Da der Programmierer in Cobol die Größe einer Zahl bei der Vereinbarung (in Form der Ziffernanzahl) selbst abschätzen muß, sind Irrtümer unvermeidlich. Bei arithmetischen Operationen kann es leicht zu einem Überlauf kommen. Die Klausel

    on size error *unbedingte Anweisung*[29]

dient zum Abfangen dieses Fehlerfalls. Sie wird an einen arithmetischen Befehl angehängt, z. B.:

```
multiply a by b; on size error perform fehlerbehandlung.
```

In Ein-/Ausgabeanweisungen kann man einen unzulässigen Schlüsselwert (bei Direktzugriff) mit der Klausel invalid key oder das Dateiende (bei sequentiellem Lesen) mit der Klausel at end abfragen, z. B.:

```
read stammdatei; at end perform abschluss-prozedur.
```

---

29 Dies kann auch eine Sequenz sein; vgl. Fußnote 26 auf S. 59.

**(5) Spezielle Leistungen für die kommerzielle Datenverarbeitung**

Die Programmiersprache Cobol wurde mit dem Ziel entwickelt, Anwendungen im kommerziell-administrativen Bereich zu unterstützen. Diese Ausrichtung schlägt sich in der ganzen Sprachstruktur nieder. Die Behandlung großer Datenmengen wird erleichtert. Für numerische Probleme wird dagegen keine Unterstützung geboten; Cobol besitzt z. B. keine eingebauten mathematischen Funktionen wie andere Sprachen.

Das Übertragen, Anordnen und Auffinden von Daten sind die Vorgänge, die in Cobol als besonders wichtig betrachtet werden. Die Möglichkeiten der Ein-/Ausgabe, der externen Speicherung und des Zugriffs auf Dateien sind sehr stark ausgeprägt; darauf wurde bereits hingewiesen. Daneben sind aber auch speziellere Sprachelemente für bestimmte, häufig wiederkehrende Funktionen vorgesehen, vor allem für:

- Tabellensuche
- Listengenerierung
- Sortieren und Mischen

Für die *Tabellensuche* existiert ein spezieller Befehl (search), der das Auffinden eines Tabellenelements und daran geknüpfte Aktionen realisiert. Der Benutzer braucht den Suchalgorithmus also nicht selbst zu programmieren. Die Verwendung des search-Befehls setzt voraus, daß als Zugriffsform für die Tabelle die *Indizierung* gewählt wurde; d.h., die Tabellenelemente müssen mit der Klausel indexed vereinbart sein. Unsortierte Tabellen werden sequentiell durchsucht. Für sortierte Tabellen steht eine besondere Form des Befehls zur Verfügung, mit der eine effizientere als die sequentielle Art des Durchsuchens veranlaßt wird. (Der ANSI-Standard überläßt die Festlegung eines Suchalgorithmus der Implementation; in der Regel wird eine binäre Suche durchgeführt.)

Die *Listengenerierung* ist eine Aufgabe, die bereits mit den normalen Sprachelementen von Cobol relativ einfach gelöst werden kann. Da der Aufbau komplexer Drucklisten zu den häufigsten Problemstellungen im kommerziellen Bereich gehört, enthält Cobol zusätzlich einen Teil, den sog. *Report Writer,* der die Listenerzeugung weiter vereinfacht.

Der Report Writer unterstützt Druckausgaben vom Typ der Gruppenwechselprobleme[30]. Dabei wird für die gesamte Liste ein Listenkopf (report heading) und ein Listenabschluß (report footing) gedruckt, dazwischen für jede Seite ein Kopf (page heading) und ein Abschluß (page footing). Die Seiten wiederum enthalten Zwischen-Kopfzeilen und Zwischen-Abschlußzeilen (control heading und control footing), die die einzelnen Datenzeilen (detail) einrahmen. Abbildung 3.5 verdeutlicht die Zusammenhänge zwischen diesen Begriffen an einem einfachen Beispiel, in dem die Kopfzeilen jeweils nur aus einer Überschrift und die Abschlußzeilen aus einer Summe bestehen.

Die wesentliche Erleichterung durch den Report Writer liegt darin, daß der Benutzer nur noch den Aufbau der verschiedenen Zeilentypen und die Kriterien, nach denen ein Gruppenwechsel erfolgt, spezifizieren muß. Um den Gruppenwechselal-

---

30 Vgl. zu dieser Klasse von Problemen Kurbel (1983 a), S. 116 ff.

| | |
|---|---|
| report heading | *Vertreterabrechnung* |
| page heading | *Umsätze des Vertreters: Adam* |
| control heading | *Kunde:  Maier* |
| detail | *170,–* |
| detail | *210,–* |
| detail | *75,–* |
| control footing | *Summe:    455,–* |
| control heading | *Kunde:  Müller* |
| detail | *205,–* |
| detail | *220,–* |
| control footing | *Summe:    425,–* |
| page footing | *Vertretersumme:  880,–* |
| | |
| page heading | *Umsätze des Vertreters: Cäsar* |
| | ⋮ |
| report footing | *Gesamtsumme:   12 425,50* |

**Abb. 3.5.** Begriffshierarchie bei der Listengenerierung

gorithmus braucht er sich nicht zu kümmern. Dieser wird aufgrund seiner Angaben intern generiert. Der Benutzer braucht nur noch die Verarbeitung anzustoßen.

Das *Sortieren* von sequentiellen Dateien nimmt in der kommerziellen Datenverarbeitung breiten Raum ein. Sehr häufig müssen Datensätze entsprechend einem Ordnungsbegriff in eine bestimmte Reihenfolge gebracht werden, in der sie dann sequentiell verarbeitet werden können. Cobol stellt zu diesem Zweck den Befehl sort zur Verfügung. Das *Mischen* von Dateien, die bereits nach demselben Ordnungsbegriff sortiert sind, ist ebenfalls bereits vordefiniert (merge).

Der sort-Befehl bietet vielfältige Möglichkeiten. Im einfachsten Fall brauchen nur drei Dateien spezifiziert zu werden:

– die (zu sortierende) Eingabedatei
– eine Arbeitsdatei
– die (sortierte) Ausgabedatei

Die Sortierung erfolgt dann ohne weiteres Zutun des Benutzers. Darüber hinaus kann der Benutzer aber auch eigene Prozeduren zur Bearbeitung der Datensätze nach der Entnahme aus der Eingabedatei oder vor dem Eintragen in die Ausgabedatei vorsehen.

### (6) Syntaktische Anomalien

Die Cobol-Syntax ist voll von Ausnahmeregelungen, Einschränkungen und Sonderfällen, die in der weitgehend verbalen Sprachdefinition in epischer Breite aufgeführt und über das ganze Dokument verstreut sind. Auf diese Weise erreicht die Beschreibung von ANS Cobol immerhin einen Umfang von mehr als 520 Seiten!

Ein Teil der Anomalien ist darauf zurückzuführen, daß Cobol kein Terminationssymbol für algorithmische Konstrukte besitzt. Eine Prozedur wird z. B. nicht

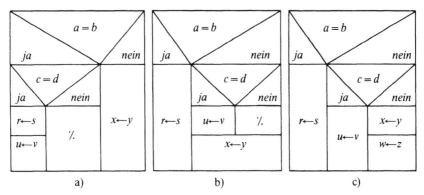

**Abb. 3.6.** Geschachtelte Verzweigungen

durch eine explizite end-Anweisung o. ä. abgeschlossen, sondern einfach dadurch, daß die nächste Prozedur beginnt. Das Fehlen eines Terminationssymbols ist besonders störend, wenn man in einer if-Anweisung oder in einer anderen „bedingten" Anweisung eine Sequenz realisieren will.

Im folgenden Beispiel mögen *sequenz-1* und *sequenz-2* für eine Reihe von Anweisungen stehen:

a) if *bedingung; sequenz-1*
b) if *bedingung; sequenz-1;* else *sequenz-2*

Es gibt keine Möglichkeit, das Ende der *sequenz-1* im Fall a) explizit zu kennzeichnen. Sie gilt vielmehr erst dann als beendet, wenn der Satzpunkt des Satzes angetroffen wird, in dem das if-Konstrukt steht. Analog verhält es sich bei der *sequenz-2* im Fall b). Daraus folgt insbesondere, daß eine solche Sequenz höchstens dann selbst wieder ein if-Konstrukt enthalten darf, wenn dahinter keine anderen Anweisungen mehr stehen. Die in Abb. 3.6 a) und b) gezeigten Konstruktionen lassen sich demnach in Cobol nicht unmittelbar ausdrücken; dagegen kann die Konstruktion c) als

```
if a = b; move s to r;
    else if c = d; move v to u;
            else move y to x;
                move z to w.
```

geschrieben werden. Analoge Probleme treten im übrigen auch bei den anderen bedingten Anweisungen auf. Will man etwa innerhalb einer durch die at-end-Klausel gesteuerten Sequenz wie in

```
read ... at end sequenz-3
```

eine Verzweigung realisieren, so stößt man prinzipiell auf die gleichen Schwierigkeiten. Auch die *sequenz-3* kann nur mit Hilfe des Satzpunktes beendet werden.

## (7) Modulare Sprachdefinition

Zum Abschluß dieses Überblicks über Cobol-Sprachkonzepte soll kurz auf den Aufbau der Sprachdefinition selbst eingegangen werden. Im Standard des American National Standards Institute ist die Sprachbeschreibung in einen Kern und funktional in 11 sogenannte *Module* gegliedert, die jeweils Teilmengen des gesamten Sprachumfangs enthalten:

- *Kern (Nucleus):* Sprachelemente für die interne Verarbeitung (interne Datenmanipulation und Ablaufsteuerung)
- *Tabellenverarbeitung (Table Handling):* Vereinbarung und Zugriff auf Tabellen, Manipulation von Indices, Tabellensuche
- *Sequentielle Ein-/Ausgabe (Sequential I-0):* Vereinbarung sequentieller Dateien und sequentieller Dateizugriff
- *Relative Ein-/Ausgabe (Relative I-0):* Vereinbarung relativ organisierter Dateien, Zugriff auf solche Dateien (sequentiell und direkt)
- *Index-sequentielle Ein-/Ausgabe (Indexed I-0):* Vereinbarung index-sequentieller Dateien, Zugriff auf solche Dateien (sequentiell und direkt)
- *Sortieren und Mischen (Sort-Merge)*
- *Listengenerator (Report Writer)*
- *Segmentierung (Segmentation):* Programmsegmentierung und Overlay-Technik
- *Bibliothek (Library):* Verwaltung von Cobol-Quelltext und Einfügen solchen Texts in ein Programm
- *Fehlerbehebung (Debug):* Verfolgung des Programmablaufs, Überwachung von Datenwerten, Aktivierung von Fehlerbehandlungsprozeduren
- *Programm-Kommunikation (Inter-Program Communication):* Kontrolltransfer zwischen getrennt übersetzten Programmen (Hauptprogramm, Unterprogramm), Parameterbehandlung
- *Kommunikation (Communication):* Erzeugung, Übermittlung und Verarbeitung von Meldungen zur Kommunikation zwischen Terminals

Der Kern sowie jedes einzelne Modul ist in zwei oder drei Stufen *(Levels)* gegliedert. Eine tiefere Stufe stellt dabei eine echte Teilmenge der höheren dar; Stufe 2 eines Moduls enthält also alle Sprachelemente der Stufe 1. Aus formalen Gründen ist für viele Module eine Stufe 0 definiert, die gleich der leeren Menge ist. Durch diesen Kunstgriff kann im ANSI-Standard eine Implementierung der Programmiersprache Cobol definiert werden als eine Kombination des Kerns und der 11 Module, jeweils in einer der zulässigen Stufen[31].

Abbildung 3.7 zeigt ein Schema des Modul- und Stufenkonzepts. Der volle Sprachumfang wird darin durch eine Zusammenfassung der jeweils höchsten Stufe jedes Moduls und des Kerns repräsentiert. Eine Teilmenge von ANS Cobol liegt vor, wenn nicht alle Module (oder der Kern) in der höchsten Stufe implementiert sind. Die Abbildung verdeutlicht auch die Minimalausstattung der Sprache: da leere Mengen definiert sind, darf von einer Cobol-Implementierung gesprochen werden, wenn mindestens der Kern sowie die Tabellenverarbeitung und die sequentielle Ein-/Ausgabe, jeweils in Stufe 1, vorhanden sind.

---

31 Vgl. ANSI (1974), S. I–4

| Nucleus (nuc) | 2 nuc | 1 nuc | |
|---|---|---|---|
| Table Handling (tbl) | 2 tbl | 1 tbl | |
| Sequential I-O (seq) | 2 seq | 1 seq | |
| Relative I-O (rel) | 2 rel | 1 rel | null |
| Indexed I-O (inx) | 2 inx | 1 inx | null |
| Sort-Merge (srt) | 2 srt | 1 srt | null |
| Report Writer (rpw) | 1 rpw | null | |
| Segmentation (seg) | 2 seg | 1 seg | null |
| Library (lib) | 2 lib | 1 lib | null |
| Debug (deb) | 2 deb | 1 deb | null |
| Inter-Program Comm. (ipc) | 2 ipc | 1 ipc | null |
| Communication (com) | 2 com | 1 com | null |

*Erläuterung:* null    leere Menge
2 nuc    Nucleus in Stufe 2 (Beispiel)

**Abb. 3.7.** Schema des Modul- und Stufenkonzepts der Cobol-Sprachdefinition[32]

# 3.3 Basic

## 3.3.1 Entstehung von Basic

Die Entwicklung von Basic wurde nicht von großen Unternehmen, Verbänden oder staatlichen Institutionen getragen, sondern vollständig an einer kleinen Universität in den USA durchgeführt[33]. An dieser Universität, dem Dartmouth College in New Hampshire, beschäftigten sich bereits seit 1956 Thomas Kurtz und John Kemeny mit der Entwicklung von Programmiersprachen. Das Ziel ihrer Aktivitäten war unter anderem, die Programmierung zu vereinfachen. Dieses Anliegen, in der Assemblerzeit geboren, zieht sich durch alle Sprachentwicklungen von Kurtz und Kemeny bis hin zur Entwicklung von Basic.

Die Einbettung in den Ausbildungsbetrieb einer Universität erklärt viele Aspekte des Aufbaus und der Sprachelemente von Basic. Die Autoren wollten vor allem solchen Studenten, die sich nicht primär mit natur- oder ingenieurwissenschaftlichen Fächern beschäftigen, den Zugang zum Computer - im Sinne eines Hilfsmittels für Berechnungen - nahebringen: „Our goal was to provide our user community with friendly access to the computer. The design of BASIC was merely a tool to achieve this goal."[34] Die Ausrichtung auf Programmieranfänger kommt auch in

---

32 In Anlehnung an ANSI (1974), S. I-5
33 Die folgende Darstellung der Entstehungsgeschichte von Basic lehnt sich an Ausführungen von Kurtz auf der „ACM SIGPLAN History of Programming Language Conference" im Jahre 1978 an; vgl. Kurtz (1978), S. 103 ff.
34 Ebenda, S. 115

dem Namen der Sprache zum Ausdruck: *Basic* ist eine Abkürzung von *B*eginners *a*ll-purpose *s*ymbolic *i*nstruction *c*ode.

Die Entwicklung einer neuen Programmiersprache war nur einer von mehreren Gesichtspunkten, die das Arbeiten mit dem Computer erleichtern sollten. Als erste Voraussetzung wurde ein Computersystem gefordert, dessen Benutzung in jeder Beziehung einfach war. Lochkartenverarbeitung mit allen organisatorischen Hemmnissen des Stapelbetriebs erschien nicht akzeptabel. Deshalb fiel schon 1963 die Entscheidung zugunsten des Time-Sharing-Betriebs im Dialog[35]! Für den Programmierer bedeutet dies jedoch, daß er neben der Programmiersprache auch ständig Betriebssystemkommandos benutzen muß, also auf verschiedenen Ebenen arbeitet.

Da die Unterscheidung für den Anfänger und den gelegentlichen Benutzer eher erschwerend wirkt, wurde von vornherein eine enge Verzahnung zwischen der Programmiersprache und den Kommandos des Betriebssystems angestrebt. (Dies hatte unter anderem zur Folge, daß die wichtigsten Betriebssystemfunktionen als Basic-Anweisungen in die Sprache aufgenommen wurden. Der Anfänger kann also ohne Kenntnis von Betriebssystemkommandos im Dialog arbeiten, da er sich stets in einer Basic-Umgebung befindet.)

Die zweite Anforderung war ebenfalls auf Einfachheit gerichtet. Auch die zu verwendende Programmiersprache sollte leicht zu erlernen und leicht zu benutzen sein. Da dies bei den verfügbaren Sprachen, z.B. Fortran und Algol, nach Meinung von Kemeny und Kurtz nicht der Fall war, entschieden sie sich für eine Neuentwicklung.

Der dritte und vierte Aspekt bezogen sich auf die Organisation der Ausbildung. Da bei der angesprochenen Zielgruppe ein eigenständiger Programmierkurs nicht praktikabel erschien, sollte die Programmierung im Rahmen von Mathematikveranstaltungen vermittelt werden. (Dies erklärt unter anderem eine gewisse Ausrichtung von Basic auf mathematische Problemstellungen.) Als vierter Punkt wurde schließlich freier Zugang zum Computer verlangt, eine Forderung, die im üblichen Rechenzentrumsbetrieb durchaus nicht selbstverständlich war.

Mit den Arbeiten an einem Basic-Übersetzer und dem umgebenden Betriebssystem begannen Kemeny und eine Gruppe von Studenten im Jahre 1963. Studentische Programmierer hatten auch in den folgenden Jahren wesentlichen Anteil an der Sprachentwicklung. Das erste Basic-Programm wurde am 1. Mai 1964 in Dartmouth ausgeführt.

Die erste Version von Basic beschränkte sich auf eine Minimalausstattung von 14 Anweisungen, die als *Instruktionen* bezeichnet wurden. In der Folgezeit wurde die Sprache unter Leitung von Kemeny und Kurtz am Dartmouth College ständig weiterentwickelt. Insgesamt erschienen zwischen 1964 und 1971 sechs Versionen mit diversen Modifikationen und Erweiterungen. Vor allem die dritte Version (1966) und die fünfte Version (1970) sind erwähnenswert, weil dort Operationen auf Matrizen bzw. auf Dateien integriert wurden. Mit der sechsten Version (1971) kann die Sprachentwicklung durch die ursprünglichen Autoren als abgeschlossen betrachtet werden, da seitdem keine nennenswerten Änderungen mehr erfolgten.

---

35 Vgl. zur Darstellung von Betriebsarten z.B. Hansen (1983), S. 232 ff.

Die Programmiersprache Basic fand in den letzten Jahren weite Verbreitung. Dazu trug vor allem der zunehmende Einsatz von Mini- und Mikrocomputern bei, auf denen Basic wegen des geringen Sprachumfangs einfach implementiert werden kann. Basic ist heute fast auf jedem Kleinrechner und selbst auf Taschenrechnern verfügbar[36]. Andererseits wird die Sprache aber auch in Umgebungen und Anwendungsgebieten eingesetzt, für welche sie nicht entwickelt wurde und eher ungeeignet ist.

Der breite Einsatzbereich und das Fehlen einer zentralen Industrie- oder Militärlobby wie bei anderen Sprachen hatten einen immensen Wildwuchs verschiedener Sprachversionen zur Folge. Nicht nur Kemeny und Kurtz paßten die Sprache laufend an neue Anforderungen an[37]. Nahezu jede Basic-Implementierung ist heute anlagenabhängig und unterscheidet sich erheblich von Implementierungen anderer Hersteller, so daß kaum noch von *der* Programmiersprache Basic gesprochen werden kann. Vergleiche des Sprachumfangs verschiedener Basic-Systeme findet man in der Literatur[38].

Nach neun Jahren unkoordinierter Entwicklung wurden 1973 erste Überlegungen zur Standardisierung angestellt. Ein Komitee des *American National Standards Institute* erarbeitete in Zusammenarbeit mit der *European Computer Manufacturers Association* eine Sprachdefinition, die 1978 veröffentlicht wurde. Angesichts der Vielfalt bereits existierender Implementierungen legt sie nur eine beschränkte Teilmenge der denkbaren Sprachelemente fest. Diese Teilmenge deckt sich weitgehend mit der ersten Sprachbeschreibung von Kemeny und Kurtz (1964) und wird als *Minimal Basic* bezeichnet.

Der definierte Sprachumfang ist heute als Teilmenge in zahlreichen Basic-Systemen enthalten. Auf dem Weg zu einer Standardisierung kann dies jedoch nur als ein erster Schritt angesehen werden, da praktisch keine Basic-Implementierung nur die Minimalversion enthält.

Bereits bei Abschluß der wesentlichen Arbeiten an Minimal Basic wurden deshalb mehrere ANSI-Kommissionen eingesetzt, die die Standardisierung der zahlreichen Spracherweiterungen vorbereiten sollten. Ein Entwurf für die Sprachnorm liegt seit Oktober 1982 vor. Mit der Verabschiedung und Veröffentlichung wird für 1985 gerechnet.

---

36 Als Hinweis für den interessierten Leser soll hier eine Randbemerkung in Form einer Fußnote angefügt werden, da sie den Gegenstand dieses Buches nur mittelbar tangiert: Die meisten Basic-Systeme sind interpretativ; d.h. die Übersetzer sind Interpretierer und erzeugen kein Maschinenprogramm. Für größere Computer existieren jedoch auch Basic-Compiler. Die Interpretation von Basic-Programmen wird häufig als Merkmal der *Sprache* angesehen. Kurtz weist jedoch darauf hin, daß dieser Gesichtspunkt beim Sprachentwurf keine Rolle spielte (vgl. Kurtz (1978), S. 108). Tatsächlich war der erste Basic-Übersetzer auch ein Compiler und kein Interpretierer (vgl. ebenda, S. 106)!

37 Kurtz (1978), S. 115f., stellt dies explizit heraus: „We ... felt completely free to redesign and modify BASIC as various features were found lacking."

38 „Whose BASIC Does What?" ist der bezeichnende Titel eines Sprachvergleichs von Li (1981); vgl. auch Lientz (1976).

## 3.3.2 Sprachkonzepte von Minimal Basic

Im folgenden werden die wichtigsten Sprachkonzepte von Basic in der Minimalausstattung der Sprache beschrieben. Erweiterungen sind dann Gegenstand von
3.3.3.

### (1) Zeilennumerierung

Basic ist noch stärker als Fortran eine zeilenorientierte Sprache. Die Zeilenorientierung geht sogar so weit, daß die Länge einer Basic-Anweisung durch die Zeilengröße beschränkt wird; d.h., jede Anweisung muß in eine Zeile passen. Eine Fortsetzung ist nicht möglich.

Ein Basic-Programm besteht aus einer Folge von aufsteigend numerierten Zeilen. Als Zeilennummer dienen ganze Zahlen aus dem Intervall [1,9999], die jedoch
nicht fortlaufend zu sein brauchen. Jede Zeile eines Basic-Programms muß durch
eine Zeilennummer eingeleitet werden und eine Anweisung enthalten. Daraus folgt
unter anderem, daß echte *Leerzeilen* nicht erlaubt sind; streng nach dem ANSI-
Standard können Leerzeilen wie in Fortran66 nur als Kommentare, die aus Leerstellen bestehen, erzeugt werden. Allerdings gestattet der Standard auch, daß Basic-
Implementierungen Zeilen akzeptieren, die nur eine Zeilennummer enthalten[39].
Zumindest diese ist also stets präsent.

Die Zeilennummern haben mehrere Funktionen. Einmal werden sie beim Editieren eines Programms zur Lokalisierung der Zeilen verwendet. Zum anderen legen sie die Ausführungsreihenfolge der Anweisungen fest und dienen gleichzeitig
als Anweisungsmarken, die in Sprungbefehlen angegeben werden.

### (2) Implizite Typfestlegung

Grundsätzlich sind in Basic nur zwei Datentypen vorgesehen: *numerische Daten*
und *Zeichenketten*. Der numerische Typ wird nicht weiter unterschieden in ganzzahlig, reell o.a., wie dies in anderen Sprachen der Fall ist. Angesichts der Zielgruppe wurde bei der Entwicklung von Basic auf die Differenzierung bewußt verzichtet[40]. Bei problemorientierter Betrachtung ist die Unterscheidung ganzer Zahlen
von den anderen reellen Zahlen auch tatsächlich überflüssig!

Die explizite Vereinbarung des Typs einer Variablen ist in Basic nicht möglich.
Der Typ wird vielmehr durch die Art der Namensgebung implizit festgelegt. Varia-
blennamen werden daher grundsätzlich ohne vorherige Deklaration verwendet. Die
Regeln zur Namensbildung sind äußerst restriktiv:

Der Name einer *numerischen Variablen* besteht aus einem Buchstaben oder aus
einem Buchstaben gefolgt von einer Ziffer, z.B. `a`, `a1`, `z9`.

Der Name einer Zeichenkettenvariablen wird aus einem Buchstaben und einem
angehängten Dollarsymbol gebildet, z.B. `a$`, `x$`. Die Länge einer Zeichenkettenvariablen kann nicht spezifiziert werden. Sie ist a priori festgelegt und meist von Implementation zu Implementation unterschiedlich.

---

39  Vgl. ANSI (1978a), S. 11
40  Vgl. Kurtz (1978), S. 109

Die *Konstanten* des numerischen Typs können als ganze Zahlen (z. B. -123), als Dezimalbrüche (z. B. 125.75) oder in Exponentialschreibweise dargestellt werden (z. B. 123.45e+24 $\cong$ 123.45 $\cdot$ 10²⁴). Zeichenkettenkonstante werden in Anführungszeichen eingeschlossen.

### (3) Arrays

Als einzige Datenstrukturen sind in Minimal Basic ein- und zweidimensionale *numerische* Arrays vorgesehen. Die Regeln für Arraynamen sind noch restriktiver als für einfache Variablennamen: ein Arrayname besteht aus einem Buchstaben! Arrays werden in Basic häufig als *Felder* oder als *indizierte* bzw. *subskribierte Variable* bezeichnet. Kemeny und Kurtz verwendeten zunächst das Begriffspaar *Vektor* und *Matrix*, ersetzten es aber später durch die weniger mathematisch ausgerichteten Begriffe *Liste* und *Tabelle* für den ein- bzw. zweidimensionalen Array.

Auch eine Arrayvariable braucht nicht explizit vereinbart zu werden. Sie ist wie eine einfache Variable bereits dadurch definiert, daß der Arrayname in einer Basic-Anweisung genannt wird. Für die Arraygröße werden Standardannahmen wirksam. Ist der Variablenname mit einem Index versehen, so gilt der Array als eindimensional mit den Dimensionsgrenzen 0 und 10. Aus dem Auftreten der indizierten Variablen d(7) wird also beispielsweise geschlossen, daß d ein Vektor mit den Komponenten d(0) ... d(10) ist. Analog wird eine zweifach indizierte Variable als Matrix interpretiert, deren beide Dimensionen jeweils den Indexbereich 0 ... 10 erfassen[41].

Eine explizite Dimensionierung von Arrays ist mit Hilfe der dim-Anweisung möglich. Durch die Vereinbarung

```
dim x(100), y(10,20)
```

werden beispielsweise ein eindimensionaler und ein zweidimensionaler Array mit den angegebenen oberen Dimensionsgrenzen vereinbart.

### (4) Anweisungen

Jede Anweisung steht in einer eigenen Zeile und kann höchstens so lang wie die Zeile sein. Der Anweisung muß eine Zeilennummer vorausgehen.

Innerhalb des Anweisungstexts dürfen *Zwischenräume* verwendet werden, jedoch nicht innerhalb syntaktischer Einheiten wie Schlüsselwörtern, Namen, numerischen Konstanten etc.

Die zentrale Anweisung ist die *Wertzuweisung*. Sie wird durch das Schlüsselwort let eingeleitet:

```
let  vn = ausdruck
```

*vn* steht für den Namen einer einfachen Variablen. Ist der Typ numerisch, so kann ein beliebiger arithmetischer *ausdruck* zugewiesen werden[42]; bei Zeichenketten darf der *ausdruck* dagegen nur aus einer Variablen oder einer Konstanten bestehen.

---

41 Vgl. dazu auch Punkt (7).

42 Zur Bildung eines Ausdrucks, werden die üblichen arithmetischen Operatoren +, –, *, / verwendet. Als Symbol für die Exponentiation dient in Basic das Zeichen ˆ.

Durch das Schlüsselwort rem wird eine Kommentarzeile eingeleitet. Mehrzeilige Kommentare erfordern wegen der Zeilenstruktur mehrere rem-Anweisungen.

Die restlichen Anweisungen werden nachfolgend als Steueranweisungen, Ein-/Ausgabeanweisungen und Vereinbarungen behandelt[43].

### (5) Steueranweisungen

Die Steuerung des Programmablaufs erfolgt in Basic weitgehend mit Hilfe verschiedener Sprungbefehle, in denen auf die Zeilennumerierung des Programms Bezug genommen wird. $z_1, z_2 \ldots$ stehen für Zeilennummern.

- *unbedingter Sprung*

     goto $z_1$

Der Ablauf wird in der Zeile mit der Nummer $z_1$ fortgesetzt.

- *berechneter Sprung*

     on *ausdruck* goto $z_1, z_2, \ldots, z_m$

Der *ausdruck* muß numerisch sein und einen – eventuell gerundeten – ganzzahligen Wert zwischen $1$ und $m$ besitzen. Es erfolgt ein Sprung zur Zeile $z_i$, falls dieser Wert gleich $i$ ist; sonst liegt ein Fehler vor.

- *Unterprogrammaufruf und -beendigung*

   Mit der gosub-Anweisung wird ein sog. Unterprogramm aufgerufen. Dabei handelt es sich jedoch nicht um ein Unterprogramm im eigentlichen Sinne. Vielmehr wird durch die Anweisung

     gosub $z_1$

wie durch die goto-Anweisung eine bestimmte Zeile des Programms angesteuert[44]. Das sog. Unterprogramm muß sich also in die aufsteigende Zeilennumerierung des Gesamtprogramms einfügen. Es besitzt keinen eigenen Datenraum, und die Zeile $z_1$ könnte grundsätzlich auch auf andere Art und Weise – nicht nur durch gosub – angesteuert werden. Die einzige Ähnlichkeit mit einem Unterprogramm besteht darin, daß die auf die Zeile $z_1$ folgende Anweisungssequenz mit der Anweisung

     return

verlassen werden kann. Der Rücksprung erfolgt dann wie in anderen Sprachen zu der Stelle des Unterprogrammaufrufs.

- *bedingter Sprung*

   Es wird ein Sprung zu der Zeile $z_1$ ausgeführt, falls eine bestimmte Bedingung erfüllt ist:

---

43 Die spezielle Anweisung randomize wird unter Punkt (8) erläutert.
44 Statt gosub und goto sind auch die Schreibweisen go sub und go to zulässig.

if *bedingung* then $z_1$

Die *bedingung* ist ein logischer Ausdruck, der in Minimal Basic nur mit Hilfe der Vergleichsoperatoren >, <, =, <>, >=, <= gebildet werden kann[45].

- for-*Schleife*
  Mit den Anweisungen for und next wird die Zählschleife realisiert:

      for $i = a_1$ to $a_2$ step $a_3$
          $\vdots$
      next $i$

Die (numerische) Kontrollvariable ist hier mit $i$ bezeichnet. $a_1$, $a_2$, $a_3$ sind arithmetische Ausdrücke; sie dienen als Anfangswert, Endwert und Schrittweite für die Kontrollvariable. Die Angabe step $a_3$ kann fehlen; in diesem Fall wird eine Schrittweite von +1 unterstellt.

- stop-*Anweisung*
  Mit der Anweisung

      stop

  kann die Programmausführung beendet werden.

- end-*Anweisung*
  Die letzte Zeile eines Basic-Programms muß stets die Anweisung

      end

  enthalten. Wie in Fortran hat diese Anweisung eine Doppelfunktion. Einerseits zeigt sie dem Übersetzer das Ende des Programmtexts an; sie hat deshalb stets die höchste Zeilennummer. Andererseits bewirkt sie die Beendigung des Programms, wenn zuvor keine stop-Anweisung ausgeführt wurde.

**(6) Ein-/Ausgabeanweisungen**

Bei der Eingabe von Daten werden zwei verschiedene Arten unterschieden. Die Anweisung

      input   $vn_1$, $vn_2$, ..., $vn_m$

dient zum Einlesen eines oder mehrerer Werte von dem Standardeingabegerät (bei Dialogbetrieb ist dies das Terminal). $vn_1$, $vn_2$ ... sind Namen einfacher numerischer oder alphanumerischer Variablen. Die einzulesenden Werte werden wie die Konstanten des entsprechenden Typs aufgebaut und durch Kommata getrennt.

Die zweite Form der Eingabe ist keine Eingabe in dem Sinn, daß Daten von außerhalb des Programms eingelesen werden. Die Daten werden vielmehr einem speziellen Datenbereich des Programms entnommen, in den sie zuvor mit der data-Anweisung eingetragen wurden. Da diese eine Programmanweisung ist, müssen die Werte also bereits beim Schreiben des Programmtexts bekannt sein!

---

45 Bei Zeichenketten ist nur der Gleichheitstest erlaubt (=, <>).

Die data-Anweisung enthält eine Liste von Basic-Konstanten. Diese werden linear hintereinander in dem Datenbereich gespeichert. Treten in einem Programm mehrere data-Anweisungen auf, so werden auch die Werte der verschiedenen Datenlisten linear hintereinander angeordnet.

Die durch data-Anweisungen festgelegten Werte können aus dem Datenbereich mit der Anweisung

read    $vn_1$, $vn_2$, ..., $vn_m$

gelesen werden. Gelangen mehrere read-Anweisungen zur Ausführung, so wird in der linearen Datenliste sequentiell weitergelesen.

*Beispiel*

```
          ⋮
100 data 50, 12.80, "hammer"
          ⋮
180 data -174
          ⋮
250 read m,p
          ⋮
300 read a$,b
          ⋮
```

Nach Ausführung der beiden data-Anweisungen enthält der Datenbereich die Werte:

| 50 | 12.80 | hammer | -174 | ... |
|----|-------|--------|------|-----|

Die Lesebefehle entnehmen diese Werte, so daß anschließend m=50, p=12.80, a$="hammer" und b=-174 sind.

Werte aus einem solchen Datenbereich können auch mehrfach gelesen werden. Dazu ist zunächst eine Rückpositionierung auf den Anfang des Bereichs mit Hilfe der Anweisung

restore

erforderlich. Anschließend können wieder read-Anweisungen ausgeführt werden.

Zur Ausgabe auf ein Standardgerät dient die print-Anweisung. Diese ist sehr einfach zu benutzen, da die Aufbereitung der Daten weitgehend automatisch erfolgt. Wenn man die auszugebenden Elemente in der Datenliste der print-Anweisung durch *Semikola* trennt, werden die Werte in der Ausgabezeile fortlaufend (mit 1 Zwischenraum) angeordnet. Verwendet man dagegen *Kommata*, so erfolgt eine Tabulierung; die Werte werden dann an vordefinierten Positionen der Zeile ausgegeben.

Die print-Anweisung hat eine der beiden Formen:

print  $a_1$; $a_2$; $a_3$; ...
print  $a_1$, $a_2$, $a_3$, ...

$a_1$, $a_2$, $a_3$ stehen für Ausdrücke. Die Ausgabe braucht sich also nicht auf Variable und Konstante zu beschränken. In einer dritten Form kann der Programmierer Tabulatorpositionen selbst definieren. Weitergehende Gestaltungsmöglichkeiten sind nicht gegeben; insbesondere kann die Aufbereitung der Elemente $a_i$ nicht beeinflußt werden.

## (7) Vereinbarungen

Einige Basic-Anweisungen werden auch als Vereinbarungen bezeichnet. Dabei handelt es sich um Anweisungen, die den Übersetzer mit bestimmten Informationen versorgen, selbst aber nicht in Maschinenbefehle übersetzt werden. Syntaktisch gelten die Vereinbarungen als normale Anweisungen, die an beliebiger Stelle eines Programms auftreten dürfen. Grundsätzlich muß jedoch im Programmablauf eine Vereinbarung bereits durchlaufen sein, bevor auf sie Bezug genommen werden kann.

Zwei Vereinbarungen wurden bereits behandelt, die

- dim-Anweisung

und die

- data-Anweisung

Daneben existieren zwei weitere Vereinbarungsmöglichkeiten:

- Die Anweisung option base kann dazu verwendet werden, die untere Dimensionsgrenze bei Arrays alternativ auf 0 oder 1 zu setzen. Gibt man

      option base 0

  an, so fängt jeder Indexbereich mit dem Wert 0 an. Bei

      option base 1

  beginnt die Indizierung dagegen mit 1. Fehlt die Vereinbarung, so gilt standardmäßig als untere Dimensionsgrenze der Wert 0.

- Die def-Anweisung dient zur Vereinbarung von Funktionen. Die Möglichkeiten sind allerdings sehr beschränkt: erstens darf die Vereinbarung die Länge einer Zeile nicht überschreiten; zweitens darf nur maximal ein Parameter angegeben werden; drittens sind nur numerische Funktionen möglich; und viertens gelten für die Benennung extreme Restriktionen. Jeder Funktionsname beginnt mit den Zeichen fn, die von einem Buchstaben gefolgt werden. Die Vereinbarung lautet dann:

      def fn*b* = *ausdruck*

  oder

      def fn*b* (*vn*)= *ausdruck*

  *b* steht für einen Buchstaben, *vn* für einen Variablennamen, der als formaler Parameter dient.

**(8) Eingebaute Funktionen**

Neben der Möglichkeit, Funktionen zu vereinbaren, stellt Basic auch 11 eingebaute Funktionen zur Verfügung. Bemerkenswert ist die Funktion

rnd

die jeweils eine Zufallszahl aus einer Zufallszahlenfolge bereitstellt ($0 \leq$ rnd $\leq 1$). Der Startwert dieser Folge kann mit der Anweisung randomize abgeändert werden.

Alle anderen Funktionen sind parametrisiert. Als aktuelle Parameter dürfen Ausdrücke verwendet werden. Der Typ des Formalparameters und des Funktionswerts ist numerisch. Neben den trigonometrischen Funktionen (sin, cos, tan, atn) stehen die Logarithmus- und Exponentialfunktion (log, exp), die Vorzeichenfunktion (sgn), die Wurzelfunktion (sqr) sowie die Funktionen int zur Ermittlung des ganzzahligen Teils und abs zur Ermittlung des Absolutbetrags eines Arguments zur Verfügung.

### 3.3.3 Erweiterungen von Minimal Basic

Es gibt sicher keine andere höhere Programmiersprache, die in so vielen unterschiedlichen Versionen existiert wie Basic. Der im vorigen Abschnitt beschriebene Sprachumfang stellt tatsächlich nur eine Minimalausstattung dar, auf die man sich bei der Standardisierung der Sprache zunächst einigen konnte.

Fast jede Implementierung von Basic verfügt über zusätzliche Sprachelemente, die sich zum Teil erheblich unterscheiden. Deshalb sind bereits seit 1975 Bestrebungen im Gange, auch die Erweiterungen zu standardisieren. Das ANSI veröffentlichte 1982 den Entwurf einer Sprachdefinition, die weit über Minimal Basic hinausgeht und dieses als Teilmenge einschließt.

Im folgenden sollen die wichtigsten Spracherweiterungen kurz skizziert werden. Dabei scheint eine Vorbemerkung angezeigt. Der ANSI-Entwurf beschreibt einen Sprachumfang, der den von Minimal Basic erheblich übersteigt und schon fast mit Cobol oder Fortran vergleichbar ist. Während Minimal Basic noch auf 39 Seiten dargestellt werden konnte, erstreckt sich der neue Entwurf über 252 Seiten[46]! Ganz offensichtlich wurde hier versucht, der Sprache neue und umfangreichere Einsatzgebiete zu erschließen. Dies stellt eine Abkehr von den ursprünglichen Entwurfszielen der Sprachväter dar.

Der ANSI-Entwurf unterscheidet sich nicht nur vom Umfang, sondern zum Teil auch von den Sprachelementen her sehr stark von vielen Basic-Implementierungen. Vor allem im Mikrorechnerbereich ist ja ein enormer Wildwuchs zu beobachten. Angesichts dieser Verhältnisse mag man bezweifeln, ob ein derart umfassender Sprachstandard, der zu einem sehr späten Zeitpunkt aufgelegt wird, überhaupt noch auf genügend Akzeptanz bei Implementierern und Anwendern treffen kann. Die folgenden Ausführungen sollten jedenfalls unter diesem Vorbehalt betrachtet werden.

---

46 Vgl. ANSI (1982)

**(1)  Erweiterung einzelner Syntaxregeln**

Einige besonders restriktive Vorschriften wurden aufgehoben bzw. modifiziert, so daß eine bessere Verbalisierung des Programmtexts möglich ist:

- Die starre Zeilenstruktur wurde dahingehend modifiziert, daß die Länge einer Anweisung nicht mehr durch die physische Zeilengröße beschränkt wird. Statt dessen sind *Fortsetzungszeilen* erlaubt, die durch das Zeichen & gekennzeichnet werden.
- Die Regeln zur *Namensgebung* sind erheblich großzügiger. Variablen-, Unterprogrammnamen etc. dürfen bis zu 31 Zeichen lang sein und durch den tiefliegenden Strich aufgelockert werden, z. B.:

  ```
  gesamt_summe_1
  ```

- Für *Kommentare* existiert neben der rem-Anweisung eine weitere Möglichkeit. Ein Kommentar kann im Anschluß an eine Anweisung mit dem Ausrufungszeichen (!) eingeleitet werden; dann gilt der Rest der Zeile als Kommentartext, z. B.:

  ```
  1050 if n < 0 then gosub 3000  ! plausibilitaetspruefung
  ```

**(2)  Erweiterungen bei Anweisungsformaten**

Für eine Reihe von Anweisungen existieren neben den in Minimal Basic vorgesehenen Formaten zusätzliche Ausdrucksmöglichkeiten.

- Die let-*Anweisung* gestattet die Mehrfachzuweisung eines Werts an mehrere Variable $vn_i$:

  $$\texttt{let } vn_1, vn_2, \ldots, vn_m = ausdruck$$

- Bei der if-*Anweisung* kann statt eines Sprungziels auch eine Anweisung angegeben werden, die zur Ausführung gelangen soll, falls die *bedingung* erfüllt ist:

  $$\texttt{if } bedingung \texttt{ then } anweisung$$

  Allerdings ist nicht jede *anweisung* an dieser Stelle zugelassen. Eine zweiseitige Formulierung ist ebenfalls möglich:

  $$\texttt{if } bedingung \texttt{ then } anweisung_1 \texttt{ else } anweisung_2$$

  Als *bedingung* darf auch ein zusammengesetzter logischer Ausdruck verwendet werden, der die logischen Operatoren and, or und not enthält.

- Bei der on-*Anweisung* braucht die Mehrfachverzweigung nicht mehr durch unbedingte Sprungbefehle (goto) realisiert zu werden. Statt dessen kann man Unterprogrammaufrufe (gosub) verwenden. Darüber hinaus ist es möglich, eine Anweisung anzugeben, die zur Ausführung gelangen soll, falls der *ausdruck* nicht im zulässigen Intervall *1...m* liegt:

  $$\texttt{on } ausdruck \texttt{ gosub } z_1, z_2, \ldots, z_m \texttt{ else } anweisung$$
  $$\texttt{on } ausdruck \texttt{ goto } z_1, z_2, \ldots, z_m \texttt{ else } anweisung$$

– Die print-*Anweisung* kann auf eine explizite Beschreibung des Ausgabeformats Bezug nehmen. Diese wird entweder innerhalb der print-Anweisung oder, wie in Fortran, in einer separaten *Formatanweisung* gegeben. Mit der Anweisung

$$\text{print using } z: a_1, a_2, \ldots, a_m$$

wird über die Zeilennummer $z$ die Verbindung zu der Formatanweisung hergestellt. Die Formatanweisung gestattet es, die auszugebenden Werte *zeichenweise* zu beschreiben. Für jedes auszugebende Zeichen einer Zahl oder einer Zeichenkette wird ein Platzhalter (ähnlich einem Maskenzeichen in Cobol) notiert. In das Ausgabeformat können darüber hinaus auch Texte eingefügt werden.

**(3) Schleifen- und Auswahlblöcke**

Als *Block* wird in Basic eine einzelne Anweisungszeile oder eine bestimmte Gruppierung von Zeilen bezeichnet[47]. Der Begriff taucht vor allem im Zusammenhang mit Auswahl- und Schleifenstrukturen auf.

– Der *If-Block* ermöglicht eine vollständige If-then-else-Konstruktion. Dabei kann der Else-Zweig beliebig tief geschachtelt, aber auch weggelassen werden, z. B.[48]:

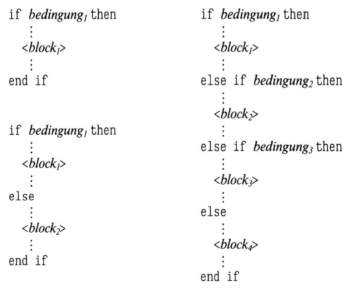

Dabei stehen *block$_1$* ... *block$_4$* für jeweils einen oder mehrere Blöcke im Basic-Sinne.

– Der *Select-Block* bietet die Möglichkeit, eine Auswahl aus mehreren Alternativen zu treffen. Der in der select-Zeile angegebene *ausdruck* wird mit den in den case-Anweisungen stehenden Alternativen $f_1 \ldots f_m$ verglichen. Trifft einer der Fälle $f_i$ zu, gelangt *block$_i$* zur Ausführung; sonst wird *block$_{m+1}$* durchlaufen, sofern die else-Option angegeben ist:

---

47  Vgl. ANSI (1982), S. 16
48  Vgl. auch die analoge Konstruktion in Fortran77, Abb. 3.1.

```
select case ausdruck
   case f₁
      ⋮
         <block₁>
      ⋮
   ⋮
   case fₘ
      ⋮
         <blockₘ>
      ⋮
   case else
      ⋮
         <blockₘ₊₁>
      ⋮
end select
```

Die Fälle $f_i$ können auf mehrere Arten spezifiziert werden: durch Konstante, Bereiche oder Vergleichsbedingungen. Dies läßt sehr großzügige Formulierungen zu. Wenn i eine numerische Variable ist, könnte z. B. folgender Select-Block geschrieben werden:

```
1000    select case i
1010       case 0
1020          gosub 2000
1030       case 1
1040          gosub 3000
1050       case 2 to 10
1060          gosub 4000
1070       case < 0
1080          gosub 5000
1090       case else
1100          print i
1110    end select
```

Als *Schleifen* sind neben der in Minimal Basic vorhandenen For-Schleife auch sogenannte *Do-Schleifen* vorgesehen. Diese werden mit der Anweisung do eingeleitet und mit der Anweisung loop abgeschlossen. In beiden (!) Anweisungen kann eine Fortsetzungsbedingung (while) oder eine Austrittsbedingung (until) angegeben werden. Damit sind saubere While- und Until-Schleifen, aber auch unübersichtliche Schleifenkonstruktionen möglich:

```
do while bedingung                 do until bedingung₁
   ⋮                                  ⋮
   <block>                            <block>
   ⋮                                  ⋮
loop                               loop while bedingung₂
```

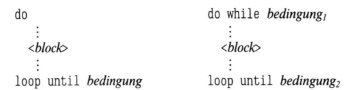

Sowohl für Do-Schleifen als auch für For-Schleifen existiert eine Anweisung zum Verlassen des Schleifenrumpfs:

```
exit do    bzw.    exit for
```

Der Ablauf setzt sich dann mit der dem Schleifenende folgenden Anweisung fort.

**(4) Behandlung von Zeichenketten**

Gegenüber Minimal Basic sind die Möglichkeiten zur Verarbeitung von Zeichenketten stark erweitert:

- *Arrays* können auch aus Komponenten des Typs Zeichenkette bestehen.
- *Zeichenkettenausdrücke* dürfen mit Hilfe des Verkettungsoperators & und unter Verwendung von Funktionen gebildet werden.
- Die *Ordnungsrelation* der alphanumerischen Zeichen steht explizit zur Verfügung. Damit sind alle Vergleichsoperatoren *(>, <, =, <>, >=, <=)* auch auf Zeichenkettenausdrücke anwendbar.
- *Standardfunktionen* werden auch zur Behandlung von Zeichenketten bereitgestellt.
- *Funktionsvereinbarungen* sind nicht auf numerische Funktionen beschränkt, sondern ebenso für den Typ Zeichenkette zugelassen.
- Als *Eingabeanweisung* steht zusätzlich die Anweisung

$$\text{line input } vn_1, vn_2, \ldots, vn_m$$

zur Verfügung. Bei dieser Anweisung wird jeweils eine ganze Zeile als Zeichenkettenwert interpretiert und einer Variablen $vn_i$ zugewiesen.

**(5) Operationen auf Arrays**

Arrays können in Minimal Basic nur elementweise manipuliert werden. Als Erweiterung sind in den meisten Basic-Systemen zusätzliche Anweisungen vorgesehen, die Matrizen oder Vektoren als ganze behandeln. Sie werden als *Matrizenanweisungen* bezeichnet und mit dem Schlüsselwort mat eingeleitet, wenngleich sie weitgehend auch für Vektoren definiert sind. Die Matrizenanweisungen stellen eine erhebliche Vereinfachung für das Arbeiten mit Arrays dar.

Matrizen (bzw. Vektoren) können mit Hilfe der Operatoren +, −, * zu Ausdrücken zusammengesetzt werden. Gewisse Standardfunktionen stehen ebenfalls zur Verfügung. Die Operatoren und Standardfunktionen werden in der *Wertzuweisung* verwendet. Mit dieser lassen sich die wichtigsten aus der linearen Algebra bekannten Matrizenoperationen realisieren. In der folgenden Übersicht bezeichnen a, b, c Matrizen und $k$ einen numerischen Ausdruck[49]:

- Zuweisung einer Matrix:           `mat a = b`
- Matrizenaddition:                 `mat a = c + b`
- Matrizensubtraktion:              `mat a = c - b`
- Matrizenmultiplikation:           `mat a = c * b`
- Multiplikation einer Matrix
  mit einem Skalar:                 `mat a = ` $k$ ` * b`
- Transponierung:                   `mat a = trn (b)`
- Invertierung:                     `mat a = inv (b)`
- Nullmatrix:                       `mat a = zero`
- Einsmatrix:                       `mat a = con`
- Einheitsmatrix:                   `mat a = idn`

Arrays vom Typ *Zeichenkette* können mit Hilfe des Operators & elementweise verkettet werden. In der Zuweisung dürften auf der rechten Seite Zeichenkettenausdrücke auftreten, z. B.:

```
mat x$ = y$ & z$
```

Auch für die *Ein-/Ausgabe* existieren spezielle Anweisungen, in denen als Operanden ganze Arrays behandelt werden. Dazu wird den Anweisungen read, input, line input, print und write jeweils das Schlüsselwort mat vorangestellt. Die Anweisungen

```
mat read a
mat input a
mat line input x$
```

füllen eine ganze Matrix zeilenweise (bzw. einen Vektor) mit Werten. Mit den Anweisungen

```
mat print a
mat print using z: a
mat write a
```

kann eine ganze Matrix (bzw. ein Vektor) ausgegeben werden[50].

### (6) Dateien und Dateizugriffe

Die Vereinbarung und Verarbeitung von Dateien soll nur kurz skizziert werden, da hier die Unterschiede zwischen dem ANSI-Entwurf und verschiedenen Basic-Versionen besonders gravierend sind.

Für den ANSI-Standard sind vier *Dateiorganisationsformen* vorgesehen, zwei für sequentiellen Zugriff (sequential und stream) und zwei für direkten Zugriff

---

49 Die geeignete Dimensionierung von a, b und c sei vorausgesetzt. Die Operationen sind weitgehend auch auf Vektoren anwendbar, sofern sie in der linearen Algebra definiert sind.

50 Die Formate sind hier verkürzt wiedergegeben. Die vollständigen Formate bieten zusätzliche Möglichkeiten, z. B. die Redimensionierung der Arrays beim Einlesen.
Die Anweisungen write und mat write werden in Punkt (6) behandelt.

(relative und keyed)[51]. Die Dateikomponenten sind im allgemeinen Datensätze, bei stream-Dateien einzelne Werte. Die Satztypen - in Basic *record-types* genannt - werden primär nach dem Verwendungszweck unterschieden. Die beiden wichtigsten Typen sind:

- der Typ display, der für eine Folge von *Schriftzeichen* steht und vor allem zur Ein-/Ausgabe auf Standardgeräten verwendet wird
- der Typ internal, der eine Folge von *Werten* - numerischen Werten oder Zeichenketten - in der maschineninternen Darstellung beschreibt und zur Speicherung von Datensätzen in Dateien dient

Dateien werden im Basic-Programm durch sog. *Kanäle* identifiziert. Die Kanäle sind von null aufsteigend numeriert. Die Zuordnung zwischen einer Kanalnummer (z. B. #2) und dem Dateinamen (z. B. stamm), unter dem die Datei von dem Betriebssystem geführt wird, erfolgt in der open-Anweisung. Dort wird auch die Organisationsform und der „record-type" festgelegt, z. B.:

```
open #2: name "stamm", organization relative,
         rectype internal
```

Bei einer Dateioperation gibt man dann jeweils die Nummer des entsprechenden Kanals an. Lese- und Schreibzugriffe auf Dateien im engeren Sinne werden meist mit den Anweisungen read und write durchgeführt, z. B.:

```
read  #k: vn₁, vn₂, ..., vnₚ
write #m: a₁, a₂, ..., aₑ
```

Die Ein-/Ausgabe auf Dateien des Typs display erfolgt i. a. mit den Anweisungen

```
input #n: vn₁, vn₂, ..., vnₘ
line input #n: vn₁, vn₂, ..., vnₘ
print #n: a₁, a₂, ..., aₙ
print #n, using z: a₁, a₂, ..., aₙ
```

(bzw. mit Hilfe der analogen mat-Anweisungen); $k$, $m$ und $n$ stehen hier für die Nummern zuvor definierter Kanäle, die anderen Symbole haben die gleiche Bedeutung wie zuvor.

    Dateiorganisation und -verarbeitung ist ein Bereich, in dem sich Basic-Implementierungen besonders stark unterscheiden. Auf die Darstellung weiterer Einzelheiten wird deshalb verzichtet.

### (7) Unterprogramme

Auch die Möglichkeiten zur Vereinbarung und Benutzung von Unterprogrammen sind gegenüber Minimal Basic stark erweitert:

- Funktionen, die mit Hilfe der def-Anweisung definiert werden, dürfen mehr als einen Parameter aufweisen und sich über mehrere Zeilen erstrecken (interne Funktionen).

---

51 Vgl. ANSI (1982), S. 119f.

- Wie in anderen Programmiersprachen können externe, parametrisierte Funktionen vereinbart werden:

  function *fn (f₁, . . ., fₙ)*

      ⋮

  end function

  *fn* steht für den Funktionsnamen, *f₁ . . . fₙ* für die Formalparameter.

- Die Zahl der Standardfunktionen wurde gegenüber Minimal Basic von 11 auf 61 erhöht.

- Auch parametrisierte Prozeduren können - wie die *Subroutine* in Fortran - vereinbart und mit einem call-Befehl aufgerufen werden.

  sub *pn (f₁, . . ., fₘ)*

      ⋮

  end sub

  *pn* steht für den Prozedurnamen. Im ANSI-Entwurf werden übrigens nur noch diese Prozeduren als „Unterprogramme" bezeichnet[52].

- Sowohl Funktionen als auch Prozeduren können *rekursiv* aufgerufen werden!

Die in einem Unterprogramm explizit oder implizit getroffenen Vereinbarungen sind nur während der Ausführung des Unterprogramms gültig. Dies bedeutet insbesondere, daß die Werte von Variablen zwischen verschiedenen Aufrufen nicht erhalten bleiben. Bei Schachtelungen wird die Gültigkeit der Vereinbarungen im aufrufenden (Haupt- oder Unter-)Programm unterbrochen. In dem aufgerufenen Unterprogramm sind sie nicht bekannt. Der Wert einer Variablen in dem rufenden Programm steht wieder zur Verfügung, wenn die Kontrolle aus dem Unterprogramm zurückkehrt.

**(8) Weiterführende Sprachelemente**

Zum Abschluß sollen einige Bestandteile der Sprachdefinition skizziert werden, bei denen die enorme Erweiterung des Sprachumfangs gegenüber Minimal Basic klar erkennbar wird[53]:

- Durch Ausnahmebehandlung *(exception handling)* ist es möglich, den Programmablauf auch bei Auftreten von Ausnahmesituationen kontrolliert fortzuführen.
- Die Fehlersuche und -behebung *(debugging)* wird durch Sprachelemente zur Verfolgung des Programmablaufs unterstützt.
- Ausdrucksmittel zur Beschreibung von graphischen Symbolen *(graphics)* erlauben das Erzeugen und Bearbeiten von Bildern.
- Parallel laufende Prozesse *(concurrent activities)* lassen sich in Echtzeit-Verarbeitung *(real-time)* behandeln.
- Zur Repräsentation numerischer Werte kann explizit die Form dezimaler Festkommazahlen *(fixed decimal numbers)* gewählt werden, so daß ein Datenaustausch mit anderen Programmiersprachen (z. B. Cobol) möglich ist.

---

52  Vgl. ANSI (1982), S. 82
53  Vgl. die Kapitel 12-15 in ANSI (1982).

Solche oder ähnliche Sprachelemente findet man auch in den anderen Programmiersprachen, aber meist in Form von Erweiterungen. Basic ist die einzige Sprache, die alle diese Elemente im „normalen" Sprachumfang enthält. Hier zeigt sich besonders deutlich die Intention, für Basic neue, umfangreiche Einsatzgebiete zu erschließen. Auf die Fragwürdigkeit dieses Unterfangens und die Abkehr von den ursprünglichen Zielen sei nochmals hingewiesen: Kemeny und Kurtz hatten bewußt eine einfache Sprache im Sinn!

### 3.3.4 Einbettung in das Betriebssystem

Im Gegensatz zu den anderen hier behandelten Sprachen wurde Basic von Anfang an nicht nur als Programmiersprache, sondern als vollständiges Programmiersystem konzipiert. Wenn man mit den anderen Programmiersprachen arbeitet, müssen zur Erstellung, Übersetzung, Ausführung von Programmen etc. meist die Kommandos bzw. Dienstprogramme des Betriebssystems herangezogen werden. Dies bedeutet, daß der Benutzer auf verschiedenen Ebenen arbeitet und Kenntnisse nicht nur der Programmiersprache, sondern auch der Kommandosprache des Betriebssystems benötigt.

In Basic kann der Benutzer hingegen im Dialog arbeiten, ohne die Basic-Umgebung verlassen zu müssen, denn die zur Manipulation von Programmen und Dateien notwendigen Systemfunktionen stehen in Form von *Basic-Kommandos* zur Verfügung. Für andere Programmiersprachen wurden vergleichbare Umgebungen erst mit dem Aufkommen der Personalcomputer geschaffen. Unterstützt wird vor allem das Editieren, Übersetzen und Ausführen von Programmen sowie die externe Speicherung.

Die Kommandos in verschiedenen Basic-Systemen sind sehr unterschiedlich, da stets auf anlagenspezifische Gegebenheiten Rücksicht genommen wird. Ein Standard existiert bisher nicht. Auch der ANSI-Entwurf von 1982 beschränkt sich darauf, das *Editieren* von Programmen zu normieren. Dazu werden folgende Kommandos vorgeschlagen[54]:

- `list:`     Auflisten einer, mehrerer oder aller Programmzeilen
- `renumber:` Erzeugen einer neuen Zeilennummerierung
- `delete:`   Löschen einer, mehrerer oder aller Programmzeilen
- `extract:`  Extrahieren von Zeilen (und Löschen des Rests)

Um dem Leser einen Eindruck von den weiteren Systemfunktionen zu vermitteln, die eine Basic-Implementierung normalerweise zur Verfügung stellt, sollen einige Kommandos kurz skizziert und durch häufig verwendete Kommandonamen untermalt werden:

Die *Ausführung* eines Basic-Programms wird meist durch das Kommando run veranlaßt. Dies beinhaltet gleichzeitig die Übersetzung des Programms.

Zum *Speichern und Wiederauffinden* von Programmen steht eine Reihe von Kommandos zur Verfügung, die die Kommunikation und den Datentransfer mit externen Datenträgern (z. B. Diskette, Magnetplatte) vollziehen:

---

54 Vgl. ANSI (1982), S.212f.

- `new:`     Vorbereitung zum Erstellen eines neuen Programms
- `old:`     Bereitstellung eines bereits vorhandenen Programms
- `save:`    Abspeichern des gerade bearbeiteten Programms
- `erase:`   Löschen eines gespeicherten Programms
- `replace:` Ersetzen eines gespeicherten Programms

Mit dem Kommando `bye` (manchmal `quit`) beendet man das Arbeiten in Basic. Die Basic-Umgebung wird damit verlassen. Zum Eintritt in die Basic-Umgebung muß dagegen ein Betriebssystemkommando verwendet werden; abgesehen von dem Initialisieren und Beenden der Dialogsitzung ist dies das einzige Mal, daß der Benutzer mit der Kommandosprache des Betriebssystems konfrontiert wird!

# 3.4 PL/I

## 3.4.1 Entstehung von PL/I

Zu Beginn der sechziger Jahre bestand eine relativ strikte Trennung in (natur-)wissenschaftlich-technische und kommerzielle Computeranwendungen. Daneben wurden Computer noch in Spezialgebieten eingesetzt. Die Anforderungen in den verschiedenen Anwendungsbereichen unterschieden sich zum Teil erheblich. Während im wissenschaftlichen Bereich die Unterstützung von Rechenvorgängen (z. B. durch Gleitkommazahlen, Matrizen und Vektoren, hohe Rechengeschwindigkeit) als vorrangig betrachtet wurde, legten die kommerziellen Benutzer eher Wert auf Ein-/Ausgabe, Dateiverwaltung, Bearbeitung alphanumerischer Daten etc. Dies hatte zur Folge, daß nicht nur unterschiedliche Hardware und Betriebssysteme, sondern auch verschiedene Programmiersprachen verwendet wurden.

Allmählich traten jedoch die charakteristischen Merkmale der kommerziellen Datenverarbeitung im naturwissenschaftlich-technischen Bereich ebenfalls hervor: auch dort wuchsen die Ansprüche an die Ein-/Ausgabeunterstützung und die Behandlung großer Datenmengen. Andererseits gelangten im betriebswirtschaftlichen und volkswirtschaftlichen Bereich immer stärker Methoden aus Statistik, Ökonometrie und Operations Research zum Einsatz, so daß auch hier mathematische Berechnungen an Gewicht gewannen.

In dieser Situation erschien für die Anwender eine Vereinheitlichung wünschenswert. Sowohl die Hardware- und Softwarekonfiguration als auch die verwendete Programmiersprache sollte möglichst allen Anwendungsgebieten angemessen sein. Im Hardwarebereich wurden damals Anlagen der sog. 3. Generation mit den entsprechenden Betriebssystemen entwickelt; bei der Firma IBM waren dies die Rechnerfamilie /360 und das Betriebssystem OS/360.

Im Zuge der neuen Tendenzen im Hardware- und Betriebssystembereich wurden bei IBM und bei IBM-Anwendern Überlegungen zu einer neuen Programmiersprache angestellt. Ausgangspunkt dieser Überlegungen war die Sprache Fortran, die bei den wissenschaftlichen Anwendern bereits weite Verbreitung gefunden hatte. Im Jahre 1963 verständigten sich IBM und die Organisation SHARE[55], eine Ver-

---

55 SHARE=„Society for Help to Avert Redundant Effort".

einigung wissenschaftlicher IBM-Anwender, auf die Gründung eines gemeinsamen Sprachkomitees („Advanced Language Development Committee").

Das Sprachkomitee wurde dem SHARE-Fortran-Projekt unterstellt und erhielt die Aufgabe, innerhalb von 6 Monaten „eine entscheidende Verbesserung von Fortran zu spezifizieren"[56]. Als hauptsächliche Mängel von Fortran galten die Vernachlässigung der Zeichenkettenverarbeitung, das starre Lochkartenformat und die Unfähigkeit, modernere Hardwareausstattungen und Betriebssysteme auszunutzen. Wenngleich die Entwicklung einer neuen Sprache nicht explizit ausgeschlossen wurde, bestand die ursprüngliche Motivation doch in dem Wunsch, die Sprache Fortran weiterzuentwickeln, und dementsprechend war anfangs auch noch von „Fortran VI" die Rede[57].

Bereits nach kurzer Zeit gelangte das Komitee zu dem Schluß, daß es nicht möglich war, die Kompatibilität mit Fortran beizubehalten und gleichzeitig die gewünschten Verbesserungen vorzunehmen. Der Vorteil einer Fortran-Kompatibilität wurde auch dadurch relativiert, daß die große Gruppe der kommerziellen Anwender daraus ohnehin keinen Nutzen hätte ziehen können[58]. Man entschied sich deshalb für die Entwicklung einer neuen Sprache.

Dem Sprachentwurf wurde eine Reihe von Prinzipien zugrunde gelegt, von denen manche später teilweise wieder revidiert wurden. Die wichtigsten ursprünglichen *Entwurfsprinzipien* waren:[59]

- Die Sprache sollte nicht auf bestimmte Anwendungsbereiche beschränkt, sondern *allgemein einsetzbar* und insbesondere auch für neue Anwendungsgebiete erweiterbar sein.
- Dem Programmierer wurde weitestgehende Ausdrucksfreiheit zugebilligt. Dieses auch als *„anything goes philosophy"* bezeichnete Prinzip beinhaltete, daß jedes einigermaßen vernünftig erscheinende Stück Programmtext als gültig akzeptiert werden sollte; d.h., der Übersetzer sollte die sinnvollste und wahrscheinlichste Interpretation suchen. Das Prinzip wurde später weitgehend fallengelassen. Teilweise lebt es jedoch in den zahlreichen *Standardannahmen* fort, die für den Programmierer getroffen werden.
- Es sollte der volle *Zugriff auf Hardware- und Betriebssystemleistungen* möglich sein. Damit sollte die Ausnutzung der neuen Systeme ermöglicht und gleichzeitig die Notwendigkeit der Assembler-Programmierung eliminiert werden.
- Andererseits wurde jedoch auch *relative Maschinenunabhängigkeit* gefordert, ein zumindest teilweise gegenläufiges Ziel. Eine Bezugnahme auf anlagenspezifische Eigenschaften (z.B. bei der Größe oder Darstellung von Zahlen) sollte unterbleiben.
- *Modularer Sprachaufbau* erschien wünschenswert, damit die Sprache auch in Teilmengen benutzt werden konnte. Angesichts der angestrebten Einsatzbreite und des daraus resultierenden Sprachumfangs ist diese Eigenschaft besonders hervorzuheben. Der Programmieranfänger oder der Anwender in einem speziel-

---

56 „... to specify a major advance in FORTRAN"; Sammet (1969), S.540.
57 Vgl. Radin (1978), S.228, der als einer der Väter von PL/I die Entstehungsgeschichte ausführlich wiedergibt; vgl. zur Entstehung auch Sammet (1969), S.540ff.
58 Vgl. ebenda, S.229
59 Vgl. Radin (1978), S.232f.; McManus (1974), S.219f.

len Bereich kann Teile der Sprache verwenden, ohne den gesamten Umfang beherrschen zu müssen.
- Die Sprache sollte auch die Phase der *Programmentwicklung unterstützen*. Dies schließt z. B. Testhilfen, Möglichkeiten der Fehlerbehandlung und Formatfreiheit bei der Programmeingabe am Bildschirm u. ä. mit ein.

Das Sprachkomitee berücksichtigte bei seiner Arbeit neben diesen Anforderungen auch Elemente, die in anderen Sprachen - vor allem in Cobol, Algol und Jovial - bereits enthalten waren. Am 1. März 1964 präsentierte es die erste Sprachspezifikation als „Report of the SHARE Advanced Language Development Committee". In diesem Jahr erfolgten noch mehrere drastische Überarbeitungen des Entwurfs, an denen sich nun auch die Vereinigung der *kommerziellen* IBM-Anwender (GUIDE) beteiligte. 1965 hatte sich der Sprachumfang weitgehend stabilisiert.

Als Namen für die neue Sprache wählte IBM zunächst die Bezeichnung *NPL* (*N*ew *P*rogramming *L*anguage). Da diese Abkürzung jedoch bereits vergeben war, kam man schließlich zu der Bezeichnung *PL/I*. Bei IBM wurde PL/I offiziell nicht als Akronym, sondern als Name betrachtet[60], wenngleich es gemeinhin als Abkürzung für „*P*rogramming *l*anguage one" gilt.

Die Entwicklung eines Übersetzers für PL/I wurde in den IBM Laboratories in Hursley (England) durchgeführt, wo auch die erste Implementation erfolgte. Im August 1966 wurde der erste Übersetzer für das IBM-System /360 freigegeben, der „F-Compiler". Damit war die Programmiersprache PL/I, zumindest für IBM-Kunden, allgemein verfügbar. Ihre Verbreitung nahm in den folgenden Jahren schnell zu, und die 1969 geäußerte Erwartung „... there is a good chance that eventually it will replace ... Fortran, Cobol, Algol, and Jovial"[61]erschien nicht unrealistisch, wenn auch die Entwicklung letztlich anders verlaufen ist.

Während der Sprachentwurf und die Implementierung zunächst ausschließlich von IBM und IBM-nahen Organisationen getragen wurden, zeigten nun auch andere Hersteller und Anwender Interesse an PL/I. Verschiedene Firmen entwickelten eigene Übersetzer für Teilmengen der Sprache. Vor allem die potentiellen Anwender äußerten den Wunsch, die Entwicklung zu koordinieren.

Die Standardisierungsbestrebungen nahmen in Europa bereits 1969 ihren Ausgang. Innerhalb der ECMA engagierten sich die führenden Computerhersteller (ICL, ITT, Siemens, IBM, Univac, NCR, Honeywell-Bull, CII, Telefunken, Philips). Wenig später liefen entsprechende Aktivitäten in den USA unter Leitung des ANSI an. Als Arbeitsgrundlage diente sowohl der ECMA als auch dem ANSI die Sprachspezifikation von IBM. In enger Kooperation entwickelten beide Organisationen Sprachstandards für PL/I, die 1976 verabschiedet wurden[62].

Während die ersten Sprachdefinitionen noch weitgehend verbale Beschreibungen waren, ist der Sprachstandard nun formal und exakt definiert. Dazu wurde eine Darstellungsmethode verwendet, die bereits früher in dem Wiener IBM-Laboratorium entwickelt worden war. Ausgangspunkt dieser Methode ist die Überlegung, daß sich eine Sprachbeschreibung an zwei verschiedene Adressaten richtet, einerseits an den Benutzer der Sprache und andererseits an den Übersetzerbauer. Dem-

---

60  Vgl. Sammet (1969), S. 542
61  Vgl. ebenda
62  Vgl. ANSI (1976); ECMA (1976)

zufolge wird die Sprache in zwei Formen definiert, der *konkreten Syntax* und der *abstrakten Syntax*, und entsprechend wird beim Übersetzungsvorgang auch das konkrete Benutzerprogramm in eine abstrakte Form überführt[63]. Als formale Schreibweise zur Darstellung der konkreten und der abstrakten Syntax wird eine modifizierte *Backus-Naur-Notation* verwendet[64].

## 3.4.2 Elementare Konzepte von PL/I

Der Sprachumfang von PL/I übersteigt bei weitem den jeder anderen höheren Programmiersprache. Um die gewünschte Einsatzbreite zu erzielen, wurden viele Konzepte aus Fortran, Cobol und Algol übernommen. Tatsächlich ist es möglich, die meisten der für diese Sprachen charakteristischen Anwendungsprobleme durch PL/I-Programme zu lösen, die sich im Aufbau nur wenig von den entsprechenden Fortran-, Cobol- oder Algol-Programmen unterscheiden.

Der enorme Sprachumfang macht bei der Übersicht über die Sprachkonzepte eine noch stärkere Beschränkung erforderlich als in den anderen Abschnitten, in denen auf Fortran, Cobol, Basic und Pascal eingegangen wird. Die Darstellung muß sich darauf beschränken, einen Eindruck von der Vielfalt der Sprachelemente zu vermitteln. Auf eine Wiedergabe von Sprachdetails wird weitgehend verzichtet. Gewisse Schwerpunkte werden bei den Aspekten gesetzt, die in engerem Zusammenhang mit Fragen des Programmierstils stehen.

Die Bildung von Schwerpunkten ist in PL/I nicht nur legitim, sie wurde oben als ein explizites Entwurfsziel für die Sprache genannt. Angesichts des Sprachumfangs ist es auch unabdingbar, daß ein Programmierer Teilmengen benutzen kann, ohne die gesamte Sprache beherrschen zu müssen.

Die sichtbarste Auswirkung diese Ziels ist das *Default-Konzept* von PL/I. Es beinhaltet, daß *Standardannahmen* an allen Stellen wirksam werden, an denen der Programmierer sämtliche Details nicht vollständig spezifiziert. Beispielsweise könnte man in PL/I eine reelle Variable x mit den Attributen decimal float vereinbaren (dies entspricht etwa dem Fortran-Typ real):

```
declare x decimal float;
```

Zur vollständigen Vereinbarung einer Variablen gehören in PL/I aber noch weitere Angaben, z.B. darüber, ob es sich um eine komplexe oder eine reelle Variable handelt (complex, real), über die Genauigkeit der Zahlendarstellung, über die Art der Speicherplatzzuordnung (automatic, controlled o.a.) und -ausrichtung (aligned, unaligned) und über den Gültigkeitsbereich der Vereinbarung (internal, external).

Diese Angaben sind für den Programmierer im Normalfall nicht von Interesse;

---

63  Vgl. zur Darstellung der PL/I-Syntax z.B. ANSI (1976). Eine Erläuterung der Syntaxformen und der verschiedenen Ebenen der konkreten Syntax von PL/I findet man bei Schulz (1976), S.9f.

64  Die Backus-Naur-Notation ist eine Darstellungsmethode, die zuerst bei der Definition von Algol60 verwendet und später auch zur Beschreibung anderer Sprachen (z.B. Fortran, Pascal) herangezogen wurde.

in anderen Sprachen hat er darauf ohnehin keinen Einfluß. Deshalb kann er sie bei der Vereinbarung weglassen. Die Attribute, die zur vollständigen Vereinbarung

```
declare x decimal float (6) real automatic aligned internal;
```

fehlen, werden von dem Übersetzer ergänzt[65].

Die *Syntaxvorschriften* von PL/I sind bei weitem nicht so restriktiv wie in anderen Programmiersprachen. Zum einen existiert keine Zeilenstruktur für ein Programm; zum andern sind die Regeln zur Verwendung von Zwischenräumen sehr großzügig. Daraus folgt, daß ein Programm weitgehend formatfrei dargestellt werden kann. Im einzelnen sind folgende Regeln hervorzuheben:

*Zwischenräume* dürfen an beliebigen Stellen auftreten, außer in Namen, Schlüsselwörtern und in anderen syntaktischen Einheiten (z. B. Zahlen, zusammengesetzten Operatoren). Daraus folgt insbesondere:

*Leerzeilen* und *Einrückungen* im Programmtext können nach Belieben eingesetzt werden.

*Kommentare* dürfen an jeder Stelle stehen, wo ein Zwischenraum zulässig ist, z. B. auch innerhalb einer Anweisung. Als Kommentartext gilt eine Zeichenfolge, die in das Zeichenpaar /* und */ eingeschlossen ist, z. B.:

```
declare x   /* summe der abweichungen  */ decimal float;
```

Da keine Zeilenstruktur existiert, ist auch die Länge eines Kommentars nicht beschränkt.

*Terminationssymbol* für PL/I-Anweisungen ist das *Semikolon*. Dieses wird benötigt, da eine Anweisung nicht durch das Zeilenende (wie in Fortran oder Basic) begrenzt ist. Anweisungen können also grundsätzlich auch fortlaufend geschrieben und durch Semikola getrennt werden.

*Bezeichner (identifier)* ist in PL/I der Oberbegriff für alle benannten Objekte eines Programms. Er umfaßt sowohl die Schlüsselwörter der Sprache als auch die vom Programmierer vergebenen Namen für Variable, Prozeduren etc. Die Regeln zur Namensgebung sind großzügig:

Ein *Name* beginnt mit einem Buchstaben, der von einer beliebigen Kombination aus Buchstaben, Ziffern und dem Unterstreichungszeichen _ gefolgt werden kann[66], z. B.:

```
ueberschrift_nr_1
```

Die *Schlüsselwörter* sind in PL/I nicht reserviert. Angesichts ihrer großen Zahl ist dies zwar sinnvoll; damit werden aber auch Konstruktionen wie

```
if then = else then if = then; else if = else;
```

zulässig, deren Bedeutung durch die Namensgebung völlig verschleiert wird.

---

65 Auf der anderen Seite ist PL/I so flexibel, daß der Programmierer sogar auf die Standardannahmen Einfluß nehmen kann. Die default-Anwendung erlaubt es, den „Standard" selbst zu verändern (z. B. die Standardannahme für den Gültigkeitsbereich einer Vereinbarung statt als internal als external festzusetzen)!

66 Bei vielen Übersetzern gelten auch die Zeichen $, @, # als „Buchstaben". Im ANSI-Standard ist diese Kategorie jedoch auf die tatsächlichen Buchstaben A...Z beschränkt. Eine Längenbegrenzung für Namen wird im ANSI-Standard nicht getroffen, von den meisten Übersetzern jedoch gefordert. Häufig liegt die Grenze bei 31 Zeichen.

*Kurzformen* sind bei allen längeren Schlüsselwörtern vorgesehen, z. B.

```
dcl              declare
dec      statt   decimal
int              internal
```

Als *Zeichenvorrat* zur Darstellung von PL/I-Programmen dient entweder ein 60-Zeichen-Satz, der alle Sonderzeichen umfaßt, oder ein 48-Zeichen-Satz, in dem viele Sonderzeichen durch Buchstabenkombinationen ausgedrückt werden. Der 48-Zeichen-Satz besitzt heute keine praktische Bedeutung mehr.

### 3.4.2.1 Daten, Attribute, Ausdrücke

Der Begriff des Datentyps wird in der PL/I-Beschreibung nicht mit der üblichen Bedeutung belegt, sondern allgemeiner verwendet. Datentyp ist der Oberbegriff für berechenbare und nicht berechenbare Typen. Nur die erste Gruppe umfaßt Typen im üblichen Sprachgebrauch. Ein berechenbarer Typ läßt sich kurz charakterisieren als ein Typ, den der Wert eines Ausdrucks annehmen kann.

Im übrigen taucht der Begriff Datentyp in PL/I praktisch nicht auf. Es existieren auch keine vordefinierten Standardtypen wie integer, real o.a. Die Eigenschaften eines Datums werden nicht durch Bezugnahme auf einen Typnamen festgelegt, sondern durch Angabe von *Attributen* einzeln beschrieben.

Attribute beziehen sich auf die verschiedensten Eigenschaften der Programmobjekte. Im engeren Sinne werden als *Datenattribute* die

- arithmetischen Attribute
- Kettenattribute
- Programmsteuerungsattribute

und einige andere bezeichnet. Daneben existieren weitere Attribute, welche z. B. die

- Speicherverwaltung
- Form der Datenübertragung und des Datenzugriffs
- Geltungsbereich einer Vereinbarung

definieren. Die Attribute werden bei der Vereinbarung der Programmobjekte explizit angegeben oder, soweit sie fehlen, implizit mit Standardwerten zugeordnet. Die explizite Festlegung von Attributen erfolgt in der declare-Anwendung[67].

Auch die *Anfangswertzuweisung* wird mit einem Attribut realisiert. Das in einer Vereinbarung auftretende Attribut

> initial *(ausdruck)*

bewirkt, daß bei der Speicherplatzzuordnung[68] der betreffenden Variablen der Wert des Ausdrucks zugewiesen wird.

---

67 Anweisungen werden in PL/I u.a. in *ausführbare* und *nicht ausführbare* Anweisungen unterschieden. Die letzteren werden sonst gewöhnlich als Vereinbarungen bezeichnet. Die declare-Anweisung zählt zu den nicht ausführbaren Anweisungen.

68 Vgl. zum Zeitpunkt der Zuordnung 3.4.3.3.

Die Vielfalt von Attributen läßt sich hier nicht erschöpfend behandeln, so daß eine Auswahl zu treffen ist. Im folgenden werden vornehmlich solche Attribute dargestellt, die geeignet sind, die in anderen Sprachen verfügbaren Datentypen zu beschreiben. Dies sind die arithmetischen Attribute und die Kettenattribute. Sie werden zur Vereinbarung von arithmetischen Variablen bzw. von Kettenvariablen verwendet.

**(1) Vereinbarung von arithmetischen Variablen**

Arithmetische Daten sind in PL/I durch vier Attribute definiert:

- *Basis* des zugrundeliegenden Zahlensystems (Dualsystem oder Dezimalsystem): `binary` bzw. `decimal`
- *Darstellung* des Werts in Festkomma- oder Gleitkommadarstellung *(Skala):* `fixed` bzw. `float`
- *Modus* der Zahl (reelle oder komplexe Zahl): `real` *bzw.* `complex`
- *Genauigkeit* der Zahlendarstellung (Anzahl der intern zu berücksichtigenden Ziffern)

Bei der Vereinbarung einer Variablen können die Attribute beliebig kombiniert werden. Beispielsweise legen die folgenden Vereinbarungen

```
declare   x   binary fixed real (31),
          y   decimal float real (10),
          z   decimal fixed real (8, 2);
```

fest, daß

- x in Festkommaform auf der Basis des Dualsystems mit dem Modus „reelle Zahl" betrachtet wird und maximal 31 (duale) Ziffern aufnehmen kann[69]
- y als Gleitkommavariable auf der Basis des Dezimalsystems mit maximal 10 signifikanten Ziffern der Mantisse dargestellt wird
- z eine dezimale Festkommavariable mit maximal 8 Dezimalziffern repräsentiert, wobei die letzten beiden Ziffern als Nachkommastellen interpretiert werden

Läßt man einzelne Attribute weg, so werden sie automatisch ergänzt. Die eingesetzte Genauigkeitsangabe ist implementationsabhängig.

**(2) Vereinbarung von Kettenvariablen**

Ketten sind Daten, die aus Folgen bestimmter Elemente bestehen:

- *Zeichenketten* sind solche Ketten, deren Elemente beliebige Schriftzeichen darstellen. Zeichenkettenvariable werden durch das Schlüsselwort `character` und eine Längenangabe vereinbart, z. B.:

```
declare artikel_name character (35);
```

---

[69] Diese Attribute charakterisieren z. B. eine Zahl, die auf Bytemaschinen wie der Fortran-Typ `integer` dargestellt wird.

- *Bitketten* bestehen aus Folgen von Bits (0 oder 1). Die Vereinbarung

```
declare datei_ende bit (1);
```

definiert z. B. eine Bitkettenvariable der Länge 1 namens *datei_ende*. Bitketten der Länge 1 dienen in PL/I häufig als Ersatz für den fehlenden Datentyp *boolean;* anstelle der Wahrheitswerte *true* und *false* werden dann die Bitkettenkonstanten '0'b und '1'b verwendet.

- *Pictureketten* bieten darüber hinaus die Möglichkeit, numerische oder alphanumerische Zeichenfolgen elementweise zu beschreiben. Damit kann in PL/I auch die Cobol-Form der Datenbeschreibung durch Picture-Masken realisiert werden. Die Maskenzeichen sind großenteils mit denen von Cobol identisch (z. B. 9, V, X, Z, *).

*Datenstrukturen* sind in PL/I der Array, der Record und die Datei. Diese besitzen alle wünschenswerten Eigenschaften und sind weitgehend frei von einschränkenden Nebenbedingungen. Die Terminologie weicht jedoch stellenweise von der üblichen ab.

**(1) Bereich (Array)**

In der deutschsprachigen PL/I-Literatur werden Arrays meist als *Bereiche* bezeichnet. Die Vereinbarung einer Bereichsvariablen erfolgt unter Angabe des Dimensionsattributs in der declare-Anweisung. Im Dimensionsattribut kann neben der oberen auch eine untere Dimensionsgrenze aufgeführt werden. Die Zahl der Dimensionen ist grundsätzlich nicht begrenzt[70], jedoch werden i. a. implementationsabhängige Beschränkungen vorgegeben (z. B. 32 Dimensionen bei dem F-Compiler von IBM). Die Vereinbarungen

```
declare  kunde (200) character (25),
         art_umsatz (1000:9999, 1:12) decimal fixed (12, 2);
```

definieren z. B. einen eindimensionalen Array kunde, der aus den 200 Zeichenkettenvariablen kunde (1) ... kunde (200) besteht, und einen zweidimensionalen Array art_umsatz, dessen Dimensionsgrenzen explizit angegeben sind (1000 bis 9999 für die erste und 1 bis 12 für die zweite Dimension).

Der Zugriff auf Arrayelemente erfolgt durch Indizierung. Als Indexausdrücke sind beliebige arithmetische Ausdrücke zugelassen. Darüber hinaus kann auch auf einen Teilbereich zugegriffen werden. Dazu dient die Stern-Notation. Setzt man statt eines Indexausdrucks einen Stern, so sind damit alle Komponenten der jeweiligen Dimension angesprochen, z. B.:

```
art_umsatz (1002, *)   ≙   art_umsatz (1002, 1)
                                    ⋮
                           art_umsatz (1002, 12)

art_umsatz (*, 5)      ≙   art_umsatz (1000, 5)
                                    ⋮
                           art_umsatz (9999, 5)
```

---

70 Vgl. ANSI (1976), S. 37

**(2) Struktur (Record)**

Die PL/I-Bezeichnung für einen Record lautet *Struktur* oder auch *Datenstruktur*. Das Record-Konzept ist weitgehend mit dem in Cobol realisierten identisch. Die Hierarchiestufe wird durch aufsteigende Stufennummern zum Ausdruck gebracht. Als Beispiel sei die Vereinbarung des Records artikelsatz, die in 3.2.2.2 durch Cobol-Sprachelemente notiert wurde, in PL/I ausgedrückt; für die numerischen Daten wird die dezimale Festkommadarstellung gewählt:

```
declare  1  artikelsatz,

            2 identifikationsdaten,
              3 satzadresse   decimal fixed (5),
              3 artikel_nr    decimal fixed (5),
              3 artikel_name  character (30,

            2 bestandsdaten,
              3 lagerbestand  decimal fixed (4),
              3 sicherheitsbestand decimal fixed (4),

            2 preis          decimal fixed (7, 2);
```

Eine Struktur darf auch Bereiche enthalten, während umgekehrt die Komponenten eines Arrays strukturiert sein können, z. B.:

```
declare  1 teilnehmer (1:100),
            2 name       character (25),
            2 anschrift  character (55);
```

**(3)  Datei**

Eine Datei wird mit dem Attribut file vereinbart. Dateien sind in PL/I hauptsächlich durch die Art der Datenübertragung und durch die Zugriffsform charakterisiert. Als Übertragungsarten stehen die reihenweise und die satzweise Übertragung zur Verfügung.

Bei dem Modell der *reihenweisen Übertragung* werden die zwischen einer Datei und dem Internspeicher zu transferierenden Daten als fortlaufender Datenstrom angesehen; einzelne Datenelemente werden jeweils in diesen Strom eingereiht bzw. aus ihm entnommen. Dateien, die für reihenweise Übertragung vorgesehen sind, werden mit dem Attribut stream vereinbart. Sie werden hauptsächlich für den Datentransfer mit der Papierperipherie (Drucker, Lochkartenleser etc.) und dem Terminal verwendet. Zwei bereits vordefinierte stream-Dateien sind die Dateien sysin und sysprint, die zur Ein-/Ausgabe mit den Standardgeräten herangezogen werden können.

Bei dem Modell der *satzweisen Übertragung* werden nicht einzelne aufbereitete Datenelemente, sondern größere Datenaggregate (Datensätze) unverändert zwischen Internspeicher und Datei transferiert. Diese Form entspricht dem in Cobol realisierten Datei-Ein-/Ausgabekonzept. Dateien für satzweise Übertragung erhalten das Attribut record.

Als *Zugriffsformen* für record-Dateien sind der sequentielle und der direkte Zugriff vorgesehen (Attribute sequential bzw. direct). Die Elemente von stream-

Dateien sind nur sequentiell zugänglich; dies folgt aus dem Modell des Datenstroms. Anders als in Cobol ist die Organisationsform einer Datei im PL/I-Standard nicht festgeschrieben. Der Standard überläßt die Auswahl eines geeigneten Speicherformats der jeweiligen Implementaion. Implementationsabhängige Organisationsformen (z. B. fortlaufende, index-sequentielle Speicherung u. a.) dürfen in den Optionen des Attributs

```
environment (optionen)
```

angegeben werden.

Im folgenden Beispiel werden zwei Dateien vereinbart:

```
declare  eingabe file stream sequential,
         stamm file record direct environment (indexed);
```

eingabe ist für reihenweise, stamm für satzweise Übertragung geeignet. (Die implementationsabhängige Option indexed beschreibt die Organisationsform „index-sequentiell" des IBM-F-Compilers.)

Variable und konstante Datenobjekte können mit Hilfe von Operatoren und Klammern zu *Ausdrücken* zusammengesetzt werden. Nach der Art der Operanden lassen sich die Ausdrücke unterscheiden:

- Ein *skalarer Ausdruck* ist ein Ausdruck, in dem als Operanden nur einfache Datenelemente (Konstante oder Variable) vorkommen.
- Ein *Bereichsausdruck* enthält mindestens einen Array als Operanden. Der Wert eines Bereichsausdrucks ist wieder ein Array. Wenn z. B. a, b und c gleich dimensionierte Arrays darstellen, dann ist auch der Ausdruck (a+b)*c definiert.
- Ein *Strukturausdruck* ist ein Ausdruck, in dem mindestens ein Record vorkommt. Mehrere Records in einem Strukturausdruck müssen identisch strukturiert sein.

Für die Operanden eines Ausdrucks wird keine Typgleichheit gefordert! Entsprechend der Entwurfsphilosophie von PL/I dürfen in einem Ausdruck nahezu beliebige Attribute aufeinandertreffen. Für die arithmetischen Attribute scheint dies durchaus sinnvoll und benutzergerecht; wenn man z. B. die Vereinbarungen

```
declare  x  binary fixed,
         y  decimal float;
```

getroffen hat, ist also auch der Ausdruck x+y zulässig. Bei der Auswertung wird ein interner Konvertierungsmechanismus wirksam.

Die Kombinationsfreiheit geht jedoch noch wesentlich weiter. Die arithmetischen Attribute dürfen auch mit Zeichenketten-, Bitketten und Pictureattributen zusammentreffen. Gegeben seien beispielsweise die Vereinbarungen:

```
declare  r  character (10),
         s  binary fixed,
         t  bit (80);
```

Die Zeichenfolge r-s+t repräsentiert dann einen syntaktisch zulässigen Ausdruck, da für jede Einzeloperation Konvertierungsregeln existieren.

Die Regeln für die Datenkonvertierung sind entsprechend umfangreich. In der PL/I-Sprachbeschreibung füllen sie 20 Seiten[71]. Die Regeln sind zum Teil verwirrend und keineswegs immer einsichtig. Bei dem oben aufgeführten Ausdruck x+y würde man sicherlich erwarten, daß er entweder die Attribute des einen Operanden (binary fixed) oder des anderen (decimal float) erhält. Statt dessen ergibt sich der Typ des Ausdrucks jedoch zu binary float!

### 3.4.2.2 Anweisungen

Die PL/I-Anweisungen kann man aus Sicht des Benutzers u. a. in folgende Gruppen einteilen[72]:

- Zuweisung
- Steueranweisungen
- Ein-/Ausgabeanweisungen
- Speicherverwaltungsanweisungen
- Vereinbarungen

Auf die beiden letzten Gruppen wird nicht näher eingegangen. Die Kontrolle der Speicherplatzzuordnung übersteigt den inhaltlichen Rahmen dieses Buches und wird nur in 3.4.3.3 kurz erwähnt. Die wichtigste Anweisung aus der Gruppe der Vereinbarungen, die declare-Anweisung, wurde bereits behandelt[73].

### (1) Zuweisung

Als Zuweisungsoperator dient wie in Fortran das Gleichheitszeichen. Links des Operators dürfen mehrere Variablennamen stehen, so daß auch Mehrfachzuweisungen möglich sind:

$$vn_1, \ldots, vn_m = ausdruck;$$

Die Attribute des Ausdrucks und der Variablen $vn_1, \ldots, vn_m$ brauchen nicht übereinzustimmen; in diesem Fall wird wieder der Konvertierungsmechanismus wirksam. Die Zuweisung ist sowohl für einfache Variable als auch für Array- und Recordvariable definiert.

Wenn links vom Gleichheitszeichen einfache Variable stehen, muß der *ausdruck* ein skalarer Ausdruck sein. Handelt es sich um Arrayvariable oder um Recordvariable, so muß entsprechend auf der rechten Seite ein Bereichsausdruck bzw. ein Strukturausdruck angegeben sein. Wenn beispielsweise i und j einfache Variable, a, b und c gleich dimensionierte Arrayvariable und e und f gleich strukturierte Records darstellen, dann sind die folgenden Zuweisungen möglich:

```
i = (i+j)**2;
c = a+b;
e = f;
```

---

71  Vgl. ANSI (1976), S. 363 ff.
72  Vgl. Katzan (1972), S. 317 ff.
73  Vereinbarungen gelten in der PL/I-Terminologie ebenfalls als Anweisungen, und zwar als „nicht ausführbare" Anweisungen.

Bei nicht identischen Recordstrukturen kann auch eine selektive Zuweisung namensgleicher Komponenten durch den Zusatz by name realisiert werden (entsprechend der corresponding-Klausel beim Cobol-Befehl move).

## (2) Steueranweisungen

PL/I besitzt ausgeprägtere Möglichkeiten der Ablaufsteuerung als die bislang behandelten Programmiersprachen.

- Die if-*Anweisung* realisiert eine Verzweigung mit einseitiger oder zweiseitiger Alternative:

    if *ausdruck* then *einheit$_1$*;    else *einheit$_2$*;

Der else-Teil darf fehlen. Der *ausdruck* kann wie in anderen Sprachen mit Hilfe von Vergleichsoperatoren (>, <, =, > =, <=, ¬ =) und logischen Operatoren (&, |, ¬) gebildet werden[74]. Die im then- und im else-Teil angegebenen Einheiten sind einfache Anweisungen oder Anweisungsfolgen. Die letzteren müssen explizit geklammert werden. Dazu stehen do-Gruppen und begin-Blöcke zur Verfügung, auf die in 3.4.3 eingegangen wird.

- Die do-*Anweisung* bietet verschiedene Möglichkeiten, Schleifen zu realisieren. Der Schleifenrumpf wird jeweils mit einer do- und einer end-Anweisung geklammert. In der Form

    do while *(ausdruck)*;

steht eine normale While-Schleife zur Verfügung. Für den *ausdruck* gilt das bei der if-Anweisung Gesagte. Schleifen, die Kontrollvariable verwenden, können in den verschiedensten Variationen gebildet werden. Die Grundform lautet:

    do  *vn* = *spezifikation*;

Einige zulässige Ausprägungen der *spezifkation* sind z. B.:

    a) $a_1$ to $a_2$
    b) $a_1$ to $a_2$ by $a_3$
    c) $a_1$ by $a_3$ to $a_2$
    d) $a_1$ to $a_2$ by $a_3$ while *(ausdruck)*
    e) $a_1$ repeat $a_4$ while *(ausdruck)*

Die Symbole $a_1$ ... $a_4$ stehen für skalare Ausdrücke mit den (eventuell durch Konvertierung erzeugten) Attributen binary fixed; $a_1$ gibt den Anfangswert, $a_2$ den Endwert und $a_3$ die Schrittweite der Kontrollvariablen *vn* an. Ist die Schrittweite wie in a) nicht angegeben, wird sie mit +1 angenommen. Die Form d) bietet die Möglichkeit, die Ausführung des Schleifenrumpfs zusätzlich von einer While-Bedingung abhängig zu machen, z. B.:

---

74 Da der Typ „logisch" in PL/I nicht existiert, sind die Regeln jedoch ganz anders beschrieben: Der *ausdruck* muß eine Bitkette darstellen oder in eine Bitkette konvertierbar sein. Wenn alle Bits null sind, wird *einheit$_1$* ausgeführt, sonst *einheit$_2$*. Die Operatoren &, |, ¬ sind in PL/I im übrigen auf Bitketten definiert und werden als Bitkettenoperatoren bezeichnet.

```
do  i = n to 1 by −1 while (a(i)>0);
  ⋮
end;
```

Mit der Form e) kann eine allgemeinere Veränderung der Kontrollvariablen erreicht werden, als es bei Zählschleifen üblich ist. Vor jedem Schleifendurchlauf wird der Wert des Ausdrucks $a_4$ ermittelt und der Kontrollvariablen $vn$ zugewiesen; der Schleifenrumpf gelangt so lange zur Ausführung, wie die While-Bedingung erfüllt ist.

Neben den in a)–e) gezeigten Fällen existieren weitere Möglichkeiten, die Veränderung der Kontrollvariablen festzulegen; insbesondere ist es auch zulässig, mehrere Spezifikationen anzugeben, die dann nacheinander abgearbeitet werden:

> do $vn$ = *spezifikation₁, . . ., spezifikationₘ;*

- Die goto-*Anweisung* bewirkt einen Sprung zu der angegebenen Marke:

> go to *marke;*

Als Sprungmarken werden Bezeichner verwendet, die nach den auch für andere Namen geltenden Regeln gebildet werden.

- Die stop-*Anweisung* veranlaßt den sofortigen Abbruch der Programmausführung. Sie hat die Form:

> stop;

Mit den skizzierten Anweisungen sind die Möglichkeiten der Ablaufsteuerung noch nicht erschöpft. Zum einen sind die Befehle call und return zum Aufruf und Verlassen einer Prozedur zu erwähnen. Zum andern können auch Ausnahmesituationen und Programmunterbrechungen den Ablauf beeinflussen. Darauf wird in 3.4.3 eingegangen.

**(3) Exkurs: Spracherweiterungen zur Ablaufsteuerung**

An dieser Stelle soll das Prinzip, nur Standardsprachelemente zu beschreiben, kurz durchbrochen werden. Alle bisher dargestellten Anweisungen sind im ANSI-Standard für PL/I enthalten. Bei verschiedenen PL/I-Übersetzern, z. B. Übersetzern der Firma IBM, stehen darüber hinaus drei weitere wichtige Steueranweisungen zur Verfügung. Da IBM-Compiler mit Abstand die weiteste Verbreitung besitzen und diese Anweisungen die Implementierung gewisser Steuerkonstrukte entscheidend vereinfachen, sollen sie ebenfalls erläutert werden.

- Die select-*Anweisung* leitet eine Fallunterscheidung nach n Alternativen ein. Sie kann grundsätzlich in zwei Formen auftreten.

```
select (ausdruck₀);
    when (ausdruck₁) einheit₁;
    when (ausdruck₂) einheit₂;
      ⋮
    when (ausdruckₙ) einheitₙ;
    otherwise      einheitₙ₊₁;
end;
```

Bei dieser ersten Form gelangt *einheit$_1$* zur Ausführung, falls *ausdruck$_0$= ausdruck$_1$*, sonst *einheit$_2$*, falls *ausdruck$_0$= ausdruck$_2$* etc. Ist der in der select-Anweisung angegebene *ausdruck$_0$* keiner der Alternativen *ausdruck$_1$* ... *ausdruck$_n$* gleich, wird der otherwise-Zweig durchlaufen.

*Beispiel:*

```
declare kartenart character (1);
    :
select (kartenart);
    when ('a') call abgang;
    when ('z') call zugang;
    when ('s') call storno;
    otherwise call eingabe_fehler;
end;
```

Eine Verallgemeinerung erfährt die select-Konstruktion in der zweiten Form. Hier können nicht nur Ausdrücke auf Gleichheit, sondern beliebig formulierte Bedingungen überprüft werden:

```
select;
    when (ausdruck₁) einheit₁;
    when (ausdruck₂) einheit₂;
        :
    when (ausdruckₙ) einheitₙ;
    otherwise     einheitₙ₊₁;
end;
```

Die Ausdrücke *ausdruck$_1$* ... *ausdruck$_n$* enthalten hier vollständige Bedingungen; das bei der if-Anweisung Gesagte gilt analog.

*Beispiel:*

```
declare menge decimal fixed;
    :
select;
    when (menge >= 100) call rabattstufe_2;
    when (menge <= 100 & menge >= 20) call rabattstufe_1;
    otherwise call rabattstufe_0;
end;
```

- Die do-*Anweisung* wird um eine zusätzliche Option erweitert. Neben den Grundformen

```
do while (ausdruck);
do vn = spezifikation;
```

ist auch die Anweisung

```
do until (ausdruck);
```

zulässig. Damit wird ein *Postcheck* realisiert. Der Schleifenrumpf gelangt so lange zur Ausführung, bis die Abbruchbedingung erfüllt ist. Die until-Option kann sogar an die anderen Grundformen angehängt werden, z. B.:

    do while *(ausdruck)₁* until *(ausdruck)₂;*

- Die leave-*Anweisung* erlaubt es, einen Schleifenrumpf zu verlassen und damit die Ausführung der Schleife zu beenden. Der Ablauf setzt sich mit dem auf die end-Anweisung der Schleife folgenden Befehl fort.

*Beispiel:*

```
do  i = 1 to 10000;
    ⋮
    if a(i) = 0 then leave;
    ⋮
end;
```

## (4) Ein-/Ausgabeanweisungen

Der Begriff Ein-/Ausgabe bezieht sich in PL/I grundsätzlich auf den Datentransfer zwischen einer Datei und dem Programm. Wie die Dateien werden auch die Ein-/Ausgabeanweisungen nach der Form der Datenübertragung unterschieden. Die korrespondierenden Anweisungspaare für die reihenweise Ein-/Ausgabe sind

```
get
put
```

und für die satzweise Ein-/Ausgabe

```
read
write
```

Die *reihenweise Ein-/Ausgabe* kommt vor allem dort zum Einsatz, wo die extern dargestellten Daten in lesbarer Form benötigt werden (z. B. Lochkarten, Drucker, Bildschirm). Der fortlaufende Datenstrom, dem die Daten bei der Eingabe entnommen bzw. bei der Ausgabe angefügt werden, kann unterschiedlich strukturiert sein. Drei Möglichkeiten stehen zur Auswahl:

Bei der list-gesteuerten Eingabe müssen die einzulesenden Werte durch Kommata oder Zwischenräume getrennt sein. Sie werden nacheinander entnommen, in die interne Darstellung konvertiert und den Variablen in der Datenliste des get-Befehls zugewiesen.

Bei der data-gesteuerten Eingabe sind die Werte im Datenstrom bereits durch die Namen der empfangenden Variablen gekennzeichnet (in der Form *vn=konstante).*

Bei der edit-gesteuerten Eingabe ist der Datenstrom zunächst völlig unstrukturiert. Durch einzelne Formatangaben in der get-Anweisung wird erst spezifiziert, wieviele Zeichen jeweils ein Datenelement bilden und von welchem Typ das Datenelement ist. (Diese Art der Übertragung wird auch in Fortran praktiziert.)

Die get-Anweisung kann damit in folgenden Formen auftreten:

```
get file (dateiname)  list (datenliste);
get file (dateiname)  data (datenliste);
get file (dateiname)  edit (datenliste) (formatliste);
```

Verwendet man die Standarddatei sysin – diese ist dem Standardeingabegerät zugeordnet –, so kann die file-Angabe fehlen, z. B.:

```
get list (r, s, t, u);
get data (v, w);
get edit (x, y, z) (f(8,2), f(5), a(10));
```

Für die Ausgabe stehen die entsprechenden Übertragungsspezifikationen zur Verfügung:

Bei der list-gesteuerten Ausgabe werden die Elemente der Datenliste nach bestimmten Regeln aufbereitet und an voreingestellten Positionen des Datenträgers ausgegeben.

Für die data-gesteuerte Ausgabe gilt das gleiche, jedoch werden die Datenelemente zusätzlich durch den zugehörigen Variablennamen gekennzeichnet.

Bei der edit-gesteuerten Ausgabe wird der gesamte Datenstrom explizit durch eine Formatliste beschrieben.

Damit sind folgende Formen der put-Anweisung möglich[75]:

```
put file (dateiname)  list (datenliste);
put file (dateiname)  data (datenliste);
put file (dateiname)  edit (datenliste) (formatliste);
```

Auch hier kann die Angabe der Standardausgabedatei (sysprint) fehlen.

Die *satzweise Ein-/Ausgabe* kommt vor allem dort zum Einsatz, wo größere Datenbestände auf externen Speichern zu verwalten sind. Für die Datenübertragung zwischen Programmen und Dateien mit dem Attribut record stehen die üblichen Dateioperationen für sequentiellen und direkten Zugriff zur Verfügung:

```
read
write
rewrite
delete
locate
```

Auf diese zu Fragen der Dateiorganisation führenden Anweisungen kann hier nicht eingegangen werden. Die Anweisungen

```
open
close
```

sind sowohl für stream- als auch für record-Dateien definiert. Sie brauchen in PL/I nicht explizit angegeben zu werden; das Öffnen und Schließen erfolgt dann

---

75 Die vollständigen Formate der get- und put-Anweisung enthalten weitere Optionen, insbesondere zur Vorschubsteuerung, die hier nicht aufgeführt sind; vgl. z.B. Katzan (1972), S.213ff., ANSI (1976), S.41ff.

implizit. Da man von den möglichen Optionen des Öffnens bei Standarddateien ohnehin keinen Gebrauch macht, werden die Anweisungen open und close bei reihenweiser Übertragung im allgemeinen nicht verwendet.

### 3.4.3 Höhere Sprachkonzepte

#### 3.4.3.1 Programmstruktur

PL/I ist in extremem Maße eine prozedurorientierte Sprache, die dabei noch über ein ausgeprägtes Blockkonzept verfügt. Die Vereinbarung einer Prozedur wird durch die Anweisungen procedure und end eingerahmt. Als *Prozedurname* dient die Marke, die die procedure-Anweisung einleitet[76]. Die Prozedurvereinbarung hat damit folgendes Schema:

> *marke:* procedure;
>           ⋮
>    end *marke;*

*Die Angabe der marke* in der end-Anweisung ist optional. Dagegen muß die procedure-Anweisung mit einer *marke* versehen sein, da diese zur Identifikation der Prozedur beim Aufruf dient.

Auch das *Hauptprogramm* stellt eine Prozedur dar. Sie wird gegenüber den anderen durch die Kennzeichnung options (main) hervorgehoben. Prozeduren ohne diese Angabe sind Unterprogramme.

*Beispiel:*

```
gauss: procedure options (main);  /* hauptprogramm */
          ⋮
end gauss;   /* ende des hauptprogramms */
```

Prozeduren werden nach internen und externen Prozeduren unterschieden. Eine *interne Prozedur* ist eine Prozedur, die textuell in einer anderen Prozedur enthalten ist. Beim Übersetzungsvorgang wird sie als Bestandteil der äußeren Prozedur mitübersetzt. Eine *externe Prozedur* ist dagegen in keiner anderen Prozedur enthalten. Jede externe Prozedur wird getrennt übersetzt. Das Hauptprogramm stellt stets eine externe Prozedur dar. Interne und externe Prozeduren können in der üblichen Weise parametrisiert werden.

*Funktionsunterprogramme* werden in PL/I terminologisch nicht explizit von anderen Unterprogrammen (Prozeduren i.e.S.) abgehoben. Die Vereinbarung einer Funktion unterscheidet sich nur dadurch, daß

- die Attribute des Funktionswerts im Prozedurkopf explizit durch die returns-Angabe spezifiziert werden

---

76 Grundsätzlich kann in PL/I jede Anweisung mit einer Marke versehen werden. Auch die goto-Anweisung nimmt z.B. auf eine Marke Bezug.

– der Funktionswert mit einer return-Anweisung explizit an die rufende Prozedur übergeben wird[77]

*Beispiel:*

```
fakultaet: procedure (n) returns (binary fixed);
            declare i, n, fak  binary fixed;
            fak = 1;
            do i = 1 to n;
             fak = fak*i;
            end;
            return (fak);
        end fakultaet;
```

Im Prozedurkopf wird hier festgelegt, daß der Funktionswert, den fakultaet durch den Aufruf erhält, die Attribute binary fixed besitzt. Der zurückzugebende Wert, fak, muß explizit in der return-Anweisung aufgeführt werden.

Der *Aufruf* einer Prozedur erfolgt in der bekannten Weise:

– bei Funktionsprozeduren durch Nennung des Prozedurnamens, eventuell von einer Parameterliste gefolgt, in einem geeigneten Kontext (z. B. in einem Ausdruck)
– bei Prozeduren im eigentlichen Sinne durch eine call-Anweisung, eventuell mit Parameterliste

Die *Rückkehr* in die rufende Prozedur erreicht man bei Funktionsprozeduren wie oben mit der Anweisung

```
return (ausdruck);
```

Bei anderen Prozeduren erfolgt der Rücksprung, wenn der Prozedurkörper durchlaufen ist (d. h. mit Erreichen der end-Anweisung); ein vorzeitiges Verlassen bewirkt die Anweisung

```
return;
```

Zwei bemerkenswerte Aspekte des Proceduraufrufs sind hervorzuheben. Erstens ist es zulässig, Prozeduren rekursiv aufzurufen. Dazu muß in die Prozeduranweisung das Attribut recursive aufgenommen werden. Eine rekursive Version der obigen Funktion fakultaet wäre z. B.:

```
rfak: procedure (n) returns (binary fixed) recursive;
       declare n binary fixed;
       if n = 0 | n = 1
          then return (1);
          else return (rfak(n-1) * n);
    end rfak;
```

Zweitens erlaubt PL/I, daß Prozeduren an *sekundären Eingangsstellen* betreten werden. Zur Vereinbarung einer sekundären Eingangsstelle dient die entry-Anwei-

---

77 Neben der Möglichkeit der Funktionsvereinbarung stellt PL/I insgesamt 87 (!) *eingebaute Funktionen* bereit, die die verschiedensten Anwendungen unterstützen (z. B. Ein-/Ausgabe, Arithmetik, Behandlung von Ketten, Bedingungen, Bereichen u. a.).

sung, die analog der procedure-Anweisung aufgebaut ist. Eine mit Parameterliste $(f_1, \ldots, f_m)$ versehene entry-Anweisung hätte z. B. die Gestalt:

*marke:* entry *(f₁, . . ., fₘ)*;

Der Eingangsname wird durch die *marke* bezeichnet. Der Aufruf der Prozedur an dieser Stelle lautet dann (mit $a_1, \ldots, a_m$ als aktuellen Parametern):

call *marke (a₁, . . ., aₘ)*;

Analoge Regeln gelten für Entries in Funktionsprozeduren.

Nach diesen Ausführungen über das Prozedurkonzept soll nun kurz auf die *Blockstruktur* von PL/I eingegangen werden. Blöcke sind Programmeinheiten, die einen eigenen Datenraum besitzen. Grundsätzlich unterscheidet man:

- Prozedurblöcke (Prozeduren wie eben behandelt)
- Begin-Blöcke (Blöcke wie z. B. in Algol)

Begin-Blöcke werden durch die Anweisungen begin und end geklammert:

```
begin;
  ⋮
end;
```

Die Ansteuerung eines Begin-Blocks unterscheidet sich nicht von der einer einfachen Anweisung. Er gelangt zur Ausführung, wenn der Kontrollfluß auf ihn stößt (sequentiell, durch eine goto-Anweisung o. a.). Ein Begin-Block darf überall da auftreten, wo eine einfache Anweisung erlaubt ist; z. B. kann er zur Realisierung einer Sequenz im Then- oder Else-Zweig der if-Anweisung herangezogen werden.

Die Blockbildung dient hauptsächlich dazu, den Geltungsbereich von Vereinbarungen zu beschränken. Eine Vereinbarung, die innerhalb eines bestimmten Blocks getroffen wird, ist außerhalb des Blocks nicht bekannt. Bei einer Schachtelung von Blöcken muß der Geltungsbereich nach innen weiter präzisiert werden. Grundsätzlich gilt deshalb folgende Regel:

Der Geltungsbereich einer Vereinbarung erstreckt sich auf den Block, in dem die Vereinbarung getroffen wird, sowie auf alle in dem Block textuell enthaltenen Blöcke, es sei denn, ein vereinbarter Name wird in einem geschachtelten Block erneut vereinbart.

Abbildung 3.8 verdeutlicht den Zusammenhang zwischen der Blockstruktur eines Programms und dem Gültigkeitsbereich von Vereinbarungen. Für a und d werden dort an verschiedenen Stellen Vereinbarungen getroffen. Deshalb bezeichnen die Namen a und d an verschiedenen Stellen des Programms auch unterschiedliche Objekte. Im rechten Teil der Abbildung wird dies durch die Notation a' und d' zum Ausdruck gebracht.

Eine dem Begin-Block ähnliche Konstruktion ist die *Gruppe (Do-Gruppe)*. Auch hierbei handelt es sich um eine geklammerte Struktur, die von den Anweisungen do und end eingerahmt wird. Im Gegensatz zum Begin-Block sind damit jedoch keine Auswirkungen bezüglich der Bekanntheit von Namen verbunden. Die Klammerung dient ausschließlich dazu, eine Sequenz an bestimmten Stellen zu realisieren (z. B. bei if, select).

*Blockstruktur*                                    *Gültigkeitsbereich*

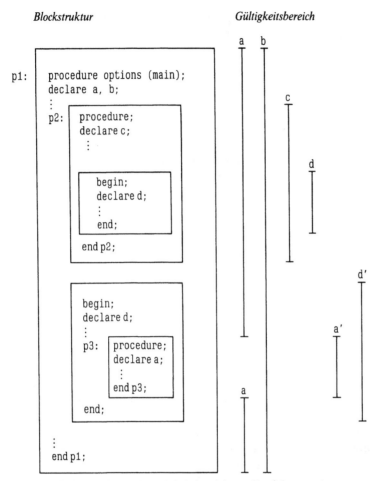

**Abb. 3.8.** Blockstruktur und Gültigkeitsbereich von Vereinbarungen

Die Grundform der Gruppe ist die nicht-iterative Do-Gruppe:

```
do;
  ⋮
end;
```

Grundsätzlich darf aber auch jede iterative Form der do-Anweisung verwendet werden.

### 3.4.3.2 Behandlung von Programmunterbrechungen

Bei der Ausführung eines PL/I-Programms werden permanent bestimmte Systemzustände überprüft. Tritt nun ein Ereignis ein, das eine Abweichung von einem definierten „Normalzustand" bewirkt, so wird eine *Programmunterbrechung* veranlaßt. Aus der Sicht des Benutzers kann es sich dabei um *Fehler* handeln, die bei der Programmausführung erkannt werden (z. B. eine Division durch null), aber auch um andere *Ausnahmesituationen*, die erwartet werden konnten (z. B. Erreichen des Dateiendes beim Einlesen).

Die Kontrolle der Systemzustände erfolgt durch Überprüfung sog. *On-Bedingungen.* Ist eine derartige Bedingung erfüllt, so tritt zunächst eine Programmunterbrechung ein. Die Unterbrechung kann auf zwei Arten behandelt werden. Entweder es wird eine standardmäßig vorgesehene Maßnahme ergriffen (bei Fehlerbedingungen i. a. ein Programmabbruch), oder es werden Maßnahmen ausgeführt, die der Programmierer selbst festlegen kann. Diesem Zweck dient die On-Anweisung:

> on *bedingungsname on-einheit;*

Wenn die mit *bedingungsname* gekennzeichnete Bedingung erfüllt ist, gelangt die *on-einheit* (eine einfache Anweisung oder ein Begin-Block) zur Ausführung. Anschließend kehrt der Ablauf an die Stelle zurück, wo die Unterbrechung verursacht wurde, und setzt sich mit der folgenden Anweisung fort (es sei denn, die *on-einheit* wird mit einem Sprung verlassen). Die Behandlung von Unterbrechungen beinhaltet also gleichzeitig einen Begriff in die Programmablaufsteuerung.

Die Überprüfung einer On-Bedingung erfolgt nur dann, wenn die Bedingung *wirksam* ist. Die Wirksamkeit kann teilweise beeinflußt werden. Unter diesem Aspekt lassen sich die Bedingungen in 3 Kategorien einteilen:

(1) Bedingungen, die immer wirksam sind
(2) Bedingungen, die standardmäßig unwirksam sind, aber eingeschaltet werden können
(3) Bedingungen, die standardmäßig wirksam sind, aber ausgeschaltet werden können

*ad (1):* Ständig wirksame Bedingungen sind z. B. die Bedingungen:

```
endfile (dateiname)
undefinedfile (dateiname)
error
```

Die endfile-Bedingung verwendet man in PL/I, um beim Lesen einer sequentiellen Datei das Dateiende zu erkennen. (Diese Funktion wird in Fortran durch den end-Parameter und in Cobol durch die „ad end"-Klausel bereitgestellt.) Die undefinedfile-Bedingung ist erfüllt, wenn eine Datei nicht geöffnet werden kann. Die error-Bedingung fängt alle Fehlerzustände auf, die nicht von anderen Bedingungen abgedeckt sind.

*ad (2):* Eine Reihe von Bedingungen ist nur dann wirksam, wenn sie zuvor eingeschaltet wurde. Zu diesen Bedingungen zählen z. B. die Bedingungen size (Überschreiten der vereinbarten Ziffernzahl) und subscriptrange (Über- oder Unterschreiten der Indexgrenzen eines Arrays).

Das Einschalten erfolgt dadurch, daß einer Anweisung ein Bedingungspräfix vorangestellt wird. Ist die Anweisung eine einfache Anweisung, so erstreckt sich die Wirksamkeit nur auf diese Anweisung; handelt es sich um eine begin- oder procedure-Anweisung, so ist die Bedingung im ganzen Block wirksam.

*ad (3):* Eine größere Zahl von Bedingungen ist grundsätzlich wirksam, kann jedoch ausgeschaltet werden, wenn man auf die verschiedenen Überprüfungen verzichten will. Zu dieser Gruppe gehören die Bedingungen für

Konvertierungsfehler:    `conversion`
Über-/Unterlauf:    `overflow/underflow`
Division durch null:    `zerodivide`

Das Ausschalten erfolgt ebenfalls durch Voranstellung eines Bedingungspräfix, das neben dem Bedingungsnamen den Vorsatz no trägt, z. B.: (nozerodivide).

Die Behandlung von Bedingungen soll an einem kurzen Programmausschnitt verdeutlicht werden:

```
  ⋮
declare (a, b, c, d) decimal fixed (8);
declare ende character (5);
on endfile (sysin) ende = 'true';
on size put data (a, b);
  ⋮
ende='false';
get file (sysin) list (a, b);
do while (ende = 'false');
  (size):        c = a**b;
  (nozerodivide): d = a/b;
     ⋮
  get file (sysin) list (a, b);
end;
```

Die beiden on-Anweisungen legen folgendes fest: falls beim Einlesen aus der Datei sysin einmal Dateiende vorliegt, so soll die Zuweisung ende = 'true' ausgeführt werden; falls die Größe einer Zahl einmal die vereinbarte Stellenzahl übersteigt, soll die *on-einheit* put data (a, b) ausgeführt werden. Die endfile-Bedingung ist ständig wirksam; sie wird jedesmal geprüft, wenn der get-Befehl durchlaufen wird. Die size-Bedingung ist nur bezüglich der Anweisung c = a**b wirksam (Bedingungspräfix (size)). Die grundsätzliche Wirksamkeit der zerodivide-Bedingung wird für die Anweisung d = a/b aufgehoben (Bedingungspräfix (nozerodivide)). Dies bedeutet, daß sich der Programmablauf eventuell mit einem undefinierten Wert von d fortsetzt, falls b = 0 ist.

Die Möglichkeiten der Unterbrechungsbehandlung sind in PL/I sehr umfassend, so daß auf die Darstellung weiterer Einzelheiten verzichtet werden muß. Ein spezieller Aspekt soll noch erwähnt werden. Neben den insgesamt 20 vordefinierten Bedingungen kann der Programmierer auch Bedingungen benutzen, für die er selbst Bedingungsnamen definiert. Das Eintreten einer solchen Bedingung wird mit Hilfe der signal-Anweisung künstlich hervorgerufen. Die Verwendung von selbstdefinierten Bedingungen in Verbindung mit der signal-Anweisung dient oft der Unterstützung des Programmtests: mit der signal-Anweisung kann an beliebigen Stellen eines Programms eine bestimmte *on-einheit* aktiviert werden, die z. B. Informationen über den Programmzustand aufbereitet und ausgibt[78].

---

78 Vgl. Katzan (1972), S. 286 f.

### 3.4.3.3 Weitere Sprachkonzepte

Zum Abschluß dieses Überblicks über PL/I sollen einige Sprachkonzepte skizziert werden, die zum Teil weit über die in anderen Sprachen verfügbaren Möglichkeiten hinausgehen.

Zunächst sei auf die *Speicherplatzverwaltung* hingewiesen. In anderen Sprachen kann der Programmierer hierauf keinen Einfluß nehmen. PL/I bietet dagegen 4 Möglichkeiten an, die Zuordnung von Speicherplatz explizit zu kontrollieren. Diese werden durch Attribute bei der Variablenvereinbarung ausgewählt:

- automatic ist dasjenige Attribut, das einer Variablen *standardmäßig* zugeordnet wird, sofern man nicht eine andere Form der Speicherplatzkontrolle erzwingt. Bei automatischer Speicherung wird der Speicherplatz einer Variablen dann zugeordnet, wenn derjenige Block aktiviert wird, der die Variablenvereinbarung enthält. Der Speicherplatz wird wieder freigegeben, wenn der Ablauf diesen Block verläßt. Mehrfacher Eintritt in einen Block (z. B. mehrfacher Prozeduraufruf) bewirkt also jeweils eine erneute Speicherzuordnung.
- static bedeutet, daß der Speicherplatz für eine Variable mit diesem Attribut nur einmal angelegt wird und für die gesamte Programmdauer erhalten bleibt. Statische Speicherung ist in älteren Sprachen, z. B. in Fortran und Cobol, die einzige realisierte Form.
- controlled legt fest, daß der Programmierer die Kontrolle über die Speicherplatzverwaltung behält und die Zuordnung bzw. Freigabe von Speicherplatz durch Programmbefehle selbst steuert. Zu diesem Zweck stehen die Anweisungen allocate und free zur Verfügung:

```
declare x (10000) decimal fixed (10,2) controlled;
    ⋮
allocate (x);
    ⋮
free (x);
```

In diesem Beispiel wird der Speicherplatz für den Array x erst mit Ausführung der Anweisung allocate (x) angelegt und später mit free (x) wieder freigegeben. Kontrollierte Speicherung schließt weitergehende Möglichkeiten ein, z. B. das Anlegen mehrerer Generationen von Variablen (Kellerprinzip) und die Redimensionierung von Arrays.
- based wird verwendet, um basisbezogene Variable zu vereinbaren. Eine basisbezogene Variable ist eine Variable, auf deren Speicherplatz ein *Zeiger* verweist. Der Speicherplatz ist an die Existenz des Zeigers gebunden. Auch hier erfolgt die Zuordnung und Freigabe mit den Anweisungen allocate bzw. free. Durch das Zeigerkonzept können mehrere basisbezogene Variable verkettet werden. Damit sind die Möglichkeiten der *Listenverarbeitung* auch in PL/I verfügbar[79].

Als weitere Sprachkonzepte sollen noch die Preprocessorleistungen und die Parallelverarbeitung erwähnt werden.

*Preprocessor-Anweisungen* sind Anweisungen, die noch vor der eigentlichen Übersetzung des Programms ausgeführt werden. Sie richten sich an PL/I-spezifi-

---

79 Eine ausführliche Darstellung der Listenverarbeitung in PL/I gibt z. B. Schulz (1976), S. 85 ff.

sche Betriebssystemprogramme, die bestimmte Manipulationen des PL/I-Quell-
texts vornehmen. Während verschiedene PL/I-Implementierungen eine größere
Zahl von Preprocessor-Anweisungen vorsehen, ist im ANSI-Standard nur die Anweisung

> `%include` *textname*

definiert. Sie bewirkt, daß vor der Übersetzung PL/I-Text in das Programm kopiert
wird. Die Information, welcher Quelle der Text zu entnehmen ist, wird durch die
Angabe *textname* näher spezifiziert; die Festlegung von Einzelheiten überläßt der
Standard dem Implementierer.

*Parallelverarbeitung* bedeutet, daß Prozeduren *simultan* ausgeführt werden und
dabei unter Umständen auch Daten austauschen. Diese Form des Ablaufs ist auf
neuere Hardwarearchitekturen (Mehrprozessorsysteme) zugeschnitten. Verschiedene PL/I-Implementierungen sehen Parallelverarbeitung vor[80]. Im ANSI-Standard
wird sie dagegen nicht erwähnt.

## 3.5 Pascal

### 3.5.1 Entstehung von Pascal

Pascal ist die jüngste der hier vorgestellten Programmiersprachen, wenngleich auch
ihre Wurzeln bis in die zweite Hälte der sechziger Jahre zurückreichen. Den Ausgangspunkt bildeten Überlegungen von N. Wirth und C. A. R. Hoare, Algol60 fort-
zuentwickeln bzw. eine Nachfolgesprache zu entwerfen[81].

Die Sprachkonzepte von Algol60 wurden damals in vieler Hinsicht als zufriedenstellend angesehen. Vor allem waren gewisse Möglichkeiten zur Programm-
strukturierung, sowohl zur Strukturierung des statischen Texts als auch des Programmablaufs, vorhanden. Dagegen besaß Algol60 nur unzureichende Hilfsmittel
zur Strukturierung von Daten; die einzige Datenstruktur war, ähnlich wie in Fortran, der Array.

Die beschränkten Ausdrucksmöglichkeiten und die einseitige Ausrichtung der
verfügbaren Programmiersprachen führten in der Mitte der sechziger Jahre zur Entwicklung neuer, mächtiger Universalsprachen wie PL/I und Algol68. Diese „Super-
sprachen" boten dem Benutzer eine Vielzahl an komfortablen Sprachkonzepten,
brachten jedoch einen immensen Sprachumfang mit sich. PL/I und Algol68 erwiesen sich deshalb oft als unhandlich und kompliziert.

Das genau entgegengesetzte Ziel verfolgte Wirth mit der Entwicklung von Pascal: Einfachheit in jeder Hinsicht war sein vorrangiges Entwurfsziel. Dies sollte sowohl die Erlernbarkeit der Sprache fördern als auch eine effiziente Implementierung erlauben. Wirth nennt u. a. folgende Anforderungen an die Sprache[82]:

---

80  Eine generelle Übersicht über verschiedene PL/I-Versionen findet man bei Barnes (1979),
    S. 505 ff.
81  Vgl. Wirth, Hoare (1966), S. 413 ff.
82  Vgl. Wirth (1971 a), S. 309

- eine Notation, in der fundamentale Konzepte und Strukturen systematisch, prä-
  zise und angemessen ausgedrückt werden können
- Berücksichtigung neuer Erkenntnisse über systematische Methoden der Programmentwicklung[83]
- Implementierbarkeit durch einen effizienten Übersetzer mäßigen Umfangs trotz
  einer Vielzahl von Daten- und Programm-Strukturierungsmöglichkeiten

Diese Ziele sollten u. a. durch wenige, fundamentale und klar definierte Sprachkonzepte erreicht werden. Darüber hinaus strebte Wirth ein breites Einsatzgebiet der
Sprache an. Durch Aufnahme der Record-Struktur und der sequentiellen Datei
sollten z. B. auch kommerzielle Anwendungen gefördert werden[84]. Ob dies gelun-
gen ist, darf allerdings bezweifelt werden. Darauf wird später noch einzugehen sein.
Auch der Name der Sprache und die kompakte Notation lassen vermuten, daß eine
leichte Präferenz für mathematische Probleme den Sprachentwurf beeinflußte: Pascal ist keine Abkürzung wie Fortran oder Basic, sondern der Nachname des franzö-
sischen Mathematikers *Blaise Pascal* (1623–1662).

Der Entwurf und die Implementierung von Pascal wurden an der Eidgenössi-
schen Technischen Hochschule in Zürich durchgeführt. Eine vorläufige Version
entstand 1968. Die erste vollständige Sprachbeschreibung und die Beschreibung eines Übersetzers veröffentlichte Wirth im Jahre 1971[85]. Nach zwei Revisionen erschien dann 1974 ein Benutzerhandbuch einschließlich einer Sprachdefinition, deren zweite Auflage – „Pascal User Manual and Report (Second Edition)"[86] – häufig
als *Standard-Pascal* bezeichnet wird.

Das von Jensen und Wirth verfaßte Dokument sollte einen einheitlichen
Sprachstandard festlegen. An einigen wenigen Stellen ist es jedoch unvollständig,
inkorrekt oder nicht ganz eindeutig. Darüber hinaus sind viele Sprachelemente, die
z. B. im kommerziellen Bereich benötigt werden, nicht enthalten. Die leichte Erwei-
terbarkeit und Änderbarkeit der Sprache führte dazu, daß zahlreiche, unterschiedliche Pascal-Dialekte entstanden. Diese Tendenz verstärkte sich noch durch die zunehmende Verbreitung von Mikrocomputern, auf denen sehr häufig Pascal-Versionen implementiert wurden.

Angesichts der hohen Akzeptanz der Sprache bei den Anwendern sahen sich in
dieser Situation verschiedene Normenorganisationen veranlaßt, die Standardisierung von Pascal voranzutreiben. Die Initiativen gingen hauptsächlich von der *Brit-
ish Standards Institution (BSI)* aus, die 1976 ein Komitee zur Ausarbeitung eines
Sprachstandards einsetzte.

Nach mehreren Entwürfen und Überarbeitungen wurde 1980 die fünfte Version
einer breiteren Öffentlichkeit bekanntgemacht[87]. Die *International Standards Organization (ISO)* übernahm den britischen Vorschlag als Entwurf für eine ISO-

---

83 Wirth verweist hier auf Dijkstras Ausführungen über strukturierte Programmierung; vgl. ebenda, S.309.
84 Vgl. Wirth (1971 b), S.36
85 Vgl. Wirth (1971 a) und Wirth (1971 b)
86 Vgl. Jensen, Wirth (1975). Pascal ist im übrigen die einzige der hier beschriebenen Programmiersprachen, für die nicht nur eine Syntaxdefinition, sondern auch eine axiomatische Definition
   der Semantik vorliegt; vgl. Hoare, Wirth (1973).
87 Vgl. Addyman (1980)

Norm. Seit Oktober 1983 liegt eine deutsche Übersetzung vor, die von den DIN-Gremien als Entwurf für die DIN-Norm 66256 veröffentlicht wurde[88].

## 3.5.2 Sprachkonzepte von Pascal

Im folgenden werden die wichtigsten Elemente von Pascal erörtert. Die Darstellung lehnt sich an die Sprachdefinition von Jensen und Wirth an, die die grundlegenden Konzepte übersichtlicher und kompakter als der DIN-Entwurf beschreibt. Sofern Abweichungen gegeben sind, wird auf die entsprechenden Erweiterungen und Korrekturen im DIN-Entwurf zurückgegriffen. Der Jensen-Wirth-Report spiegelt u. a. die beiden elementaren Aspekte wider, die den Begriff des Programms charakterisieren: die Repräsentation von Daten und die Repräsentation von Anweisungen. Ein wesentliches Merkmal von Pascal ist, daß beiden Aspekten das gleiche Gewicht beigemessen wird.

### 3.5.2.1 Datentypen

Die Datentypen werden grundsätzlich in einfache Typen, strukturierte Typen und den Zeigertyp unterschieden.

*Einfache Typen* sind Typen, deren Werte nicht weiter strukturiert, d. h. nicht aus Werten anderer Typen zusammengesetzt sind. Einfache Typen werden teilweise als Standardtypen zur Verfügung gestellt; zum Teil kann sie der Programmierer auch selbst definieren. Abbildung 3.9 verdeutlicht die Zusammenhänge.

Die einfachen Typen, mit Ausnahme des real-Typs, werden im DIN-Entwurf für einen Sprachstandard als *Ordinaltypen* bezeichnet[89]. Bei diesen Typen liegt eine eindeutige Ordnungsrelation zwischen den Werten vor. Dagegen ist für den Typ real eine solche Relation nicht definiert.

Als *Standardtypen* können in Pascal die numerischen Typen ganzzahlig (integer) und reell (real), der logische Typ (boolean) und der Typ Zeichen (char) angesehen werden; integer, real und boolean sind dabei Typen im Sinne der in Kapitel 2 definierten Standarddatentypen. Dagegen repräsentiert der Typ char nicht Zeichenketten, sondern einzelne Schriftzeichen.

Während bei den Standardtypen die Wertemengen bereits festlegen, bieten *selbstdefinierte Typen* die Möglichkeit, eine Wertemenge explizit zu beschreiben bzw. zu beschränken[90]:

- Ein *Aufzählungstyp* definiert eine geordnete Menge von Werten, die in der Typdefinition durch Enumeration angegeben werden. So kann z. B. ein Typ

```
wochentag = (montag, dienstag, mittwoch, donnerstag,
             freitag, samstag, sonntag)
```

vereinbart werden; montag, dienstag etc. sind dann symbolische Namen für die Werte des Typs wochentag.

---

88  Vgl. DIN (1983)
89  Vgl. DIN (1983), S. 22
90  Der DIN-Entwurf bzeichnet diese Typen als *neue Ordinaltypen;* vgl. ebenda.

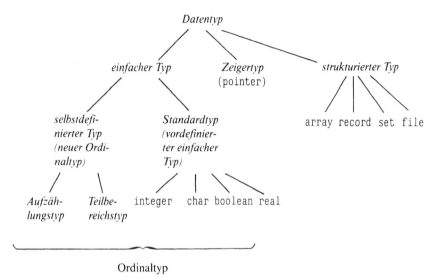

Abb. 3.9. Klassifikation der Datentypen in Pascal

– Ein *Teilbereichstyp* wird verwendet, um eine Teilmenge eines Ordinaltyps zu bezeichnen. Der Teilbereich wird durch Angabe des ersten und des letzten Wertes festgelegt. Beispielsweise definiert der Typ

```
monat = 1 .. 12
```

eine Teilmenge der ganzen Zahlen; der Typ

```
arbeitstag = montag .. freitag
```

bestimmt eine Teilmenge des obigen Typs wochentag.

Im Gegensatz zu anderen Sprachen werden in Pascal auch Datenstrukturen als selbständige Typen aufgefaßt. Dies kommt in der Bezeichnung *strukturierter Typ* zum Ausdruck. Pascal unterscheidet 4 strukturierte Typen:

– Array
– Record
– Menge (set)
– sequentielle Datei (file)

Die Definition eines *Array-Typs* wird durch das Schlüsselwort array kenntlich gemacht. Als Wertemengen der Arrayindices sind prinzipiell alle Ordinaltypen zugelassen; praktikabel sind allerdings nur Unterbereichstypen (z. B. des Typs integer) oder Aufzählungstypen. Auf der Basis des oben verwendeten Typs wochentag könnte z. B. ein eindimensionaler Array-Typ

```
array [wochentag] of real
```

vereinbart werden, der sieben Komponenten des Typs real enthält. Gebräuchlicher sind jedoch numerische Indextypen wie im folgenden, zweidimensionalen Fall:

```
array [1..50, 1..100] of integer
```

Die Definition eines *Record-Typs* wird durch die Schlüsselwörter record und end eingerahmt, z. B.:

```
record
  materialnummer : integer;
  bezeichnung : array [1..20] of char;
  lagerbestand : real;
  verkaufspreis : real
end
```

Die Record-Definition sieht auch sog. variante Strukturen vor. Auf diese Weise läßt sich ein Recordtyp vereinbaren, der nach mehreren Möglichkeiten strukturiert sein kann. Wird eine Variable eines solchen Typs verarbeitet, so erfolgt die Auswahl der im konkreten Fall anzuwendenden Struktur mit Hilfe eines Typdiskriminators.

Als einzige der hier behandelten Sprachen stellt Pascal einen expliziten *Mengentyp* zur Verfügung. Die Menge wird als set bezeichnet. Sie besitzt einen Grundtyp, der ein beliebiger Ordinaltyp sein kann. Die Wertemenge eines Mengentyps ist dann gleich der Potenzmenge des Grundtyps. Nimmt man als Grundtyp beispielsweise den Aufzählungstyp wochentag an, dann könnte folgender Mengentyp gebildet werden:

```
set of wochentag
```

Werte dieses Typs sind die $2^7$ Elemente der Potenzmenge, nämlich die Mengen[91]:

```
[], [montag], [dienstag], ..., [sonntag],
[montag, dienstag], ..., [samstag, sonntag], ...,
[montag, dienstag, mittwoch, donnerstag,
 freitag, samstag, sonntag]
```

Auf diesen Typ sind die üblichen Mengenoperationen *Vereinigung, Durchschnitt* und *Differenz* anwendbar. Ebenso ist es möglich zu überprüfen, ob eine Menge *Teilmenge* oder *gleich* einer anderen Menge ist oder ob ein bestimmter Wert *Element* einer Menge ist.

Auch dem Typ der *sequentiellen Datei* liegt ein einheitlicher, aber prinzipiell beliebiger Grundtyp zugrunde. Eine Datei kann also aus Records, Arrays, Mengen, ganzen Zahlen, Zeichen oder anderen Elementen zusammengesetzt werden. Beispielsweise steht

```
file of real
```

für einen Dateityp, der nur reelle Zahlen enthält.

Diese Kombinationsfreiheit ist grundsätzlich bei allen strukturierten Typen gegeben. Die Komponenten eines strukturierten Typs brauchen also nicht einem einfachen Typ anzugehören, sondern können weitgehend beliebig strukturiert sein. Auf diese Weise ist es möglich, sehr komplexe Datenstrukturen zu bilden. Beispielsweise dürfen die Komponenten eines Arrays wiederum Arrays sein - man erhält dann mehrdimensionale Arrays -, aber auch Records, Mengen oder Dateien.

---

91 Als Mengensymbol dient in Pascal die eckige Klammer (statt der in der Mathematik gebräuchlichen geschweiften Klammer). [] steht für die leere Menge.

Der Gestaltungsfreiheit werden allerdings durch die Sprachimplementierung meist gewisse Grenzen gesetzt. Für den Mengentyp gilt z. B. häufig – neben der generellen Restriktion, daß der Grundtyp einfach sein muß – eine weitere Einschränkung bezüglich der Zahl der Elemente, die daraus resultiert, daß eine Menge letztlich durch eine Bitkette (wie in PL/I) implementiert wird. Dateien darf man im allgemeinen nicht zusammensetzen; d.h., ein Dateityp, dessen Komponenten Dateien sind, ist ebenfalls nicht zulässig.

Effizienzaspekte bei der Implementierung strukturierter Typen bleiben weitgehend vor dem Sprachbenutzer verborgen. Jedoch kann der Programmierer bei der Typdefinition durch den Zusatz packed eine für die jeweilige Implementation effiziente Speicherungsform veranlassen. Solche Typen werden *gepackte Typen* genannt.

Durch eine gepackte Datenstruktur kann der Typ „Zeichenkette" realisiert werden, der in Kapitel 2 als einer der Standarddatentypen gefordert wurde. Eine Zeichenkette wird als gepackter Array mit einer entsprechenden Anzahl von Komponenten des Typs char definiert. In vielen Pascal-Versionen existiert darüber hinaus ein Typ alfa, der bereits als gepackter Array mit einer implementationsabhängigen Kompontentenzahl vordefiniert ist. Die Konstanten des Zeichenkettentyps bezeichnet man auch als *Strings*.

Neben den einfachen und den strukturierten Typen sieht Pascal den sog. *Zeigertyp* (pointer) vor. Ein Zeiger ist ein Verweis auf eine Variable, die dynamisch – während der Programmausführung – angelegt und beseitigt werden kann. Der Zeiger ist streng an den Typ der dynamischen Variablen gebunden; d.h., er kann nicht auf eine Variable eines beliebigen Typs, sondern nur eines ganz bestimmten, festgelegten Typs verweisen. Zeiger eignen sich besonders als Hilfsmittel zur Darstellung dynamischer Datenstrukturen wie linearer Listen und Bäume[92].

### 3.5.2.2 Vereinbarungen

Grundsätzlich müssen in einem Pascal-Programm alle Objekte, die mit Namen bezeichnet werden, im (statischen) Programmtext bereits vereinbart sein, bevor auf sie in irgendeiner Form Bezug genommen werden kann[93]. Dies führt, ähnlich wie in Cobol, zu einer strikten Trennung des Vereinbarungs- und des Anweisungsteils. In Pascal werden jedoch nicht nur Variable, sondern auch Datentypen, symbolische Konstante, Prozeduren und Funktionen vereinbart. Ferner müssen Sprungziele von goto-Befehlen explizit als (numerische) Marken definiert werden.

Zur Beschreibung der Syntax von Pascal verwendet man im allgemeinen die Backus-Naur-Form oder Syntaxdiagramme[94]. *Syntaxdiagramme* heben vor allem die Reihenfolge hervor, in der die syntaktischen Konstrukte eines Programms angeordnet werden dürfen. Rechtecke in einem Syntaxdiagramm stellen Verweise auf andere Syntaxdiagramme dar und sind Hilfsmittel zur schrittweisen Verfeinerung

---

92  Zahlreiche Beispiele hierzu findet man bei Wirth (1979), S. 233 ff.

93  Der Grund für diese Anforderung ist hauptsächlich der, daß der Übersetzungsvorgang sich vereinfacht und somit ein kleinerer, aber effizienter Übersetzer konstruiert werden kann; vgl. Wirth (1971 a), S. 317.

94  Vgl. Jensen, Wirth (1975), S. 4 ff.

von Definitionen; Kreise und Ovale enthalten Symbole der Sprache Pascal, die im Programm genau in der notierten Form auftreten müssen.

Abbildung 3.10 zeigt zwei Syntaxdiagramme. Ein Pfad durch das obere Diagramm definiert auf einer sehr hohen Abstraktionsstufe ein syntaktisch korrektes Pascal-Programm. Für das Konstrukt *block* ist in dem unteren Diagramm eine Verfeinerung angegeben. Der *block* enthält zunächst alle Vereinbarungsteile und legt

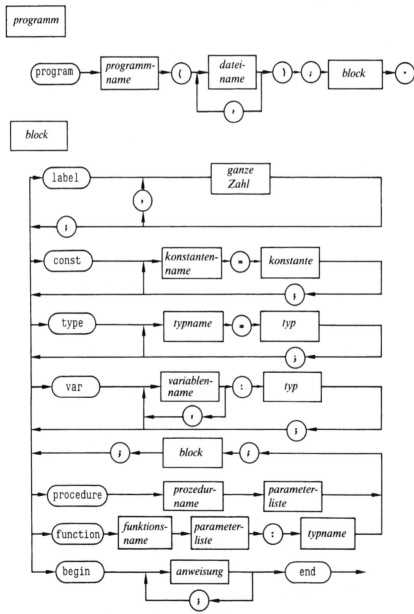

**Abb. 3.10.** Syntaxdiagramme zum Aufbau eines Pascal-Programms[95]

---

95 Vgl. Jensen, Wirth (1975), S. 5

die zulässigen Reihenfolgen fest. Im Anschluß daran folgt der mit dem Symbol be-gin eingeleitete Anweisungsteil. Jede Gruppe von Vereinbarungen ist durch ein be-stimmtes Schlüsselwort charakterisiert:

- label kennzeichnet die Vereinbarung von Marken, die als Sprungziele dienen. Marken sind natürliche Zahlen. Anders als in Fortran oder Basic dürfen aber nur solche Zahlen als Sprungziele verwendet werden, die explizit als Marken verein-bart wurden.

- const leitet die Vereinbarung von symbolischen Konstanten ein. Auf diese Weise können Konstante mit Namen versehen werden, z. B.:

```
const pi = 3.1416;
      mwst = 0.14;
```

- type steht am Anfang des Vereinbarungsteils für Datentypen. Hier werden *typna-men* definiert, auf die in anderen Typvereinbarungen und in Variablenvereinba-rungen Bezug genommen werden kann, z. B.:

```
type monat = 1..12;
     monatsvektor = array [monat] of real;
```

- var kennzeichnet die Variablenvereinbarungen. In Pascal müssen alle Variablen explizit vereinbart werden. Die *typ*-Angabe kann dabei auf einen zuvor verein-barten (oder vordefinierten) Typnamen verweisen oder eine direkte Beschreibung des Datentyps beinhalten, z. B.:

```
var artikelnummer : integer;
    summe : real;
    farbe : (rot, gruen, blau);
    umsatz, kosten : monatsvektor;
    matrix : array [1..5, 1..10] of integer;
```

- procedure leitet die Definition einer Prozedur ein. Prozeduren können parame-trisiert werden. Der Prozedurkörper ist ein *block* wie bei einem Hauptprogramm. Er kann also neben dem Anweisungsteil ebenfalls Vereinbarteile für Mar-ken, Konstante, Typen, Variable, Prozeduren und Funktionen enthalten. Auf die mit der Schachtelung verbundenen Probleme wird in 3.5.2.4 eingegangen.

- function legt die Vereinbarung eines Funktionsunterprogramms fest. Auch hier ist eine Parametrisierung möglich. Der Typ des Funktionswerts muß im Funk-tionskopf durch einen *typnamen* angegeben werden. Für den *block* der Funktion gilt das eben Gesagte.

Es sei nochmals darauf hingewiesen, daß die Syntaxdiagramme nicht nur den Auf-bau einzelner syntaktischer Konstrukte, sondern auch deren Reihenfolge determi-nieren. Abbildung 3.10 verdeutlicht insbesondere, daß in einem Pascal-Programm Prozeduren und Funktionen nicht an beliebigen Stellen des Textes niedergeschrie-ben werden dürfen, sondern ausschließlich zwischen den Variablenvereinbarungen und dem Anweisungsteil.

Die Regeln zur Bildung der in Abbildung 3.10 vorkommenden Namen (Pro-gramm-, Konstanten-, Typ-, Variablen-, Prozedur- und Funktionsnamen) sind ein-

heitlich und relativ großzügig. Namen beginnen mit einem Buchstaben und bestehen aus einer beliebigen Zahl von Buchstaben und/oder Ziffern. Bindestriche sind
jedoch nicht zulässig. Eine Längenbeschränkung sieht die DIN-Norm nicht vor, so
daß gilt[96]:

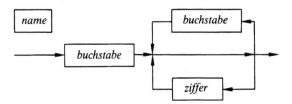

Die in Ovale eingeschlossenen Bezeichnungen sind Schlüsselwörter. Sie werden
in Pascal auch *Wortsymbole* genannt. Daneben existieren *Spezialsymbole,* die den
Sonderzeichen entsprechen. Die Wortsymbole sind reserviert und dürfen nicht als
Namen verwendet werden. Die Zahl der reservierten Wörter beträgt 35.

### 3.5.2.3 Anweisungen

Die im Anweisungsteil eines Pascal-Programms auftretenden Anweisungen werden
grundsätzlich in *einfache* und in *strukturierte* Anweisungen unterschieden. Insgesamt sind vier einfache und sieben strukturierte Anweisungen definiert. Abbildung 3.11 gibt einen Überblick über die Begriffe und Zusammenhänge.

Im folgenden werden zunächst die *einfachen Anweisungen* erläutert:

– Die *Zuweisung* wird mit Hilfe des Operators    : = realisiert. Sie hat die Form:

  *variablenname : = ausdruck*

  Die Zuweisung ist in Pascal auf allen Typen, mit Ausnahme des file-Typs, definiert. Grundsätzlich wird Typengleichheit der Variablen und des Ausdrucks verlangt; eine automatische Konvertierung ist nicht vorgesehen[97].

– Der *Prozeduraufruf* veranlaßt die Ausführung einer Prozedur. Im Gegensatz zu
  anderen Sprachen ist dafür kein spezielles Schlüsselwort (call, perform, gosub o. ä.) erforderlich. Der Aufruf erfolgt vielmehr nur durch Nennung des Prozedurnamens.

– Die *Goto-Anweisung (Sprunganweisung)* enthält als Sprungziel eine *marke,* die im
  Vereinbarungsteil definiert sein muß:

  goto *marke*

Grundsätzlich kann jede Anweisung mit einer *marke* versehen werden.

---

96 Vgl. DIN (1983), S. 14. In der Sprachbeschreibung von Jensen, Wirth (1979), S. 9, wird Pascal-
   Implementierungen aus Gründen der Praktikabilität jedoch zugestanden, nur die ersten acht
   Zeichen als signifikant zu betrachten.
97 Allerdings sind aus praktischen Gründen gewisse Ausnahmen erlaubt. Z. B. wird die Zuweisung
   eines ganzzahligen Ausdrucks an eine Variable vom Typ real zugelassen. Vgl. DIN (1983),
   S. 34.

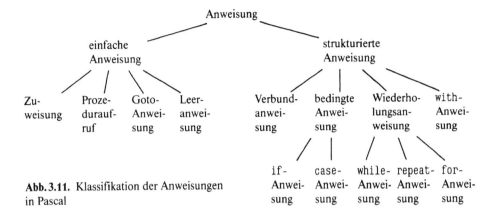

**Abb. 3.11.** Klassifikation der Anweisungen in Pascal

– Die *Leeranweisung* ist eine formale Hilfskonstruktion, die in verschiedenen Fällen die syntaktische Korrektheit bestimmter Formulierungen rettet[98]. Sie enthält keine Zeichen und veranlaßt keine Aktion.

*Strukturierte Anweisungen* sind solche Anweisungen, die selbst wieder Anweisungen enthalten. Der Begriff ist von erheblicher Bedeutung, da die Beschreibung der Pascal-Syntax an vielen Stellen nur das Element *anweisung* spezifiziert. In diesen Fällen kann statt einer einfachen Anweisung stets auch eine strukturierte Anweisung verwendet werden!

– Die *Verbundanweisung* dient zur Klammerung einer Sequenz von Anweisungen. Klammerungssymbole sind die Schlüsselwörter `begin` und `end`. Die geklammerten Anweisungen werden durch Semikola getrennt. Die Verbundanweisung hat dann folgendes Schema:

```
begin
    anweisung₁;
    anweisung₂;
      ⋮
    anweisungₙ
end
```

Anders als in PL/I dient das Semikolon jedoch nicht als Terminationssymbol für eine Anweisung, sondern nur als Trennzeichen in einer Folge von Anweisungen. Deshalb folgt der *anweisungₙ* auch kein Semikolon mehr; setzt man dieses Trennzeichen dennoch, so hat man eine leere Anweisung – zwischen Semikolon und `end` – erzeugt und folglich nicht gegen die Syntaxregeln verstoßen.

– Die `if`-*Anweisung* realisiert die Auswahl aus zwei Alternativen in Abhängigkeit vom Wahrheitswert eines logischen Ausdrucks:

> `if` *ausdruck* `then` *anweisung₁* `else` *anweisung₂*

Wenn nur über die Ausführung einer Alternative zu entscheiden ist, können `else` und *anweisung₂* auch fehlen.

---

98 Vgl. dazu z. B. die nachfolgende Verbundanweisung.

- Die case-*Anweisung* wählt in Abhängigkeit vom Wert eines Ausdrucks eine von mehreren Anweisungen aus:

```
case ausdruck of
    c₁: anweisung₁;
    c₂: anweisung₂;
        ⋮
    cₘ: anweisungₘ
end
```

$c_1 \ldots c_m$ stehen für Konstante eines beliebigen Ordinaltyps, der jedoch mit dem Typ des Ausdrucks übereinstimmen muß. Eine Aktion für den Fall, daß keine der Konstanten $c_1 \ldots c_m$ dem Wert des Ausdrucks entspricht, ist nicht definiert; dies wird als Fehler betrachtet.

- Die while-*Anweisung* ist die erste Form der Wiederholung:

```
while ausdruck do anweisung
```

Die *anweisung* wird so lange ausgeführt, wie der Wert des Ausdrucks, dessen Typ boolean sein muß, gleich true ist. Die Auswertung des logischen Ausdrucks erfolgt, *bevor* die *anweisung* zur Ausführung gelangt.

- Die repeat-*Anweisung* realisiert die zweite Wiederholungsstruktur. Hier wird *nach* jeder Ausführung der Anweisung(en) der Wert des Ausdrucks überprüft. Ergibt sich dabei der Wert true, so ist die Wiederholung beendet:

```
repeat anweisung   until ausdruck
```

Will man eine Folge von Anweisungen wiederholen, so braucht man nicht, wie bei der while-Anweisung, eine Verbundanweisung mit der begin-end-Klammerung zu konstruieren. Zulässig ist hier auch eine einfache Aufzählung:

```
repeat
    anweisung₁;
    anweisung₂;
        ⋮
    anweisungₘ
until ausdruck
```

- Die for-*Anweisung* als dritte Form der Repetition dient zur Formulierung der Zählschleife. Die *kontrollvariable,* der Anfangswert *(ausdruck₁)* und der Endwert *(ausdruck₂)* müssen dem gleichen Typ angehören, der ein beliebiger Ordinaltyp sein darf. Da für einen solchen Typ eine Ordnungsrelation existiert, kann die Veränderung der Kontrollvariablen unter Bezugnahme auf die Ordnungsrelation erfolgen. Die Werte des Typs werden dann in aufsteigender oder in absteigender Reihenfolge durchlaufen:

```
for kontrollvariable = ausdruck₁   to ausdruck₂   do anweisung
```

bzw.

```
for kontrollvariable = ausdruck₁ downto ausdruck₂ do anweisung
```

Andere Veränderungen der Kontrollvariablen sind nicht möglich. Für den Ordinaltyp `integer` bedeutet dies z. B., daß die Schrittweite nur +1 oder −1 betragen kann.

- Die `with`-Anweisung dient zur Vereinfachung des in Pascal etwas umständlichen Zugriffs auf Komponenten einer Recordvariablen. Im Bereich der `with`-Anweisung können die Komponenten durch ihre Namen identifiziert werden, ohne daß zusätzlich der Name des Records angegeben werden muß[99].

### 3.5.2.4 Prozeduren und Funktionen

Die beiden Syntaxdiagramme zum Aufbau eines Pascal-Programms in Abbildung 3.10 zeigen unter anderem, daß Prozeduren und Funktionen parametrisiert werden können und daß sie jeweils einen *block* enthalten; für diesen gilt ebenfalls das untere Syntaxdiagramm; d. h., in einer Prozedur oder einer Funktion werden prinzipiell die gleichen Vereinbarungen wie in einem Hauptprogramm getroffen, z. B. auch wieder Prozedur- und Funktionsvereinbarungen.

Damit stellt sich die Frage, wo die bei einer solchen Schachtelung vereinbarten Objekte benutzt werden können. Grundsätzlich gilt die Regel, daß der Gültigkeitsbereich einer Vereinbarung sich auf den Block erstreckt, in dem die Vereinbarung getroffen wird, sowie auf alle darin enthaltenen Blöcke[100].

Objekte, die in einer Prozedur (oder Funktion) vereinbart sind, werden als *lokale* Objekte bezeichnet. Die im Hauptprogramm deklarierten Objekte heißen *global*, da sie auch in allen enthaltenen Blöcken bekannt sind. Lokale Variable besitzen *keine statische Gültigkeit;* d. h., ihre Werte bleiben nur während *einer* Ausführung einer Prozedur (oder Funktion) erhalten. Bei einem späteren erneuten Aufruf stehen sie nicht mehr zur Verfügung.

Die Datenkommunikation mit einem geschachtelten Block beschränkt sich nicht auf die Ausnutzung dieser Gültigkeitsregeln. Daten können auch als Parameter transferiert werden. Bei der Parameterübergabe wird danach unterschieden, ob der Wert des Parameters durch den Prozeduraufruf (oder Funktionsaufruf) verändert werden soll oder nicht. Parameter, bei denen dies der Fall ist, heißen *Variablenparameter*. Parameter, die nach dem Aufruf in der aufrufenden Einheit denselben Wert wie vorher behalten sollen, werden *Wertparameter* genannt[101].

In der Liste der Formalparameter werden Variablenparameter durch das Schlüsselwort `var` gekennzeichnet. Bemerkenswert ist, daß auch der Typ jedes Para-

---

99  Vgl. Darstellung und Beispiele bei Jensen, Wirth (1975), S. 47 ff.

100  Der Begriff „Block" ist identisch mit dem *block* in Abb. 3.10. Anders als in PL/I bezeichnet er nicht ein `begin-end`-Konstrukt!

101  Dieser Name leitet sich aus der englischen Bezeichnung „call by value" für den entsprechenden Übergabemechanismus ab. Variablenparameter werden manchmal auch Referenzparameter genannt, was an die Bezeichnung „call by reference" angelehnt ist.
Die konzeptionell sinnvolle Unterscheidung in Variablen- und Wertparameter wird durch die Praxis häufig konterkariert. Die Übergabe eines Wertparameters beinhaltet das Anlegen einer Kopie. Ist der Parameter eine größere Datenstruktur, so kann dies äußerst ineffizient sein. Deshalb ist es z. B. üblich, Arrays als Variablenparameter zu übergeben, auch wenn sie nicht geändert werden sollen.

meters in der Formalparameterliste aufgeführt werden muß. Da hier nur Typnamen zulässig sind, setzt dies eventuell eine vorherige Typdefinition voraus[102].

Im folgenden Beispiel werden zwei formale Parameter definiert; argument stellt einen Wertparameter, tabelle einen Variablenparameter dar. Als Typnamen dienen hier ein Standardname und ein zuvor definierter Name:

```
type matrix = array [1..1000, 1..2000] of integer;
  ⋮
procedure suche (argument: integer; var tabelle: matrix);
```

Der Aufruf einer Prozedur oder einer Funktion wird durch Nennung ihres Namens - gegebenenfalls von einer Liste aktueller Parameter gefolgt - in einem zulässigen Kontext realisiert. Der Prozeduraufruf zählt zu den einfachen Anweisungen; der Funktionsaufruf ist dagegen keine eigene Anweisung, sondern tritt, wie in anderen Sprachen, im Rahmen eines Ausdrucks auf. Als aktuelle Parameter sind Variable, Konstante oder Ausdrücke zulässig[103]. Die Prozedur suche könnte z. B. durch die Anweisung

```
suche (teilenummer, lager)
```

aktiviert werden, wenn teilenummer und lager vom Typ integer bzw. matrix sind.

Die Wiederverwendung eines außerhalb definierten Prozedur- oder Funktionsnamens in einem geschachtelten Block ist erlaubt. Damit kann man auch *direkte* und *indirekte Rekursion* realisieren[104]. Rufen sich zwei in einem Block vereinbarte Prozeduren gegenseitig auf, so scheint zunächst das Prinzip verletzt, daß alle Objekte im Text statisch bereits vereinbart sein müssen, bevor auf sie Bezug genommen werden kann. Schließlich muß eine der beiden Prozeduren, die jedoch einen Aufruf der anderen enthält, als erste niedergeschrieben werden!

Dieses Problem wird dadurch umgangen, daß bei der Prozedurvereinbarung statt des Prozedurkörpers *(block)* eine sog. *Direktive* angegeben wird. Diese Direktive heißt forward. Sie stellt einen Vorwärtsbezug (forward reference) her in der Weise, daß zunächst nur der Kopf der Prozedur notiert wird, während der Block an einer späteren Stelle ausgeführt ist. Da der Prozedurname nun bereits bekannt ist, kann auch eine andere Prozedur auf ihn Bezug nehmen. Der Prozedurvereinbarungsteil im Syntaxdiagramm der Abb. 3.10 ist damit wie folgt zu modifizieren[105]:

---

102  Der Vollständigkeit halber sei erwähnt, daß auch Prozedur- und Funktionsnamen als Parameter übergeben werden können. Die Formalparameterliste enthält dann den Kopf einer Prozedur oder Funktion. Vgl. DIN (1983), S.48.

103  Ferner Prozedur- und Funktionsnamen; vgl. vorige Fußnote.

104  Zahlreiche Beispiele zur Anwendung rekursiver Algorithmen findet man bei Wirth (1979), S.176ff.

105  Die Darstellung gilt analog auch für die Vereinbarung von Funktionen.
forward ist die einzige im Pascal-Standard vorgesehene Direktive. Implementationsabhängige Erweiterungen sehen häufig zusätzliche Direktiven vor, z.B. extern bzw. external für getrennt übersetzte Prozeduren. Auch Prozeduren in anderen Sprachen werden durch entsprechende Direktiven (z.B. fortran, algol) zugänglich gemacht.

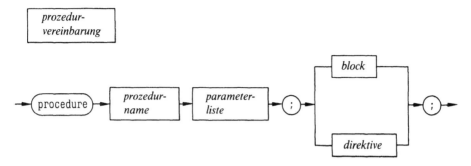

Pascal stellt zusätzlich eine Reihe von *Standardprozeduren* und *-funktionen* zur Verfügung. Diese sind in 7 Gruppen eingeteilt:

(1) *Dateibearbeitungsprozeduren* realisieren die Datenübertragung zwischen Programm und externen Datenbeständen.
(2) *Speicherverwaltungsprozeduren* (dynamic allocation procedures) dienen dazu, Variable, auf die durch *Zeiger* verwiesen wird, dynamisch anzulegen und zu beseitigen.
(3) *Umwandlungsprozeduren* überführen gepackte Arrays in ungepackte und umgekehrt.
(4) *Arithmetische Funktionen* führen bestimmte Berechnungen aus (z.B. Quadratwurzel, natürlicher Logarithmus etc.).
(5) *Umwandlungsfunktionen* werden zum Abschneiden oder Runden reeller Werte verwendet, da keine automatische Konvertierung des Typs real in integer vorgesehen ist.
(6) *Ordinalfunktionen* werten die Ordnungsrelation eines Ordinaltyps aus (z.B. Vorgänger oder Nachfolger eines Werts).
(7) *Prädikate (boolesche Funktionen)* geben Auskunft über bestimmte Zustände. Z.B. liefert die Funktion *eof (d)* den Wert true, wenn das Ende der Datei *d* erreicht ist, sonst den Wert false.

Auf die erste Gruppe, die *Dateibearbeitungsprozeduren,* soll etwas ausführlicher eingegangen werden. Da Pascal keine Ein-/Ausgabeanweisungen kennt, muß der gesamte Komplex der Dateiverarbeitung und der Ein-/Ausgabe mit Hilfe von Standardprozeduren abgewickelt werden.

Den Dateibearbeitungsprozeduren liegt ein bestimmtes gedankliches Schema zugrunde, das in Abb. 3.12 skizziert ist. Mit jeder Datei wird eine sog. Puffervariable assoziiert, die zunächst die gerade betrachtete Dateikomponente aufnimmt. Die von den Standardprozeduren realisierte Datenübertragung bezieht sich nur auf den Transfer zwischen der Puffervariablen und der Datei. Dies bedeutet u.a., daß vor einem Schreibzugriff der auszugebende Wert zunächst der Puffervariablen zugewiesen werden muß und daß nach einem Lesezugriff eine Zuweisung der Puffervariablen an die entsprechende Programmvariable erfolgen muß.

Mit der Wahl des Dateinamens liegt auch der Name der Puffervariablen fest. Er wird durch Anfügen eines Pfeils an den Dateinamen gebildet. Wenn *d* für einen Dateinamen steht, dann heißt die assoziierte Puffervariable *d*↑. Der Typ der Puffervariablen ist gleich dem Grundtyp der Datei. *d* wird als aktueller Parameter der Standardprozeduren verwendet, die dann folgende Aufgaben haben:

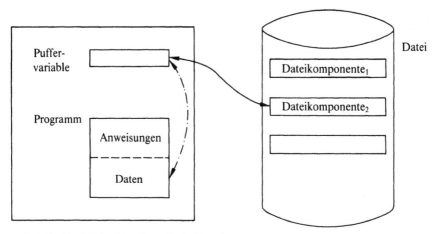

**Abb. 3.12.** Modell der Ein-/Ausgabe in Pascal

- reset *(d):*    Positionierung auf Anfang der Datei *d* zur Vorbereitung sequentieller Lesezugriffe und Zuweisung der ersten Dateikomponente
an die Puffervariable
- get *(d):*    Zuweisung der jeweils nächsten Dateikomponente an die Puffervariable
- rewrite *(d):*    Positionierung auf den Anfang einer (leeren) Datei zur Vorbereitung sequentieller Schreibzugriffe
- put *(d):*    Anfügen der Puffervariablen als nächste Komponente der Datei
*d*

Wegen der notwendigen zusätzlichen Übertragung von bzw. zu der Puffervariablen
existieren zwei weitere Standardprozeduren, die die beiden mit dem Lesen bzw.
Schreiben verbundenen Arbeitsgänge vereinen. Wenn $v, v_1 \ldots, v_n$ Variablennamen
und $a, a_1, \ldots, a_m$ Ausdrücke sind, dann stehen

- read *(d, $v_1$, ..., $v_n$)* für:
begin read *(d, $v_1$);* ...; read *(d, $v_n$)* end
Dabei ist read *(d, v)* äquivalent zu:
begin $v := d\uparrow$; get *(d)* end
- write *(d, $a_1$, ..., $a_m$)* für:
begin write *(d, $a_1$);* ...; write *(d, $a_m$)* end
Dabei ist write *(d, a)* äquivalent zu:
begin $d\uparrow := a$; put *(d)* end

Auch die Ein-/Ausgabe in lesbaren Schriftzeichen (z. B. über Bildschirm, Drucker)
erfolgt mit Hilfe der Standardprozeduren. Dazu müssen Dateien verwendet wer-
den, die Zeichen (Typ char) enthalten. In Pascal existiert hierfür der vordefinierte
Typname text. Dateien des Typs text werden *Textdateien* genannt und können
wie andere Dateien vereinbart werden. Auch die zur Kommunikation mit dem
Benutzer verwendeten „Normal"-Ein-/Ausgabemedien (z. B. Lochkartenleser,
Schnelldrucker, Bildschirmgerät) werden als Textdateien behandelt. Für diesen
Normalfall der Ein-/Ausgabe sind die Dateinamen input und output bereits als
Standardnamen vordefiniert.

Während im Jensen-Wirth-Report der Typname text noch als

```
text = file of char
```

definiert wurde[106], nimmt der DIN-Standard eine Präzisierung vor[107]:

Der Typname text repräsentiert einen speziellen Filetyp, dessen Komponenten *Zeilen* sind. Eine Zeile besteht aus einer Folge von Zeichen (Typ char) sowie der speziellen Komponente *Zeilenende*.

Auf Textdateien können die gleichen Prozeduren wie auf andere Dateien angewendet werden. Da eine Textdatei aber aus Folgen von einzelnen Zeichen (Typ char) besteht, würde dies bedeuten, daß der Programmierer die Konvertierung zwischen irgendeinem Datentyp und der Zeichendarstellung selbst vornehmen müßte (z. B. Überführen einer eingelesenen Zeichenfolge, die eine reelle Zahl enthält, in eine real-Darstellung). Dies wird dem Programmierer in keiner höheren Programmiersprache abverlangt.

Die Prozeduren read und write führen deshalb in manchen Fällen zusätzlich eine Konvertierung durch, wenn *d* eine Textdatei ist. Bei der Prozedur read gilt dies für Parameter vom Typ integer und real, bei der Prozedur write für Parameter vom Typ integer, real, boolean sowie für den Zeichenkettentyp.

Zur Vorschubsteuerung beim Einlesen oder Ausgeben von Werten wird die Zeilenstruktur der Textdateien ausgenutzt. Auch hierfür existieren Standardfunktionen und -prozeduren. Das Zeilenende kann explizit durch den Funktionsaufruf

```
eoln (d)
```

abgefragt werden. Die Prozeduren

```
readln (d, v₁, ..., vₙ)
writeln (d, a₁, ..., aₘ)
```

führen nach dem Lesen bzw. Schreiben einen Zeilenvorschub durch. Zur Formatierung einer Ausgabezeile stehen darüber hinaus einige wenige, sehr beschränkte Möglichkeiten zur Verfügung. Die Prozedur

```
page (d)
```

realisiert den Seitenvorschub bei einer Druckdatei *d*.

---

106 Vgl. Jensen, Wirth (1975), S. 142
107 Vgl. DIN (1983), S. 32

# 4 Programmierstil und Ausdrucksmittel der klassischen Programmiersprachen

## 4.1 Vorbemerkung

### 4.1.1 Ausgewählte Elemente des Programmierstils

Im zweiten Kapitel wurden Anforderungen erörtert, die an eine Programmiersprache zu richten sind, wenn sie die Erstellung „guter" Programme unterstützen soll. Die im vorigen Kapitel behandelten Sprachen werden diesen Anforderungen in unterschiedlichem Maße gerecht. Keine der Sprachen erfüllt alle Anforderungen, und manche weisen einen geradezu katastrophalen Mangel an notwendigen Sprachelementen auf.

Im folgenden soll nun gezeigt werden, wie man die in Fortran, Cobol, Basic, PL/I und Pascal verfügbaren Ausdrucksmittel einsetzen kann, um dennoch einen sinnvollen Programmierstil zu realisieren. Schwerpunkte werden bei den Konzepten gesetzt, die besonders zur Programmverständlichkeit beitragen: Strukturierung im weitesten Sinne (System-, Programm-, Ablauf-, Datenstrukturierung) und Selbstdokumentation eines Programms. Im einzelnen wird die programmtechnische Realisierung der folgenden Konzepte behandelt:

(1) *Zerlegungskonstrukte* (vor allem Modularisierung mit Hilfe von Datenkapseln)
(2) *Verfeinerungskonstrukte* (schrittweise Verfeinerung)
(3) *Steuerkonstrukte* (Kontrolle des Programmablaufs)
 - Sequenz
 - Selektion
 - Fallunterscheidung
 - Wiederholung (While-, Until-, Cycle-, Zählschleife, Implementierung einer Leseschleife)
(4) *Vereinbarungen und Selbstdokumentation*
 - Aufbau und Gestaltung des Vereinbarungsteils
 - Namensgebung

Diese Aspekte werden bei allen fünf Programmiersprachen untersucht. Sofern spezielle Sprachelemente zur Verfügung stehen, gelangen diese zur Anwendung. Bei Konstrukten, die simuliert werden müssen, wird so vorgegangen, daß mit Hilfe von *Kommentaren* das jeweils darzustellende Konstrukt dem gedanklichen Schema entsprechend nachgebildet wird. Dies ist besonders bei den Steuerkonstrukten der Fall. Für eine sehr häufig auftretende Schleifenstruktur, nämlich das Einlesen von Daten aus einer sequentiellen Datei, wird die in der jeweiligen Sprache günstigste

Implementierung skizziert. Auch weitere sprachspezifische Ausdrucksmittel, die einen sinnvollen Programmierstil unterstützen können, werden - sofern vorhanden - herausgestellt.

Zusätzlichen Regeln zum Programmierstil, die allgemeingültig und weitgehend sprachunabhängig sind, gelten schließlich die Ausführungen im Kapitel 5.

### 4.1.2 Implementierung von Datenkapseln

Die vom Programmierer beeinflußbaren Aspekte der Datenvereinbarung werden teilweise in Zusammenhang mit den Zerlegungskonstrukten abgehandelt. Dies hat folgende Gründe: Daten*typen* im eigentlichen Sinne, die eine Programmiersprache nicht zur Verfügung stellt, kann der Programmierer mit den normalen Ausdrucksmittel nur sehr schwer konstruieren. (Beispielsweise ist es kaum möglich, den Standardtyp `real` zu simulieren, wenn die Sprache einen solchen Typ nicht vorsieht.) *Einzelne Objekte* eines bestimmten nicht implementierten Typs lassen sich dagegen durchaus erzeugen.

Solche Objekte werden, wie in 2.2.3 erläutert, *abstrakte Datenstrukturen* genannt. Zur Implementierung einer abstrakten Datenstruktur konstruiert man eine *Datenkapsel,* wie in Abb. 2.9 gezeigt. Die Datenkapsel vereinigt in sich die Zugriffsfunktionen zu der abstrakten Datenstruktur (externe Operationen), interne Hilfsoperationen sowie solche Daten, die nach außen hin nicht sichtbar sind (lokale Daten).

Als grundlegende Prinzipien zur Zerlegung eines Systems wurden oben - in 2.1.1 - Abstraktionsprinzipien genannt. Die algorithmische Abstraktion führt dann zu *funktionsorientierten Modulen,* während die Abstraktion von der konkreten Datenpräsentation sich in *datenorientierten Modulen* niederschlägt. Die Datenkapseln, die abstrakte Datenstrukturen implementieren, sind genau solche datenorientierten Bausteine eines Systems. Deshalb ist es naheliegend, abstrakte Datenstrukturen als Module aufzufassen.

Da keine der hier behandelten Programmiersprachen die Implementierung von Datenkapseln unmittelbar unterstützt, müssen Ersatzkonstruktionen gebildet werden. Dazu wird die folgende konzeptionelle Vorgehensweise vorgeschlagen:

Eine Datenkapsel wird durch ein Unterprogramm realisiert (in der Regel durch eine Prozedur, unter Umständen auch durch eine Funktion). Die konkreten Datenstrukturen, die innerhalb der Datenkapsel zu manipulieren sind, werden als lokale Daten in dem Unterprogramm vereinbart. Die Zugriffsfunktionen, die auf der abstrakten Datenstruktur definiert sind, können durch parametrisierte Entry-Prozeduren (bzw. Entry-Funktionen) implementiert werden, sofern die Programmiersprache sekundäre Eingangsstellen in Unterprogramme vorsieht.

Der Begriff *Entry-Prozedur* steht für ein Stück Prozedurtext, das benannt wird und unter seinem Namen von außerhalb aufgerufen werden kann. Der Name bezeichnet die Eingangsstelle in die Prozedur[1]. Diese heißt sekundäre Eingangsstelle - im Gegensatz zu dem Prozedurkopf, der bei einem „normalen" Prozeduraufruf angesteuert und deshalb auch primäre Eingangsstelle genannt wird.

---

1 Die Ausführungen gelten analog auch für Funktionen.

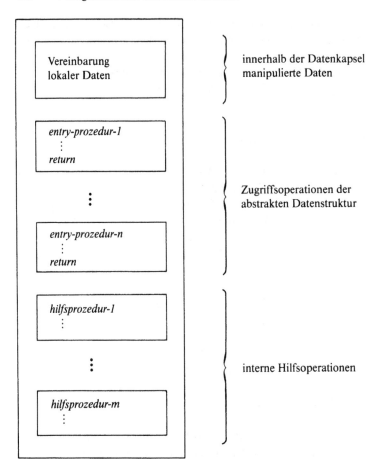

**Abb. 4.1.** Implementierungsschema für eine Datenkapsel mit Hilfe eines Unterprogramms

An Entry-Prozeduren wird die Forderung gestellt, daß sie sich textuell nicht überlappen dürfen; d. h., jede Entry-Prozedur hat einen eigenen Prozedurkörper mit eigenem Eingangs- und Ausgangspunkt. Dies schließt jedoch nicht aus, daß u. U. Hilfsprozeduren vorhanden sind, die gemeinsam benutzt werden. Eine Entry-Prozedur hat darüber hinaus keinen eigenen Datenraum; d. h., in der Entry-Prozedur sind alle in dem umfassenden Unterprogramm getroffenen Vereinbarungen ebenfalls bekannt.

Abbildung 4.1 verdeutlicht das Implementierungsschema einer Datenkapsel auf der Grundlage textuell disjunkter Entry-Prozeduren. Von diesem konzeptionellen Ansatz sind Abstriche zu machen, wenn die erforderlichen sprachlichen Hilfsmittel nicht zur Verfügung stehen. Probleme treten vor allem auf, wenn sekundäre Eingangsstellen nicht vorgesehen sind oder Unterprogramme keine lokalen Daten kennen. In diesen Fällen müssen weitere Ersatzkonstruktionen erwogen werden, die das Konzept von Abb. 4.1 in irgendeiner Form nachbilden. Darauf wird an den entsprechenden Stellen einzugehen sein.

Als Beispiel für die Implementierung von Datenkapseln wird in den folgenden Abschnitten der *Stack* (Keller, Stapel) herangezogen, der aus didaktischen Gründen

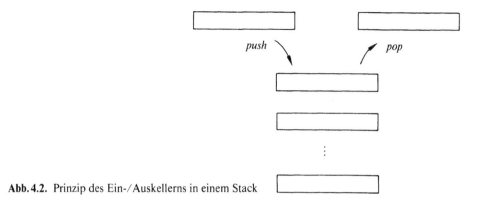

**Abb. 4.2.** Prinzip des Ein-/Auskellerns in einem Stack

gut geeignet ist. Ein Stack stellt eine typische abstrakte Datenstruktur dar, deren Implementierung sich in knapper Form beschreiben läßt. Aufwendigere Datenstrukturen können wegen des beschränkten Raums, der hier nur zur Verfügung steht, nicht erörtert werden.

Ein Stack ist ein Last-in-first-out-Speicher, der sehr häufig, vor allem beim Durchlaufen von Bäumen, verwendet wird. Wie bereits in 2.2.3 erwähnt, ist ein Stack durch die Operationen

- *new:*  Anlegen eines leeren Stack
- *push:*  Einkellern eines Elements
- *pop:*  Auskellern eines Elements

definiert. Manchmal werden auch weitere Operationen vorgesehen, vor allem das Betrachten des obersten Stackelements, ohne daß dieses aus dem Stack entfernt wird:

- *top:*  Inspizieren eines Elements

Abbildung 4.2 zeigt schematisch das Prinzip des Einkellerns und Auskellerns. Die Anzahl der Elemente, die der Stack aufnehmen kann, ist – theoretisch – unbegrenzt, da der Stack eine dynamische Datenstruktur darstellt. Die Operation *push* kann somit beliebig oft ausgeführt werden. Das Auskellern ist dagegen nur so lange sinnvoll, bis der Stack *leer* ist.

Diese Zusammenhänge zwischen den Operationen werden durch *Reihenfolgebedingungen* zum Ausdruck gebracht. Zur Darstellung wird eine kompakte Schreibweise verwendet. Es seien

$m$      Modulname
$a, b$     Operationen bzw. Ausdrücke von Operationen, die mit Hilfe der u. g. Operatoren und mit Klammern gebildet werden können
$p$      Prädikat (logischer Wert)

Dann bedeutet die Notation:

$m:a$.  $m$ wird definiert durch $a$
$a;b$     Konkatenation ($a$ muß vor $b$ ausgeführt werden)
$a,b$     Selektion (entweder $a$ oder $b$ muß ausgeführt werden)

*a'\**     Repetition (*a* kann beliebig oft ausgeführt werden – auch null mal)

*a'p*     bedingte Repetition (*a* kann maximal solange ausgeführt werden, bis *p* eintritt)

*a'ᵒ*     Option (*a* kann, aber muß nicht ausgeführt werden)

Wenn man diese Schreibweise auf die Stack-Operationen anwendet, dann erhält man:

*stack: (new; (push'\*, pop'leer)'\*)'\*.*

Zur Erläuterung sei zunächst der Inhalt der inneren Klammer betrachtet:

- *push'\** bedeutet, daß die Operation *push* beliebig oft wiederholt werden kann.
- *pop'leer* bedeutet, daß die Operation *pop* wiederholt werden darf, bis der logische Wert von *leer* wahr ist.
- Das Repetitionssymbol '\* an der inneren Klammer bedeutet, daß *push'\** oder *pop'leer* beliebig oft wiederholt werden kann.
- *new;* bedeutet, daß vor alledem der Stack erst angelegt werden muß.
- Das Repetitionssymbol '\* an der äußeren Klammer bedeutet, daß das Modul auch mehrfach verwendet werden kann.
- *stack: . . . .* bedeutet, daß das Modul *stack* durch den nachfolgenden Ausdruck definiert wird.

## 4.2 Stilelemente in Fortran

Gegenstand dieses Abschnitts ist die Umsetzung der wichtigsten Elemente des Programmierstils mit den sprachlichen Ausdrucksmitteln von Fortran. Dabei wird zunächst der Sprachumfang von *Fortran77* zugrunde gelegt. Auf Einschränkungen, die demgegenüber bei *Fortran66* zu beachten sind, wird in einem gesonderten Punkt hingewiesen. Die Ausführungen werden durch Programmschemata und Beispiele untermalt. Ein vollständiges Fortran-Programm, in dem die Stilregeln der Kapitel 4 und 5 Berücksichtigung finden, ist in Kapitel 7 wiedergegeben. Der Leser sei angehalten, dieses Programm zum besseren Verständnis mit heranzuziehen.

### 4.2.1 Zerlegung und Verfeinerung

Wie sehr viele Sprachen kennt Fortran keine unterschiedlichen Sprachelemente für die Zerlegung eines Programmsystems und für die schrittweise Verfeinerung eines Grobalgorithmus. Abgesehen von den begrenzt einsetzbaren Anweisungsfunktionen stehen für beide Zwecke nur die normalen Unterprogramme (subroutine bzw. function) zur Verfügung.

Zur *Zerlegung* eines Systems sind dies durchaus geeignete Hilfsmittel. Fortran-Unterprogramme stellen abgeschlossene Einheiten dar, die getrennt übersetzt werden und einen völlig disjunkten Datenraum besitzen. Wenn man keine common-Bereiche verwendet, dann sind außerhalb des Unterprogramms zunächst überhaupt

keine Daten bekannt. Das Prinzip des Information Hiding ist also vollkommen gewahrt. Die Datenkommunikation mit anderen Programmen erfolgt ausschließlich
über die Parameterschnittstelle des Unterprogramms.

*Funktionsorientierte Module* können durch Fortran-Unterprogramme unmittelbar implementiert werden. Dies entspricht der traditionellen Verwendung von Subroutines und Funktionen und bereitet keine Probleme. Wenn beispielsweise ein Unterprogramm `matinv` zur Erzeugung der Inversen b einer quadratischen (nxn)-Ma-
trix a als

```
subroutine matinv (a,b,n)
```

definiert ist, dann kann dieses mit einem `call`-Befehl und aktuellen Parametern
(hier: `basis`, `basinv`, `zzahl`) aufgerufen werden:

```
call matinv (basis, basinv, zzahl)
```

Der in dem Unterprogramm implementierte Inversionsalgorithmus bleibt für das
rufende Programm völlig verborgen. Diesem wird nur das gewünschte Ergebnis, die
Matrix `basinv`, bereitgestellt.

*Datenkapseln* lassen sich in Fortran77 in unmittelbarer Anlehnung an das Schema von Abb. 4.1 implementieren, da Fortran77 über sekundäre Eingangsstellen in
Unterprogramme verfügt. Dies soll am Beispiel der Datenstruktur *Stack* verdeutlicht werden.

In dem nachfolgenden Subroutine-Unterprogramm wird ein Kellerspeicher mit
Hilfe eines Arrays implementiert. Der Keller kann ganze Zahlen (z. B. Indices oder
Adressen von Datensätzen) aufnehmen. Wegen der Arrayimplementierung muß eine Obergrenze für die Größe des Stack angegeben werden (hier: `max=1000`). Da dies
mit dem Charakter der dynamischen Struktur „Stack" eigentlich nicht verträglich
ist, wird der Versuch, mehr als `max` Elemente einzutragen, in der Entry-Prozedur
`push` als Fehler behandelt.

Dagegen stellt der Zustand „leerer Stack" einen Normalzustand dar, der auch
häufig auftritt. Ein Auskellerungsversuch (Operation `pop`) liefert deshalb entweder

- das oberste Element des Stack und den Wert `leer` = `.false.`

oder

- den Wert `leer` = `.true.` und einen undefinierten Wert des Elements

Der Stack wird in dem Array einfach mit Hilfe eines Zeigers simuliert, der auf das
oberste Stackelement zeigt. Gilt `zeiger` < 1, so ist der Stack leer. Der Versuch, `zei-
ger` > `max` zu positionieren, führt zu dem genannten Fehler. Die Implementierung
des Stack mit einem Array und einem Zeigerindex ist nur innerhalb der Datenkapsel bekannt. Der Benutzer kann mit dem Modul arbeiten, als ob das Schema von
Abb. 4.2 vorläge.

Das Modul `stack` hat dann folgendes Aussehen:

```
      subroutine stack


      ****************************************************************
      *                                                              *
      *    autor:        karl kurbel            25. 8. 1983          *
      *                                                              *
      *    aufgabe:      implementierung eines last-in-first-out-*
      *                  speichers fuer ganze zahlen (abstrakte     *
      *                  datenstruktur)                             *
      *                                                              *
      *    loesungsweg: verwendung eines arrays mit zeiger auf      *
      *                  das oberste stack-element                  *
      *                                                              *
      *    zugriffsfunktionen:                                      *
      *                                                              *
      *      new              : anlegen eines neuen stack           *
      *      push (elemnt)     : einkellern eines elements          *
      *      pop (elemnt, leer): auskellern eines elements          *
      *                                                              *
      *    reihenfolgebedingungen:                                  *
      *                                                              *
      *      stack: (new; (push'*, pop'leer)'*)'*.                  *
      *                                                              *
      ****************************************************************


      *    kellervereinbarung:
      *            integer keller (1000), zeiger, max

      *    formalparameter:
      *       input/output:
      *            integer element
      *       output:
      *            logical leer



***** operation 'new': anlegen eines stack ************

      entry new
         zeiger = 0
         max    = 1000
         leer   = .true.
      return
```

```
***** operation 'push': einkellern eines elements *****

      entry push (elemnt)
         if (zeiger .lt. max) then
            zeiger = zeiger + 1
            keller (zeiger) = elemnt
         else
            write (6, 100) elemnt
  100       format (' *** modul "stack": abbruch wegen
    1                  stack-ueberlauf bei element:',I10)
            stop
         end if
      return


***** operation 'pop': auskellern eines elements ******

      entry pop (elemnt, leer)
         if (zeiger .gt. 0) then
            leer  = .false.
            elemnt = keller (zeiger)
            zeiger = zeiger -1
         else
            leer  = .true.
            elemnt = 0
         end if
      return
      end
```

Die lokalen Datenvereinbarungen werden am Beginn des Unterprogramms getroffen. Interne Hilfsprozeduren treten in diesem beschränkten Beispiel nicht auf. Die primäre Eingangsstelle, der Kopf des Unterprogramms, ist nicht parametrisiert, da ein Aufruf des gesamten Unterprogramms sinnlos wäre. Eine abstrakte Datenstruktur ist nur durch die Zugriffsfunktionen definiert, und diese erhält man durch Aufrufen der verschiedenen Entry-Prozeduren.

Man beachte, daß jede Entry-Prozedur mit der Anweisung return beendet wird. Diese Konvention ist besonders wichtig und muß auf jeden Fall eingehalten werden. Wenn beispielsweise die return-Anweisung am Ende der Prozedur push fehlt, dann führt dies nach der Fortran-Syntax dazu, daß auch alle nachfolgenden Anweisungen bis zum Ende des Unterprogramms zur Ausführung gelangen. Das heißt, die Operation pop würde zusätzlich ausgeführt!

Die *algorithmische Verfeinerung* innerhalb eines Programms wird im Gegensatz zu der Systemzerlegung durch die Fortran-Sprachelemente fast gar nicht unterstützt, sondern eher behindert. An Verfeinerungskonstrukte wurde in 2.1.2 die Forderung nach globaler Bekanntheit aller Programmdaten gestellt; d.h., alle in dem Programm getroffenen Vereinbarungen müssen auch in der verfeinernden Programmkomponente bekannt sein.

Wenn man Subroutine- oder Funktionsunterprogramme zur Verfeinerung verwendet, dann bedeutet dies, daß grundsätzlich überhaupt keine Vereinbarungen des Hauptprogramms in den Unterprogrammen bekannt sind. Eine Verbindung kann nur durch Parametrisierung hergestellt werden. Die Parametrisierung von verfeinernden Programmkomponenten erscheint aber nicht praktikabel.

Ein einzelnes, alleinstehendes oder aus der Zerlegung eines Systems resultierendes Programm hat nur eine beschränkte Größe, so daß innerhalb des Programms die Zugriffsmöglichkeit auf alle Daten sinnvoll und wünschenswert ist. Der Weg der Parametrisierung würde zwangsläufig zu recht umfangreichen Parameterlisten führen und damit schnell unhandlich werden[2]. Darüber hinaus sind getrennt übersetzte Programme ein viel zu mächtiges Instrument für die Verfeinerung, und es erscheint fraglich, ob dem mit der Parametrisierung und dem Aufruf verbundenen Aufwand ein angemessener Nutzen gegenübersteht.

Eine sehr begrenzte Verfeinerungsmöglichkeit ist durch die *Anweisungsfunktion* gegeben. Mit ihrer Hilfe können zumindest komplizierte arithmetische Ausdrücke benannt und ausgelagert werden. In dem folgenden Beispiel werden die beiden Lösungen einer quadratischen Gleichung

$$x_{1,2} = \frac{-b \pm \sqrt{b^2 - 4ac}}{2a}$$

in zwei Anweisungsfunktionen loes1 und loes2 ausgelagert:

```
      real x1, x2, x, y, z, loes1, loes2
      :
*     anweisungsfunktionen:
      loes1 (a,b,c) = (-b + sqrt (b**2 - 4*a*c)/2*a)
      loes2 (a,b,c) = (-b - sqrt (b**2 - 4*a*c)/2*a)
      :
      x1 = loes1 (x,y,z)
      x2 = loes2 (x,y,z)
```

Die Verfeinerung mit Hilfe der Anweisungsfunktion bietet nur im Bereich mathematischer Formeln eine gewisse Unterstützung. Ihr Wert wird darüber hinaus sehr stark dadurch eingeschränkt, daß eine solche Funktion nur aus einer Anweisung bestehen darf. Außer der Anweisungsfunktion enthält Fortran keine Sprachelemente für die schrittweise Verfeinerung.

Eine Verfeinerung, die sich in der Programmstruktur niederschlägt, läßt sich folglich in Fortran nicht durchführen. Als Ausweg kann nur eine Kombination von Systemzerlegung und Verfeinerung empfohlen werden. Dies bedeutet, daß man in Fortran eine *weitergehende Zerlegung* in Module als in anderen Sprachen vornehmen sollte, da eine anschließende Verfeinerung innerhalb der Programme nicht möglich ist. Die Module - sowohl funktions- als auch datenorientierte Module - lassen sich mit Hilfe von Subroutine- oder Funktionsunterprogrammen adäquat implementieren. Die schrittweise Verfeinerung innerhalb der Module kann der Programmierer dann nur noch als *Vorgehensweise* beim Algorithmenentwurf praktizieren; im Programmtext schlägt sich die Verfeinerung nicht nieder.

---

2 Zu ähnlichen Problemen gelangt man bei der Verwendung von common-Bereichen, die auch aus anderen Gründen nicht in Betracht gezogen wird.

### 4.2.2 Steuerkonstrukte

Bei der Realisierung der Steuerkonstrukte müssen verschiedene Ersatzkonstruktionen herangezogen werden, da Fortran außer der Zählschleife nur den Sprungbefehl und mehrere Versionen des If-Befehls zur Verfügung stellt. Vor allem die Wiederholungsstrukturen müssen weitgehend simuliert werden.

Bei denjenigen Steuerkonstrukten, die kein unmittelbares Äquivalent in den Fortran-Sprachelementen besitzen, wird wie folgt vorgegangen: die Ablaufkontrolle wird mit Hilfe von Sprung- und If-Befehlen realisiert; die Art des Steuerkonstrukts sowie sein Anfang und Ende werden durch Kommentarzeilen gekennzeichnet.

Für die einzelnen Steuerkonstrukte werden dann die nachfolgenden Implementierungsschemata empfohlen.

#### (1) Sequenz

Die Darstellung einer Sequenz von Anweisungen ist unproblematisch. Die Klammerung der Anweisungsfolge wird bei der Schleifenanweisung und bei der If-Anweisung jedoch unterschiedlich realisiert.

#### (2) Selektion

Die Auswahlstruktur mit ein- oder zweiseitiger Alternative kann mit Hilfe der `block-if`-Anweisung in Fortran77 unmittelbar abgebildet werden.

Die *einseitige Auswahl* läßt sich durch

```
if  (l) then
    :
    <if-block>
    :
end if
```

darstellen (mit *l* = logischer Ausdruck). Besteht der *<if-block>* nur aus einer einzelnen Anweisung, so kann auch die *logische* `if`-*Anweisung* verwendet werden:

```
if  (l) anweisung
```

Von der Verwendung der *arithmetischen If-Anweisung* wird im übrigen dringend abgeraten, da sie zusätzliche und unnötige Sprünge in den Programmablauf einführt.

Für die *zweiseitige Auswahl* steht folgende Form zur Verfügung:

```
if  (l) then
    :
    <if-block>
    :
else
    :
    <else-block>
    :
end if
```

*Geschachtelte Auswahlstrukturen* werden ebenfalls unterstützt. Für Schachtelungen im Falsch-Zweig ist die `else-if`-*Anweisung* vorgesehen:

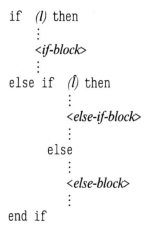

```
if  (l) then
    ⋮
    <if-block>
    ⋮
else if  (l) then
        ⋮
        <else-if-block>
        ⋮
    else
        ⋮
        <else-block>
        ⋮
end if
```

Darüber hinaus können die verschiedenen Blöcke selbst wieder `block-if`-Anweisungen enthalten. D.h., eine Schachtelung im Wahr-Zweig wäre ebenfalls möglich. Solche Schachtelungen gelten jedoch als weniger verständlich als Schachtelungen im Falsch-Zweig und werden hier auch nicht empfohlen. (Dieser Aspekt kommt u.a. dadurch zum Ausdruck, daß in Fortran77 zwar eine `else-if-then`-Anweisung, aber keine `if-then-if`-Anweisung aufgenommen wurde.)

Zum besseren Verständnis der Schachtelungsstruktur soll die in Abb.4.3 gezeigte Darstellung mit Hilfe von `block-if`-Elementen ausgedrückt werden. Aus Gründen der Überschaubarkeit werden korrespondierende Schlüsselwörter untereinander geschrieben und die Blöcke jeweils eingerückt. Diese Praxis wird auch bei allen weiteren Steuerkonstrukten beibehalten.

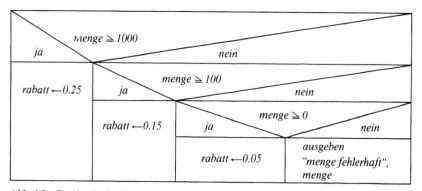

**Abb. 4.3.** Geschachtelte Verzweigungen

```
integer  menge
real     rabatt
  ⋮
if (menge .ge. 1000) then
    rabatt = 0.25
else if (menge .ge. 100) then
        rabatt = 0.15
      else if (menge .ge. 0) then
            rabatt = 0.05
          else
            print 22, menge
22          format (' ', 'menge fehlerhaft:' i10)
    end if
```

Zusammenfassend kann festgestellt werden, daß sich die Verzweigung mit den Fortran77-Elementen adäquat realisieren läßt. Etwas hinderlich kann bestenfalls die starre Zeilenstruktur sein (z. B. eine eigene Zeile für das Schlüsselwort else, da dieses als Anweisung gilt). Besonders positiv fällt die end-if-Anweisung auf, die das Ende eines Verzweigungskonstrukts deutlich hervorhebt.

### (3) Fallunterscheidung

Da Fortran keine case-Anweisung o. ä. kennt, mit der eine Fallunterscheidung unmittelbar notiert werden könnte, ist eine Ersatzkonstruktion für das in Abb. 2.4 gezeigte Steuerkonstrukt erforderlich. Dazu sind zwei Ansätze denkbar:

a) In dem Spezialfall, daß der *Ausdruck,* anhand dessen die Fälle des Konstrukts unterschieden werden, ein *ganzzahliger* Ausdruck ist, der Werte von 1 aufsteigend annimmt, kann der *berechnete Sprung* herangezogen werden[3]. Dabei ist folgendes zu beachten:

Der Sprungbefehl bewirkt nur einen Transfer des Kontrollflusses zu einer durch die Anweisungsnummer bezeichneten Stelle hin, aber keine Rückkehr oder Vorwärtspositionierung an das gedachte Ende des Fallunterscheidungskonstrukts. Dies bedeutet, daß von jedem Zweig aus ein weiterer Sprungbefehl explizit zu dem gemeinsamen Ende des Konstrukts hinführen muß. Andernfalls würden alle weiteren Anweisungen linear durchlaufen.

Zur Realisierung des Sonst-Zweigs kann man eine Eigenschaft des berechneten Sprungs

$$\text{go to } (n_1, n_2, \ldots, n_m), i$$

ausnutzen. Wenn *i* keinen der Werte *1, ..., m* hat, wird kein Sprung ausgeführt. Stellt man folglich den Sonst-Zweig unmittelbar hinter die goto-Anweisung, so wird der gewünschte Effekt erzielt. Auch vom Ende des Sonst-Zweigs muß ein ex-

---

3 Von der Verwendung des gesetzten Sprungs (assigned goto) und der assign-Anweisung wird abgeraten, da diese die Flexibilität des Programms beeinträchtigen und Programmänderungen erschweren.

pliziter Sprung zum Ende der Fallunterscheidung führen. Ein Sonst-Zweig, in dem Fehlerfälle abgefangen werden, sollte in jeder Fallunterscheidung vorgesehen werden.

Da das gesamte Steuerkonstrukt mit Sprungbefehlen simuliert werden muß, ist eine extensive Kommentierung erforderlich. Dazu wird folgendes Schema vorgeschlagen:

```
*      **** fallunterscheidung ****
       go to  (n₁, n₂, ..., nₘ), i
*          **** sonst-fall ****
                ⋮
              <sₘ₊₁>
                ⋮
           go to n'
*          **** 1. fall ****
   n₁         ⋮
              <s₁>
                ⋮
           go to n'
*          **** 2. fall ****
   n₂         ⋮
              <s₂>
                ⋮
           go to n'
*          **** 3. fall ****
   n₃         ⋮
   n'  continue
*      **** fallunterscheidung-ende ****
```

$n_1, \ldots, n_m$ bezeichnen die Anweisungsnummern für die einzelnen Fälle; $n'$ steht für die Anweisungsnummer am Ende des Konstrukts, die von allen Zweigen angesteuert werden muß. Da $n'$ nur als gemeinsamer Anlaufpunkt dient, wird er durch die Leeranweisung continue ausgefüllt.

b) In allgemeineren Fällen, in denen die Fallunterscheidung nicht aufgrund ganzzahliger Werte $1, \ldots, m$ getroffen werden kann, muß auf die If-Anweisung zurückgegriffen werden. Dies ist der Fall, wenn etwa nach alphanumerischen oder reellen Werten zu diskriminieren ist, oder auch, wenn die verschiedenen Zweige aufgrund allgemeinerer Bedingungen als Gleichheitsbedingungen angesteuert werden sollen. Bei solchen Situationen empfiehlt es sich, die Fallunterscheidung in geschachtelte Verzweigungen aufzulösen. Wenn $l_1 \ldots l_m$ logische Ausdrücke darstellen, dann erhält man folgendes Schema:

```
      if (l₁) then
             ⋮
             <s₁>
             ⋮
      else if (l₂) then
             ⋮
             <s₂>
             ⋮
      else if (l₃) then
             ⋮
             <s₃>
             ⋮
    ⋮
      else if (lₘ) then
             ⋮
             <sₘ>
             ⋮
         else
             ⋮
             <sₘ₊₁>
             ⋮
      end if
```

Der Sonst-Zweig $<s_{m+1}>$ wird hier als Else-Teil der letzten Schachtelung angesiedelt. Er gelangt zur Ausführung, falls keiner der logischen Ausdrücke $l_1 \ldots l_m$ wahr ist. Ein Beispiel für diese Schachtelungsstruktur wurde bereits unter Punkt (2) gegeben. Den logischen Ausdrücken $l_1 \ldots l_3$ entsprächen dort die Bedingungen

$l_1$: menge $\geqslant 1000$
$l_2$: menge $\geqslant 100$
$l_3$: menge $\geqslant 0$

Der Fall menge $< 0$ stellt den Sonst-Fall dar, der als Fehler behandelt wird.

## (4) Zählschleife

Die Zählschleife ist die einzige Wiederholungsstruktur, die sich unmittelbar mit Fortran-Sprachelementen ausdrücken läßt. Diesem Zweck dient die do-Anweisung. Da der Schleifenrumpf nicht mit einem speziellen Schlüsselwort beendet wird, sei die Verwendung der Leeranweisung continue empfohlen, z.B.:

```
      do  5000  i = 1, 100
           ⋮
 5000 continue
```

Bei geschachtelten Schleifen wird dann jede Schleife mit einer eigenen continue-Anweisung abgeschlossen. Dies trägt zur Lesbarkeit und zur Fehlervermeidung bei. Der jeweilige Schleifenrumpf wird gegenüber der do-Anweisung eingerückt. Das folgende Beispiel, in dem die Multiplikation einer Matrix x mit einem Vektor y dargestellt ist, verdeutlicht die Schachtelungsstruktur:

```
integer   i, j
real      x(100,200), y(200), z(100), summe
:
do  5500  i = 1,100
    summe  = 0
    do 5000 j = 1,200
        summe = summe + x(i,j) * y(j)
5000    continue
    z(i) = summe
5500 continue
```

## (5) While-Schleife

Die abweisende Schleife muß mit Hilfe des if- und des goto-Befehls simuliert werden. Die Schleifenart wird durch geeignete Kommentierung zum Ausdruck gebracht. Auch hier dient die Leeranweisung zur Klammerung des Schleifenrumpfs. $n_1$ und $n_2$ stehen für Anweisungsnummern. Die While-Schleife kann dann nach folgendem Schema konstruiert werden:

```
*     **** while-schleife ****
  n₁ if (nicht bedingung)  go to n₂
          :
     go to n₁
  n₂ continue
*     **** while-ende ****
```

Bei der Formulierung der Schleifenbedingung (d.h. der Bedingung, unter der der Rumpf einer While-Schleife zur Ausführung gelangen soll) ist zu beachten, daß der if-Befehl nicht den Eintritt in den Schleifenkörper, sondern vielmehr den Aussprung aus der Schleifenstruktur steuert. Die Bedingung in dem if-Befehl ist deshalb gegenüber der ursprünglichen Schleifenbedingung aus Abb. 2.5 negiert. Die Wiederholungsstruktur, die in Abb. 4.4 gezeigt ist, würde mit Hilfe der if-Anweisung also durch die Bedingung „faktor < 0.00001" gesteuert:

```
    summe = 0
    faktor = 1

*     **** while-schleife ****
5000 if (faktor .lt. 0.00001) go to 5500
        summe = summe + faktor
        faktor = faktor / 2
     go to 5000
5500 continue

*     **** while-ende ****
```

| | |
|---|---|
| *summe ← 0* | |
| *faktor ← 1* | |
| *wiederholen, solange faktor ≥ 0.00001* | |
| | *summe ← summe + faktor* |
| | *faktor ← faktor / 2* |

**Abb. 4.4.** Beispiel einer While-Schleife

### (6) Until-Schleife

Die nichtabweisende Schleife (Until-Schleife) ist in Fortran ebenfalls nicht implementiert. Deshalb muß eine ähnliche Ersatzkonstruktion wie bei der While-Schleife realisiert werden.

Die Überprüfung der Terminationsbedingung erfolgt bei einer Until-Schleife am Ende des Schleifenrumpfs. Siedelt man dort einen durch eine if-Bedingung gesteuerten Sprungbefehl an den Anfang des Schleifenrumpfs an, so muß die Terminationsbedingung der ursprünglichen Until-Schleife negiert werden. Der if-Befehl kontrolliert hier nicht den Austritt aus der Wiederholungsstruktur, sondern die Fortsetzung mit dem Schleifenanfang. Die Struktur aus Abb. 2.6 kommt in folgendem Schema zum Ausdruck:

```
*      **** until-schleife ****
   n₁ continue
          ⋮
      if (nicht bedingung) go to n₁
*      **** until-ende ****
```

### (7) Cycle-Schleife

Bei der in Abb. 2.7 gezeigten Cycle-Schleife mit Unterbrechung erfolgt die Kontrolle über den Schleifenaustritt nicht am Anfang oder am Ende, sondern an einer anderen, beliebigen Stelle des Schleifenrumpfs. Ein unmittelbar verwendbares Sprachelement sieht Fortran nicht vor, so daß auch hier ersatzweise if- und goto-Befehle herangezogen werden müssen. Die angesteuerten Sprungziele werden mit der Leeranweisung ausgefüllt:

```
*      **** cycle-schleife ****
   n₁ continue
          ⋮
      if (bedingung) go to n₂
          ⋮
      go to n₁
   n₂ continue
*      **** cycle-ende ****
```

**(8) Leseschleife**

Als spezieller Fall einer Wiederholungsstruktur soll das Einlesen von Daten aus einer sequentiellen Datei erörtert werden. Im allgemeinen verwendet man dazu eine While-Schleife. Das Einlesen in einer While-Schleife erfordert jedoch eine algorithmische Konstruktion, die selbst dann nicht unmittelbar naheliegend ist, wenn die Programmiersprache eine While-Anweisung o. ä. bereitstellt[4].

Da in Fortran die meisten Schleifen ohnehin mit Sprungbefehlen realisiert werden müssen, kann man auf eine Option in der *kontroll-liste* der read-Anweisung

$$\text{read } \textit{(kontroll-liste) } vn_1, vn_2, \ldots, vn_m$$

zurückgreifen. Diese Option heißt end = $n$; $n$ steht für eine Anweisungsnummer. Gibt man die Option an, so erfolgt ein Sprung zu der Anweisung $n$, falls bei einem Leseversuch das *Dateiende* erkannt wird. Unter Ausnutzung dieser Eigenschaft kann die Leseschleife somit wie folgt konstruiert werden:

```
*      **** leseschleife ****
 n₁  read (d, f, end = n₂) vn₁, vn₂, . . ., vnₘ
         ⋮
       go to n₁
 n₂   continue
*      **** leseschleife-ende ****
```

$d$ bezeichnet hier die logische Gerätenummer, $f$ die Nummer der zugehörigen Formatanweisung. Zur Verdeutlichung sei das folgende Beispiel betrachtet: Verkaufsdaten, die in einer sequentiellen Datei (logische Gerätenummer 5) vorliegen und jeweils den Kundennamen (kunde), den Artikelnamen (artnam) sowie menge und preis für einen Verkaufsvorgang enthalten, sollen eingelesen werden. Diejenigen Verkaufsvorgänge, die einen umsatz > 100,- DM aufweisen, sollen für spätere Auswertungen in einer anderen Datei (Nummer 12) gesammelt werden.

```
*      verkaufsvorgang
       character*20  kunde, artnam
       real          menge, preis

       real          umsatz

*      **** leseschleife ****
 5000 read (5, 55, end = 5500) kunde, artnam, menge, preis
   55      format (2a,2(5x,F8.2))
           umsatz = menge * preis
           if (umsatz .gt. 100)
    1          write (12) kunde, artnam, menge, preis
       go to 5000
 5500 continue

*      **** leseschleife-ende ****
```

---

4 Die Problematik der Leseschleifen bei sequentiellen Dateien wird ausführlich erörtert in Kurbel (1981).

Zum Abschluß der Ausführungen über Steuerkonstrukte soll noch kurz auf die Schachtelung von Strukturblöcken eingegangen werden. Wenn man die Konventionen zur Verwendung der if-, goto- und continue-Anweisung in der gezeigten Weise einhält, so stellen die Steuerkonstrukte Strukturblöcke im Sinne der Strukturierten Programmierung dar.

Insbesondere ist die Regel „1 Eingang / 1 Ausgang" pro Strukturblock gewahrt, und die Aneinanderreihung oder Schachtelung von Strukturblöcken kann realisiert werden, als ob die Steuerkonstrukte unmittelbar durch entsprechende Anweisungen ausgedrückt wären (wie z. B. while ... do und repeat ... until in Pascal). Dazu trägt vor allem der Einsatz der continue-Anweisung bei. Die Sprungziele nehmen dann nicht auf Anweisungen eines Schleifenrumpfs oder auf Anweisungen außerhalb eines Steuerkonstrukts Bezug, so daß das Zusammensetzen von Steuerkonstrukten, aber auch Änderungen im Rumpf eines Konstrukts problemlos sind.

Die Schachtelung von Steuerkonstrukten soll an einem kleinen Programmausschnitt verdeutlicht werden. Dem Beispiel liegt ein Sortieralgorithmus zugrunde, der in der Literatur unter dem Namen *quicksort* bekannt ist. Der Algorithmus sortiert einen eindimensionalen Array *a* (hier vom Typ character*20).

Abbildung 4.5 zeigt einen Ausschnitt, der dazu dient, den Array zunächst in zwei Teile zu zerlegen. Auf die algorithmischen Aspekte wird hier jedoch nicht weiter eingegangen. Der interessierte Leser sei auf die einschlägige Literatur verwie-

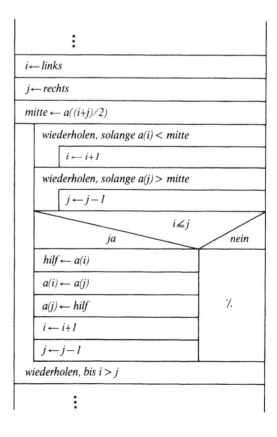

**Abb. 4.5.** Zerlegung eines Arrays

sen[5]. Das Beispiel erfüllt hier nur den Zweck, die Analogie zwischen der Schachtelungsstruktur in einem Struktogramm und ihrer Repräsentation in einem Fortran-Programm herauszustellen.

```
         ⋮
*  Vereinbarungen
         integer       links, rechts, i, j
         character*20 a(1000), mitte, hilf
         ⋮
         i = links
         j = rechts
         mitte = a((i+j)/2)
*        **** until-schleife ****
   5000 continue
             **** while-schleife ****
     5500    if (a(i) .ge. mitte) go to 6000
                i = i+1
             go to 5500
     6000    continue
*            **** while-ende ****
*            **** while-schleife ****
     6500    if (a(j) .le. mitte) go to 7000
                j = j-1
             go to 6500
     7000    continue
*            **** while-ende ****
             if (i .le. j) then
                hilf = a(i)
                a(i) = a(j)
                a(j) = hilf
                i    = i+1
                j    = j-1
             end if
         if (i .le. j) go to 5000
*        **** until-ende ****
         ⋮
```

Tiefere Schachtelungen als in dem Beispiel sind analog zu behandeln. Zur Veranschaulichung wird auf das Fortran-Programm in Kapitel 7 verwiesen.

### 4.2.3 Vereinbarungen und Selbstdokumentation

Die bisherigen Ausführungen über Fortran zeigten bereits, daß diese Sprache das Schreiben lesbarer und selbstdokumentierender Programme von sich aus nicht gerade unterstützt. Insbesondere bei der Implementierung der Steuerkonstrukte wur-

---

5 Vgl. z. B. Wirth (1979), S. 113 ff.; vgl. auch das Musterprogramm in 7.2.

de deutlich, daß Verständlichkeit weitgehend nur durch ausgeprägte Kommentierung und durch Konventionen zu erzielen ist. Immerhin erlaubt Fortran77, daß Leerzeilen und Zwischenräume beliebig verwendet werden. Damit läßt sich zumindest das Programm-Layout übersichtlich gestalten.

Nachdem im vorigen Abschnitt der algorithmische Teil eines Fortran-Programms im Vordergrund stand, soll nun auf Aspekte der Selbstdokumentation eingegangen werden, die vor allem bei der Gestaltung des Vereinbarungsteils und des Programmkopfs zu beachten sind. In engem Zusammenhang damit steht das Problem der *Namensgebung*.

Die Regeln zur Bildung von Namen sind in Fortran äußerst restriktiv. Da ein Name nur maximal 6 Zeichen lang sein darf, wird der Programmierer häufig zu Abkürzungen gezwungen. Dies bereitet bereits Probleme, wenn der gemeinte Name nur ein oder zwei Zeichen zu groß ist. Wie sollen z. B. die beiden alphanumerischen Variablen, die für `vorname` und `nachname` stehen, abgekürzt werden,

```
vname              vornam              vornme
         oder               oder                   ?
nname              nachna              nachnm
```

Jede Version bringt einen erheblichen Verlust an Lesbarkeit mit sich. Die wohl verständlichere Schreibweise

```
v-name
n-name
```

ist darüber hinaus nicht zulässig, da Bindestriche in Namen nicht auftreten dürfen. Im Beispiel der Leseschleife in 4.2.2 mußte aus demselben Grund eine Variable, die eigentlich `artikel-name` heißen sollte, zu `artnam` verstümmelt werden.

Die Lesbarkeit leidet noch wesentlich stärker, wenn längere Namen abgekürzt werden müssen. Aus der Bezeichnung `drstlm` läßt sich wohl kaum mehr erraten, daß damit ein `druck-seiten-limit` gemeint ist. Deshalb ist es unabdingbar, daß Variablennamen, die nicht selbstdokumentierend sind, in einem Abkürzungsverzeichnis erläutert werden.

Ähnliche Probleme treten im übrigen bei *Unterprogrammen* auf, für die die gleichen Regeln wie für Variablennamen gelten. Statt `matrix-inversion` mußte oben z. B. der Subroutine-Name `matinv` gewählt werden.

Der Lesbarkeit besonders abträglich sind die *Anweisungsnummern*. Da in Fortran die meisten Steuerkonstrukte nicht implementiert sind, müssen sehr viele Sprungbefehle verwendet werden. Die als ganze Zahlen formulierten Sprungziele drücken keinen Inhalt aus. Der Sinn der Anweisung

```
go to 5000
```

ist ohne Betrachtung des Kontexts nicht zu erkennen. Zumindest die unterschiedlichen Funktionen der Anweisungsnummern - einerseits dienen sie zur Ablaufsteuerung, andererseits zur Bezugnahme auf Formatanweisungen - sollten durch geeignete Nummernwahl zum Ausdruck kommen. Es wird empfohlen, Formatanweisungen mit zwei- oder dreistelligen Zahlen wie 11, 22, 33 bzw. 111, 222, 333 zu bezeichnen. Sprungziele können im Gegensatz dazu vierstellige Nummern erhalten, die im Programmtext aufsteigend angeordnet und in Hunderter- oder Zehnerschritten variiert werden, z. B. 1000, 1100, 1200.

In einem größeren Programm mit vielen Sprungbefehlen sind die Anweisungsnummern dennoch eher verwirrend. Verständlicher wären alphanumerische
Sprungmarken wie in anderen Sprachen, mit denen der Zweck eines goto-Befehls
verdeutlicht werden kann, z. B.:

```
go to schleifen-ausgang
```

Über die Namensgebung hinaus bedarf der gesamte Vereinbarungsteil zusätzlicher
Erläuterungen, wenn ein verständlicher Programmtext entstehen soll. Dazu wird
vorgeschlagen, den Kopfteil jedes Programms wie folgt zu gliedern:

- *Programmname:* Jedes Programm wird benannt. Bei Hauptprogrammen verwendet man die program-Anweisung, die nach Fortran-Standard optional ist. Die Benennung von Unterprogrammen in der subroutine- bzw. function-Anweisung
  ist ohnehin obligatorisch.
- *Autor und Erstellungsdatum* des Programms, bei Änderungen auch Datum der
  letzten Version.
- *Kurzbeschreibung* der Aufgabe, die das Programm löst, und des Lösungswegs.
- *Abkürzungsverzeichnis:* Alle Namen, die nicht selbstdokumentierend sind, werden durch ausgeschriebene Bezeichnungen erläutert, bei größeren Namenslisten
  getrennt nach Variablen-, Konstanten-, Unterprogramm- und Dateinamen. Dieses separate Verzeichnis ist erforderlich, weil eine unmittelbare Erläuterung an
  der Stelle, an der ein Name auftritt, meist nicht angesiedelt werden kann. Fortran
  sieht Kommentare nur in Form ganzer Zeilen vor; deshalb ist es beispielsweise
  *nicht* möglich, in einer Typanweisung einen Variablennamen direkt zu erläutern,
  etwa[6]:

```
character*20    artnam    /* artikel-name */
real            lbest     /* lager-bestand */
```

- *Verzeichnis der Dateien und Unterprogramme,* die innerhalb des Programms manipuliert bzw. aufgerufen werden.
- *Zugriffsfunktionen und Reihenfolgebedingungen:* Bei Unterprogrammen, die Datenkapseln implementieren, werden die Operationen auf der abstrakten Datenstruktur kurz erläutert und die zulässigen Aufrufreihenfolgen spezifiziert (wie im
  Beispiel des Stack in 4.2.1).

Alle diese Informationen, bis auf die Benennung des Programms, müssen in
Form von Kommentarzeilen gegeben werden. Da in Fortran77 ohnehin der Stern
(*) als Kommentarsymbol dient, kann der gesamte Informationsblock mit einem
Kästchen aus Sternen eingerahmt werden. Dieses Schema, das in Abb. 4.6 skizziert
ist, wird zur Gestaltung des Programmkopfs bei jedem nichttrivialen Programm
empfohlen.

Der *Vereinbarungsteil* folgt unmittelbar auf den Programmkopf. Dort sollte der
Datentyp *jeder* Variablen explizit vereinbart werden. Die Nachteile der impliziten
Typzuordnung aufgrund der Anfangsbuchstabenkonvention wurden oben bereits
herausgestellt. Bei Arrayvariablen kann die Dimensionierung in der Typanweisung

---

6 /* und */ sind die PL/I-Kommentarsymbole, die hier zur Veranschaulichung herangezogen werden.

```
      program  programmname

************************************************
*                                              *
*    autor: name                 erstellungsdatum  *
*                                              *
*    aufgabe: ...                              *
*                                              *
*    loesungsweg: ...                          *
*                                              *
*    abkuerzungsverzeichnis: ...               *
*                                              *
*    aufgerufene unterprogramme: ...           *
*                                              *
*    benoetigte dateien:                       *
*                                              *
************************************************

*    konstante:
         parameter (...=...)

*    datenvereinbarungen:
         integer   ...
         real      ...
         character ...
         logical   ...

*    algorithmus
            :
         end
```

**Abb. 4.6.** Strukturierungsschema für ein Fortran-Hauptprogramm

gleichzeitig vorgenommen werden, so daß die Verwendung der zusätzlichen dimension-Anweisung entfällt.

Als Gliederungskriterium für den Vereinbarungsteil dient bei kleineren Programmen die Unterscheidung nach Datentypen, innerhalb eines Typs nach einfachen Variablen und Arrays. Bei größeren Programmen ist es i. a. übersichtlicher, wenn man inhaltlich zusammengehörige Daten auch in physischer Nähe anordnet, z. B. Daten, die in einer anderen Sprache Bestandteil einer Recordstruktur wären:

```
*    verkaufsdaten:
         character*20  kunde, adress
         integer       artikl
         real          menge, preis

*    artikeldaten:
         integer       artnr, liefnr
         character*15  artnam
         real          bstand
```

*Benannte Konstante* stellen eine eigene Rubrik dar, die in Fortran77 durch die parameter-Anweisung unterstützt wird. Wegen des irreführenden Anweisungsnamens parameter, der nichts mit der Parametrisierung von Unterprogrammen zu tun hat, muß eine zusätzliche Überschrift vorangestellt werden.

Wenn es sich bei dem Programm um ein Unterprogramm handelt, werden die *Formalparameter* ebenfalls gesondert aufgeführt. Je nachdem, ob durch einen Parameter Werte in das Unterprogramm gelangen oder an das rufende Programm zurückgegeben werden oder ob beides der Fall ist, wird eine Unterscheidung getroffen in:

> Input-Parameter
> Output-Parameter
> Input/Output-Parameter

Zur Veranschaulichung sei auf das Modul Stack in 4.2.1 verwiesen. Ein größeres Beispiel findet man in den Fortran-Programmen, die in Kapitel 7 wiedergegeben sind.

### 4.2.4 Einschränkungen bei Fortran66

#### 4.2.4.1 Verschiedenes

Fortran66 weist gegenüber Fortran77 verschiedene teils leichtere, teils auch gravierende Einschränkungen auf. Erhebliche Restriktionen liegen vor allem im Bereich der Steuerkonstrukte und der Unterprogramme. Darauf wird weiter unten eingegangen. Eine Reihe von einengenden Syntaxvorschriften sind nicht ganz so schwerwiegend, schränken die Ausdrucksfreiheit aber doch in gewisser Weise ein.

#### (1) Zulässigkeit arithmetischer Ausdrücke

Zunächst ist auf verschiedene Stellen hinzuweisen, an denen Fortran77 *arithmetische Ausdrücke* erlaubt, während in Fortran66 nur ganzzahlige Variable (bzw. auch Konstante) zulässig sind. Dies gilt beispielsweise innerhalb der do-Anweisung, wo $c_1$, $c_2$ und $c_3$ nur Konstante oder Variable vom Typ integer darstellen dürfen:

> do $n_1 = c_1, c_2, c_3$

Ebenso sind bei der Indizierung von Arrays als Indexausdrücke (subscript expressions) nur Konstante, Variable und ganz bestimmte Ausdrücke erlaubt[7], und bei dem berechneten Sprung

> go to $(n_1, n_2, \ldots, n_m), i$

darf *i* nur eine ganzzahlige Variable sein.

Einschränkungen dieser Art führen dazu, daß zusätzliche Hilfsvariable verwendet werden müssen, wenn im speziellen Anwendungsfall eigentlich ein arithmetischer Ausdruck vorliegt. Die Einführung von Hilfsvariablen bläht das Programm unnötig auf und beeinträchtigt die Überschaubarkeit.

---

7 Vgl. dazu 3.1.2.1

```
C***********************************************
C                                              *
C    programm: programmname                    *
C                                              *
C    autor: name          erstellungsdatum     *
C      :                                        *
C                                              *
C                                              *
C                                              *
C                                              *
C                                              *
C                                              *
C                                              *
C***********************************************
```

**Abb. 4.7.** Modifikation des Programmkopfs in Fortran66

*Beispiel*

Fortran77:
```
            integer  i, n, max
              :
            do 1000  i = n+1, n+max
```

Fortran66:
```
            integer  i, n, max
            integer  awert, ewert
              :
            awert = n+1
            ewert = n+max
            do  1000  i = awert, ewert
```

### (2) Kommentare und Leerzeilen

Kommentarsymbol ist in Fortran66 nur der Buchstabe c, während in Fortran77 auch der Stern verwendet werden kann. Die Gestaltungsvorschläge aus Abb. 4.6 sind also dahingehend zu modifizieren, daß in Spalte 1 jeweils ein c notiert wird.

Fortran66 zwingt zu noch ausgiebigerem Gebrauch von Kommentarzeilen, wie weiter unten verdeutlicht wird.

*Leerzeilen* können beispielsweise nur dadurch erzeugt werden, daß man Kommentare in den Programmtext einfügt, die aus 79 Zwischenräumen (d.h. einer leeren Zeile) hinter dem Buchstaben c bestehen.

Da eine program-*Anweisung* in Fortran66 nicht vorgesehen ist, muß auch der Programmname als Kommentar angegeben werden. Der gegenüber der Abb. 4.6 modifizierte Programmkopf ist in Abb. 4.7 skizziert.

### (3) Benannte Konstante

Die parameter-Anweisung steht in Fortran66 nicht zur Verfügung. Echte Konstante mit symbolischen Namen können somit nicht vereinbart werden. Statt dessen

muß man Variable verwenden, die mit Hilfe der data-Anweisung einen Anfangswert erhalten, z. B.:

```
real mwst
data mwst /0.14/
```

Diese simulierten Konstanten sind natürlich nicht vor einer (gewollten oder unge-
wollten) Veränderung geschützt.

Die data-Anweisung sollte nur zur Erzeugung von (Quasi-)*Konstanten* herangezogen werden. Echte *Variable*, die im Programm unterschiedliche Werte annehmen,
sollten dynamisch - mit Hilfe der Ergibtanweisung - initialisiert werden. Bei Ein-
halten dieser Konvention kann man sich darauf verlassen, daß ein im statischen
Programmtext - in der data-Anweisung - notierter Wert im dynamischen Programmablauf auch tatsächlich erhalten bleibt!

### 4.2.4.2 Einschränkungen bei Steuerkonstrukten

Fortran66 stellt die Block-if-Anweisung und die zugehörigen Anweisungen else,
else if und   end if nicht zur Verfügung. Deshalb kann die Selektion und die
Fallunterscheidung nicht wie in 4.2.2 realisiert werden. Eine If-then-else-Konstruktion läßt sich nur auf Umwegen erreichen. Dazu wird die Verwendung der logischen If-Anweisung in Verbindung mit Sprungbefehlen und einer ausgeprägten
Kommentierung vorgeschlagen.

Die Einschränkung, daß als *anweisung* in dem logischen If-Befehl

if *(l) anweisung*

nur eine einzelne Anweisung stehen kann, zwingt dazu, hierfür einen Sprungbefehl
zu setzen und den Then- und Else-Zweig zu vertauschen. Das heißt, wenn der logische Ausdruck *l* wahr ist, erfolgt ein Sprung zu der Anweisung, mit der der Then-
Zweig beginnt. Ist er nicht wahr, so wird der Sprung nicht realisiert, und die auf die
If-Anweisung folgenden Befehle gelangen zur Ausführung; der Else-Zweig ist also
unmittelbar hinter der If-Anweisung anzusiedeln. Vom Ende des Else-Zweigs muß
dann ein Sprung zum Ende des gesamten If-Konstrukts führen, da sonst der Then-
Zweig auch noch durchlaufen würde.

Für die Implementierung der Selektion aus Abb. 2.3 erhält man dann folgendes
Schema:

```
      if (l) go to n₁
c     **** else-zweig ****
            ⋮
          <s₂>
            ⋮
      go to n₂
c     **** then-zweig ****
   n₁       ⋮
          <s₁>
            ⋮
   n₂ continue
c     **** if-ende ****
```

Die Schachtelung von If-Konstrukten ist bei dieser Vorgehensweise unproblematisch. Die in Abb. 4.3 dargestellte Schachtelungsstruktur könnte in Fortran66 wie folgt nachgebildet werden:

```
      if (menge .ge. 1000) go to 8000
c
c     **** else-zweig ****
c
          if (menge .ge. 100) go to 6000
c
c         **** else-zweig ****
c
              if (menge .ge. 0) go to 4000
c             **** else-zweig ****
                  print 22, menge
   22             format (' ', 'menge fehlerhaft:', i10)
                  go to 5000
c             **** then-zweig ****
 4000             rabatt = 0.05
 5000             continue
c             **** if-ende ****
c
          go to 7000
c
c         **** then-zweig ****
 6000             rabatt = 0.15
 7000         continue
c         **** if-ende ****
c
      go to 9000
c
c     **** then-zweig ****
 8000     rabatt = 0.025
 9000   continue
c
c     **** if-ende ****
c
```

Die jeweils zu einem If-Konstrukt gehörenden Zweige (und Kommentare) werden durch entsprechende Einrückungen zum Ausdruck gebracht. Die tiefe Schachtelung und die zahlreichen überflüssig erscheinenden Sprünge mögen den Leser vielleicht dazu verleiten, aus einer inneren Schachtel heraus direkt an das Ende des Gesamtkonstrukts zu springen. Davor sei eindringlich gewarnt! Die Versuchung entsteht nur deshalb, weil Abb. 4.3 sehr einfache Verhältnisse darstellt: jeder Zweig enthält nur einen Befehl; insbesondere tritt der Fall nicht auf, daß im Nein-Zweig mehrere Aktionen anstehen (z. B. mehrere Befehle, die im Fall "menge<1000" im Anschluß an die weitere Differenzierung - noch auszuführen wären).

In einem solchen Fall wäre ein Sprung aus einer tieferen Schachtel heraus an das Gesamtende nicht möglich. Aus Gründen der konzeptionellen Klarheit wird deshalb die strikte Einhaltung des Implementierungsschemas empfohlen. (Für ein etwas einfacheres Beispiel zur Selektion sei im übrigen auf die Implementierung der Operation pop in 4.2.4.3 verwiesen.)

Die Implementierung einer *Fallunterscheidung* muß gegenüber Fortran77 zum Teil ebenfalls modifiziert werden. Sofern die Unterscheidung aufgrund einer ganzzahligen Variablen *i* mit Werten 1, . . ., m getroffen werden kann, ergeben sich keine Veränderungen gegenüber 4.2.2; ein Beispiel stellt die unten folgende Implementation des Moduls stack dar. Wenn die Fallunterscheidung dagegen in geschachtelte Verzweigungen aufgelöst werden muß, macht sich das Fehlen der Block-if-Elemente störend bemerkbar. Dies zeigte das eben behandelte Beispiel sehr deutlich. Wenn man die beiden Implementierungen der in Abbildung 4.3 beschriebenen Struktur vergleicht - Fortran77 (4.2.2) gegenüber Fortran66 (hier) -, so erkennt man, welche Vorteile Sprachelemente zur *unmittelbaren* Darstellung einer If-then-else-Konstruktion besitzen!

### 4.2.4.3 Ersatzkonstruktion für sekundäre Eingangsstellen

Die Systemzerlegung nach Abstraktionsprinzipien führt zu Modulen, die prozedurale Abstraktionen oder Datenabstraktionen darstellen. Die ersteren können in Fortran66 unverändert durch Subroutines oder Funktionen implementiert werden. Die Implementierung von abstrakten Datenstrukturen mit Hilfe des Datenkapselschemas bereitet dagegen erhebliche Schwierigkeiten.

Der Grund liegt darin, daß das zentrale Sprachelement zur Darstellung der Zugriffsoperationen - die entry-Anweisung zur Definition sekundärer Eingangsstellen - in Fortran66 nicht vorgesehen ist[8]. Damit kann das allgemeine Implementierungsschema aus Abb. 4.1 nicht mehr realisiert werden.

Eine Ersatzkonstruktion muß davon ausgehen, daß alle Informationen, die sonst die sekundären Eingangsstellen durchlaufen, nun über die einzige - primäre - Eingangsstelle des Unterprogramms transferiert werden. Diese Informationen sind

- der Name der Zugriffsoperation

und

- die jeweiligen Parameter

Sie werden nun mit Hilfe der Parameterliste über den Kopf des Unterprogramms weitergegeben. Die Parameterliste enthält dann:

- einen Operationscode (opcode), welcher die Art der Zugriffsoperation spezifiziert
- sämtliche Parameter, die bei irgendeiner Zugriffsoperation benötigt werden

Wenn man einen Operationscode verwendet, dessen Wertebereich {1, . . ., m} ist, dann kann zur Auswahl der jeweils auszuführenden Zugriffsoperation eine Fallun-

---

[8] Sehr viele Übersetzer akzeptieren jedoch als Erweiterung des Standards die entry-Anweisung dennoch!

terscheidung mit Hilfe des berechneten Sprungs angewendet werden. Da die Zahlen 1, . . ., m jedoch keinen Inhalt ausdrücken, bedarf diese Form der Implementierung einer zusätzlichen Erläuterung:

- Im Programmkopf wird eine Zuordnung zwischen den Operationsnamen und den Zahlen 1, . . ., m getroffen.
- Die durch den berechneten Sprung angesteuerten Befehlsfolgen werden mit den Operationsnamen kommentiert.

Wendet man diese Regeln auf die Implementierung der abstrakten Datenstruktur Stack an, so erhält man folgendes Unterprogramm:

```fortran
      subroutine stack (opcode, elemnt, leer)
c
c*******************************************************************
c                                                                 *
c  autor:        karl kurbel                  25. 8. 1983         *
c                                                                 *
c  aufgabe:      implementierung eines last-in-first-out-speichers *
c                fuer ganze zahlen                                *
c                                                                 *
c  loesungsweg:  verwendung eines arrays mit zeiger auf das       *
c                oberste stack-element                            *
c                                                                 *
c  zugriffsfunktionen:                                            *
c                                                                 *
c     opcode = 1: new                anlegen eines neuen stack    *
c     opcode = 2: push (elemnt)       einkellern eines elements   *
c     opcode = 3: pop  (elemnt, leer) auskellern eines elements   *
c                                                                 *
c  reihenfolgebedingungen:                                        *
c                                                                 *
c     stack: (new; (push'*, pop'leer)'*)'*.                       *
c                                                                 *
c*******************************************************************
c
c  formalparameter:
c
c     input:
        integer  opcode
c
c     output:
        logical  leer
c
c     input/output:
        integer  elemnt
```

```
c
c   kellervereinbarung:
c
      integer  keller (1000), zeiger, max
c
c   algorithmus:
c
c     **** fallunterscheidung ****
c
      go to (1000, 2000, 3000), opcode
c
c     **** sonst-fall ****
c
          write (6,22) opcode
   22     format (' *** modul "stack": programmabbruch;',
    1             'unzulaessiger operationscode:', i 8)
          stop
c
c     **** 1. fall: operation 'new' (anlegen des stack) ****
c
 1000     zeiger = 0
          max    = 1000
          leer   = .true.
      go to 4000
c
c     **** 2. fall: operation 'push' (einkellern) ****
c
 2000     if (zeiger .lt. max) go to 2500
c         **** else-zweig ****
              write (6,33) elemnt
   33         format (' *** modul "stack": programmabbruch;',
    1                 'ueberlauf bei element:', i 10)
              stop
c         **** then-zweig ****
 2500         zeiger = zeiger + 1
              keller (zeiger) = elemnt
c         **** if-ende ****
      go to 4000
c
c     **** 3. fall: operation 'pop' (auskellern) ****
c
 3000     if (zeiger .gt. 0) go to 3500
c         **** else-zweig ****
              leer = .true.
              elemnt = 0
          go to 3800
```

```
c          **** then-zweig ****
 3500          leer = .false.
               elemnt = keller (zeiger)
               zeiger = zeiger - 1
 3800      continue
c          **** if-ende ****
c
 4000 continue
c
c      **** fallunterscheidung-ende ****
c
      end
```

Wenn das Modul stack auf diese Weise implementiert wird, ändern sich natürlich auch die Prozeduraufrufe in den Programmen, die den Stack benutzen. Statt der Aufrufe an den sekundären Eingangsstellen

```
      call new
      call push (...)
      call pop  (...)
```

muß nun die Prozedur als ganze aufgerufen werden:

```
      call stack (...)
```

Um auch hier eine Zuordnung zwischen den Operationscodes 1, ..., m und den Operationsnamen new, push und pop herzustellen, wird empfohlen, *benannte Konstante* mit diesen Namen zu vereinbaren. Die Werte der Konstanten sind mit 1, 2 und 3 festzulegen:

```
c   stack-operationen:
      integer  new, push, pop
      data     new /1/, push /2/, pop /3/
```

Ein Aufruf der Operation push hätte dann z. B. folgende Gestalt:

```
      call stack (push, zahl, leer)
```

Die Implementierung einer Datenkapsel in der gezeigten Weise stellt in Fortran66 noch den relativ elegantesten Weg dar. Dennoch sind damit gravierende Nachteile verbunden, auf die kurz hingewiesen werden soll:

Der Parametertransfer über eine einzige Schnittstelle kann zu sehr umfangreichen Parameterlisten führen, da ja sämtliche Parameter, die von irgendeiner Operation benötigt werden, diese eine Schnittstelle durchlaufen müssen. In dem kleinen Beispiel des Stackmoduls mit 3 Zugriffsoperationen trat dieses Problem noch nicht hervor. Bei Datenkapseln mit 10 oder mehr Zugriffsoperationen kann es dagegen die Komplexität der Schnittstelle erheblich vergrößern.

In Zusammenhang damit steht das Problem, daß in einer solchen Parameterliste beim Aufruf einer bestimmten Operation auch Parameter angegeben werden müssen, die für die Operation gar nicht erforderlich wären (sog. Dummy-Parameter). In dem zuletzt zitierten Beispiel der push-Operation mußte auch der - überflüssige -

Parameter `leer` besetzt sein, da das Modul `stack` mit einer Liste von 3 Parametern definiert ist. Mit zunehmender Anzahl von Operationen wächst im allgemeinen die Zahl der Dummy-Parameter ebenfalls an!

Schließlich beeinträchtigt die Verwendung von Operationscodes 1, ..., m die Unabhängigkeit der einzelnen Module eines Systems. In den aufrufenden Programmen werden dadurch Annahmen über interne Details einer Datenkapsel eingeführt, nämlich über die Anordnung der Anweisungsnummern in dem `goto`-Befehl für den berechneten Sprung. Soll die Anordnung aus irgendeinem Grund einmal geändert werden, so hat dies zur Folge, daß auch die Operationscodes in allen Programmen angepaßt werden müssen, die auf die Datenkapsel zugreifen.

# 4.3 Stilelemente in Cobol

Im folgenden wird versucht, die für den Programmierstil bedeutsamen Ausdrucksmittel der Sprache Cobol zu durchleuchten und Hinweise zur sinnvollen Verwendung zu geben. Die Ausführungen werden stellenweise durch kleinere Beispiele untermalt. Ein ausführliches Musterprogramm, in dem die formulierten Stilregeln Berücksichtigung finden, ist in 7.3 wiedergegeben. Der Leser sollte dieses Programm zur Veranschaulichung mit heranziehen.

### 4.3.1 Sprachelemente zur Zerlegung

Als Sprachelemente zur Zerlegung eines Programmsystems scheinen zunächst sowohl die sogenannten „Prozeduren", die mit dem `perform`-Befehl aufgerufen werden, als auch die getrennt compilierten Unterprogramme, die mit dem `call`-Befehl aufgerufen werden, in Betracht zu kommen. Viele Autoren setzen sogar den Begriff Modularisierung mit der Verwendung von Prozeduren (Kapiteln und Abschnitten) gleich. Dieser Einschätzung kann jedoch nicht gefolgt werden.

Zerlegungskonstrukte dienen dazu, ein größeres Programmsystem in Module aufzuteilen, die weitgehend unabhängig voneinander sind. Insbesondere sollten Daten, die nur innerhalb eines Moduls benötigt werden, außerhalb erst gar nicht bekannt und ansprechbar sein; in 2.1.1 wurden diese Aspekte unter dem Begriff *Information Hiding* erörtert.

Daten können innerhalb eines Moduls nur dann verborgen werden, wenn das Modul über einen eigenen Datenraum verfügt. In einem Cobol-Hauptprogramm sind aber alle Daten, die in der `data division` vereinbart werden, global - d.h. im ganzen Programm - bekannt. Es gibt keine Möglichkeit, die Bekanntheit auf einzelne Kapitel bzw. Paragraphen einzuschränken oder innerhalb einer solchen Einheit lokale Daten zu vereinbaren. Das gleiche gilt auch für die Namen von Prozeduren. Jeder Prozedurname ist in der ganzen `procedure division` bekannt. Beispielsweise kann ein Paragraph, der in einem bestimmten Kapitel enthalten ist, von jeder Stelle der `procedure division` aus aufgerufen werden, auch von außerhalb des Kapitels.

Die sogenannten Prozeduren sind als Hilfsmittel zur Zerlegung folglich nicht geeignet. Die einzige Möglichkeit, die Bekanntheit von Namen auf einzelne Systemkomponenten zu beschränken, besteht in Cobol darin, die Komponenten als eigene *Programme* zu implementieren. Die einzelnen Programme werden getrennt übersetzt, so daß die innerhalb eines Programms vereinbarten Daten (und Prozeduren) außerhalb nicht bekannt sind. Nur solche Daten, die speziell als Parameter gekennzeichnet werden, können zur Kommunikation mit anderen Programmen herangezogen werden. Getrennt übersetzte Unterprogramme erfüllen also die Anforderungen, die an Zerlegungskonstrukte zu richten sind.

Ein Cobol-Unterprogramm ist ein vollständiges Programm mit allen vier Hauptteilen. Es unterscheidet sich von einem Hauptprogramm vor allem in drei Punkten:

(1) Die Parameter, die das Unterprogramm benutzt (Formalparameter), müssen in einem eigenen Kapitel in der `data division` vereinbart werden. Dieses Kapitel heißt `linkage section` und gehorcht den gleichen Vorschriften wie die `working-storage section`.

(2) Die Parameter müssen zusätzlich im Kopf des Prozedurteils angegeben werden. Dieser wird um die `using`-Klausel erweitert, in der die Formalparameter nochmals aufgeführt sind. (Ist ein Formalparameter eine Array- oder Recordstruktur, so wird nur der auf Stufe 01 vereinbarte Name angegeben.) Wenn $f_1, \ldots, f_m$ für die Namen der Formalparameter stehen, dann erhält der Kopf des Prozedurteils folgende Gestalt:

    procedure division using $f_1, \ldots, f_m$.

(3) Die Rückkehr aus einem Unterprogramm in das rufende Programm erfolgt mit der Anweisung

    exit program.

Diese Anweisung muß als einzige Anweisung in einem eigenen Paragraphen stehen.

Die Zusammenhänge sollen an einem Beispiel für ein *funktionsorientiertes Modul* erläutert werden: Die Aufgabe des zu beschreibenden Unterprogramms bestehe darin, die Fortschreibung des Lagerbestands in einer Artikelstammdatei durchzuführen. Als Parameter wird dem Unterprogramm jeweils ein Datensatz übergeben, der Daten über eine Lagerbewegung eines Artikels enthält. Der Name des Satzes sei `bewegungssatz`. Die Schnittstelle enthalte ferner einen Parameter `ok`, der in dem Unterprogramm den alphanumerischen Wert `'true'` oder `'false'` erhält, je nachdem, ob die Bestandsfortschreibung erfolgreich durchgeführt werden konnte oder nicht.

Die relevanten Teile des Unterprogramms `lbfort` (=Lagerbestandsfortschreibung) haben in dem Beispiel folgendes Aussehen:

```
identification division.
programm-id. lbfort.
    ⋮
environment division.
    ⋮
data division.
```

```
file section.
   ⋮
working-storage section.
   ⋮
linkage section.
77  ok                picture x(5).
01  bewegungssatz.
    02 bewegungsart    picture x.
    02 artikel-nr      picture x(10).
    02 menge           picture 9(8)v99.
procedure division using ok, bewegungssatz.
   ⋮
lbfort-ende.
    exit program.
```

Zum Aufruf eines Unterprogramms wird der call-Befehl verwendet. Er enthält ebenfalls eine using-Klausel, in der die Namen der aktuellen Parameter angegeben werden. Als aktuelle Parameter können prinzipiell alle Daten herangezogen werden, die in einem Kapitel des Datenteils vereinbart wurden (im allgemeinen in der working-storage section). Auch hier gilt die Einschränkung, daß nur die auf Stufe 01 oder 77 deklarierten Namen in die using-Klausel eingehen. Wenn $a_1, \ldots,$ $a_m$ für die aktuellen Parameter stehen, dann wird der call-Befehl folgendermaßen formuliert:

> call *unterprogrammname* using $a_1, \ldots, a_m$

Die Zuordnung der aktuellen Parameter $a_1, \ldots, a_m$ zu den formalen Parametern $f_1,$ $\ldots, f_m$ erfolgt aufgrund der Position in der using-Klausel; d.h. Anzahl, Reihenfolge und Typ der Parameter müssen übereinstimmen. Der im Aufruf angegebene *unterprogrammname* ist der Name, der als program-id des aufgerufenen Programms dient.

Das Unterprogramm lbfort könnte nun zum Beispiel von einem Hauptprogramm aus mit den aktuellen Parametern ok-flag und lagerbewegung aufgerufen werden:

```
identification division.
program-id. haupt.
   ⋮
data division
   ⋮
working-storage section.
77  ok-flag           picture x(5).
01  lagerbewegung.
    02 bewegungsart    picture x.
    02 artikel-nummer  picture x(10).
    02 zu-abgang       picture 9(8)v99.
procedure division.
   ⋮
    call lbfort using ok-flag, lagerbewegung.
   ⋮
```

*Datenorientierte Module (Datenkapseln)* müssen in Cobol ebenfalls durch getrennt übersetzte Unterprogramme implementiert werden, da sich nur auf diese Weise Details der Datenrepräsentation vor anderen Modulen verbergen lassen. Die Nachbildung des Implementierungsschemas von Abbildung 4.1 stößt in Cobol prinzipiell auf die gleichen Schwierigkeiten, die bereits bei Fortran66 (4.2.4.3) erörtert wurden. Da Cobol nach dem ANSI-Standard keine sekundären Eingangsstellen in ein Unterprogramm vorsieht, müssen alle Informationen, die sonst die sekundären Eingangsstellen durchlaufen würden, über die primäre Eingangsstelle - den Kopf der `procedure division` - transferiert werden[9]. Dies sind:

- die Namen der Zugriffsoperationen

und

- die Parameter für die Zugriffsoperationen

Sie müssen über die Parameterliste des Kopfs der `procedure division` weitergegeben und in der `linkage section` als Parameter vereinbart werden. Die `using`-Klausel enthält nun:

- einen Operationscode, der die gewünschte Zugriffsoperation spezifiziert
- alle Parameter, die bei irgendeiner Zugriffsoperation auftreten können

Wenn man als Operationscode ein ganzzahliges Datenelement wählt, das Werte zwischen 1 und m annimmt, dann könnte innerhalb des Prozedurteils diejenige „Prozedur", die die gemeinte Zugriffsoperation implementiert, mit Hilfe der Anweisung `go to ... depending on ...` angesteuert werden. Diese Form der Implementierung mußte bei der Fortran66-Version gewählt werden. Sie hat jedoch den Nachteil, daß sich das aufrufende Programm auf Annahmen über die Anordnung des Programmtexts im aufgerufenen Programm stützt, die ihm eigentlich verborgen bleiben sollten.

Da Cobol einen alphanumerischen Datentyp zur Verfügung stellt, können auch Zeichenketten als Operationscodes verwendet werden. Das Unterprogramm muß die Unterscheidung dann nur auf andere Weise als durch die `go-to-depending-on`-Anweisung treffen, z.B. durch geschachtelte If-Abfragen. Bei dieser Vorgehensweise sind die Implementierungsdetails außerhalb des Unterprogramms ohne Bedeutung.

Als Beispiel für die Implementierung einer abstrakten Datenstruktur dient auch hier der *Stack*. Das nachfolgend dargestellte Unterprogramm erwartet beim Aufruf einen alphanumerischen Operationscode, der einen der Werte `'new'`, `'push'` oder `'pop'` hat. Zur Benennung der einzelnen Fälle werden Bedingungsnamen verwendet, die in einem geschachtelten If-Konstrukt abgefragt werden.

---

9 Vor dem Inkrafttreten des ANSI-Standards von 1974 verfügten die meisten Compiler über das Sprachelement `entry` zur Definition sekundärer Eingangsstellen. Auch heute sehen viele Compiler dieses Sprachelement noch vor. Wenn Entries definiert sind, läßt sich eine Datenkapsel analog zu den Fortran77- und PL/I-Implementierungen darstellen; vgl. dazu 4.2.1 und 4.5.1.

```
identification division.
program-id. stack.
author. karl kurbel.
date-written. 10.10.1983.


**************************************************************************
*                                                                       *
* aufgabe:     implementierung eines last-in-first-out-speichers        *
*              fuer ganze zahlen (picture 9(10))                        *
*                                                                       *
* loesungsweg: verwendung eines arrays                                  *
*                                                                       *
* zugriffsoperationen (mit jeweiligen Parametern):                      *
*                                                                       *
*    operationscode = 'new'                anlegen eines neuen stack    *
*    operationscode = 'push' (element)     einkellern eines elements    *
*    operationscode = 'pop'  (element, leer) auskellern eines elements  *
*                                                                       *
* reihenfolgebedingungen:                                               *
*                                                                       *
*    stack: (new; (push'*, pop'leer)'*)'*.                              *
*                                                                       *
**************************************************************************

environment division.

configuration section.
source-computer. tr440.
object-computer. tr440.

data division.

working-storage section.

**** konstante ****

77  max                 picture 9(4)  value is 1000.

**** variable ****

77  zeiger              picture 9(4).
01  keller.
    02 keller-element   picture 9(10) occurs 1000 times.

linkage section.

**** input-parameter ****

77  operationscode      picture x(4).
    88 neuer-stack      value is 'new';
    88 einkellern       value is 'push'.
    88 auskellern       value is 'pop'.
```

```
**** output-parameter ****

 77  leer               picture x(5).

**** input-output-parameter ****

 77  element            picture 9(10).

procedure division using operationscode, element, leer.

operationswahl.
    if neuer-stack perform new;
       else if einkellern perform push;
              else if auskellern perform pop;
                     else perform sonst-fall.

rueckkehr.
    exit program.

new.
    move zero to zeiger.
    move 'true' to leer.

push.
    if zeiger < max
            add 1 to zeiger,
            move element to keller-element (zeiger);
       else
            display '**** modul "stack": programmabbruch',
                 'ueberlauf bei element:', element;
            stop run.

pop.
    if zeiger > zero
            move 'false' to leer,
            move keller-element (zeiger) to element,
            subtract 1 from zeiger;
       else
            move 'true' to leer,
            move high-value to element.

sonst-fall.
    display '**** modul "stack": programmabbruch wegen',
            'fehlerhaftem operationscode:', operationscode.
    stop run.
```

Ein Programm, das den Stack benutzt, muß nun bei jedem Aufruf aktuelle Parameter angeben, die jeweils den Formalparametern operationscode, element und leer zugeordnet werden. Damit auch in dem rufenden Programm die Bedeutung der Operationscodes sichtbar ist, wird empfohlen, Namen für die Zugriffsoperationen einzuführen und diese in der value-Klausel mit den Werten 'new', 'push' bzw. 'pop' zu versehen (benannte Konstante):

```
working-storage section.
*  stack-operationen
77  new  picture x(4) value is 'new'.
77  push picture x(4) value is 'push'.
77  pop  picture x(4) value is 'pop'.
```

Beim Aufruf kann dann die gewünschte Operation durch einen Namen spezifiziert werden, zum Beispiel

```
    call stack using push, zahl, leer,
```

wenn das Einkellern des Elements zahl gemeint ist.

Die Nachteile der Implementierung einer Datenkapsel durch ein Unterprogramm, das nur über eine einzige Eingangsstelle verfügt, wurden bereits im Zusammenhang mit der Fortran66-Version erörtert. Der Leser sei nochmals auf die Ausführungen in 4.2.4.3 hingewiesen.

### 4.3.2 Sprachelemente zur Verfeinerung

In 4.3.1 wurde eingangs begründet, weshalb die sogenannten „Prozeduren" als Zerlegungskonstrukte nicht geeignet sind: ein Kapitel (section) oder ein Paragraph verfügt über keinen eigenen Datenraum; alle in der data division vereinbarten Namen sind in der gesamten procedure division global bekannt. Dies sind aber Eigenschaften, die von Verfeinerungskonstrukten explizit verlangt werden. Prozeduren stellen somit das zur schrittweisen Verfeinerung benötigte Instrumentarium zur Verfügung. Tatsächlich besitzt keine der anderen hier behandelten klassischen Programmiersprachen ähnlich geeignete Ausdrucksmittel wie Cobol.

In kleineren Programmen ist es im allgemeinen ausreichend, *Paragraphen* zur Verfeinerung heranzuziehen. Die Verwendung von Paragraphen ist unproblematisch. Bei einer sehr weitgehenden Verfeinerung kann allerdings die Anzahl der Paragraphen zu einer gewissen Unübersichtlichkeit führen. In diesen Fällen ist eine Gruppierung sinnvoll. Abbildung 4.8 zeigt als Beispiel eine Verfeinerungsstruktur.

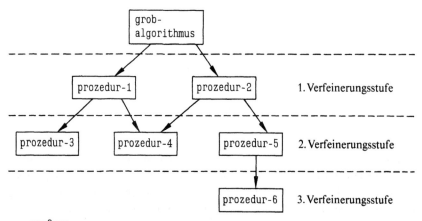

→  perform

**Abb. 4.8.** Verfeinerung eines Grobalgorithmus

Grundsätzlich sind hier zwei Gruppierungskriterien denkbar: entweder werden diejenigen Prozeduren zusammengefaßt, die einen Zweig des Graphen immer weiter
verfeinern, oder aber die Prozeduren werden nach *Verfeinerungsstufen* angeordnet.

Der zweite Weg kann dazu führen, daß man beim Nachvollziehen des Ablaufs
laufend im Programmlisting vor- und zurückblättern muß. Wenn man den ersten
Weg wählt, so lassen sich diejenigen Prozeduren nicht eindeutig einordnen, die von
mehreren anderen Prozeduren benutzt werden (z. B. die prozedur-4). Gemeinsam
benutzte Prozeduren müssen deshalb gesondert angeordnet werden. Für die in der
Abbildung dargestellte Struktur erhält man folgenden Programmaufbau:

```
procedure division.
grobalgorithmus.
        ⋮
    perform prozedur-1.
    perform prozedur-2.
        ⋮
    stop run.
**** verfeinerungen fuer prozedur-1 ****
 prozedur-1.
        ⋮
    perform prozedur-3.
    perform prozedur-4.
        ⋮
 prozedur-3.
        ⋮
**** verfeinerungen fuer prozedur-2 ****
 prozedur-2.
        ⋮
    perform prozedur-4.
    perform prozedur-5.
 prozedur-5.
        ⋮
    perform prozedur-6.
        ⋮
 prozedur-6.
        ⋮
**** gemeinsam benutzte prozeduren ****
 prozedur-4.
        ⋮
```

Abgesehen von den Fragen der Anordnung ist die Verwendung von Paragraphen
im Sinne von Verfeinerungskonstrukten unproblematisch, da sich der Transfer des
Kontrollflusses beim Aufruf und bei der Rückkehr erwartungsgemäß vollzieht.

Zur Verfeinerung größerer Programme werden häufig *Kapitel* empfohlen. Auf
den ersten Blick scheinen Kapitel, die mehrere Paragraphen zusammenfassen, auch
die geeigneten Ausdrucksmittel darzustellen.

Kapitel und Paragraphen sind jedoch in erster Linie statische Strukturierungsmittel zur optischen Gliederung des Programmtexts. Wenn man ein Kapitel im Sin-

ne einer „Prozedur" benutzt, d.h. mit perform aufruft, so erfolgt die Rückkehr an die Stelle des Aufrufs nach Ausführung der letzten Anweisung in dem Kapitel. Enthält das Kapitel nun mehrere Paragraphen, so bedeutet dies, daß *alle* Paragraphen linear durchlaufen würden. Dieser Effekt ist aber nicht verträglich mit dem Konzept der schrittweisen Verfeinerung.

Wenn man innerhalb eines Kapitels eine weitere Verfeinerung mit Hilfe von Paragraphen durchführt, so werden diese zunächst mit dem perform-Befehl angesteuert. Anschließend gelangen sie aber nochmals zur Ausführung, da der Kontrollfluß auch ein Kapitel prinzipiell linear durchläuft. Um diesen unerwünschten Effekt auszuschalten, müssen die verfeinernden Paragraphen folglich mit einem go-to-Befehl zum Ende des Kapitels übersprungen werden.

Nur unter Beachtung dieser Zusammenhänge können Kapitel als Verfeinerungskonstrukte eingesetzt werden. Zur Verdeutlichung sei ein Beispiel betrachtet, in dem der Grobalgorithmus unter Bezugnahme auf Kapitelnamen formuliert wird:

```
procedure division.
grobalgorithmus.
    perform kapitel-1.
       ⋮
    perform kapitel-m.
    stop run.
kapitel-1 section.
grobablauf.
    perform paragraph-1.
    perform paragraph-2.
       ⋮
    perform paragraph-n.
    go to kapitel-1-ende.
paragraph-1.
       ⋮
paragraph-2.
       ⋮
paragraph-n.
       ⋮
kapitel-1-ende.
    exit.

       ⋮
kapitel-m section.
       ⋮
kapitel-m-ende.
    exit.
```

Innerhalb des Kapitels kapitel-1 werden hier zunächst die Paragraphen paragraph-1 bis paragraph-n aufgerufen. Der Sprungbefehl führt dann an das Kapitelende; zu diesem Zweck mußte ein zusätzlicher Paragraph (kapitel-1-ende) angegeben werden, der nur als Anlaufpunkt dient und die Leeranweisung exit enthält.

Wenn der Sprungbefehl nicht vorhanden wäre, würden im Anschluß an den Paragraphen `grobablauf` auch `paragraph-1` bis `paragraph-n` noch einmal ausgeführt!

### 4.3.3 Steuerkonstrukte

Cobol stellt einige Sprachelemente zur Verfügung, mit denen wichtige Steuerkonstrukte mehr oder weniger direkt ausgedrückt werden können. Die Cobol-Syntax setzt allerdings verschiedentlich Rahmenbedingungen, die die Verwendung etwas behindern. Im folgenden wird so vorgegangen, daß diejenigen Sprachelemente, die ein Steuerkonstrukt direkt oder ähnlich implementieren, unverändert übernommen und zur Verwendung empfohlen werden. Steuerkonstrukte, die kein Äquivalent in den Sprachelementen von Cobol besitzen, werden mit Hilfe von If- und Sprungbefehlen nachgebildet. Zusätzliche Kommentarzeilen sind dabei weitgehend entbehrlich. Anders als in Fortran ist es in Cobol möglich, bereits durch geeignete Wahl der Paragraphennamen die Semantik klarzumachen.

#### (1) Sequenz

Eine explizite Klammerung für eine Sequenz von Anweisungen - etwa als Begin-End-Block - ist in Cobol nicht vorgesehen. Eine Sequenz innerhalb einer Verzweigung wird anders behandelt als eine Sequenz, die einen Schleifenrumpf darstellt (siehe unten).

#### (2) Selektion

Mit Hilfe der If-Anweisung läßt sich die Auswahlstruktur mit einseitiger und mit zweiseitiger Alternative darstellen. Dabei ist aber zu beachten, daß der Satzpunkt des Satzes, in dem die If-Anweisung steht, eine entscheidende Rolle spielt.
Die Selektion mit *einseitiger Alternative* kann als

> if *bedingung: anweisung.*

geschrieben werden. Soll eine Sequenz zur Ausführung gelangen, so werden die einzelnen unbedingten Befehle einfach als Aufzählung hintereinander notiert und mit einem Punkt abgeschlossen:

> if *bedingung;*
> > *anweisung$_1$,*
> > *anweisung$_2$,*
> > $\vdots$
> > *anweisung$_n$.*

Voraussetzung ist jedoch, daß die Sequenz selbst keinen Punkt enthält; d.h. insbesondere, daß sie selbst kein Konstrukt enthält, das einen Punkt erfordert (wie z.B. eine geschachtelte If-Anweisung ). Die damit zusammenhängenden Probleme wurden bereits ausführlich erörtert[10].

---

10 Vgl. 3.2.2.3, Punkt (5)

Die *zweiseitige Alternative* läßt sich wie folgt formulieren:

> if *bedingung; anweisung₁;*
>     else *anweisung₂.*

In beiden Zweigen kann auch eine Sequenz auftreten. Eine Sequenz im Wahr-Zweig gilt als beendet, wenn das Schlüsselwort else folgt; eine Sequenz im Falsch-Zweig wird dagegen durch den Satzpunkt abgeschlossen:

> if *bedingung; anweisung₁,*
>     ⋮
>     *anweisungₙ;*
>     else *anweisungₙ₊₁,*
>     ⋮
>     *anweisungₙ₊ₘ.*

Auch hier darf in keiner der Sequenzen ein Punkt auftreten. Daraus folgt, daß verschiedene Konstruktionen nicht unmittelbar ausgedrückt werden können. Beispiele hierfür wurden bereits in den Abbildungen 3.6 a) und b) angegeben. Ein Ausweg besteht in diesen Fällen darin, künstliche Verfeinerungsstufen einzuführen und einen ganzen Zweig in einen gesonderten Paragraphen auszulagern. Die in Abbildung 3.6 b) gezeigte Struktur ließe sich z. B. wie folgt in Cobol darstellen:

```
if  a = b  move s to r;
    else perform geschachteltes-if,
        move y to x.
geschachteltes-if.
    if  c = d  move v to u.
```

Diese Art der Realisierung ist umständlich und der Lesbarkeit eher abträglich, da zusätzliche Paragraphen entstehen, die aufgrund der algorithmischen Verfeinerung eigentlich gar nicht notwendig wären. Auf Konstruktionen, die sich in Cobol nicht unmittelbar darstellen lassen, sollte deshalb möglichst schon beim Algorithmenentwurf verzichtet werden. Sofern geschachtelte If-Abfragen unvermeidbar erscheinen

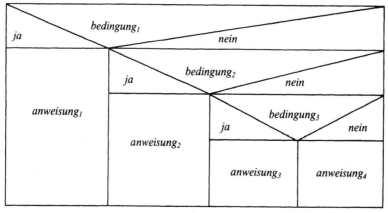

**Abb. 4.9.** Schachtelung von Verzweigungen

(z. B. zur Realisierung einer Fallunterscheidung), empfiehlt es sich, diese nur im Falsch-Zweig vorzunehmen. Schachtelungen, die dem in Abbildung 4.9 gezeigten Schema folgen, sind meist unproblematisch:

> if *bedingung$_1$; anweisung$_1$;*
>> else if *bedingung$_2$; anweisung$_2$;*
>>> else if *bedingung$_3$; anweisung$_3$;*
>>>> else *anweisung$_n$.*

## (3) Fallunterscheidung

Da Cobol keine Case-Anweisung o. ä. kennt, mit der eine Fallunterscheidung unmittelbar ausgedrückt werden könnte, muß wie in Fortran eine Ersatzkonstruktion realisiert werden. Auch hier sind zwei Ansätze möglich:

a) Wenn nicht die spezielle Situation einer ganzzahligen Fallvariablen gegeben ist, sondern die einzelnen Fälle aufgrund allgemeinerer Bedingungen unterschieden werden, muß die Fallunterscheidung in geschachtelte Verzweigungen aufgelöst werden. Da bei einer tiefen Schachtelung die oben erwähnte Rolle des Satzpunkts zunehmend restriktiv wirkt, wird empfohlen, alle Zweige in eigene Paragraphen auszulagern:

> if *bedingung$_1$* perform *paragraph$_1$;*
>> else if *bedingung$_2$* perform *paragraph$_2$;*
>>> else if *bedingung$_3$* perform *paragraph$_3$;*
>>>> ⋮
>>>> else if *bedingung$_m$* perform *paragraph$_m$;*
>>>>> else perform sonst-fall.

*paragraph$_1$.*
  ⋮
*paragraph$_2$.*
  ⋮
*paragraph$_3$.*
  ⋮
sonst-fall.
  ⋮

Die einzelnen Zweige werden bei dieser Realisierung als Verfeinerungskonstrukte aufgefaßt und mit dem perform-Befehl angesteuert. Das heißt, der Kontrollfluß kehrt nach Ausführung einer der Prozeduren an das Ende des If-Konstrukts zurück. Der Sonst-Fall wird erreicht, wenn keine der Bedingungen *bedingung$_1$ . . . bedingung$_m$* zutrifft.

Ein Beispiel für die Auflösung einer Fallunterscheidung durch geschachtelte Verzweigungen wurde bereits in 4.3.1 bei der Implementierung des Stack gegeben. Dort erfolgte die Auswahl der gewünschten Zugriffsoperation auf diese Weise.

b) Wenn der Ausdruck, anhand dessen die Fälle unterschieden werden, eine *ganzzahlige Variable* ist, die Werte zwischen *1* und *m* annimmt, kann die go-to-depending-on-Anweisung herangezogen werden.

Da es sich hierbei um einen Sprungbefehl handelt, erfolgt zwar ein Kontrollflußtransfer zu einem der angegebenen Paragraphen hin; anschließend wird jedoch der Ablauf von dieser Stelle an linear durchlaufen. Damit nicht andere Paragraphen auch noch ausgeführt werden, muß von jedem Zweig aus ein weiterer Sprung an das Ende des gesamten Konstrukts angegeben werden. Zu diesem Zweck wird ein zusätzlicher Paragraph als gemeinsamer Ansprungpunkt eingeführt, der nur die Leeranweisung exit enthält.

Den *Sonst-Fall* siedelt man wie bei der Fortran-Version unmittelbar hinter der go-to-depending-on-Anweisung an. Diese ist so definiert, daß kein Sprung zur Ausführung kommt, falls die Fallvariable einen unzulässigen Wert hat. Auch vom Sonst-Zweig aus muß ein Sprung an das Ende des Gesamtkonstrukts führen.

Wenn die Paragraphennamen entsprechend gewählt werden, kann auf zusätzliche Kommentarzeilen vollständig verzichtet werden. Folgt man dem nachstehenden Implementierungsschema, ist die Konstruktion selbsterläuternd:

```
fallunterscheidung.
        go to paragraph₁, paragraph₂, ..., paragraphₘ
                depending on fallvariable.
sonst-fall.
        ⋮
        go to fallunterscheidung-ende.
paragraph₁.
        ⋮
        go to fallunterscheidung-ende.
paragraph₂.
        ⋮
        go to fallunterscheidung-ende.
⋮
paragraphₘ.
        ⋮
fallunterscheidung-ende.
        exit.
```

Die Benutzung dieser Konstruktion ist jedoch nur dann unproblematisch, wenn sie am Anfang des Prozedurteils oder eines Kapitels steht. Insbesondere kann sie nicht in einer Anweisungssequenz innerhalb eines Paragraphen verwendet werden, da sie selbst aus verschiedenen Paragraphen besteht. Die Fallunterscheidung muß deshalb als eine ausgelagerte Folge von Paragraphen behandelt werden. Eine solche Folge kann mit Hilfe der through-Klausel im perform-Befehl zusammen angesprochen werden. Die Aktivierung des obigen Fallunterscheidungskonstrukts hätte dann folgende Form:

```
perform fallunterscheidung through fallunterscheidung-ende.
```

Als Beispiel soll die Fallunterscheidung, die in 4.3.1 innerhalb des Moduls stack getroffen wird, durch eine go-to-depending-on-Konstruktion dargestellt werden. Im Gegensatz zu der dortigen Version sei nun ein *ganzzahliger* Operationscode gegeben, der die Werte 1 (für new), 2 (für push) oder 3 (für pop) annehmen kann:

```
:
linkage section.
77 operationscode picture 9.
77 element        picture 9(10).
77 leer           picture x(5).
procedure division using operationscode, element, leer.
fallunterscheidung.
    go to new, push, pop depending on operationscode.
sonst-fall.
    :
    go to fallunterscheidung-ende.
new.
    :
    go to fallunterscheidung-ende.
push.
    :
    go to fallunterscheidung-ende.
pop.
    :
fallunterscheidung-ende.
    exit program.
```

#### (4) While-Schleife

Die perform-Anweisung mit der until-Klausel kann dazu verwendet werden, eine While-Schleife zu implementieren. Dabei sind aber einige Eigenarten zu beachten, die die Konstruktion von einer „normalen" While-Schleife unterscheiden:

- Der perform-Befehl ist ein Prozeduraufruf. Daraus folgt, daß der Schleifenrumpf zwangsläufig ausgelagert werden muß. Eine Klammerung des Schleifenrumpfs entfällt somit. Der Schleifenrumpf wird wie eine andere Prozedur behandelt und unterscheidet sich nicht von anderen Paragraphen oder Kapiteln.

- Das Schlüsselwort until ist irreführend, da der Befehl

    perform *prozedur* until *bedingung*

tatsächlich eine Schleife mit Vorabprüfung (Precheck) und nicht eine Until-Schleife implementiert.

- Der Schleifenrumpf gelangt zur Ausführung, solange die Bedingung *nicht* erfüllt ist; d.h., die *bedingung* im perform-Befehl spezifiziert den Austritt aus der Schleife, nicht die Fortsetzung! Um eine Fortsetzungsbedingung wie in einer While-Schleife zu erhalten, muß die *bedingung* folglich negiert werden.

Abbildung 4.10 zeigt ein kleines Beispiel, in dem ein Array so lange durchsucht wird, bis die position des ersten Nullelements gefunden ist. Die Negation der Fortsetzungsbedingung „a(i,j) $\neq$ 0" ergibt in Cobol „not (a (i, j) not equal zero)", was gleichbedeutend mit „a (i, j) equal zero" bzw. „a (i, j) = 0 ist. Damit erhält man folgenden Cobol-Text:

```
 i ← 1
─────────────────────────────────────
 wiederholen, solange a(i, j) ≠ 0
    ┌──────────────────────────────
    │  i ← i+1
─────────────────────────────────────
 position ← i
```

**Abb. 4.10.** Beispiel einer While-Schleife

```
move 1 to i.
perform schleifenrumpf until a (i, j) = 0.
move i to position.
schleifenrumpf.
add 1 to i.
```

Der Schleifenrumpf muß als eigener Paragraph dargestellt werden, obwohl er nur aus einer Anweisung besteht. Der Zwang zur Auslagerung führt also neue Paragraphen in den Programmtext ein, die nicht aus der konzeptionellen Verfeinerung des Algorithmus resultieren. Dies setzt sich bei einer Schachtelung analog fort. Eine dreifach geschachtelte Schleifenstruktur bewirkt also, daß im Programmtext drei neue Paragraphen entstehen. Wenn man nicht entsprechende Paragraphennamen wählt, sieht man diesen Paragraphen nicht einmal an, daß sie Schleifenrümpfe implementieren!

Abgesehen von den genannten Abweichungen wird das Steuerkonstrukt „While-Schleife" durch die perform-until-Anweisung aber adäquat nachgebildet. Eine zusätzliche Kommentierung erscheint deshalb entbehrlich, solange die Rolle der ausgelagerten Paragraphen aus ihrer Benennung ersichtlich ist.

### (5) Zählschleife

Die *Zählschleife ohne Laufvariable* kann durch die times-Klausel im perform-Befehl realisiert werden. Wenn $j$ ein numerisches Literal oder eine Variable mit positivem, ganzzahligem Wert darstellt, dann gelangt der *schleifenrumpf* aufgrund der Anweisung

perform *schleifenrumpf j* times

genau $j$ mal zur Ausführung.

Die *Zählschleife mit Laufvariable* läßt sich unter Verwendung der Klauseln varying und until darstellen. Dazu ist es erforderlich, daß die until-Bedingung in bezug auf die Laufvariable formuliert wird; nach der Cobol-Syntax ist dies nicht zwingend vorgeschrieben! Die Anweisung

perform *prozedur* varying $l$ from $r$ by $q$ until *bedingung*

implementiert nur dann eine Zählschleife im üblichen Sprachgebrauch, wenn die Symbole $l$, $r$, $q$, *prozedur* und *bedingung* mit der Bedeutung

perform *schleifenrumpf* varying *laufvariable*
    from   *anfangswert* by *schrittweite*
    until *laufvariable* > *endwert*

verwendet werden, sofern *schrittweite* > *0* ist, oder mit der Bedeutung

```
perform schleifenrumpf varying laufvariable
            from   anfangswert by schrittweite
            until laufvariable < endwert
```

sofern *schrittweite*<0 ist.

Das Problem der mehrfachen Auslagerung des Schleifenrumpfs bei einer geschachtelten Struktur ist für Zählschleifen etwas abgemildert. Mit Hilfe der after-Klausel braucht der Rumpf einer geschachtelten Schleife nur einmal ausgelagert zu werden, z. B.:

```
perform schleifenrumpf
            varying l1 from anfangswert-1 by 1 until l1 > 100
            after   l2 from anfangswert-2 by 1 until l2 >  50
            after   l3 from anfangswert-3 by 1 until l3 > 200
schleifenrumpf.
    add a (l1, l2, l3) to summe.
```

Stünde diese Abkürzungsmöglichkeit nicht zur Verfügung, so müßten insgesamt 3 Paragraphen eingeführt werden.:

```
perform aeusserer-rumpf
            varying l1 from anfangswert-1 by 1 until l1 > 100.
aeusserer-rumpf.
    perform mittlerer-rumpf
            varying l2 from anfangswert-2 by 1 until l2 > 50.
mittlerer-rumpf.
    perform innerer-rumpf
            varying l3 from anfangswert-3 by 1 until l3 > 200.
innerer-rumpf.
    add a (l1, l2, l3) to summe.
```

Die after-Klausel verhindert somit eine unnötige Aufblähung des Programmtexts. Bei anderen Schleifen als Zählschleifen besteht die Abkürzungsmöglichkeit nicht. Geschachtelte While-Schleifen müssen durch explizite Auslagerung realisiert werden!

### (6) Until-Schleife

Eine nichtabweisende Schleife (Postcheck) ist in Cobol nicht vorgesehen. Sie könnte grundsätzlich wie in Fortran mit Hilfe der If- und der Sp;rganweisung implementiert werden. Eine einfachere Konstruktion erhält man jedoch aufgrund der folgenden Überlegung:

Die Until-Schleife unterscheidet sich von der While-Schleife erstens dadurch, daß der Schleifenrumpf auf jeden Fall zunächst einmal durchlaufen wird, bevor über die Fortsetzung entschieden wird; und zweitens ist die Bedingung eine Austrittsbedingung, d. h. gegenüber einer echten While-Bedingung negiert.

Den durch eine nichtabweisende Schleife gesteuerten Ablauf kann man folglich erzwingen, wenn der (ohnehin ausgelagerte) Schleifenrumpf zunächst einmalig und dann mit perform...until... wiederholt aufgerufen wird. Die nichtabweisende

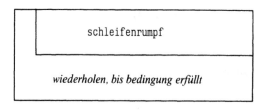

**Abb.4.11.** Schema einer nichtabweisenden Schleife (Until-Schleife)

Schleife wird also gewissermaßen durch eine While-Schleife simuliert! Da die Bedingung im `perform`-Befehl gegenüber einer While-Bedingung ohnehin negiert ist, kann sie unverändert übernommen werden. Die in Abbildung 4.11 gezeigte Struktur läßt sich dann nach folgendem Schema nachbilden:

```
perform schleifenrumpf.
perform schleifenrumpf until bedingung.
schleifenrumpf.
   ⋮
```

### (7) Cycle-Schleife

Auch die Cycle-Schleife ist in Cobol nicht realisiert. Sie muß mit Sprung- und If-Anweisungen simuliert werden. Die Konstruktion ist relativ einfach:

```
cycle-schleife.
   ⋮
   if bedingung  go to cycle-ende.
   ⋮
   go to cycle-schleife.
cycle-ende.
   exit.
```

Den Ausgang aus der Schleife steuert ein bedingter Sprungbefehl, der zu einem Paragraphen mit der Leeranweisung `exit` führt. Da das Steuerkonstrukt nun zwei Paragraphen umfaßt, muß es mit der Anweisung

```
perform cycle-schleife through cycle-ende
```

aktiviert werden; diese Form des Aufrufs war auch bei der Fallunterscheidung in (3) b) erforderlich.

### (8) Leseschleife

Das Einlesen von Daten aus einer sequentiellen Datei ist eine spezielle Form der Wiederholungsstruktur, bei der das Kriterium für die Beendigung der Schleifenausführung durch den Lesebefehl überprüft wird. Ergibt die Überprüfung, daß das Dateiende bereits erreicht ist, so gelangen die in der `at-end`-Klausel des `read`-Befehls vorgesehenen Aktionen zur Ausführung:

```
   read datei; at end unbedingter befehl.
```

Wenn man die in der `at-end`-Klausel bereitgestellte Information zur Schleifensteuerung verwenden will, ist es sinnvoll, dort eine Schaltervariable zu versorgen.

Da Cobol den logischen Datentyp nicht vorsieht, kann als Ersatz eine alphanumerische Variable dienen, der die Zeichenkette 'true' zugewiesen wird, z. B.:

```
read datei; at end move 'true' to eingabe-schalter.
```

Diese Variable (hier: eingabe-schalter) wird dann zur Schleifensteuerung verwendet. Für die Ausgestaltung der Leseschleife sind zwei Ansätze denkbar:

```
77  eingabe-schalter    picture x(5).
    88  eingabe-zu-ende value 'true'.
    ⋮
    move 'false' to eingabe-schalter.
    perform leseschleife until eingabe-zu-ende.
leseschleife.
    read datei; at end move 'true' to eingabe-schalter.
    if not eingabe-zu-ende;
        ⋮
```

Die Überprüfung der Endebedingung eingabe-zu-ende erfolgt hier zweimal, sowohl in der Schleifenanweisung als auch innerhalb des Schleifenrumpfs in der If-
Anweisung. Die doppelte Überprüfung ist notwendig, da die restlichen Befehle des
Schleifenrumpfs nicht mehr zur Ausführung gelangen dürfen, wenn das Dateiende
erreicht ist. Der Rest des Schleifenrumpfs steht nun als Wahr-Zweig in der If-Anweisung. Wegen der Rolle des Satzpunktes können sich die bereits erwähnten
Schwierigkeiten ergeben, so daß diese Form der Implementierung nur bei einem
kleinen Schleifenrumpf unproblematisch ist.

Bei einem größeren Schleifenrumpf empfiehlt sich die zweite Konstruktion: ein
Eingabebefehl wird am Ende des Rumpfs angesiedelt, ein weiterer vor den Aufruf
der Schleife gestellt. Die Ausführung des Schleifenrumpfs wird dann nur durch die
until-Bedingung des perform-Befehls gesteuert:

```
77  eingabe-schalter    picture x(5).
    88 eingabe-zu-ende value 'true'.
    ⋮
    move 'false' to eingabe-schalter.
    read datei; at end move 'true' to eingabe-schalter.
    perform leseschleife until eingabe-zu-ende.
leseschleife.
    ⋮
    read datei; at end move 'true' to eingabe-schalter.
```

Ein größeres Beispiel für eine Leseschleife enthält das Musterprogramm, das in 7.3
wiedergegeben ist.

### 4.3.4 Aspekte der Verbalisierung und Selbstdokumentation

Ein charakteristisches Merkmal von Cobol ist die ausgeprägte Verbalisierungsmög-
lichkeit. Deshalb bereitet die Gesaltung eines selbstdokumentierenden und lesbaren Programmtextes von vornherein weniger Schwierigkeiten als etwa in Fortran

oder Basic. Wichtige Elemente der Programmverständlichkeit sind in der Sprache fest verankert. Dazu zählen vor allem folgende Punkte:

- vorgegebene Programmstruktur mit der Einteilung in Hauptteile (division), Kapitel (section) und Paragraphen
- durch die Sprache festgelegte, aussagekräftige Namen für die Hauptteile eines Programms (z. B. environment division) sowie für die Kapitel und Paragraphen im Erkennungs-, Umgebungs- und Datenteil (z. B. input-output section)
- die Möglichkeit, Prozeduren und Daten mit verständlichen Namen zu versehen, die ausreichend lang und mit Bindestrichen strukturiert sein können
- strikte Trennung des Vereinbarungsteils (data division) vom algorithmischen Teil (procedure division)

Der zuletzt genannte Effekt kann in anderen Sprachen nur durch Programmierrichtlinien erzielt werden. Diese legen zum Beispiel fest, daß alle Vereinbarungen am Programmanfang zu treffen sind. Die Einhaltung von Richtlinien hängt großenteils aber von der Disziplin des Programmierers ab. Cobol läßt dem Programmierer dagegen gar keine Möglichkeit, gegen die Trennung von Vereinbarungs- und Anweisungsteil zu verstoßen.

Durch die Syntax der Sprache ist auch die Gestaltung des Programmkopfs weitgehend vorgezeichnet. Angaben mit Dokumentationscharakter, die in anderen Sprachen nur als Kommentare in den Programmtext eingehen können, werden in Cobol in teilweise obligatorischen, teilweise fakultativen Paragraphen oder Kapiteln aufgeführt. Manche Erläuterungen sind entbehrlich, z. B. ein Abkürzungsverzeichnis wie bei einem Fortran-Programm, da der Zwang zum Abkürzen von Bezeichnungen in Cobol praktisch nicht besteht.

Die dokumentierenden Eintragungen im Programmkopf werden hauptsächlich in den Paragraphen der identification division und der environment division vorgenommen. In der identification division sind dies die Paragraphen:

- program-id (Definition des Programmnamens)
- author (Name des Programmautors)
- date-written (Programmerstellungsdatum)
- date-compiled (Übersetzungsdatum)
- security  (Angaben zur Datensicherung)

Zumindest die ersten drei sollten in jedem Programm enthalten sein. Die Beschreibung der Hardwareumgebung ist in zwei Paragraphen der environment division angesiedelt:

- source-computer  (Name des Computers, auf dem das Quellprogramm übersetzt wird)
- object-computer  (Name des Computers, auf dem das Maschinenprogramm ausgeführt wird)

Da eine Vielzahl von Erläuterungen somit bereits an fest vorgeschriebene Stellen gegeben werden, braucht man nur noch wenige Informationen in Form von *Kommentarzeilen* hinzuzufügen:

- Kurzbeschreibung der Aufgabenstellung

```
identification division.
program-id. ...
author. ...
date-written. ...
**************************************************
*                                                *
* aufgabe: ...                                   *
*                                                *
* loesungsweg: ...                               *
*                                                *
* aufgerufene unterprogramme: ...                *
*                                                *
**************************************************
environment division.
configuration section.
source-computer. ...
object-computer. ...
```

**Abb. 4.12.** Schema des Programmkopfs für ein Cobol-Programm

- Lösungsweg (bei nicht-trivialen Programmen)
- Verzeichnis der aufgerufenen Unterprogramme

Eine zusätzliche Aufstellung der in dem Programm manipulierten Dateien scheint entbehrlich, da die Dateien ohnehin im Kapitel input-output section des Umgebungsteils explizit aufgeführt werden müssen.

Zur Einleitung von Kommentarzeilen dient ein Stern in Spalte 7. Die als Kommentarzeilen gegebenen Erläuterungen können damit vollständig durch einen Kasten aus Sternen eingerahmt werden. Unter Beachtung der vorstehenden Ausführungen wird ein Schema für die Gestaltung des Programmanfangs vorgeschlagen, das in Abb. 4.12 dargestellt ist.

Bei Unterprogrammen, die Datenkapseln implementieren, werden zusätzlich die Namen der Operationen und die Reihenfolgebedingungen in die Kommentierung aufgenommen. Ein Beispiel für den Programmkopf einer Datenkapsel findet man bei der Implementierung des Moduls stack in 4.3.2.2. Im übrigen wird auf die Musterprogramme in 7.3 verwiesen.

Die im Datenteil vorzunehmenden Vereinbarungen sind zum Teil vorstrukturiert, so daß die Verwendung der Daten als

- Ein-/Ausgabedaten (in der file section vereinbart)
- Arbeitsdaten (in der working-storage section vereinbart)
- Unterprogrammparameter (in der linkage section vereinbart)

bereits an der Stellung der Deklaration zu erkennen ist. Darüber hinaus können folgende Richtlinien die Lesbarkeit verbessern:

### (1) Benannte Konstante

Die meisten numerischen Literale drücken im Programmtext keinen Inhalt aus. Deshalb empfiehlt es sich, Literale mit Namen zu versehen. Da Cobol die Vereinbarung von Konstantennamen nicht erlaubt, muß man statt dessen normale Variablennamen heranziehen, die mit Hilfe der `value`-Klausel mit einem Wert belegt werden. Es bleibt dann der Disziplin des Programmierers überlassen, die benannten Größen im Sinne von Konstanten zu benutzen und im Programm nicht zu verändern! Die Rolle der als Konstante gedachten Elemente sollte durch eine entsprechende Überschrift zum Ausdruck gebracht werden, z. B.:

```
working-storage section.
**** konstante ****
77  mwst    picture 99v99   value is 0.14.
77  anzahl  picture 9(4)    value is 1000.
**** variable ****
77  summe   picture 9(7)v99.
77  betrag  picture 9(6)v99.
    ⋮
```

## (2) Benennung von Record-Komponenten

Bei der Verwendung von Records ergibt sich häufig das Problem, daß in verschiedenen Strukturen Namen auftreten, die eigentlich die gleichen Objekte bezeichnen, z. B. eine `artikelnummer` in einem `verkaufssatz`, in einem `rechnungssatz` und in einem `stammsatz`. Da bei Bezugnahme auf einen Namen dieser im Programm eindeutig sein muß, neigen viele Programmierer dazu, willkürlich unterschiedliche Schreibweisen einzuführen, z. B. `artikel-nummer`, `artikel-nr` und `art-nr`. Wenngleich alle drei Namen für sich verständlich sind, ist die Zugehörigkeit zum `verkaufssatz`, `rechnungssatz` oder `stammsatz` durch nichts zu erkennen.

Der Bezug zum Oberbegriff kann hergestellt werden, wenn man alle Komponenten eines Records mit einer eindeutigen Kennzeichnung versieht. Damit entfällt auch die willkürliche Variation der Schreibweise:

```
01  verkaufssatz.
    02  v-artikel-nr    picture 9(7).
    02  v-name          picture x(25).
    02  v-menge         picture 9(5)v99.
01  rechnungssatz.
    02  r-artikel-nr    picture 9(7).
    02  r-kunde.
        03  r-kundenname    picture x(30).
        03  r-anschrift     picture x(40).
    02  r-menge         picture 9(5)v99.
    02  r-name          picture x(25).
01  stammsatz.
    02  s-adresse       picture 9(5).
    02  s-artikel-nr    picture 9(7).
    02  s-bestand       picture 9(7)v99.
```

Diese Art der Kennzeichnung wird sehr häufig vorgeschlagen und verwendet[11]; allerdings sind die Präfixe der Lesbarkeit etwas abträglich. Eine Alternative besteht

---

11  Vgl. z. B. McClure (1978), S. 150 f.

darin, auf eindeutige Namen bei der *Vereinbarung* zu verzichten und erst bei der *Benutzung* im Prozedurteil die mehrdeutigen Namen zu qualifizieren:

```
01  verkaufssatz.
    02  artikel-nr      picture 9(7).
    02  name            picture x(25).
    02  menge           picture 9(5)v99.
01  rechnungssatz.
    02  artikel-nr      picture 9(7).
    02  kunde.
        03  kundenname  picture x(30).
        03  anschrift   picture x(40).
    02  menge           picture 9(5)v99.
    02  name            picture x(25).
01  stammsatz.
    02  adresse         picture 9(5).
    02  artikel-nr      picture 9(7).
    02  bestand         picture 9(7)v99.
```

Die Bezugnahme auf eine bestimmte `artikel-nr` erfolgt nun durch Qualifizierung mit dem Recordnamen, z.B.:

```
artikel-nr of rechnungssatz
```

Die Vereinbarungen sind bei dieser Vorgehensweise besser zu lesen. Operationen mit mehrdeutigen Datennamen erfordern jedoch mehr Schreibarbeit, z.B.:

```
if artikel-nr of verkaufssatz equal artikel-nr of stammsatz
   subtract menge of verkaufssatz from bestand.
```

Die Stufen in einer Recordhierarchie wurden bei den obigen Beispielen durch *fortlaufende* Stufennummern (01, 02, . . .) zum Ausdruck gebracht. Damit ist die Stellung in der Hierarchie, vor allem bei tieferen Schachtelungen, unmittelbar erkenntlich. Stufennummern mit Sprüngen (z.B. 01, 05, 10 . . .), die häufig empfohlen werden, verschleiern dagegen diese Übersicht etwas!

**(3) Trennung von Datenstrukturen und Datenelementen**

Cobol sieht grundsätzlich unterschiedliche Stufennummern für Datenelemente und Datenstrukturen vor. Während die Nummer 77 für Datenelemente reserviert ist, steht die Nummer 01 für Daten zur Verfügung, die weiter strukturiert sein können (aber nicht müssen). Diese Trennung ist einfach zu verstehen und nachzuvollziehen. Aus Gründen der Übersichtlichkeit empfiehlt es sich, die Vereinbarungen aller einzelnen Datenelemente textuell von den Vereinbarungen der Datenstrukturen zu trennen.

Die Verwendung der Stufennummer 77 ist nicht unbestritten. Etliche stilistische Richtlinien gehen dahin, Vereinbarungen auf Stufe 77 nicht zuzulassen[12]. Statt dessen wird vorgeschlagen, Datenelemente nach logischen Gesichtspunkten zu gruppieren und unter einem Oberbegriff zusammenzufassen, z.B.:

---

12  Vgl. z.B. McClure (1978), S.150; IBM (o.J.), S.35

```
01  subskripte.
    02  monatsindex      picture 9(2).
    02  zeilen-nr        picture 9(4).
    02  tabellenindex    picture 9(3).
```

Wenngleich eine solche Gruppierung nicht völlig abwegig ist, wird damit doch eine künstliche Datenstruktur geschaffen, deren Elemente außer der Tatsache, daß es sich um verschiedene Subskripte handelt, eigentlich nichts miteinander zu haben. Deshalb wird hier der konzeptionell klaren Trennung in Datenelemente (Stufennummer 77) und Datenstrukturen (Stufennummer 01) der Vorzug gegeben.

**(4) Unterprogrammparameter**

Formalparameter sind in Cobol sehr einfach zu erkennen, da sie in einem gesonderten Kapitel (linkage section) vereinbart werden müssen. Zusätzliche Kommentare brauchen nur noch die Richtung des Werttransfers zu spezifizieren:

```
linkage section.
**** input-parameter ****
    :
**** output-parameter ****
    :
**** input-output-parameter ****
    :
```

**(5) Ersatzkonstruktion für logische Variable**

Wie bereits in Kapitel 3 erwähnt, stellt Cobol keinen logischen Datentyp zur Verfügung. Operationen mit booleschen Ausdrücken sind unmittelbar nicht möglich. Als Ersatz für logische Variable (mit Wertebereich *true* und *false*) kann man z. B. *alphanumerische Variable* verwenden, denen man nach Bedarf die *Zeichenkettenliterale* 'true' bzw. 'false' zuweist, z. B.:

```
77  eingabe-flag  picture x(5).
    :
    move 'true' to eingabe-flag.
```

Die Abfrage des Werts einer solchen Variablen kann natürlich *nicht* wie bei einer „echten" logischen Variablen erfolgen, etwa als

```
"if eingabe-flag perform verarbeitung."
```

Vielmehr muß ein normaler alphanumerischer Vergleich notiert werden:

```
if eingabe-flag = 'true' perform vararbeitung.
```

Eine elegantere Formulierung ist mit Hilfe eines *Bedingungsnamens* möglich. In dem Beispiel würde man die Bedingung eingabe-flag = 'true' etwa mit dateiende benennen:

```
77  eingabe-flag picture x(5).
    88  dateiende value is 'true'.
```

In der Abfrage kann dann der Bedingungsname wie eine logische Variable eingesetzt werden:

```
if dateiende perform verarbeitung.
```

Der Nachteil gegenüber einer echten logischen Variablen liegt darin, daß der Bedingungsname zwar abgefragt werden kann, daß er in einer Wertzuweisung aber
nicht auftaucht. Das heißt, der Sachverhalt, den man unter dem Namen dateiende
überprüft, wird durch Wertzuweisung an die Variable eingabe-flag manipuliert!
Beispiele für die Simulation von logischen Variablen durch Zeichenkettenvariable
mit Wertzuweisungen 'true' und 'false' wurden bereits an verschiedenen Stellen
gegeben, zuletzt bei der Implementierung einer Leseschleife in 4.3.3. Weitere Anwendungen enthalten die Musterprogramme in Kapitel 7.

### (6) Programm-Layout

Der Text eines Cobol-Programms kann relativ übersichtlich angeordnet werden. Einerseits schreibt bereits die Sprachsyntax vor, daß Kapitel- und Paragraphennamen
optisch hervorgehoben werden müssen (nämlich i.a. in Spalte 8 beginnen), während die Anweisungen erst ab Spalte 12 stehen dürfen. Andererseits ist die Verwendung von Leerstellen keinen hinderlichen Beschränkungen unterworfen; Einfügen
von Leerzeilen und Einrücken des Textes sind beliebig möglich. In den vorangegan-
genen Abschnitten und in den Musterprogrammen wurde davon ausgiebig Gebrauch gemacht. Auf einige Punkte, die zur Übersichtlichkeit des Programm-Lay-
outs beitragen, sei zum Abschluß nochmals hingewiesen. Ihre Berücksichtigung
liegt im Ermessen des Programmierers und wird nicht von der Cobol-Syntax verlangt:

- Prozedurnamen stehen in eigenen Zeilen.
- In eine Zeile wird nicht mehr als eine Anweisung geschrieben.
- Jeder Satz besteht nur aus einer Anweisung (es sei denn, in einer bedingten An-
  weisung muß eine Sequenz realisiert werden).
- Anweisungen im Prozedurteil (z.B. die perform-Anweisung) und Einträge im
  Umgebungsteil, die längere Klauseln enthalten, werden so strukturiert, daß jede
  Klausel in einer eigenen Zeile steht, z.B.:

```
select stammdatei,
       assign to artdat,
       organization is relative,
       access is random,
       relative key is schluessel.
```

- Inhaltliche Zusammengehörigkeiten und Ähnlichkeiten werden durch Einrük-
  ken und Untereinanderschreiben zum Ausdruck gebracht (z.B. eine Sequenz im
  Zweig einer If-Anweisung, aber auch die picture-Klauseln in der data division).

Richtlinien für die Kommentierung brauchen hier nicht gegeben zu werden, da auf
zusätzliche Erläuterungen im Programmtext weitgehend verzichtet werden kann.
Insbesondere ist es nicht notwendig, simulierte Steuerkonstrukte wie in Fortran zu
kommentieren, da der Sinn jeder Konstruktion durch geeignete Wahl der Paragra-

phennamen bereits verdeutlicht werden kann. Wenn man die in 4.3 beschriebenen Konventionen (Gestaltung des Programmkopfs, Steuerkonstrukte, Namensgebung etc.) anwendet, sind zusätzliche Kommentare im Prozedurteil meistens nicht erforderlich.

# 4.4 Stilelemente in Basic

Von allen hier behandelten Programmiersprachen bietet Basic die schwächste Unterstützung bei der Umsetzung von Elementen des Programmierstils im Programmtext. Die einfachen und sehr beschränkten Ausdrucksmöglichkeiten behindern das Erstellen lesbarer und verständlicher Programme ganz erheblich.

Im folgenden wird der etwas mühsame Versuch unternommen, die verfügbaren Sprachelemente so einzusetzen, daß zumindest gewisse stilistische Minimalanforderungen erfüllt sind. Da die meisten der benötigten Konstrukte in Basic nicht zur Verfügung stehen, muß noch mehr als in anderen Sprachen mit Kommentaren gearbeitet werden; manche Konstrukte lassen sich praktisch gar nicht nachbilden.

Den Ausführungen wird grundsätzlich der Sprachumfang von *Minimal Basic* zugrunde gelegt. Damit soll eine gewisse Allgemeingültigkeit erreicht werden, sofern dies bei dem Chaos von Basic-Implementierungen überhaupt möglich ist. Erweiterungen von Minimal Basic finden nur insoweit Berücksichtigung, wie sie eine größere Verbreitung besitzen und unter stilistischen Aspekten von Bedeutung sind. Dabei wird die Sprachbeschreibung des ANSI-Entwurfs zugrunde gelegt[13]. Im übrigen wird von den Erweiterungen jedoch nur sparsam Gebrauch gemacht, da eine breite Akzeptanz des geplanten Standards aus den in 3.3.3 genannten Gründen äußerst fraglich erscheint.

## 4.4.1 Probleme der Zerlegung mit Basic-Sprachelementen

Ziel der Entwickler von Basic war vor allem die einfache Handhabung der Sprache. Die beschränkten Ausdrucksmöglichkeiten, die hieraus resultierten, sind bestenfalls für kleine und mittlere Programme angemessen. Das Erstellen größerer Programmsysteme, wofür Basic heute ebenfalls eingesetzt wird, war kein primäres Anliegen der Sprachentwickler.

Insofern ist es nicht verwunderlich, daß Minimal Basic praktisch keine Elemente zur Zerlegung eines Systems enthält. Solche Elemente - Unterprogramme mit eigenem Datenraum - wurden erst in den ANSI-Entwurf von 1982 aufgenommen. Bislang sehen nur wenige Basic-Übersetzer entsprechende Möglichkeiten vor. Statt dessen stehen nur die als „Unterprogramme" bezeichneten Textsequenzen zur Verfügung, die mit gosub angesteuert und mit return verlassen werden.

Diese sogenannten Unterprogramme erfüllen keine der Anforderungen, die an Zerlegungskonstrukte zu richten sind. Sie sind Bestandteil eines (Haupt-)Programms, besitzen keinen eigenen Datenraum und können nicht parametrisiert werden. Der Kontrollfluß kann den Anfang des Unterprogramms mit Hilfe der gosub-

---

13 Vgl. ANSI (1982)

Anweisung, aber auch auf andere Art und Weise erreichen. Darüber hinaus gibt es keine Möglichkeit, zu verhindern, daß der Ablauf von außen mitten in ein Unterprogramm hinein verzweigt. Die sogenannten Unterprogramme müssen sich in die Numerierung des Gesamtprogramms einfügen, so daß die Bezugnahme auf eine innerhalb eines Unterprogramms stehende Zeilennummer jederzeit zulässig ist.

Angesichts dieser Rahmenbedingungen erscheint es nahezu unmöglich, Zerlegungskonstrukte zu implementieren. Deshalb wird folgende Vorgehensweise vorgeschlagen:

(1) Auf die Verwendung *funktionsorienter Module* wird verzichtet, da die Parametrisierung von Unterprogrammen nicht möglich ist. Die algorithmischen Aspekte einer funktionsorientierten Zerlegung werden statt dessen durch Verfeinerungskonstrukte dargestellt; d.h., statt funktionsorientierter Module kommen durchweg Refinements (Verfeinerungskonstrukte) zum Einsatz.

(2) *Abstrakte Datenstrukturen* stellen ein fundamentales Konzept dar, auf das in einem größeren Programmsystem nicht verzichtet werden kann. Deshalb ist es unabdingbar, Ersatzkonstruktionen für datenorientierte Module zu verwirklichen.

Eine Annäherung an das Datenkapselschema erreicht man, wenn man die Implementierung der Operationen, die auf der abstrakten Datenstruktur ausgeführt werden sollen, lokal in einem Teil des Basic-Programms zusammenfaßt und Vereinbarungen, die die Repräsentation der Datenstruktur betreffen, ebenfalls dort ansiedelt. Da die entsprechenden Textsequenzen nicht als Prozeduren o.ä. gekennzeichnet sind und nur über ihre Zeilennummern angesteuert werden, ist eine ausführliche Kommentierung erforderlich.

Erhebliche Probleme bereitet die fehlende Parametrisierungsmöglichkeit. Diese Schwierigkeit kann nur durch rigorose Programmierkonventionen überwunden werden. Sie beinhalten gewissermaßen eine „Parametrisierung von Hand"; d.h., die Parameterübergabe zwischen dem rufenden und dem aufgerufenen Programmteil wird simuliert.

Zu diesem Zweck müssen bestimmte Variablennamen fest vergeben werden. Eine Variable, die im Sinne eines *Inputparameters* für eine Zugriffsoperation verwendet werden soll, muß also *vor* dem Aufruf einen Wert erhalten. In der aufgerufenen Textsequenz wird der Wert unter dem vorgegebenen Variablennamen erwartet. Umgekehrt steht ein Wert, den eine Zugriffsoperation im Sinne eines *Outputparameters* abliefert, *nach* dem Aufruf unter einem ganz bestimmten Variablennamen zur Verfügung und kann dann unter diesem Namen angesprochen werden.

Der nachfolgende Programmausschnitt verdeutlicht am Beispiel der abstrakten Datenstruktur Stack, wie man das Datenkapselschema mit den Basic-Sprachelementen nachbilden kann. Zwei Variable übernehmen dort die Funktion von Parametern: e1 dient als Inputparameter für die Operation push, e2 wird als Outputparameter der Operationen pop und top verwendet.

Die Überprüfung des Stackzustands (leer/nicht leer) kann bei der nachstehenden Implementierung nicht wie in den anderen Sprachen durchgeführt werden. Da ohnehin keine Parametrisierung möglich ist, erscheint es überflüssig, beim Aufruf der Operationen pop und top die Übergabe eines Parameters, der den Stackzustand beschreibt, durch Reservierung eines bestimmten Variablennamens zu simulieren.

Da die für die Stackimplementierung benutzten Namen im ganzen Basic-Programm bekannt sind, braucht man nicht den Umweg über einen zusätzlichen Unterprogrammaufruf zu gehen. Statt dessen kann der Wert der Variablen auch direkt überprüft werden.

Den Stackzustand charakterisiert unten eine Zeichenkettenvariable l$ (=leer), die den Wert "true" oder "false" erhält. Die Operationen pop und top werden nun so implementiert, daß ein Aufruf nur dann zulässig ist, wenn

        l$ = "false"

gilt. Vor dem Aufruf muß also jeweils der Wert von l$ überprüft werden[14].

```
5000 rem **** stack-implementierung ****************************
5002 rem *                                                     *
5004 rem * aufgabe:                                            *
5006 rem *                                                     *
5008 rem *    implementierung eines last-in-first-out-speichers *
5010 rem *    für ganze zahlen (abstrakte datenstruktur)       *
5012 rem *                                                     *
5014 rem * loesungsweg:                                        *
5016 rem *                                                     *
5018 rem *    verwendung eines arrays s mit zeiger z auf das   *
5020 rem *    oberste stack-element                            *
5022 rem *                                                     *
5024 rem * abkuerzungsverzeichnis:                             *
5026 rem *                                                     *
5028 rem *    variable:                                        *
5030 rem *                                                     *
5032 rem *        l$  = leer (stack-zustand; "true"/"false")   *
5034 rem *        s(.) = speicher der stack-elemente           *
5036 rem *        z   = zeiger auf oberstes element            *
5038 rem *                                                     *
5040 rem *    konstante:                                       *
5042 rem *                                                     *
5044 rem *        m   = maximale anzahl von stack-elementen    *
5046 rem *                                                     *
5048 rem *    pseudo-parameter:                                *
5050 rem *                                                     *
5052 rem *        e1  = einzukellerndes element                *
5054 rem *        e2  = auszukellerndes element                *
5056 rem *                                                     *
5058 rem * reihenfolgebedingungen:                             *
5060 rem *                                                     *
5062 rem *    stack: (new; (push'*, (pop,top)'(l$="true")'*)'*. *
5064 rem *                                                     *
5066 rem ******************************************************
```

---

14 Die Überprüfung von l$ vor dem Aufruf von pop bzw. top entspricht sinngemäß dem Funktionsaufruf emptystack in der Pascal-Version!

```
5068
5070
5090     dim s(100)
5095
5100 rem  ---- operation 'new' : anlegen eines neuen stack -------
5105
5110     let m  = 100
5115     let z  = 0
5120     let l$ = "true"
5125     return
5130
5200 rem  ---- operation 'push': einkellern eines elements -------
5205
5210 rem  input-parameter: e1
5215
5220     if  z < n then 5260
5230 rem  **** else-zweig ****
5240         print "programmabbruch wegen stack-ueberlauf"
5245         print "bei element:", e1
5250         stop
5260 rem  **** then-zweig ****
5270         let z   = z+1
5274         let l$  = "false"
5277         let s(z) = e1
5285 rem  **** if-ende ****
5290
5295     return
5298
5300 rem  ---- operation 'pop': auskellern eines elements --------
5305
5310 rem  output-parameter: e2
5315
5320     if  z > 0  then 5360
5330 rem  **** else-zweig ****
5340         print "unzulaessiger zugriff auf leeren stack"
5345         let e2 = 9999999
5350         go to 5387
5360 rem  **** then-zweig ****
5370         let e2 = s(z)
5375         let z = z-1
5378         if  z > 0  then 5387
5381             let l$ = "true"
5387 rem  **** if-ende ****
5390
5393     return
5396
5400 rem  ---- operation 'top': inspizieren eines elements -------
```

```
5405
5410 rem   output-parameter: e2
5415
5420     if  z > 0   then 5460
5430 rem  **** else-zweig ****
5440         print "unzulaessiger zugriff auf leeren stack"
5445         let e2 = 9999999
5450         go to 5480
5460 rem  **** then-zweig ****
5470         let e2 = s(z)
5480 rem  **** if-ende ****
5485
5490     return
5495
5500 rem  ===== stack-implementierung-ende =======================
```

Die Benutzung der simulierten Datenkapsel soll anhand typischer Zugriffe kurz skizziert werden. Ein umfangreicheres Beispiel für die Verwendung eines Stack enthält das Musterprogramm in 7.4. In dem folgenden Programmausschnitt - aus demselben Programm, das die Stackimplementierung enthält! - werden in einer Schleife Zahlen a1 eingelesen und zunächst eingekellert (*push*). Später werden Stackelemente entnommen (*pop*), sofern der Stack nicht leer ist, d. h., sofern nicht

```
     l$ = "true"
```

gilt. Vor dem Einkellern wird a1 dem Pseudo-Parameter e1 zugewiesen; nach dem Auskellern steht der entnommene Wert unter dem Namen e2 zur Verfügung und muß noch der Variablen a1 zugewiesen werden.

```
2000 rem  ==== beispiele fuer stack-zugriffe ====================
2005
2010 rem  **** aufruf 'new' (stack anlegen) ****
2015     gosub 5100
2020
2025     for  i = 1  to 50
2030
2035         input a1
2040
2045 rem      **** aufruf 'push' (einkellern von a1) ****
2050         let e1 = a1
2055         gosub 5200
  :           :
2500     next i
2505
2510 rem  **** while-schleife ****
2515
  :           :
2600         if l$ = "true" then 2700
```

```
2605
2610 rem        **** aufruf 'pop' (auskellern von a1) ****
2615           gosub 5300
2620           let a1 = e2
   ⋮        ⋮
2800       **** while-ende ****
```

### 4.4.2 „Unterprogramme" als Verfeinerungskonstrukte

Zur algorithmischen Verfeinerung und als Ersatz für funktionsorientierte Module müssen die sogenannten Unterprogramme herangezogen werden. Diese erfüllen zumindest eine Anforderung, die an Verfeinerungskonstrukte zu richten ist: grundsätzlich sind alle Namen, die im Programm vorkommen, auch innerhalb der Unterprogramme bekannt, da die Bekanntheit in einem Basic-Programm ohnehin nicht eingeschränkt werden kann.

Andererseits weisen die Unterprogramme Nachteile auf, die dem Zweck der schrittweisen Verfeinerung zuwiderlaufen:

- Unterprogramme besitzen keinen Namen, unter dem sie angesprochen werden könnten. Vielmehr muß man beim Aufruf eine Zeilennummer angeben, z. B.:

      gosub 4250

  Eine Zeilennummer drückt keinen Inhalt aus; der Sinn des Aufrufs ist nicht ersichtlich. (Dies wäre der Fall, wenn man „gosub sortieren" o. ä. schreiben könnte.)
- Unterprogramme sind im Programmtext nicht zu erkennen, da keine besondere Kennzeichnung des Anfangs - etwa eine Prozeduranweisung - oder des Endes vorgesehen ist. Prinzipiell kann jede Programmzeile als Anfang eines „Unterprogramms" verwendet werden, da sie mit der gosub-Anweisung angesteuert werden kann.

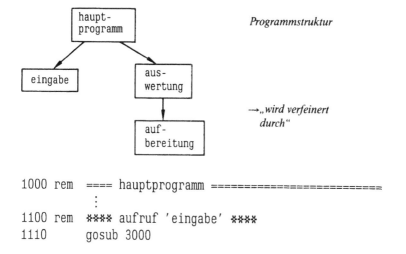

Programmstruktur

→„wird verfeinert durch"

```
1000 rem   ==== hauptprogramm ========================
       ⋮
1100 rem   **** aufruf 'eingabe' ****
1110       gosub 3000
```

```
              ⋮
1200 rem   **** aufruf 'auswertung' ****
1210       gosub 4000
              ⋮
2900       stop
2910 rem   ==== ende hauptprogramm ====================
2915
3000 rem   ---- unterprogramm 'eingabe' ----------------
              ⋮
3490       return
3500 rem   ---- ende unterprogramm 'eingabe' -----------
3510
4000 rem   ---- unterprogramm 'auswertung' -------------
              ⋮
4320 rem       **** aufruf 'aufbereitung' ****
4330           gosub 6000
              ⋮
4870       return
4880 rem   ---- ende unterprogramm 'auswertung' --------
4890
6000 rem   ---- unterprogramm 'aufbereitung' -----------
              ⋮
6450       return
6460 rem   ---- ende unterprogramm 'aufbereitung' ------
9999       end
```

**Abb. 4.13.** Verfeinerungen in einem Basic-Programm

Angesichts dieser Rahmenbedingungen sind erläuternde Kommentare unerläßlich.
Dazu werden folgende Richtlinien vorgeschlagen:

(1) Jedes Unterprogramm erhält einen Namen, der als Kommentar beim Aufruf
und bei der Definition verwendet wird.

(2) Der gosub-Anweisung wird ein Kommentar vorangestellt, der den Unterprogrammnamen angibt, z. B.:

```
2500 rem   **** aufruf 'sortieren' ****
2510       gosub 4250
```

(3) Der Kopf eines Unterprogramms wird mit dem Unterprogrammnamen versehen. Die Nummer der hierzu verwendeten Kommentarzeile ist die im Aufruf
angegebene Zeilennummer, z. B.:

```
4250 rem   ---- unterprogramm 'sortieren' ----
```

(4) Das Ende eines Unterprogramms wird ebenfalls unter Angabe des Namens
kommentiert, z. B.:

```
4900 rem   ---- ende unterprogramm 'sortieren' ----
```

Abbildung 4.13 zeigt die Struktur eines kleinen Hauptprogramms, das die Verfeinerungen eingabe, auswertung und aufbereitung enthält. Wenn man die obigen

Richtlinien beachtet, ergibt sich das im unteren Teil der Abbildung dargestellte Programmschema. Die Verfeinerungen sind dort im Anschluß an den (Grob-)Algorithmus des Hauptprogramms aufgeführt. Zu beachten ist, daß jedes Unterprogramm eine return-Anweisung enthält, durch die der Kontrollfluß an die Stelle des Aufrufs zurückkehrt. Damit die Unterprogramme nach Abschluß des Grobalgorithmus nicht fälschlicherweise noch einmal durchlaufen werden, muß die Ausführung mit der stop-Anweisung (Zeile 2900) beendet werden!

## 4.4.3 Implementierung der Steuerkonstrukte

### 4.4.3.1 Steuerkonstrukte auf der Grundlage von Minimal Basic

Die Unterstützung, die Minimal Basic zur Darstellung der Steuerkonstrukte bietet, ist äußerst dürftig. Abgesehen von der Sequenz kann nur die Zählschleife unmittelbar ausgedrückt werden. Alle anderen Steuerkonstrukte müssen mit Hilfe von Sprunganweisungen nachgebildet und durch geeignete Kommentierung erläutert werden. Dazu seien folgende Richtlinien vorgeschlagen:

**(1) Sequenz**

Das Problem, eine Anweisungssequenz zu klammern, tritt außer bei der Zählschleife praktisch nicht auf. Eine besondere Kennzeichnung ist nicht vorgesehen.

**(2) Selektion**

Die if-Anweisung in Minimal Basic kann nur im Sinne eines bedingten Sprungbefehls verwendet werden. Das in der Anweisung

> if *bedingung* then $z_l$

angegebene Sprungziel $z_l$ wird angesteuert, sofern die *bedingung* erfüllt ist.
Für die *einseitige Alternative,* die in Abb.2.2 dargestellt ist, folgt daraus, daß die Bedingung, unter der der gemeinte Strukturblock zur Ausführung gelangen soll, negiert werden muß. Im folgenden Beispiel werden die drei Berechnungen angestellt, wenn a > 0 ist, d.h., wenn die Bedingung a <= 0 *nicht* erfüllt ist:

```
1010        if  a <= 0  then 1070
1030            let c = b/a
1040            let d = b*a
1050            let e = a
1070 rem    **** if-ende ****
```

Bei der *zweiseitigen Alternative* kann die Bedingung unverändert bleiben, wenn man den Else-Zweig vor dem Then-Zweig notiert. Das in Abb.2.3 gezeigte Schema läßt sich dann folgendermaßen nachbilden:

```
            if bedingung then z₁
     rem    **** else-zweig ****
                       ⋮
                    <s₁>
                       ⋮
                    go to z₂
    z₁ rem   **** then-zweig ****
                       ⋮
                    <s₂>
                       ⋮
    z₂ rem   **** if-ende ****
```

Wichtig ist hierbei der Sprungbefehl am Ende des Else-Zweigs. Er dient dazu, den Then-Zweig zu überspringen, der sonst fälschlicherweise im Anschluß an den Else-Zweig zusätzlich ausgeführt würde!

### (3) Fallunterscheidung

Der berechnete Sprung mit Hilfe der on-Anweisung kann zur Implementierung der Fallunterscheidung herangezogen werden, sofern sich die Fälle anhand eines Ausdrucks unterscheiden lassen, der nur ganzzahlige Werte 1,...,m annimmt. Selbst bei dieser eingeschränkten Möglichkeit treten aber noch Schwierigkeiten auf:

- Der Sonst-Fall kann nicht oder nur auf sehr aufwendige Art behandelt werden. Anders als bei dem berechneten Sprung in Fortran oder Cobol gilt es nämlich als Fehler, wenn der Wert des Ausdrucks nicht im Intervall [1,m] liegt! Die Zulässigkeit des Ausdrucks müßte also *vor* der on-Anweisung überprüft werden. Angesichts der dürftigen if-Anweisung ist dies äußerst umständlich. Deshalb wird auf die Behandlung des Sonst-Falls - auf Kosten der Robustheit des Programms - verzichtet.

- Die on-Anweisung realisiert nur einen Sprung, aber nicht die Rückkehr an den Ausgangspunkt. Dies bedeutet, daß von jeder der angesteuerten Textsequenzen aus der Ablauf wieder zu einem gemeinsamen Punkt hin explizit zusammengeführt werden muß.

Unter Beachtung dieser Voraussetzungen kann die Fallunterscheidung wie folgt dargestellt werden:

```
     rem    **** fallunterscheidung ****
            on ausdruck go to z₁, z₂, ..., zₘ
    z₁ rem   ****  1. fall ****
                       ⋮
                    go to z'
    z₂ rem   ****  2. fall ****
                       ⋮
                    go to z'
```

```
z₃ rem    ****  3. fall ****
                ⋮
                go to z'
          ⋮
z' rem    ****  fallunterscheidung-ende ****
```

Wenn die Fälle nicht anhand ganzzahliger Werte 1,...,m unterscheidbar sind, muß das Konstrukt in Einzelabfragen aufgelöst werden. Da eine Schachtelung von if-Anweisungen – im Sinne einer geschachtelten If...then...else-Konstruktion – nicht möglich ist, wird empfohlen, in folgenden Schritten vorzugehen:

- Die Werte, die die Fallvariable bzw. der Ausdruck annehmen kann, werden als vollständige Bedingungen formuliert und einzeln überprüft.
- Da die if-Anweisung nur einen Sprung erlaubt, müssen die Bedingungen negiert werden. Ist die (ursprüngliche) Bedingung nicht erfüllt, erfolgt ein Sprung an die Stelle, wo die nächste Bedingung überprüft wird; unmittelbar hinter der if-Anweisung wird der Strukturblock notiert, der zur Ausführung gelangen soll, wenn sie doch erfüllt ist.
- Vom Ende jedes Strukturblocks aus muß ein Sprung an das Ende des Gesamtkonstrukts führen.
- Der Sonst-Fall liegt vor, wenn auch die letzte Bedingung nicht erfüllt ist. Er kann also im Anschluß an den letzten Fall notiert werden.

Bei drei zulässigen Fällen erhält man beispielsweise folgendes Schema für die verallgemeinerte Fallunterscheidung:

```
     rem    ****  fallunterscheidung ****
            if nicht  bedingung₁ then z₂
     rem    ****  1. fall ****
                  ⋮
                  go to z'
z₂          if nicht bedingung₂ then z₃
     rem    ****  2. fall ****
                  ⋮
                  go to z'
z₃          if nicht bedingung₃ then z₄
     rem    ****  3. fall ****
                  ⋮
                  go to z'
z₄ rem      ****  sonst-fall ****
                  ⋮
z' rem      ****  fallunterscheidung-ende ****
```

## (4) Zählschleife

Die Darstellung der Zählschleife mit Hilfe der Anweisungen for und next ist unproblematisch. Ein vorteilhafter Aspekt der Basic-Notation verdient hervorgehoben zu werden. Da in der next-Anweisung die Laufvariable steht, erkennt man bei geschachtelten Schleifen unmittelbar, wo welcher Schleifenrumpf beendet ist. z. B.:

```
for  i = 1  to  1000
        ⋮
    for  j = 1  to 20
            ⋮
        for  k = 1  to 10
                ⋮
        next k
            ⋮
    next j
        ⋮
next i
```

## (5) While-Schleife

Außer der Zählschleife muß jede andere Schleife mit if und go to nachgebildet werden. Den *Precheck* einer While-Schleife kann man am Anfang des Schleifenrumpfs mit einer if-Anweisung durchführen, in der die While-Bedingung negiert ist. Dies hat zur Folge, daß der Austritt aus der Schleife erfolgt, wenn die (ursprüngliche) Bedingung nicht mehr erfüllt ist:

```
z₁ rem    **** while-schleife ****
          if nicht bedingung then z₂
                  ⋮
          go to z₁
z₂ rem    **** while-ende ****
```

## (6) Until-Schleife

Der *Postcheck* einer Until-Schleife wird dadurch realisiert, daß die Austrittsbedingung am Ende des Schleifenrumpfs überprüft wird. Auch hier muß die Bedingung negiert werden, da die if-Anweisung einen Sprung zum Schleifenanfang vorsieht:

```
z₁ rem    **** until-schleife ****
                  ⋮
          if nicht bedingung then z₁
   rem    **** until-ende ****
```

## (7) Cycle-Schleife

Der *Middle-Break* einer Cycle-Schleife wird durch einen bedingten Sprung aus dem Schleifenrumpf herbeigeführt; das wiederholte Durchlaufen bewirkt ein Sprung vom Ende an den Anfang des Schleifenrumpfs:

```
z₁ rem    **** cycle-schleife ****
                  ⋮
          if bedingung then z₂
                  ⋮
          go to z₁
z₂ rem    **** cycle-ende ****
```

**(8) Leseschleife**

Eine vom Basic-System unterstützte Endebedingung beim Einlesen von Daten existiert nicht. Der Programmierer muß folglich ein ganz bestimmtes Datenelement vorsehen, das am Ende der Eingabedaten steht und mit dem Typ der Variablen, auf die eingelesen wird, verträglich ist. Die Schleife kann als Cycle-Schleife formuliert werden. Der erste Strukturblock enthält nur den Eingabebefehl; den Middle-Break bewirkt eine `if`-Anweisung, in der die Endekennzeichnung überprüft wird.

Im folgenden Beispiel dient als Endekennzeichen die Zahl 99999:

```
1010 rem    **** leseschleife ****
1030          input a1
1050        if a1 = 9999 then 2000
1060
   ⋮             ⋮
1980        go to 1010
2000 rem    **** leseschleife-ende ****
```

Wenn man die Steuerkonstrukte den gezeigten Schemata entsprechend nachbildet, sind auch Schachtelungen unproblematisch. Dies soll zum Abschluß verdeutlicht werden. Als Beispiel dient ein Ausschnitt aus dem Sortieralgorithmus, der bereits in Abb. 4.5 dargestellt wurde. Die Repräsentation der Schachtelungsstruktur in Basic unterscheidet sich nur unwesentlich von der Fortran-Version, die im Anschluß an Abb. 4.5 gezeigt wurde. Der äquivalente Ausschnitt aus dem Basic-Programm ist in Abb. 4.14 wiedergegeben. Der Array a, der zerlegt werden soll, ist hier numerisch, da in Minimal Basic keine Zeichenkettenarrays vorgesehen sind.

### 4.4.3.2 Ausblick: Erweiterungen von Minimal Basic

Die Ausführungen in 3.3.3 zeigten, daß der ANSI-Entwurf im Bereich der Steueranweisungen erhebliche Verbesserungen gegenüber Minimal Basic vorsieht. Damit lassen sich alle Steuerkonstrukte der Strukturierten Programmierung adäquat darstellen.

- Die *Verzweigung* mit ein- oder zweiseitiger Alternative kann durch die verschiedenen Formen der If-Anweisung bzw. durch den If-Block realisiert werden.
- Für die *Fallunterscheidung* steht der `Select`-Block zur Verfügung, der eine vollständige Implementierung des in Abb. 2.4 gezeigten Konstrukts erlaubt[15].
- Eine *While-Schleife* erhält man, wenn man die `do`-Anweisung mit einer While-Bedingung versieht:

```
do while bedingung
   ⋮
  <block>
   ⋮
loop
```

---

15 Für eine ausführliche Darstellung des If- und Select-Blocks wird auf 3.3.3 (3) verwiesen.

```
   ⋮
1000 rem    abkuerzungen:
1010
1020 rem       l = linke intervallgrenze
1030 rem       r = rechte intervallgrenze
1040 rem       m = mittleres element
1050 rem       h = hilfsvariable
1060 rem       i,j= laufvariable
1070
1080       dim a(1000)
   ⋮         ⋮
4000       let i = l
4100       let j = r
4200       let m = a((i+j)/2)
4300
5000 rem    **** until-schleife ****
5100
5500 rem        **** while-schleife ****
5700           if a(i) >= m then 6000
5800              let i = i+1
5850           go to 5500
6000 rem        **** while-ende ****
6100
6500 rem        **** while-schleife ****
6700           if a(j) <= m then 7000
6800              let j = j-1
6900           go to 6500
7000 rem        **** while-ende ****
7100
7200           if i > j then 8000
7400              let   h = a(i)
7500              let a(i) = a(j)
7600              let a(j) = h
7700              let   i = i+1
7800              let   j = j-1
8000 rem        **** if-ende ****
8100
8200           if i <= j then 5000
8400 rem    **** until-ende ****
   ⋮
```

**Abb. 4.14.** Schachtelung von Steuerkonstrukten in Basic

- Für die *Until-Schleife* wird eine Austrittsbedingung in der loop-Anweisung notiert:

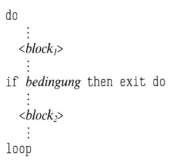

```
do
    ⋮
    <block>
    ⋮
loop until bedingung
```

- Eine *Cycle-Schleife* mit Unterbrechung entsteht, wenn man die exit-Anweisung verwendet:

```
do
    ⋮
    <block₁>
    ⋮
if bedingung then exit do
    ⋮
    <block₂>
    ⋮
loop
```

Die vom American National Standards Institute vorgesehenen Erweiterungen könnten die Leistungsfähigkeit von Basic im Bereich der Steuerkonstrukte wesentlich erhöhen. Damit würden zumindest bezüglich der Ablaufsteuerung Schwierigkeiten abgebaut, die einem sinnvollen Programmierstil entgegenstehen.

### 4.4.4 Probleme der Lesbarkeit und Selbstdokumentation

Die Programmauszüge in den vorausgegangenen Abschnitten zeigten bereits einige der Schwierigkeiten, die Minimal Basic der Programmverständlichkeit entgegenstellt. Die gravierendsten Sprachrestriktionen sollen nun noch einmal zusammenfassend erörtert werden:

- Es besteht keine Möglichkeit, den Programmtext statisch zu gliedern, da Sprachelemente wie Prozeduren und Funktionen oder Paragraphen und Kapitel (wie in Cobol) nicht existieren. Die sogenannten Unterprogramme sind durch nichts als solche gekennzeichnet. Weder der Anfang noch das Ende eines Unterprogramms werden in irgendeiner Weise markiert (keine Prozedur-, Subroutine-Anweisung o. ä.).
- Unterprogramme sind nur Passagen im Programmtext, die (auch) mit der gosub-Anweisung angesteuert werden können. Da die Bezugnahme über eine Zeilennummer erfolgt, ist eine Verbalisierung beim Unterprogrammaufruf nicht möglich. Der Zweck des Aufrufs wird nicht sichtbar.
- Variablenvereinbarungen sind nicht vorgesehen. Außer Arrays kann man keine Variablen - Konstante und Typen ohnehin nicht - vereinbaren. Sie tauchen einfach irgendwo im Programmtext auf.
- Die wohl einschneidendste Beschränkung liegt hinsichtlich der Namenswahl vor. Variablennamen, die aus einem oder maximal zwei Zeichen bestehen, sind der

Lesbarkeit abträglich und völlig ungeeignet, den Sinn einer Variablen sichtbar zu machen.

- Der Vorrat an Datentypen und Datenstrukturen ist unzureichend. Vor allem der logische Datentyp und die Record-Struktur sind nicht vorhanden.
- Die starre Zeilenstruktur hat katastrophale Auswirkungen auf die Änderbarkeit eines Basic-Programms. Da durchweg auf Zeilennummern Bezug genommen werden muß, ist der gesamte Programmtext positionsgebunden. Einfügen, Löschen oder Verschieben von Textpassagen wird dadurch sehr umständlich. Dies macht sich bereits in der Phase der Programmerstellung unangenehm bemerkbar und behindert spätere Änderungen erheblich.

Angesichts der widrigen Sprachvorschriften ist es nahezu unmöglich, ein Basic-Programm lesbar und selbstdokumentierend zu gestalten. Nur durch ausgeprägte und weitreichende Kommentierung kann der Zweck der Programmelemente einigermaßen herausgestellt werden. Einige Richtlinien mögen dazu beitragen:

Bei der Ablaufsteuerung durch Unterprogrammaufrufe werden *Unterprogrammnamen* eingeführt, die sowohl an der Stelle des Aufrufs als auch am Kopf des Unterprogramms niedergeschrieben werden. Diese Vorgehensweise wurde bereits in 4.4.2 erörtert. Variable, die Parameterfunktionen erfüllen, sind als solche zu kennzeichnen; Beispiele enthält die Stack-Implementierung in 4.4.1.

Die Kommentierung der Steuerkonstrukte zur Ablaufsteuerung wurde oben eingehend erörtert. Die if- und goto-Anweisungen sprechen dort absichtlich stets Zeilen an, die Kommentare und nicht ausführbare Anweisungen enthalten. Damit wird die strenge Kontextabhängigkeit der Anweisungen etwas abgemildert. Zumindest hinter einem Steuerkonstrukt und manchmal auch im Innern (z. B. am Anfang des Then-Zweigs bei der Selektion) können so Zeilen leichter entfernt oder eingefügt werden.

Da man außer Arrays keine Variablen vereinbaren kann, wird ersatzweise eine Aufstellung der Variablennamen an den Programmanfang gestellt. Sie dient gleichzeitig zur Erläuterung der Variablennamen im Sinne eines *Abkürzungsverzeichnisses*. Alle Arrays werden darüber hinaus explizit in der dim-Anweisung deklariert.

*Benannte Konstante* müssen wie in Fortran und Cobol durch Variable simuliert werden. Da eine Anfangswertzuweisung - entsprechend der data-Anweisung in Fortran oder der value-Klausel in Cobol - nicht möglich ist, bleibt nur der Ausweg, einen Variablennamen zu verwenden und diesen in einer let-Anweisung mit einem Wert zu versehen. Daß es sich um einen konstanten Wert handeln soll, muß durch Kommentierung zum Ausdruck gebracht werden.

Als Ersatz für *logische Variable* kann man Zeichenkettenvariable verwenden, denen man die Werte "true" oder "false" zuweist. Eine solche Variable trat bereits in dem Stack-Beispiel auf. Dort bezeichnete l$ den Stackzustand (leer bzw. nicht leer) und wurde entsprechend mit den Werten "true" bzw. "false" versehen.

Einen Großteil der erläuternden Kommentare ordnet man zweckmäßigerweise am Programmanfang an. Dazu gehören:

- Programmname
- Autor und Erstellungsdatum
- Kurzbeschreibung der Aufgabe und des Lösungswegs

```
1000 rem  **********************************************************
1010 rem  *                                                        *
1020 rem  *  programm:      programmname                           *
1030 rem  *                                                        *
1040 rem  *  autor:         name            erstellungsdatum       *
1050 rem  *                                                        *
1060 rem  *  aufgabe:       ...                                    *
1070 rem  *                                                        *
1080 rem  *  loesungsweg:   ...                                    *
1090 rem  *                                                        *
1100 rem  *  abkuerzungsverzeichnis:                               *
1110 rem  *                                                        *
1120 rem  *     variable:   ...                                    *
1130 rem  *                                                        *
1140 rem  *     konstante:  ...                                    *
1150 rem  *                                                        *
1160 rem  **********************************************************
```

**Abb. 4.15.** Schema des Programmkopfs für ein Basic-Programm

- Abkürzungsverzeichnis für alle im Programm vorkommenden Namen, gegliedert nach Variablen und Konstanten

Diese Informationen kann man z. B. durch ein Kästchen aus Sternen einrahmen. Abbildung 4.15 zeigt ein entsprechendes Schema des Programmkopfs. Ein größeres Beispiel findet sich in 7.4. Für umfangreichere Unterprogramme, die Verfeinerungskonstrukte implementieren, wird eine analoge Kommentierung empfohlen.

Auch Textpassagen, die Datenkapseln simulieren, sollten ähnlich einem Hauptprogramm beschrieben werden. In das Abkürzungsverzeichnis müssen zusätzlich die Pseudo-Parameter aufgenommen werden, und die Reihenfolgebedingungen für den Aufruf der Unterprogramme, die die Zugriffsoperationen implementieren, bedürfen ebenfalls einer Beschreibung. Zur Veranschaulichung sei auf die Stack-Implementierungen in 4.4.1 und in Kapitel 7 verwiesen.

Besondere Aufmerksamkeit muß dem Programm-Layout gewidmet werden. Basic-Programmierer scheinen noch mehr als andere dazu zu neigen, den Programmtext „linksbündig" einzugeben und auf Leerzeilen völlig zu verzichten. Die so notierten Programme sind dann extrem unübersichtlich. Es muß allerdings eingeräumt werden, daß manche Basic-Implementierungen den Programmierer zu einem solchen Verhalten geradezu zwingen, da sie nach der Eingabe jedes „überflüssige" Leerzeichen automatisch entfernen (dies steht im übrigen nicht in Einklang mit dem ANSI-Standard!).

Der Übersichtlichkeit wegen sollte von Leerzeilen und Einrücken zusammengehöriger Textsequenzen (z. B. Schleifenrümpfe) ausgiebig Gebrauch gemacht werden. Eine wichtige Regel sei zum Abschluß angegeben: Das Schlüsselwort rem behindert den Lesefluß ganz erheblich, wenn die rem-Anweisung zwischen anderen Basic-Anweisungen untereinander ausgerichtet steht. Deshalb empfiehlt es sich, den gesamten Anweisungstext eines Basic-Programms von vornherein um mindestens 5 Stellen einzurücken und nur das Schlüsselwort rem direkt hinter der Zeilennummer beginnen zu lassen[16]. Von dieser Regel wurde bislang durchgehend Gebrauch gemacht.

Zum Abschluß soll darauf hingewiesen werden, daß einige Probleme der Lesbarkeit und Verständlichkeit von Basic-Programmen entfallen, wenn der im ANSI-Entwurf beschriebene volle Sprachumfang einmal zur Verfügung stehen sollte. Besonders positiv zu beurteilen sind die Auswirkungen von

- Prozeduren und Funktionen zur statischen Aufgliederung des Programmtexts und zur Implementierung von Abstraktionen
- aussagekräftigen Namen für Variable, Prozeduren und Funktionen
- If- und Select-Blöcken sowie Do-Schleifen anstelle der weniger übersichtlichen Ersatzkonstruktionen mit Goto- und If-Anweisungen

Ob der umfangreiche ANSI-Standard jemals auf hinreichende Akzeptanz stoßen wird, steht allerdings dahin.

## 4.5  Stilelemente in PL/I

PL/I bietet eine solche Vielzahl von Sprachelementen, daß nahezu alle wünschenswerten Konstruktionen unmittelbar ausgedrückt werden können. Der enorme Sprachumfang birgt jedoch auch Gefahren. Abgesehen davon, daß der durchschnittliche Programmierer kaum in der Lage ist, die gesamte Sprache zu beherrschen, verleitet die Vielfalt von Ausdrucksmitteln auch zu Konstruktionen, die dem Ziel, Programme übersichtlich und einfach zu gestalten, möglicherweise entgegenlaufen. Deshalb ist es besonders wichtig, die mächtigen Sprachelemente diszipliniert einzusetzen. Im folgenden werden stilistische Hinweise bezüglich der Zerlegungs-, Verfeinerungs- und Steuerkonstrukte gegeben und bestimmte Aspekte der Selbstdokumentation erörtert. Eine umfassende Wertung aller Sprachelemente muß angesichts des Umfangs von PL/I unterbleiben.

### 4.5.1  Zerlegung durch externe Prozeduren

Die Zerlegung eines Systems in unabhängige Module mit eigenem Datenraum bereitet in PL/I keine Schwierigkeiten. Zu diesem Zweck stehen externe Prozeduren (Funktionsprozeduren und Prozeduren i.e.S.) zur Verfügung, die getrennt entwickelt, übersetzt und getestet werden können.

Eine externe Prozedur ist nicht in einer anderen enthalten, so daß die für geschachtelte Blöcke geltenden Bekanntheitsregeln keine Anwendung finden. Das Innere einer externen Prozedur ist entsprechend dem Information Hiding völlig ver-

---

16 Die Bedeutung von Einrückungen und Leerzeilen erkennt man unmittelbar, wenn man Programme gegenüberstellt, in denen solche Regeln beachtet bzw. ignoriert werden. Die Wirkung wird u.a. demonstriert in Kurbel (1982), S.29f.

borgen. Die Datenkommunikation mit anderen Prozeduren muß auf dem Wege der
Parametrisierung erfolgen (wenn man von der Möglichkeit, *explizit* globale Daten
zu vereinbaren, absieht).

*Funktionsorientierte Module* können direkt als externe Prozeduren implementiert werden. Dies entspricht der traditionellen Unterprogrammtechnik, wie sie etwa in Fortran auf der Grundlage von Subroutines angewendet wird. Als Beispiel sei
eine Prozedur inversion betrachtet, die die Inverse b einer quadratischen
(nxn)-Matrix a erzeugt:

```
inversion: procedure (a, b, n);
      :
end inversion;
```

a, b und n sind die Formalparameter. Die Prozedur könnte beispielsweise mit den
aktuellen Parametern basis, basisinverse und zeilenzahl aufgerufen werden:

```
call inversion (basis, basisinverse, zeilenzahl);
```

Die Details des Inversionsalgorithmus sind im Innern des Moduls verborgen und
der aufrufenden Prozedur nicht bekannt; diese erhält nur das Resultat in Form des
Parameters basisinverse zur Verfügung gestellt.

*Datenorientierte Module* können ebenfalls auf der Grundlage externer Prozeduren implementiert werden. Da PL/I-Prozeduren auch sekundäre Eingangsstellen
(Entries) enthalten dürfen, läßt sich das Datenkapselschema aus Abbildung 4.1 unmittelbar nachbilden. Die Zugriffsoperationen werden als Entry-Prozeduren in einer externen Prozedur mit den Vereinbarungen zusammengefaßt, die die interne
Repräsentation der abstrakten Datenstruktur beschreiben. Zugriffe auf die Datenstruktur sind dann nur mit Hilfe der Entry-Prozeduren möglich.

Als Beispiel dient wieder die abstrakte Datenstruktur *Stack,* die nun mit Hilfe
der Zugriffsoperationen

```
new
push
pop
top
empty
```

definiert wird. Die Implementierung erfolgt auf der Grundlage eines Arrays, der
auf maximal 1000 Elemente ausgelegt ist. Der Versuch, mehr als 1000 Elemente ein-
zukellern, wird als Fehler behandelt und mit einem Programmabbruch geahndet.

Der entgegengesetzte Fall - der Stack wird völlig geleert - ist dagegen ein häufig
auftretender Normalzustand. Zur Überprüfung des Stackzustands wird eine eigene
Operation (empty) vorgesehen und durch eine Funktionsprozedur implementiert.
Der Typ des Funktionswerts ist eine Bitkette der Länge 1. Dieser Typ dient in PL/I
als Ersatz für den logischen Datentyp und kann auch unmittelbar in einem geeigneten Kontext verwendet werden, z. B. als *Bedingung* in einer if- oder do while-Anweisung. Wenn der Wert der Funktion empty gleich '1'b ist, so entspricht dies dem
logischen Wert *wahr;* 'o'b entspricht dem Wert *falsch.*

Wenn eine Operation empty vorgesehen wird, braucht die Information über den
Stackzustand nicht durch einen Parameter bei den Operationen pop und top weiter-

gegeben zu werden. Der Stackzustand kann vielmehr schon *vor* dem Aufruf von pop bzw. top durch den Funktionsaufruf empty überprüft werden.

Die zur Repräsentation des Stack verwendeten Daten, der Array keller und der zeiger auf das oberste Stackelement, sind in der unten angegebenen Prozedur mit dem Attribut static vereinbart. Dieses Attribut regelt die Speicherplatzzuordnung; es besagt, daß der Speicherplatz statisch angelegt wird und nach dem Verlassen der Prozedur erhalten bleibt. Wenn die statische Speicherung nicht explizit deklariert würde, träte die Standardannahme „automatische Speicherung" in Kraft. Damit gingen aber die in dem Array abgelegten Stackelemente zwischen verschiedenen Prozeduraufrufen verloren, weil der Speicherplatz jedesmal freigegeben und wieder neu angelegt würde!

```
stack: procedure;

/*********************************************************************
 *                                                                   *
 *   aufgabe:      implementierung eines last-in-first-out-speichers  *
 *                 fuer ganze zahlen (abstrakte datenstruktur)        *
 *                                                                   *
 *   loesungsweg: verwendung eines arrays keller mit zeiger           *
 *                 auf das oberste stackelement                       *
 *                                                                   *
 *   zugriffsoperationen:                                             *
 *                 new   = anlegen eines neuen stack                  *
 *                 push  = einkellern eines elements                  *
 *                 pop   = auskellern eines elements                  *
 *                 top   = inspizieren eines elements                 *
 *                 empty = stack leer?                                *
 *                                                                   *
 *   reihenfolgebedingungen:                                          *
 *     stack: (new; (push'*, (pop, top) 'empty)'*)'*.                 *
 *********************************************************************/

/* konstante: */
    declare  n  binary fixed initial (1000);

/* formalparameter: */
    declare element binary fixed;   /* input-parameter für push;
                                        output-parameter für pop, top */
/* repraesentation des stack: */
    declare  zeiger,
             keller (1:1000)  binary fixed static;

new: entry;                          /*   anlegen eines stack   */
    zeiger = 0;
    return;
```

```
push: entry (element);                /*   einkellern eines elements */
    if zeiger < n
        then  do;
                  zeiger = zeiger + 1;
                  keller (zeiger) = element;
              end;
        else  do;
                  put list ('programmabbruch wegen stack-ueberlauf',
                            'bei element:', element)
                  stop;
              end;
    return;


top: entry (element);                 /*   inspizieren eines elements */
    if zeiger > 0
        then  element = keller (zeiger);
        else  do;
                  element = 999999;
                  put list ('unzulaessiger zugriff auf leeren stack');
              end;
    return;


pop: entry (element);                 /*   auskellern eines elements */
    if zeiger > 0
        then  do;
                  element = keller (zeiger);
                  zeiger  = zeiger - 1;
              end;
        else  do;
                  element = 999999;
                  put list ('unzulaessiger zugriff auf leeren stack');
              end;
    return;

empty: entry returns bit(1);          /*   stack leer?  */
    if zeiger > 0
        then  return '0'b  /* "false" */;
        else  return '1'b  /* "true"  */;

end stack;
```

Die Benutzung des Stack soll anhand einiger typischer Zugriffe verdeutlicht werden. Dazu werden in einem kleinen Hauptprogramm Zahlen (artikel_nr) eingelesen, eingekellert und später wieder entnommen. Vor dem Auskellern erfolgt die Überprüfung des Stackzustands: der Name empty in der do-Anweisung bewirkt einen Aufruf der (Entry-)Funktionsprozedur empty im Modul stack!

```
haupt: procedure options (main);
          ⋮
       on endfile (sysin) ende = '1'b;
          ⋮
       ende = '0'b;
       call new;                        /* stackzugriff */
       get list (artikel_nr);
       do while (¬ ende);
          call push (artikel_nr);       /* stackzugriff */
             ⋮
          get list (artikel_nr);
       end;
          ⋮
       if ¬ empty then call pop (artikel_nr);
                                        /*    2 stackzugriffe */
          ⋮
end haupt;
```

## 4.5.2 Verfeinerung durch interne Prozeduren

Prozeduren können nicht nur zur Zerlegung eines Systems herangezogen werden; sie sind auch die geeigneten Hilfsmittel zur schrittweisen Verfeinerung innerhalb eines Hauptprogramms oder einer anderen externen Prozedur. Wenn man Prozeduren verwendet, die textuell in einer anderen Prozedur enthalten sind, so besitzen auch alle in der äußeren Prozedur getroffenen Vereinbarungen Gültigkeit.

Die Forderung nach globaler Bekanntheit aller Vereinbarungen innerhalb eines Verfeinerungskonstrukts ist damit erfüllt. Abgesehen von dem Sonderfall rekursiver Prozeduraufrufe[17] unterbleibt die Parametrisierung interner Prozeduren, wenn man sie im Sinne von Verfeinerungskonstrukten einsetzt. Im Prozedurrumpf wird auf die global bekannten Variablennamen Bezug genommen.

Ob zusätzlich auch lokal gültige Datenvereinbarungen getroffen werden sollten, mag hier dahingestellt bleiben. Im Einzelfall kann dies sinnvoll sein, vor allem, wenn in den Verfeinerungen viele Hilfsvariable verwendet werden. Dabei ist aber zu beachten, daß lokal vereinbarte Variable (mit dem Standardattribut automatic) nur eine begrenzte Lebensdauer besitzen. Wenn eine interne Prozedur mehrfach aufgerufen wird und der Wert einer Variablen erhalten bleiben soll, dann muß eine solche Variable mit dem Attribut static versehen werden.

Für die Anordnung interner Prozeduren im Programmtext existieren keine Vorschriften. Nach der PL/I-Syntax darf der Text einer internen Prozedur an irgendeiner Stelle des umfassenden Blocks stehen, z. B. am Anfang, am Ende oder auch mitten drin. Falls je der Kontrollfluß auf eine procedure-Anweisung stößt, wird der Text bis zum Ende der Prozedur umgangen, da eine Prozedur explizit - durch den call-Befehl - aufgerufen werden muß. Damit liegt es im Ermessen des Programmierers, Verfeinerungskonstrukte übersichtlich anzuordnen.

---

17 Vgl. dazu 7.5.

Die Vorgehensweise beim Entwurf eines Programms (top-down) entspricht auch dem natürlichen Lesefluß des Menschen, der ein Programm verstehen möchte: Programme werden von oben nach unten gelesen. Deshalb ist es naheliegend, die schrittweise Verfeinerung vom Programmanfang in Richtung auf das Programmende hin zu vollziehen. Nach den globalen Datenvereinbarungen sollte also zunächst der Grobalgorithmus folgen, und anschließend werden die Verfeinerungskonstrukte implementiert.

beispiel:

```
procedure options (main);
  /* globale datenvereinbarungen */
     ⋮
  /* grobalgorithmus */
     ⋮
     call prozedur_1;
     call prozedur_2;
     ⋮

  prozedur_1:   procedure;
                   ⋮
                  call prozedur_4;
                  call prozedur_3;
                   ⋮
                prozedur_3:   procedure;
                                 ⋮
                              end prozedur_3;
                end prozedur_1;

  prozedur_2:   procedure;
                   ⋮
                  call prozedur_4;
                  call prozedur_5;
                   ⋮
                prozedur_5:   procedure;
                                 ⋮
                              call prozedur_6;
                                 ⋮
                              prozedur_6:   procedure;
                                               ⋮
                                            end prozedur_6;
                              end prozedur_5;
                end prozedur_2;
  prozedur_4:   procedure; /* gemeinsam benutzte prozedur */
                   ⋮
                end prozedur_4;
end beispiel;
```

**Abb. 4.16.** Verfeinerung durch Schachtelung interner Prozeduren

Bei mehreren Verfeinerungsstufen setzt man diese Vorgehensweise analog fort. Dabei ergeben sich jedoch gewisse Anordnungsprobleme, da zwei Arten von Verfeinerungskonstrukten zu betrachten sind:

(1) Eine interne Prozedur wird nur zur Verfeinerung *einer* anderen Prozedur benutzt. In diesem Fall kann sie innerhalb der letzteren – im Anschluß an deren (Grob-)Algorithmus – angesiedelt werden. Die Prozeduren sind also geschachtelt.

(2) Eine interne Prozedur wird zur Verfeinerung *mehrerer* anderer Prozeduren herangezogen. Aufgrund der Regeln über die Bekanntheit von Namen ist eine Schachtelung nun nicht möglich. Wenn die Prozedur im Innern einer anderen enthalten wäre, könnte sie zwar von dieser einen aufgerufen werden, nicht aber von den weiteren Prozeduren, die sie ebenfalls benutzen wollen[18]. Eine solche Prozedur muß folglich in derselben Umgebung deklariert werden, in der auch diejenigen Prozeduren stehen, die sie verfeinert!

Die Zusammenhänge sollen an einem Beispiel verdeutlicht werden, das bereits zur Erläuterung der Verfeinerung in Cobol diente und das in Abb. 4.8 skizziert ist. Die Pfeile sind nun als Prozeduraufrufe (call-Befehle) zu interpretieren. Die von zwei anderen gemeinsam benutzte prozedur_4 muß im Hauptprogramm vereinbart werden, wo auch die beiden Prozeduren prozedur_1 und prozedur_2 stehen. Die anderen Prozeduren werden nur jeweils einmal benutzt und sind deshalb im Rumpf der jeweiligen Prozedur enthalten. Abb. 4.16 gibt die Schachtelungsstruktur wieder.

Am Rande sei darauf hingewiesen, daß der Grobalgorithmus in der PL/I-Version nicht mit einem Stop-Befehl beendet zu werden braucht. Anders als in Cobol sind Prozeduren in PL/I echte Prozeduren, die nur durch einen expliziten Aufruf aktiviert werden können. Wenn nach Ausführung des letzten Befehls im Grobalgorithmus der Ablauf auf die drei Prozedurrümpfe stößt, werden diese umgangen. Da anschließend keine Anweisungen mehr folgen, ist das Programm ohnehin beendet!

## 4.5.3 Steuerkonstrukte

### 4.5.3.1 Steuerkonstrukte auf Basis des ANSI-Standards

Die Ablaufsteuerung bereitet in PL/I nur wenig Schwierigkeiten, da die wichtigsten Steuerkonstrukte bereits in der Sprache implementiert sind. Nachfolgend werden kurz die Steuerkonstrukte auf der Basis des PL/I-Standards beschrieben. Der daran anschließende Abschnitt zeigt die Möglichkeiten, die in PL/I-Erweiterungen vorgesehen sind.

### (1) Sequenz

Die Darstellung einer Sequenz von Anweisungen erfolgt je nach Kontext unterschiedlich. Grundsätzlich sind 3 Formen zu unterscheiden:

---

18 Vgl. dazu auch Abb. 3.8. Der Prozedurname p3 ist dort nur innerhalb des unteren Begin-Blocks bekannt und kann nur von dort aus aufgerufen werden. Dagegen ist es nicht möglich, auf p3 vom Hauptprogramm oder von der Prozedur p2 aus zuzugreifen.

- Im Rumpf einer Schleife wird die Sequenz durch die Schleifenanweisung do und die end-Anweisung geklammert (iterative Do-Gruppe).
- In den Zweigen einer If...then...else-Konstruktion kann die Klammerung mit Hilfe einer nicht-iterativen Do-Gruppe (do ... end) oder mit einem Begin-End-Block erfolgen.
- Als on-Einheit bei der Behandlung einer Ausnahmebedingung darf eine Sequenz nur in Form eines Begin-End-Blocks auftreten.

Die Wahlmöglichkeit im zweiten Fall ist eher verwirrend und unnötig. Deshalb wird empfohlen, Sequenzen in einer Verzweigung durch Do-Gruppen darzustellen, es sei denn, innerhalb eines Zweigs sollen tatsächlich Vereinbarungen mit lokaler Gültigkeit getroffen werden. Nur dann ist die Verwendung eines Begin-End-Blocks gerechtfertigt.

## (2) Selektion

Die Verzweigung mit einseitiger oder zweiseitiger Alternative kann durch die if-Anweisung direkt dargestellt werden. Wenn $s_1$ und $s_2$ für Sequenzen stehen, erhält man folgende Formen:

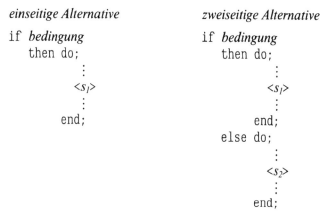

*einseitige Alternative*

```
if bedingung
   then do;
        ⋮
       <s₁>
        ⋮
   end;
```

*zweiseitige Alternative*

```
if bedingung
   then do;
        ⋮
       <s₁>
        ⋮
       end;
   else do;
        ⋮
       <s₂>
        ⋮
       end;
```

Wenn $s_1$ und $s_2$ einfache Anweisungen sind, entfällt die Notwendigkeit der Klammerung:

```
if bedingung
   then s₁;
```

```
if bedingung
   then s₁;
   else s₂;
```

## (3) Fallunterscheidung

Eine Case-Anweisung (wie in Pascal) oder ein berechneter Sprung (wie in Fortran und Cobol) sind im PL/I-Standard nicht definiert. Deshalb muß die Fallunterscheidung durch Schachtelung von if-Anweisungen nachgebildet werden. Dies ist problemlos, wenn man nur im else-Zweig schachtelt. Der Sonst-Fall kann dann als else-Zweig der letzten if-Anweisung dargestellt werden. Als Beispiel sei ein Programmauszug skizziert, in dem anhand einer Variablen karten_art 3 Fälle unterschieden werden. Ist karten_art nicht gleich 'a', 'z' oder 'n', so liegt ein Fehler vor:

```
/* fallunterscheidung */

if  karten_art = 'a'
    then call abgang;
    else if karten_art = 'z'
            then call zugang;
            else if karten_art = 'n'
                    then call neuanlage;
                    else call fehlerbehandlung;
```

### (4) While-Schleife

Die While-Schleife kann mit Hilfe der do-Anweisung und der while-Option direkt notiert werden:

```
do while (bedingung);
    ⋮
end;
```

### (5) Zählschleife

Die Zählschleife läßt sich ebenfalls direkt darstellen. Wenn anfangswert, endwert und schrittweite skalare Ausdrücke und index eine Kontrollvariable vom Typ binary fixed sind, dann gilt sinngemäß:

```
do index = anfangswert to endwert by schrittweite;
    ⋮
end;
```

Die Schrittweitenangabe kann auch fehlen. Von der Verwendung der zahlreichen Variationen einer Zählschleife, die in 3.4.2.2 erwähnt wurden, wird abgeraten. Sinnvoll ist allenfalls die Kombination einer Zählschleife mit einer While-Bedingung. Beispielsweise erfolgt bei der Schleife

```
do  i = n  to 1 by -1  while (a(i) > 0);
    ⋮
end;
```

der Schleifenaustritt entweder, wenn i bei +1 angelangt ist, oder, wenn $a(i) \nleq 0$ ist.

### (6) Until-Schleife

Die nicht-abweisende Schleife mit Postcheck ist in PL/I nicht implementiert. Sie muß deshalb mit einer if-Anweisung und einem Sprungbefehl wie in Fortran und Cobol nachgebildet werden. Da der Sprungbefehl auf eine Marke Bezug nimmt, die in PL/I durch einen Namen bezeichnet wird, kann man den Schleifencharakter durch geeignete Namenswahl zum Ausdruck bringen, ohne daß eine zusätzliche Kommentierung unbedingt erforderlich ist:

```
until_schleife_anfang:
    ⋮
if nicht bedingung then go to until_schleife_anfang;
```

Die Schleifen*austritts*bedingung ist hier negiert, da die Bedingung tatsächlich in bezug auf die *Fortsetzung* der Schleife formuliert wird. (Dies war bei den Ersatzkonstruktionen in den anderen Sprachen ebenfalls notwendig.) Wenn mehrere Until-Schleifen gebildet werden, ist zu beachten, daß die Markennamen eindeutig sein müssen, z.B. until_schleife_1_anfang, until_schleife_2_anfang o.ä.

## (7) Cycle-Schleife

Auch die Cycle-Schleife mit Unterbrechung ist nicht implementiert. Eine Ersatzkonstruktion kann auf der Grundlage der While-Schleife gebildet werden. Die Do-Anweisung verlangt jedoch die Angabe einer Bedingung, was zunächst mit dem Charakter einer Cycle-Schleife nicht verträglich ist. Die Austrittsbedingung soll ja im *Innern* des Schleifenrumpfs überprüft werden! Deshalb muß die While-Bedingung so formuliert werden, daß sie immer erfüllt ist; d.h., die Auswertung des logischen Ausdrucks muß (in PL/I) den Bitkettenwert '1'b ergeben. Eine solche Bedingung wäre z.B. „2<3" oder „0=0". Statt dessen kann man aber auch direkt den Wert '1'b notieren! Optisch etwas schöner verpackt erhält man dann z.B. folgende Schleifenformulierung:

```
declare true bit (1) initial ('1'b);
    ⋮
cycle_schleife: do while (true);
    ⋮
    if bedingung then go to schleifen_ausgang;
    ⋮
    end cycle_schleife;
schleifen_ausgang:
```

Hier wurde von der zulässigen Möglichkeit Gebrauch gemacht, beliebige Anweisungen mit einer Marke zu versehen. Die Marke cycle_schleife vor der do-Anweisung ist redundant und dient nur als Verbalisierungsinstrument. Den Schleifenaustritt steuert eine *bedingung*, die im Schleifenrumpf überprüft wird. Ist sie erfüllt, so erfolgt ein Sprung zu einer Marke (schleifen_ausgang), die unmittelbar hinter der end-Anweisung angesiedelt wird.

## (8) Leseschleife

Zur Implementierung einer Leseschleife verwendet man in PL/I am besten eine While-Schleife. Als Fortsetzungsbedingung für die Schleife dient die Information, daß das Ende der Eingabedatei noch nicht erreicht ist. Die Überprüfung des Endezustands wird vom PL/I-Laufzeitsystem durchgeführt. Das Ergebnis der Überprüfung steht nach jedem Leseversuch als endfile-Bedingung zur Verfügung und kann mit einer on-Anweisung abgefragt werden. Ist der Zustand „Dateiende" erreicht, gelangt die als on-*Einheit* vorgesehene Maßnahme zur Ausführung.

Diese Leistungen setzt man zweckmäßig wie folgt ein:

- In der on-Einheit wird eine Wertzuweisung an eine Schaltervariable vorgesehen.
- In der Schleifenanweisung wird der Wert der Schaltervariablen abgefragt.
- Da der Zustand „Dateiende" erst bei einem erfolglosen Leseversuch festgestellt wird, muß die Schaltervariable überprüft werden, *bevor* die Verarbeitung der eingelesenen Daten beginnt. Ein Eingabebefehl wird deshalb vor der Schleifenanweisung, ein zweiter am Ende des Schleifenrumpfs notiert.
- Wenn man eine Schaltervariable mit dem Attribut bit(1) verwendet, ist eine weitgehende Verbalisierung (wie bei einer logischen Variablen) möglich.

Im folgenden Beispiel dient als Schaltervariable die Bitkette datei_ende. Gelesen wird aus einer sequentiellen Datei eingabe:

```
declare   true  bit(1)  initial ('1'b),
          false bit(1)  initial ('0'b);
declare   datei_ende bit(1),
          eingabe    file stream input;
on endfile (eingabe) datei_ende = true;
  ⋮
datei_ende = false;
get file (eingabe) list (...);
leseschleife: do while ( ¬ datei_ende);
     ⋮
   /* verarbeitung */
     ⋮
   get file (eingabe) list (...);
end leseschleife;
```

Die Schaltervariable erhält vor Eintritt in die Schleife einen Anfangswert (false). Wird beim Lesen das Ende der Eingabedatei erreicht, so gelangt die als on-Einheit angegebene Anweisung

```
datei_ende = true
```

zur Ausführung, so daß die While-Bedingung nicht mehr erfüllt ist und der Schleifenrumpf nicht mehr betreten wird.


### 4.5.3.2 Steuerkonstrukte auf Basis von Spracherweiterungen

In 3.4.2.2 wurden einige Steueranweisungen beschrieben, die in manchen Übersetzern - vor allem Übersetzern von IBM - vorgesehen, aber nicht im Sprachstandard des American National Standards Institute definiert sind. Diese Erweiterungen vereinfachen die Darstellung von Steuerkonstrukten, die oben mit if- bzw. goto-Anweisungen simuliert werden mußten. Den folgenden Ausführungen liegt der Sprachumfang des „OS PL/I Checkout und Optimizing Compiler" zugrunde[19].

---

19 Vgl. IBM (1977)

**(3') Fallunterscheidung**

Die select-Anweisung gestattet die direkte Implementierung einer Fallunterscheidung mit allen wünschenswerten Eigenschaften. Insbesondere ist auch ein otherwise-Zweig zur Behandlung des Sonst-Falls vorgesehen. Die select-Anweisung steht in zwei Formen zur Verfügung. Bei der einen Form, die der Case-Anweisung in Pascal entspricht, wird ein Ausdruck auf Gleichheit mit verschiedenen Alternativen geprüft. In der zweiten Form können ganz beliebige Einzelbedingungen ausgewertet werden. Beide Formen wurden bereits in 3.4.2.2 erläutert, so daß die Angabe weiterer Beispiele hier unterbleibt.

**(6') Until-Schleife**

Die Until-Schleife ist durch eine iterative Do-Gruppe (wie die While-Schleife) mit einer until-Option in der Schleifenanweisung implementiert. Dabei handelt es sich um einen echten Postcheck. Etwas störend wirkt jedoch, daß die Austrittsbedingung am Schleifen*anfang* und nicht am Schleifen*ende* steht, wie es Abb. 2.6 nahelegt und wie es beispielsweise in Pascal implementiert ist. Zum Vergleich wird neben der PL/I-Schreibweise auch die Pascal-Notation angegeben.

| *PL/I* | *Pascal* |
|---|---|
| do until *(bedingung);* | repeat |
| ⋮ | ⋮ |
| end; | until *bedingung* |

**(7') Cycle-Schleife**

Die leave-Anweisung eignet sich hervorragend zum Herbeiführen des Schleifenaustritts bei einer Cycle-Schleife. Auf der Grundlage der Standardsprachelemente mußten dazu eine goto-Anweisung und eine Marke herangezogen werden. Wenn die leave-Anweisung zur Verfügung steht, entfällt die Bezugnahme auf eine Marke, so daß die Schleifenkonstruktion völlig unabhängig von den sich anschließenden Anweisungen ist:

```
declare true bit(1) initial ('1'b);
    ⋮
cycle_schleife: do while (true);
    ⋮
    if bedingung then leave;
    ⋮
end cycle_schleife;
```

### 4.5.4 Aspekte der Selbstdokumentation

Die Syntaxvorschriften von PL/I sind sehr großzügig, so daß es keine Schwierigkeiten bereitet, Programme lesbar und selbstdokumentierend zu gestalten. Die Darstellungsmöglichkeiten lassen dem Programmierer jedoch viele Freiheiten; deshalb sind zusätzliche Richtlinien für den Einsatz der Ausdrucksmittel erforderlich. Zunächst werden einige Hinweise bezüglich der mit den Datenvereinbarungen zusammenhängenden Aspekte gegeben.

### 4.5.4.1 Hinweise zu Vereinbarungen

Eine Trennung des Vereinbarungsteils vom algorithmischen Teil eines Programms, wie in Cobol oder Pascal, ist in PL/I nicht vorgesehen. Grundsätzlich dürfen Vereinbarungen an beliebigen Stellen eines Blocks auftreten, z.B. auch zwischen die Anweisungen des Algorithmus eingestreut sein. Dies trägt natürlich nicht zur Lesbarkeit bei. Es besteht auch kein Vereinbarungszwang für Variable. Wird ein Variablenname ohne explizite Deklaration benutzt, so erhält er wie in Fortran Standardattribute zugewiesen. Dies ist eine Fehlerquelle und beeinträchtigt die Selbstdokumentation eines Programms. Deshalb werden folgende Konventionen empfohlen:

- Alle Variablennamen müssen in einer *expliziten Deklaration* aufgeführt sein.
- Alle *Datenvereinbarungen* werden am Anfang einer Prozedur - vor den ausführbaren Anweisungen - getroffen.
- Die on-*Anweisungen*, die Maßnahmen zur Behandlung von Ausnahmesituationen definieren, werden ebenfalls am Anfang einer Prozedur angesiedelt. Die PL/I-Syntax verlangt dies nicht; grundsätzlich können auch on-Anweisungen an beliebiger Stelle stehen. Von dieser Freiheit sollte man aber nur Gebrauch machen, wenn es tatsächlich notwendig ist, in verschiedenen Teilen einer Prozedur unterschiedliche Ausnahmebehandlungen durchzuführen[20].
- Interne *Prozeduren*, die den Anweisungsteil verfeinern, werden am Ende der umgebenden Prozedur deklariert, wie bereits in Abb. 4.16 dargestellt.

Für die Vereinbarungen steht eine Vielfalt von Datentypen und Datenstrukturen zur Verfügung. Dennoch fehlen zwei wichtige Elemente: echte Konstante und logische Variable.

*Konstante* müssen wie in Cobol und Fortran66 durch Variable simuliert werden, die mit einem Anfangswert versehen sind. Es hängt aber von der Disziplin des Programmierers ab, daß diese unechten Konstante auch tatsächlich wie Konstante behandelt, d.h nicht verändert werden. Die Anfangswertzuweisung kann man mit Hilfe des initial-Attributs in der Deklaration herbeiführen, z.B.:

```
/* konstante */

    declare mwst  decimal fixed (3,2) initial (0.14),
            max   binary fixed        initial (1000);
```

Als Ersatz für den *logischen Datentyp* wurden bereits mehrfach Bitketten der Länge 1 verwendet. Bei der Auswertung eines logischen Ausdrucks ergibt sich in PL/I ein Bitkettenwert, wobei den Wahrheitswerten

| | |
|---|---|
| *wahr* | '1'b |
| *falsch* | '0'b |

---

20 Nach der PL/I-Syntax gelangt immer diejenige on-Einheit zur Ausführung, die zuletzt durchlaufen wurde.

entsprechen. Eine Variable mit dem Attribut bit(1) kann deshalb im gleichen Kontext vorkommen, indem eine echte logische Variable auftreten würde, z. B. in einer if-Anweisung:

```
declare  eingabe_ende bit(1);
  ⋮
if eingabe_ende then call abschluss;
```

Eine Wertzuweisung an eine solche Variable drückt allerdings nicht viel Sinn aus, wenn man Bitkettenkonstante verwendet, z. B.:

```
eingabe_ende = '1'b;
```

Die Aussagefähigkeit wächst, wenn man die Konstanten '1'b und '0'b benennt:

```
/* konstante */
   declare true  bit(1) initial ('1'b),
           false bit(1) initial ('0'b);
    ⋮
   eingabe_ende = true;
```

Von dieser Konstruktion wurde bei der Darstellung der Steuerkonstrukte in 4.5.3 mehrmals Gebrauch gemacht.

Das Vorhandensein der *Record-Struktur* erlaubt eine komfortable Behandlung komplexer Ein-/Ausgabedaten. Bei der Benennung der Record-Komponenten stellt sich prinzipiell das gleiche Namensproblem, das bereits in 4.3.4 (2) für Records in Cobol erörtert wurde. Der Leser sei auf die dortigen Ausführungen verwiesen. Die Eindeutigkeit einer Bezugnahme kann auch in PL/I durch Qualifizierung herbeigeführt werden. Dazu stellt man den Recordnamen mit einem Punkt vor den Komponentennamen. Statt der Cobol Notation

```
artikel-nr of verkaufssatz
```

schreibt man

```
verkaufssatz.artikel_nr,
```

und Bezugnahmen könnten etwa wie folgt aussehen:

```
if verkaufssatz.artikel_nr = stammsatz.artikel_nr
   then bestand = bestand - verkaufssatz.menge;
```

#### 4.5.4.2 Kommentierungsrichtlinien

Für die Verwendung von *Kommentaren* brauchen nur wenige Hinweise gegeben zu werden. In einem PL/I-Programm ist es selten notwendig, Variablennamen und Steuerkonstrukte zu erläutern. Die Regeln für die Namensgebung - ausreichende Anzahl von Zeichen und Strukturierungsmöglichkeit durch Striche - sind so großzügig, daß Abkürzungen im allgemeinen vermieden werden können und folglich nicht erklärt zu werden brauchen.

Die meisten *Steuerkonstrukte* sind durch PL/I-Anweisungen implementiert, so daß eine zusätzliche Kommentierung weitgehend überflüssig ist. Bei den Ersatz-

*programmname:* `procedure options (main);`

```
/***************************************************************
*                                                             *
*  autor:                name      erstellungsdatum           *
*                                                             *
*  aufgabe:              ...                                  *
*                                                             *
*  loesungsweg:          ...                                  *
*                                                             *
*  benutzte externe prozeduren:                               *
*                                                             *
*                        ...                                  *
*                                                             *
*  benoetigte dateien:   ...                                  *
*                                                             *
***************************************************************/

/*  konstante:          */
      :
/*  variable:           */
      :
/*  ausnahmebehandlung: */
      :
/*  grobalgorithmus:    */
      :
/*  interne prozeduren: */
      :
   end programmname;
```

**Abb. 4.17.** Kommentierung und Strukturierung eines PL/1-Programms

konstruktionen für die Until- und die Cycle-Schleife wurden die Erläuterungen oben in Form von *Markennamen* gegeben. Auf diese Weise konnte der Sinn einer Konstruktion direkt zum Ausdruck gebracht werden, z. B.:

```
cycle_schleife: do while (true);
      :
end cycle_schleife;
```

Die Verwendung von Marken kann auch an anderen Stellen nützlich sein, wenn etwa der Zweck einer Anweisung erklärt werden soll.

Im übrigen wird auch für PL/1-Programme empfohlen, die Kommentierung nach einem bestimmten Schema am Anfang des Hauptprogramms und anderer externer Prozeduren durchzuführen. Notwendige Informationen über eine Prozedur sind die folgenden:

- *Autor* und *Erstellungsdatum*, eventuell auch Datum der letzten Änderung
- *Aufgabe* der Prozedur (Kurzbeschreibung)
- *Lösungsweg* in Kurzform
- *externe Prozeduren*, die aufgerufen werden
- *benötigte Dateien* und Richtung der Datenübertragung

Die Kommentierung externer Unterprogramme sollte darüber hinaus enthalten:

- Aufstellung der *Formalparameter* und Richtung der Parameterübergabe
- *Reihenfolgebedingungen* für den Aufruf der Entry-Prozeduren, sofern eine Datenkapsel implementiert wird.

Bei internen Prozeduren genügt es im allgemeinen, die Aufgabe und gegebenenfalls den Lösungsweg kurz zu skizzieren. Die Erläuterungen am Proceduranfang können in Form eines Kommentars gegeben werden, der sich über mehrere Zeilen erstreckt und mit Sternen eingerahmt ist. Zusammen mit den Konventionen zur Gestaltung des Vereinbarungsteils, die eingangs erörtert wurden, erhält man dann das in Abb.4.17 gezeigte Schema eines PL/I-Programms. Beispiele enthält das Musterprogramm in 7.5.

## 4.5.5 Kritische Anmerkungen zu PL/I

Die Ausführungen über PL/I zeigten, daß die Sprache nahezu alle Elemente zur Verfügung stellt, die man zur Darstellung lesbarer und übersichtlicher Programme benötigt. Der positive Eindruck entsteht nicht zuletzt deshalb, weil es ja die Absicht dieses Buches ist, solche Sprachelemente aufzuzeigen, die zur Verwirklichung eines sinnvollen Programmierstils beitragen. Darüber darf nicht vergessen werden, daß es in jeder Sprache auch Elemente gibt, die nicht zweckmäßig, verwirrend und inkonsistent sind und die Fehlerquellen beinhalten.

Angesichts der Entstehungsursachen und des daraus resultierenden Sprachumfangs verwundert es nicht, daß die Zahl der verwirrenden oder inkonsistenten und fehlerträchtigen Ausdrucksmittel in PL/I relativ groß ist. Einige Beispiele mögen dies verdeutlichen[21]:

- Die Schlüsselwörter der Sprache sind nicht reserviert. In Verbindung mit dem Default-Prinzip kann dies merkwürdige Konsequenzen haben. Bei der folgenden Vereinbarung erkennt der Übersetzer z.B. nicht, daß der Programmierer den Variablennamen vergessen, also einen Fehler begangen hat:

  ```
  declare binary fixed;
  ```

  Statt dessen wird eine Variable namens `binary` geschaffen, die die Attribute `decimal` (Standardannahme!) und `fixed` erhält!
- Die Kombinationsmöglichkeiten bei arithmetischen Attributen sind verwirrend und zum Teil überflüssig. Beispielsweise wird der Typ `decimal float` intern nicht anders als der Typ `binary float` dargestellt.

---

21 In Anlehnung an Denert u.a. (1973), S.11ff.

- Der logische Datentyp fehlt trotz der Kombinationsvielfalt und muß simuliert werden.
- Geschachtelte Do-Gruppen und Begin-End-Blöcke dürfen mit *einer* gemeinsamen end-Anweisung abgeschlossen werden. Dies verschleiert eventuelle Fehler und macht die Programmstruktur unübersichtlich.
- Verschiedene Angaben sind schwerfällig (z.B. die umständliche Kennzeichnung eines Hauptprogramms durch die options-Klausel) oder überflüssig und inkonsistent: beispielsweise muß ein logischer Ausdruck in einer do-while-Anweisung eingeklammert werden, nicht aber in einer if-Anweisung!
- Der Zuweisungsoperator ist der gleiche wie der Gleichheitsoperator. Ein anderes Symbol oder ein Schlüsselwort (z.B. let in Basic) würde den Zweck einer Zuweisung deutlicher hervorheben. Die mangelnde Unterscheidung stellt darüber hinaus eine Fehlerquelle dar. Der Übersetzer interpretiert die Anweisung

      a = b = c;

nicht als fehlerhaft notierte Mehrfachzuweisung, sondern als Zuweisung des Werts eines logischen Ausdrucks (b = c) an die Variable a!

Die Schwächen von PL/I sollen hier nicht in allen Einzelheiten erörtert werden. Viele der Eigenschaften hängen mit den Gründen zusammen, die zur Entwicklung von PL/I führten und die in 3.4.1 dargelegt sind. Ein Zitat von Kritikern der Sprache charakterisiert dies treffend: „PL/I ist das Musterbeispiel einer Sammelsprache, ein Versuch, die guten Gedanken von vielen Sprachen zu kombinieren, ein dicker Wald von Möglichkeiten und Besonderheiten, weder sauber noch übersichtlich."[22]

Vor diesem Hintergrund gewinnt die Notwendigkeit, mit der mächtigen und umfangreichen Sprache sinnvoll umzugehen, an Gewicht. Wenn man die Vielzahl der Ausdrucksmittel diszipliniert einsetzt, dann bietet PL/I in der Tat bessere und ausgeprägtere Möglichkeiten, Programme lesbar und übersichtlich zu gestalten, als jede andere der hier behandelten Programmiersprachen!

## 4.6 Stilelemente in Pascal

Pascal als die jüngste der hier behandelten Programmiersprachen enthält zahlreiche Sprachelemente, die einen sinnvollen Programmierstil unterstützen. Wie bereits die Erläuterungen in Kap.3 zeigten, stellt Pascal beispielsweise Ausdrucksmittel zur Ablauf- und zur Datenstrukturierung zur Verfügung, die in anderen Sprachen mühsam simuliert werden müssen. Etwas stärkere Probleme bereiten die Zerlegungs- und Verfeinerungskonstrukte. Ein Großteil der Ausführungen über Programmierstil kann für Pascal jedoch knapper als für die anderen behandelten Sprachen gehalten werden. Um die Vergleichbarkeit mit den anderen Sprachen herzustellen, werden dennoch die vier Hauptaspekte Zerlegung, Verfeinerung, Steuerkonstrukte sowie Vereinbarungen und Selbstdokumentation kurz behandelt.

---

22 Denert u.a. (1973), S.8

### 4.6.1 Zerlegung und Verfeinerung

Da in Standard-Pascal für die Zerlegung und die Verfeinerung eines Programmsystems grundsätzlich die gleichen Sprachelemente Verwendung finden, werden die beiden Aspekte zusammen behandelt. Zunächst sei an die Aufgaben von Zerlegungs- und Verfeinerungskonstrukten erinnert.

*Zerlegungskonstrukte* dienen dazu, ein System in Module zu zerlegen, die weitgehend unabhängig voneinander sind und folglich auch getrennt entwickelt, übersetzt, getestet etc. werden können. Unabhängigkeit wird u. a. durch Information Hiding erzielt; d. h., die Einzelheiten der Implementierung eines Moduls sind außerhalb nicht bekannt. Ebensowenig hat ein Modul Einblick in innere Angelegenheiten eines anderen Moduls. Die Kommunikation zwischen Modulen erfolgt ausschließlich über die definierten Schnittstellen. Daten, die in verschiedenen Modulen verfügbar sein müssen, werden als Parameter über die Schnittstellen transferiert.

*Verfeinerungskonstrukte* dienen andererseits dazu, innerhalb eines Programms einen Grobablauf algorithmisch zu verfeinern.

In einer verfeinernden Programmkomponente wird in der Regel auf dieselben Daten wie in dem Grobalgorithmus und in anderen Programmkomponenten Bezug genommen[23]. Dies bedeutet, daß alle Datenvereinbarungen des Programms innerhalb der Komponenten ebenfalls bekannt sein müssen.

Die Sprachelemente von Pascal, die als Zerlegungs- und Verfeinerungskonstrukte in Betracht kommen, sind *Prozeduren* und *Funktionen*. Bevor ihre Verwendung diskutiert werden kann, müssen zunächst die hier relevanten Eigenschaften erörtert werden.

Die Vereinbarung einer Prozedur oder einer Funktion wird in Pascal im Vereinbarungsteil eines Hauptprogramms oder einer anderen Prozedur bzw. Funktion vorgenommen. Das heißt, jede Prozedur und jede Funktion ist in einem Hauptprogramm (wie in Abb. 3.10 gezeigt) oder in einem anderen Unterprogramm enthalten.

Bei einer solchen Schachtelung sind Regeln bezüglich der Bekanntheit von Namen (Variablen-, Typ-, Prozedurnamen etc.) erforderlich. Diese Regeln legen in Pascal fest, daß jeder Name innerhalb desjenigen Blocks bekannt ist, in dem er vereinbart wird. Bei geschachtelten Blöcken bedeutet dies, daß eine Vereinbarung auch im Innern von enthaltenen Blöcken Gültigkeit besitzt. Wenn ein bereits deklarierter Name in einem enthaltenen Block erneut vereinbart wird, so geht die weiter innen getroffene Vereinbarung der äußeren vor.

Abbildung 4.18 verdeutlicht die Zusammenhänge an einem Beispiel. Das Hauptprogramm (`beispiel`) enthält eine Prozedur (`proc1`), die ihrerseits eine Funktion (`fun1`) enthält. Die im Hauptprogramm vereinbarten Namen `x`, `y`, `i`, `j` sind auch innerhalb von `proc1` und von `fun1` bekannt. Innerhalb von `fun1` tritt ein Namenskonflikt bezüglich `x` auf. Der Variablenname `x` bezeichnet in `fun1` folglich ein anderes Objekt als in `proc1` und `beispiel`. In den verschiedenen Blöcken sind nun folgende Namen bekannt:

---

23 Die Notwendigkeit des Zugriffs auf *dieselben* Daten kommt u. a. daher, daß ein Verfeinerungsmechanismus für Datenbeschreibungen, der eigentlich wünschenswert wäre, in keiner der hier behandelten Programmiersprachen existiert.

fun1:        b,x (lokal vereinbart)
             a (Formalparameter)
             z,farbe (aus proc1 bekannt)
             y,i,j (aus beispiel bekannt)
proc1:       farbe,z,fun1 (lokale Vereinbarungen in proc1)
             x,y,i,j (aus beispiel bekannt)
beispiel:    x,y,i,j,proc1

Das Hauptprogramm beispiel kennt also keine der in proc1 und fun1 deklarierten Namen, während etwa die Funktion fun1 auf die in beispiel vereinbarten Objekte zugreifen kann!

Abbildung 4.18 verdeutlicht außerdem, daß über diese Bekanntheitsregeln hinaus auch die *Parameterübergabe* als Kommunikationsmechanismus mit einem Unterprogramm dient. Innerhalb von fun1 sind sowohl die globalen Datenobjekte z, y, i, j (und der Typname farbe) als auch der Name des Parameters a bekannt. Damit stehen also zwei grundverschiedene Möglichkeiten für die Kommunikation zur Verfügung: Ausnutzen der Bekanntheitsregeln für globale Vereinbarungen und explizite Datenübergabe durch Parametrisierung.

Wie können diese unterschiedlichen Konzepte nun für die Implementierung von Zerlegungs- und Verfeinerungskonstrukten nutzbar gemacht werden, und welche Schwierigkeiten ergeben sich dabei? Im folgenden wird versucht, diese Fragen zu beantworten.

```
program beispiel (input, output);
```
```
var x,y: real;
    i,j: integer;
procedure proc1;

    type farbe = (rot, gelb, gruen);
    var z: farbe;
    function fun1 (a: farbe): boolean;

        var b,x: real;
        begin {anweisungsteil von fun1}
        :
        end;


    begin {anweisungsteil von proc1}
    :
    end;


begin {anweisungsteil von beispiel}
:
end.
```

**Abb.4.18.** Schachtelung von Blöcken

#### 4.6.1.1 Prozeduren und Funktionen als Verfeinerungskonstrukte

Bevor Hinweise zur Realisierung der schrittweisen Verfeinerung gegeben werden, scheint zunächst ein Hinweis angebracht. Die konzeptionell sinnvolle Trennung von Zerlegungs- und Verfeinerungskonstrukten läßt sich mit den Sprachelementen von Standard-Pascal nicht ohne weiteres in Einklang bringen. Sowohl zur Zerlegung als auch zur Verfeinerung müssen die Prozeduren und Funktionen mit den eben geschilderten Eigenschaften herangezogen werden. Wegen der grundsätzlich verschiedenen Zielrichtung – Zerlegung eines Systems gegenüber Verfeinerung eines Grobalgorithmus – soll die Unterscheidung für die weitere Argumentation beibehalten werden, wenngleich die praktische Anwendung oft zu einer Verwischung der beiden Aspekte führt.

Die Forderung, daß im Rumpf eines Verfeinerungskonstrukts auch die außerhalb, d.h. im Grobalgorithmus, bekannten Datenobjekte ansprechbar sein müssen, wird durch die Bekanntheitsregeln bei geschachtelten Blöcken unmittelbar erfüllt. Auf eine Parametrisierung der zur Verfeinerung verwendeten Prozeduren und Funktionen kann deshalb vollständig verzichtet werden.

Es mag hier dahingestellt bleiben, ob man Vereinbarungen *innerhalb* einer Prozedur oder Funktion, die dann außerhalb nicht bekannt wären, zulassen soll. Wollte man tatsächlich die globale Bekanntheit aller Namen im ganzen Programm gewährleisten, so müßten solche Vereinbarungen unterbleiben. Andererseits scheint es durchaus sinnvoll, die eigentlich an Zerlegungskonstrukte gerichtete Forderung nach Information Hiding auch bei der Verfeinerung zu berücksichtigen und Namen, die nur innerhalb einer Programmkomponente benötigt werden, auch nur dort bekanntzumachen.

Nichtparametrisierte Prozeduren (und gegebenenfalls Funktionen) sind also die geeigneten Hilfsmittel zur Realisierung der schrittweisen Verfeinerung in Pascal. Auswirkungen auf die Lesbarkeit des Programmtexts gehen unter anderem von zwei Syntaxvorschriften aus:

Einerseits kennt Pascal keinen speziellen Befehl für den Aufruf einer Prozedur. Ein Prozeduraufruf wird einfach durch Nennung des Prozedurnamens veranlaßt, z.B.:

```
datenbeschaffung;
```

Der Prozeduraufruf steht also im Sinne einer vom Programmierer definierten Anweisung zwischen den anderen Anweisungen im Programmtext. Ein zusätzliches Schlüsselwort (`call`, `perform` o.ä.), das die Lesbarkeit manchmal etwas behindern kann, entfällt.

Der Verständlichkeit eher abträglich sind dagegen die Vorschriften über die Anordnung der Prozeduren und Funktionen im Programmtext. Die grundsätzliche Regel, daß alle Vereinbarungen am Anfang eines Programms, im Vereinbarungsteil, getroffen werden müssen, gilt auch für Prozedur- und Funktionsvereinbarungen.

Daraus folgt, daß der Text einer Prozedur oder Funktion im Programm unter Umständen weit *vor* dem Aufruf steht. Bei größeren Programmen mit mehreren Verfeinerungsstufen hat dies die Konsequenz, daß man das Programm von unten nach oben lesen muß.

Abbildung 4.19 verdeutlicht die Anordnungsprobleme am Beispiel eines Programms, dessen Struktur im Teil a) der Abbildung dargestellt ist. Der Grobalgorithmus im hauptprogramm wird durch die beiden Komponenten dateneingabe und auswertung verfeinert, wobei die letztere selbst eine Verfeinerung (aufbereitung) benutzt. Teil b) zeigt eine Anordnung der Komponenten, wie sie sich bei der natürlichen Top-down-Vorgehensweise ergibt. Im grobalgorithmus werden die Komponenten dateneingabe und auswertung angesprochen, ihre Implementierung folgt

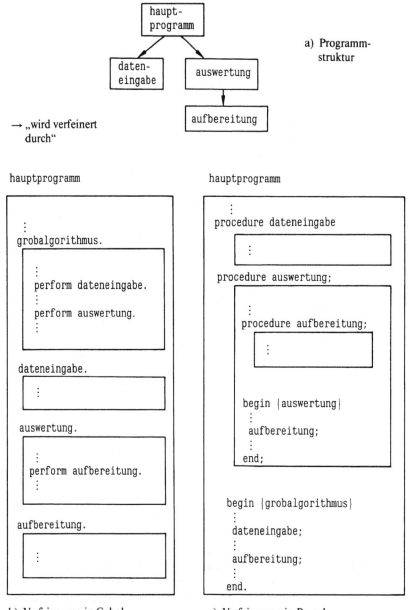

b) Verfeinerung in Cobol          c) Verfeinerung in Pascal

**Abb. 4.19.** Anordnung von Verfeinerungen im Programmtext

anschließend. Die weitere Verfeinerung führt zur Auslagerung der Komponente aufbereitung, die weiter unten konkretisiert wird. Diese Art der Anordnung von Komponenten steht in Einklang mit dem Top-down-Ansatz. Sie kann beispielsweise in Cobol oder PL/I verwirklicht werden, wenngleich die Reihenfolge dort nicht zwingend vorgeschrieben ist.

Die Pascal-Syntax stellt die Dinge dagegen auf den Kopf. Der Grobalgorithmus steht hier als Anweisungsteil am *Ende* des Hauptprogramms. Die zur Verfeinerung benutzten Prozeduren dateneingabe und auswertung müssen davor, im Vereinbarungsteil des Hauptprogramms, angesiedelt werden. Ebenso steht die Prozedur aufbereitung vor dem Algorithmus, den sie verfeinert, d.h. vor dem Anweisungsteil von auswertung.

Bei größeren Programmen und mehreren Verfeinerungsstufen setzt sich die Schachtelung von unten nach oben entsprechend fort. Dies kann die Lesbarkeit des Programmtexts erheblich behindern. Das einfache und grundsätzlich einsichtige Prinzip, daß alle Vereinbarungen am Programmanfang getroffen werden müssen, hat hier bedenkliche Nebenwirkungen!

### 4.6.1.2 Prozeduren und Funktionen als Zerlegungskonstrukte

Die Zerlegung eines Systems in unabhängige Module wird durch die Sprachelemente von Standard-Pascal nur unzureichend unterstützt. Unterprogramme im Sinne von Komponenten eines Programmsystems, die abgeschlossene Einheiten darstellen und als solche unabhängig voneinander entwickelt, übersetzt und getestet werden können, sind überhaupt nicht vorgesehen[24]. Vielmehr ist jede Prozedur oder Funktion in einer anderen, umfassenderen Programmeinheit enthalten. Damit besitzen die Regeln über die Bekanntheit von Vereinbarungen, die oben erläutert wurden, auch bezüglich der als Module gedachten Systembausteine Gültigkeit. Insbesondere sind im Innern einer Prozedur auch Namen bekannt, die außerhalb der Prozedur deklariert wurden.

Wenn man nun versucht, die Idee der Zerlegung in unabhängige Module auch in Pascal zu realisieren, so müssen vor allem zwei Prinzipien beachtet werden:

(1) Ein Modul ist umso stärker mit seiner Umgebung verflochten, je mehr es sich auf Annahmen über die Umgebung stützt. Daraus folgt, daß in einem Modul möglichst nicht auf Vereinbarungen Bezug genommen werden sollte, die außerhalb des Moduls getroffen wurden.

(2) Die Kommunikation mit der Modulumgebung sollte ausschließlich über die im Kopf einer Prozedur oder Funktion definierten Informationen realisiert werden. Dies sind der Name und die Parameter der Prozedur bzw. Funktion.

Alle Namen (Variablennamen, Typnamen etc.), die innerhalb einer Prozedur oder einer Funktion verwendet werden, müssen dann entweder in dieser Einheit deklariert oder aber in der Parameterliste aufgeführt sein.

---

24 Erweiterungen des Pascal-Standards sehen jedoch häufig eine Direktive vor, die es gestattet, Prozeduren und Funktionen losgelöst von einer umgebenden Programmeinheit zu übersetzen. In dieser braucht dann nur der Prozedur- oder Funktionskopf notiert zu werden, während der Rumpf ausgelagert ist.

Für die Art der Formalparameter ist in Pascal bereits eine gewisse Unterscheidung in Wertparameter und Variablenparameter vorgesehen. Darin kommt zum Ausdruck, ob ein Parameter nur zum Werttransfer in eine Richtung dient, nämlich in die Prozedur oder Funktion hinein (Wertparameter), oder ob er frei von dieser Restriktion ist (Variablenparameter). Einem Variablenparameter sieht man es jedoch nicht an, ob er nur zur Übergabe eines Resultats an die aufrufende Programmeinheit verwendet wird (Output-Parameter), ob er einen Wert bezeichnet, der in der aufgerufenen Einheit verändert und zurückgereicht wird (Input-Output-Parameter), oder ob er gar aus Effizienzgründen im Sinne eines reinen Input-Parameters benutzt wird[25]. Deshalb ist es sinnvoll, die Übertragungsrichtung zusätzlich durch Kommentierung anzuzeigen.

Im folgenden wird ein Beispiel für ein *funktionsorientiertes Modul* skizziert, bei dem die dargelegten Prinzipien zur Parametrisierung und Abschottung nach außen Berücksichtigung finden. Das Modul implementiert einen Algorithmus, der einen Array mit n ganzzahligen Elementen sortiert. Es ist als Prozedur in einem Hauptprogramm enthalten, benutzt aber keine Namen aus dem Hauptprogramm. Die einzige Ausnahme stellt der Typname vektor dar, der die Arraystruktur beschreibt und auf andere Weise der Prozedur nicht bekannt gemacht werden kann. Abbildung 4.20 gibt die relevanten Programmteile wieder.

*Datenorientierte Module* müssen ebenfalls auf der Grundlage des Prozedur- und Funktionskonzepts realisiert werden. Die Implementierung des Datenkapselschemas bereitet gewisse Schwierigkeiten. Pascal unterstützt das Datenabstraktionsprinzip ebensowenig wie die anderen Sprachen. Ein zusätzliches Problem resultiert daraus, daß die Zuweisung von Speicherplatz dynamisch erfolgt. Dies bedeutet, daß der Speicherplatz für eine im Innern einer Prozedur vereinbarte Variable angelegt wird, wenn die Prozedur zur Ausführung gelangt, und anschließend wieder freigegeben wird. Der Wert der Variablen steht also bei einem erneuten Aufruf der Prozedur nicht mehr zur Verfügung. Somit ist es nicht möglich, den Zustand einer abstrakten Datenstruktur im Innern einer Prozedur zu verwalten und die Repräsentation vor der Umgebung zu verbergen.

Andererseits verfügen mehrere Pascal-Prozeduren und Funktionen aber über einen gemeinsamen Datenraum, wenn sie in derselben umfassenden Programmeinheit deklariert sind. Da Pascal keine sekundären Eingangsstellen in Prozeduren vorsieht, ergeben sich für die Implementierung einer Datenkapsel folgende Rahmenbedingungen:

(1) Die Zugriffsoperationen können direkt benannt und durch verschiedene Prozeduren und/oder Funktionen realisiert werden.
(2) Die Daten, die die abstrakte Datenstruktur repräsentieren, müssen allen Prozeduren und Funktionen zur Verfügung stehen. Dies bedeutet, daß die entsprechenden Vereinbarungen ebenfalls in der Umgebung anzusiedeln sind, in der die Prozeduren und Funktionen stehen, z. B. im Hauptprogramm. Der durch das Datenkapselschema intendierte Effekt des Verbergens von Implementierungsdetails wird damit aber weitgehend zunichte gemacht.
(3) Die Informationen über die konkrete Repräsentation der abstrakten Daten-

---

25 Vgl. auch Fußnote 101 auf Seite 119.

```
program beispiel (input, output);

{beispiel zur definition und benutzung eines funktions-
 orientierten moduls}

const n = 2000;
type vektor = array [1..n] of integer;
var   artikelnummern : vektor;
      anzahl :         integer;
  ⋮
procedure sortieren (var x: vektor; n: integer);

{-------------------------------------------------------------}
{ aufgabe:       sortieren eines arrays mit n ganzzahligen elementen}
{                                                             }
{ loesungsweg:  sortieren durch austausch ("bubble-sort")     }
{                                                             }
{ formalparameter:                                            }
{                                                             }
{     input:         n                                        }
{     input/output:  x                                        }
{-------------------------------------------------------------}

  var i,j,hilf : integer;
      sortende : boolean;

  begin
      sortende := false;
      i := 2;
      while (not sortende) and (i <= n) do
       begin
           sortende := true;
           for j := n downto i do
               if x[j] < x[j-1]
                   then  begin {vertauschen}
                             hilf  := x[j];
                             x[j]  := x[j-1];
                             x[j-1]:= hilf;
                             sortende := false
                         end;
           i := i+1
       end
  end {sortieren};

  begin {anweisungsteil des hauptprogramms}
      ⋮
      sortieren (artikelnummern, anzahl);
      ⋮
  end.
```

**Abb. 4.20.** Implementierung eines funktionsorientierten Moduls (sortieren)

struktur können grundsätzlich auf zwei Wegen den Zugriffsoperationen bekannt gemacht werden: durch Transfer über die Parameterschnittstelle oder durch Ausnutzen der Bekanntheitsregeln für Vereinbarungen.

Unter Beachtung dieser Voraussetzungen kann eine Datenkapsel wie folgt implementiert werden:

Die Vereinbarungen, die die Repräsentation der abstrakten Datenstruktur festlegen, werden in derselben Programmeinheit angesiedelt wie die Prozedur- und Funktionsdeklarationen für die Zugriffsoperationen. Ihre Rolle als Hilfsmittel für das Datenkapselschema muß durch Kommentierung zum Ausdruck gebracht werden.

Die Parametrisierung der Zugriffsoperationen erfolgt unter dem Aspekt, daß die Prozeduren einen gemeinsamen Datenraum ansprechen können. Als Parameter werden dann nur die für die jeweilige Operation zusätzlich erforderlichen Informationen weitergereicht. Die Daten, die die abstrakte Datenstruktur darstellen, stehen bei Ausnutzung der Bekanntheitsregeln auch innerhalb der Prozeduren und Funktionen zur Verfügung. Sie werden direkt manipuliert und nicht über die Parameterschnittstelle transferiert. Die gleichzeitige Anwendung beider Kommunikationsmechanismen - globale Daten und Parameter - ist konzeptionell nicht unproblematisch. Sie scheint angesichts der Sprachstruktur von Pascal jedoch am ehesten geeignet, das Datenkapselschema adäquat nachzubilden.

Die Vorgehensweise soll wieder am Beispiel der abstrakten Datenstruktur *Stack* erläutert werden. Die Pascal-Implementierung weist gegenüber den Versionen in den anderen Programmiersprachen einige Änderungen auf, die zum Teil aus den genannten Rahmenbedingungen resultieren. Hervorzuheben sind insbesondere die folgenden:

- Bei den einzelnen Zugriffsoperationen können sowohl Prozeduren als auch Funktionen verwendet werden. Damit ist es möglich, die Überprüfung des Stackzustands mit Hilfe einer *Funktion* vom Typ boolean vorzunehmen. In anderen Sprachen (außer PL/I) muß die Information, ob der Stack leer ist, als Parameter bei den Operationen pop bzw. top weitergegeben werden.
- Da der Stack auf der Grundlage eines Arrays implementiert wird, bedarf auch der Zustand „Stack voll?" einer Kontrolle. Im Gegensatz zu den früheren Versionen wird diese Information ebenfalls durch eine logische Funktion zur Verfügung gestellt. Ein Zugriff auf ein Element des Stack ist nun nur noch zulässig, wenn der Funktionswert von fullstack nicht true ist. Dies wird durch die modifizierten Reihenfolgebedingungen zum Ausdruck gebracht. Der Versuch, in den bereits vollen Stack einzutragen, stellt einen Fehler dar, der hier im aufrufenden Programm behandelt wird.

Nachfolgend werden die Vereinbarung der Daten und Zugriffsoperationen für einen Stack wiedergegeben, der in einem Hauptprogramm angesiedelt ist.

```
program hauptprogramm (input, output);
{beispiel zur vereinbarung und verwendung eines stack}

{----repraesentation des stack---------------------------------------}
 const n = 1000;                          {speicherung der stack- }
 var   keller : array [1..n] of integer; {elemente in einem array}
       zeiger : 0..n;                     {mit zeiger auf das     }
                                          {oberste element        }
{-------------------------------------------------------------------}
       artikelnummer : integer;
          ⋮
procedure fehlerbehandlung;
  begin
    ⋮
  end;

{----stack-operationen-----------------------------------------------}

procedure newstack;                       {anlegen eines stack}
  begin
      zeiger := 0
  end;

procedure push (element : integer);       {einkellern eines elements }
  begin                                   {input-parameter : element }
      if zeiger < n
          then begin
                  zeiger := zeiger + 1;
                  keller [zeiger] := element
               end
          else write ('stack-ueberlauf bei element:', element)
  end;

procedure pop (var element : integer);    {auskellern eines elements }
  begin                                   {output-parameter : element }
      if zeiger > 0
          then begin
                  element := keller [zeiger];
                  zeiger  := zeiger - 1
               end
          else begin
                  element := maxint;
                  write ('unzulaessiger zugriff auf leeren stack')
               end
  end;
```

```
procedure top (var element : integer);     {inspektion eines elements  }
  begin                                     {output-parameter : element }
     if zeiger > 0
        then element := keller [zeiger]
        else begin
                 element := maxint;
                 write ('unzulaessiger zugriff auf leeren stack')
             end
  end;

function fullstack : boolean;              {stack bereits voll?}
  begin
     if zeiger >= n
        then fullstack := true
        else fullstack := false
  end;

function emptystack : boolean;             {stack leer?}
  begin
     if zeiger <= 0
        then emptystack := true
        else emptystack := false
  end;

{reihenfolgebedingungen:

   stack: (newstack; (push'fullstack, pop'emptystack,
                               top'emptystack)'*)'*.

{--- ende der stack-operationen ----------------------------------}

begin    {anweisungsteil des hauptprogramms}
    newstack;
    while not eof do
       begin
            read (artikelnummer);
            if not fullstack
               then push (artikelnummer)
               else fehlerbehandlung;
                :
       end;
                :
    if not emptystack
       then pop (artikelnummer);
                :
end.
```

Die Benutzung des Stack wird anhand einiger typischer Zugriffe verdeutlicht. Die
Trennung der Vereinbarungen, die den Stack betreffen, von anderen Vereinbarungen läßt sich in größeren Programmen nicht durchhalten, da die Pascal-Syntax eine

ganz bestimmte Reihenfolge für die einzelnen Punkte des Vereinbarungsteils vorschreibt. Das heißt, der Vereinbarungsteil muß nach Konstanten, Typen, Variablen
etc. gegliedert werden; eine objektbezogene Gruppierung der Vereinbarungen ist
nicht möglich. Der inhaltliche Bezug von Vereinbarungen, die an verschiedenen
Stellen stehen, kann dann nur durch zusätzliche Kommentare hervorgehoben werden! Abschließend und als Zusammenfassung dieses Abschnitts bleibt festzuhalten,
daß die Zerlegung eines Systems durch die Pascal-Sprachelemente nur unzureichend unterstützt wird.

### 4.6.2 Steuerkonstrukte

Die Verwendung der aus der Strukturierten Programmierung bekannten Steuerkonstrukte bereitet in Pascal keine Schwierigkeiten. Die wichtigsten Steuerkonstrukte
werden durch Sprachelemente unmittelbar unterstützt. Nur an wenigen Stellen sind
Ergänzungen in Form von Stilregeln notwendig. Die einzelnen Steuerkonstrukte
lassen sich dann wie folgt darstellen:

- Die *Sequenz* wird mit Hilfe der Verbundanweisung begin ... end realisiert. Eine Ausnahme gilt jedoch in Zusammenhang mit der Anweisung repeat ... until .... Dort darf eine Sequenz im Schleifenrumpf auch als nicht geklammerte
  Folge von Anweisungen notiert werden.
- Die *Selektion* kann mit Hilfe der if...then...else-Konstruktion unmittelbar
  ausgedrückt werden. Vorsicht ist nur bei geschachtelten If-Anweisungen geboten, bei denen nicht jeweils beide Zweige ausformuliert sind. In der Selektion

$$\text{if } l_1 \text{ then if } l_2 \text{ then } s_1 \text{ else } s_2$$

wird die Ausführung von $s_2$ zunächst durch die Bedingung $l_1$ und dann durch die
Bedingung $l_2$ gesteuert. Die Zuordnung des Zweigs else $s_2$ entspricht also der in
Abb. 4.21 b) gezeigten Struktur. Will man die in Teil a) dargestellte Schachtelung
erzeugen, so ist eine Klammerung erforderlich:

```
if l₁ then begin
           if l₂ then s₁
       end
   else s₂
```

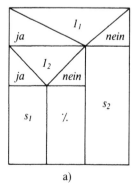
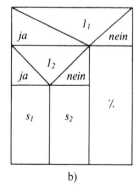
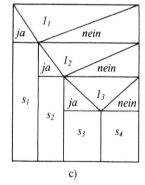

a)                    b)                    c)

**Abb. 4.21.** Geschachtelte Verzweigungen

Aus Gründen der Übersichtlichkeit wird jedoch auch hier empfohlen, Schachtelungen nur im else-Teil und nicht im then-Teil einer Verzweigung vorzunehmen. Das Struktogramm aus Abb. 4.21 c) könnte in Pascal wie folgt notiert werden:

```
if  l₁ then s₁
      else if l₂ then s₂
            else if l₃ then s₃
                  else s₄
```

– Die *Fallunterscheidung* ist in Pascal durch die case-Anweisung implementiert. Dies ist ein beachtlicher Vorteil gegenüber den anderen Sprachen. Allerdings enthält die case-Anweisung keine Elemente zur Behandlung des Sonst-Falls. Hat die Fallvariable (bzw. allgemeiner: der Ausdruck) zur Unterscheidung der einzelnen Fälle einen Wert, der nicht vorgesehen wurde, so ist die Wirkung undefiniert. Deshalb empfiehlt es sich, den Sonst-Fall außerhalb der case-Anweisung explizit zu behandeln, z. B.:

```
var verarbeitungsart : char;
    ⋮
if verarbeitungsart in ['a', 'n', 'z']
    then case verarbeitungsart of
         'a' : abgang;
         'n' : neuanlage;
         'z' : zugang
      end
    else {sonst-fall}
         begin
            ⋮
         end
```

– Die meisten *Schleifen* sind bis auf geringe Abweichungen den bekannten Steuerkonstrukten entsprechend implementiert. Bei der while-Anweisung brauchen keine Besonderheiten beachtet zu werden. Die for-Anweisung realisiert eine Zählschleife, bei der nur die Schrittweite +1 oder –1 zur Auswahl steht. In beiden Fällen wird eine Sequenz im Schleifenrumpf als Verbundanweisung begin ... end notiert. Davon abweichend braucht eine Sequenz im Rumpf einer Until-Schleife nicht als Verbundanweisung geschrieben zu werden. Zur Klammerung dienen dort die Wortsymbole repeat und until.

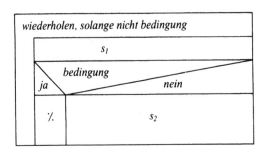

**Abb. 4.22.** Ersatzkonstruktion für eine Cycle-Schleife

- Die *Cycle-Schleife* kann mit Hilfe einer While-Schleife und einer If-Anweisung im Schleifenrumpf simuliert werden.

Bei dieser Vorgehensweise entfällt ein Rückgriff auf die Sprunganweisung, die in Pascal auch sonst kaum benötigt wird. Abbildung 4.22 verdeutlicht das Prinzip der Ersatzkonstruktion. Im Sinne eines *Middle-break* soll der Strukturblock $s_2$ nicht mehr ausgeführt und die Schleife verlassen werden, wenn einmal die *bedingung* erfüllt ist. Dies führt zu folgendem Implementierungsschema:

```
while not bedingung do      {cycle-schleife}
    begin
        ⋮
    <s₁>
        ⋮
    if not bedingung then    {schleifenausgang}
        begin
            ⋮
        <s₂>
            ⋮
        end
    end
```

- *Leseschleifen* lassen sich eleganter als in den anderen Sprachen realisieren. Die Dateizugriffe mit Hilfe der Standardprozeduren und -funktionen sind in Pascal so implementiert, daß der Wert der logischen Funktion eof zu jedem Zeitpunkt abgefragt werden kann. Wenn man zum Einlesen die read-Prozedur verwendet, so wird das Dateiende bereits erkannt, wenn das letzte Datenelement gelesen ist, und nicht erst bei dem Versuch, über das Dateiende hinaus zu lesen, wie dies in Fortran, Cobol und PL/I der Fall ist. Beim Aufruf der read-Prozedur erhält man also immer gültige Datenelemente, sofern eof zuvor den Wert false hatte. Die Überprüfung auf Dateiende kann somit unmittelbar als Fortsetzungsbedingung einer *While-Schleife* formuliert werden, in der als erste Anweisung der Prozeduraufruf read steht. Eine Leseschleife für die Eingabe aus der Standarddatei input hätte etwa folgenden Aufbau:

```
while not eof do
    begin
        read (artikelnummer);
            ⋮
        {verarbeitung}
            ⋮
    end
```

Eine Schleife nach diesem Schema wurde bereits bei der Darstellung des Hauptprogramms in 4.6.1.2 verwendet.

## 4.6.3 Aspekte der Selbstdokumentation

Der Aufbau eines Pascal-Programms ist bereits weitgehend vorgegeben. Dies kommt in den Syntaxdiagrammen zum Ausdruck, die in Abbildung 3.10 dargestellt wurden. Insbesondere liegt eine eindeutige Trennung des Vereinbarungsteils vom

Anweisungsteil vor. Auch innerhalb des Vereinbarungsteils ist eine Gruppierung der verschiedenen Arten von Vereinbarungen zwingend vorgeschrieben. Diesbezügliche Stilregeln brauchen also gar nicht gegeben zu werden.

Es steht allerdings im Ermessen des Programmierers, von den Vereinbarungsmöglichkeiten Gebrauch zu machen. Der Zweck von Prozeduren und Funktionen wurde bereits in 4.5.1 eingehend erörtert. Für die anderen Kategorien seien einige kurze Hinweise gegeben:

### (1) Marken

Auf die Verwendung von Marken kann fast völlig verzichtet werden. Wie die bisherigen Beispiele zeigten, sind Sprungbefehle und damit Sprungmarken in Pascal weitgehend entbehrlich. Die einzige Ausnahme stellt der Fall dar, daß ein Programmabbruch herbeigeführt werden soll. Im Gegensatz zu anderen Sprachen sieht Pascal keinen Stopbefehl vor. Ein Programm kann nur dadurch beendet werden, daß der Kontrollfluß an das Ende des Anweisungsteils des Hauptprogramms gelangt.

Eine rigorose Form des Kontrollflußtransfers besteht darin, von der Stelle aus, wo der Programmabbruch herbeigeführt werden soll, eine Marke anzusteuern, die am Ende des Hauptprogramms steht. Wenn diese Marke im Vereinbarungsteil des Hauptprogramms deklariert wurde, ist sie aufgrund der Regeln für die Gültigkeit von Vereinbarungen auch in allen Prozeduren und Funktionen bekannt.

Nachfolgend wird die Vereinbarung einer Marke in Zusammenhang mit einem Sprungbefehl zur Herbeiführung des Programmabbruchs skizziert. Die Marke 999 wird in dem Beispiel vor das Wortsymbol end gesetzt. Dies ist zulässig, obwohl end keine Anweisung darstellt! Genau genommen wird nämlich zwischen dem Doppelpunkt und end eine *leere Anweisung* angenommen; 999 ist folglich die Marke der Leeranweisung.

```
program beispiel (input, output);
   ⋮
label 999;        {marke am programmende}
   ⋮
procedure push (element : integer);
  begin
      if zeiger >= n
         then begin
                 write ('stack-ueberlauf bei element:', element);
                 go to 999; {programmabbruch!!!}
         ⋮
  end;
   ⋮
begin    {anweisungsteil des hauptprogramms "beispiel"}
   ⋮
999 : end. {hauptprogramm-ende}
```

## (2) Konstante

Die im Konstantenvereinbarungsteil eines Pascal-Programms deklarierten Namen bezeichnen „echte" Konstante, die im Anweisungsteil nicht verändert werden können. In den anderen Sprachen müssen zur Benennung von konstanten Werten dagegen Variablennamen herangezogen werden. Es liegt im Ermessen des Programmierers, diese Variablen im Sinne von „Konstanten" zu benutzen, d.h. keine Veränderungen vorzunehmen. Da die Vereinbarung von Konstanten in Pascal sehr einfach ist und stark zur Programmverständlichkeit beiträgt, sei dem Leser nahegelegt, diese Möglichkeit voll auszuschöpfen.

## (3) Typen

Die Datentypen von Pascal wurden bereits in 3.5.2.1 eingehend erörtert. Das ausgeprägte Typkonzept trägt zur Programmzuverlässigkeit bei, da eine Vielzahl von Überprüfungen bei der Übersetzung und Ausführung eines Programms vorgenommen werden kann. Es unterstützt darüber hinaus die Lesbarkeit, da es zusätzliche Verbalisierungsmöglichkeiten bietet.

Insbesondere sei auf die Vorteile von *Aufzählungstypen* und *Teilbereichstypen* hingewiesen. Diese ermöglichen es, den Verwendungszweck von Variablen deutlich herauszustellen. Ein kurzes Beispiel soll die Unterschiede aufzeigen. Zunächst wird ein Stück Programmtext ohne Aufzählungs- und Teilbereichstypen formuliert:

```
var  umsatz : array [1..12] of real;
     menge  : real,
     verarbeitung,
     index  : integer;
⋮
case verarbeitung of
     1: umsatz [index] := umsatz [index] - menge;
     2: umsatz [index] := umsatz [index] + menge;
     3: initialisierung
end;
```

Der Zweck der Variablen umsatz, index und verarbeitung läßt sich vielleicht erraten. Er ist aber nicht unmittelbar zu erkennen. Als Alternative wird das gleiche Programmstück unter Verwendung eines Aufzählungs- und eines Teilbereichstyps niedergeschrieben:

```
type verarbeitungstyp = (abgang, zugang, neuanlage);
     monate         = 1..12;
var  umsatz       : array [monate] of real;
     menge        : real;
     verarbeitung : verarbeitungstyp;
     index        : monate;
⋮
case  verarbeitung of
     abgang    : umsatz [index] := umsatz [index] - menge;
     zugang    : umsatz [index] := umsatz [index] + menge;
     neuanlage : initialisierung
end;
```

Der Zweck der Variablen ist nun deutlicher auszumachen: die Komponenten des Arrays umsatz werden anhand der monate unterschieden, und mit verarbeitung ist ein abgang, ein zugang oder eine neuanlage gemeint! Eine gravierende Einschränkung dieser Vorteile soll jedoch nicht unerwähnt bleiben. Die Möglichkeit der Verbalisierung mit Hilfe eines Aufzählungstyps besteht nur für die engere Verarbeitung im Innern eines Programms. Dagegen können die Werte eines Aufzählungstyps *nicht* mit den Standardprozeduren eingegeben oder ausgegeben werden.

### (4) Variable

Da in Pascal ohnehin alle Variable zu vereinbaren sind, braucht eine diesbezügliche Stilregel nicht empfohlen zu werden. Der Zwang zum Abkürzen von Variablennamen besteht ebenfalls nicht, so daß sprechende Bezeichnungen gewählt werden können. Die Lesbarkeit wird jedoch dadurch etwas behindert, daß man längere Namen nicht durch Bindestriche auflockern kann.

In umfangreicheren Vereinbarungsteilen ist es sinnvoll, logisch zusammengehörige Deklarationen zu gruppieren. Eine solche Gruppierung wurde beispielsweise bei der Stack-Implementierung in 4.6.1.2 vorgenommen. Alle Vereinbarungen, die sich auf die Repräsentation des Stack beziehen, sind dort zusammenhängend notiert. Als zweites Kriterium kann die Anordnung nach Typen, insbesondere nach strukturierten Typen und einfachen Typen, herangezogen werden.

Zur *Auflockerung des Layouts* ist die großzügige Verwendung von Leerzeilen und Einrückungen zu empfehlen. Pascal stellt hier keine Restriktionen entgegen. Namen im Vereinbarungsteil, zusammengehörende Befehlsfolgen im Anweisungsteil etc. können z. B. untereinander geschrieben und durch Leerzeilen von anderen Textstellen abgehoben werden. Zusätzliche Erläuterungen lassen sich mit Hilfe der Kommentarsymbole an beliebigen Stellen einfügen. Damit ist es möglich, Vereinbarungen unmittelbar in derselben Zeile zu erläutern oder Anweisungen am rechten Textrand zu kommentieren. Zur Veranschaulichung wird auf die erwähnte Stack-Implementierung und auf das Musterprogramm in 7.6 verwiesen.

Zum Abschluß sollen noch einige Hinweise zur Kommentierung am Programmanfang gegeben werden. Da ein Großteil der Informationen über ein Programm direkt aus dem Vereinbarungsteil ersichtlich ist, brauchen nur noch wenige Erläuterungen hinzugefügt werden. Dies sind vor allem:

- *Autor* des Programms, *Erstellungsdatum* und gegebenenfalls das Datum der letzten Änderung
- Kurzbeschreibung der *Aufgabe* des Programms und des *Lösungswegs*
- *Dateien* und ihre Verwendung als Eingabe-, Ausgabe- oder Ein-/Ausgabedatei
- Aufstellung der *Zugriffsoperationen* und der Reihenfolgebedingungen, wenn Datenkapseln in dem Programm vereinbart werden

Analoge Angaben sollten auch umfangreicheren Prozeduren und Funktionen vorangestellt werden. Wenn diese parametrisiert sind, ist eine zusätzliche Information sinnvoll:

- *Parameter* und Richtung des Datentransfers (Input, Output oder Input/Output)

program *programmname (datei₁, datei₂, . . .);*

```
{--------------------------------------------------------}
{                                                        }
{ autor:      name                erstellungsdatum       }
{                                                        }
{ aufgabe:    ...                                        }
{                                                        }
{ loesungsweg: ...                                       }
{                                                        }
{ dateien:    ...                                        }
{                                                        }
{ zugriffsoperationen der abstrakten datenstruktur:  name }
{          .                                             }
{          .                                             }
{          .                                             }
{ reihenfolgebedingungen:  ...                           }
{                                                        }
{--------------------------------------------------------}
```

**Abb. 4.23.** Kommentierung am Anfang eines Pascal-Programms

Zur Hervorhebung der Erläuterungen kann eine Einrahmung aus Sternen o. ä. vorgesehen werden. Da das Kommentarsymbol in Pascal die geschweifte Klammer ist, läßt sich die linke und rechte Begrenzung des Kastens auch durch Klammern realisieren. Abbildung 4.23 zeigt das Kommentierungsschema unter Verwendung von geschweiften Klammern. Beispiele findet man in den Musterprogrammen, die in 7.6 dargestellt sind.

# 5 Sprachübergreifende Aspekte des Programmierstils

Nachdem in Kap. 4 dargelegt wurde, wie bestimmte Elemente des Programmierstils in den einzelnen Sprachen verwirklicht werden können, soll zum Abschluß auf einige Aspekte der Programmgestaltung eingegangen werden, die sprachübergreifend sind. Dabei handelt es sich einmal um Fragen, die mit der optischen Aufbereitung des Programmtexts zusammenhängen. Zum zweiten werden Auswirkungen des Effizienzstrebens skizziert, und abschließend werden verschiedene Faktoren erörtert, die ebenfalls Einfluß auf den Programmierstil haben.

## 5.1 Kommentierung und Programm-Layout

### 5.1.1 Die Rolle von Kommentaren

Kommentare sind von herausragender Bedeutung für die Eigenschaft eines Programms, selbsterläuternd zu sein. Häufig wird Programmqualität sogar mit einem hohen Anteil an Kommentarzeilen gleichgesetzt. Dies führt zu Faustregeln der Art:

– „Ein gutes Programm sollte zu 50% aus Kommentarzeilen bestehen"

oder

– „Im Durchschnitt sollte mindestens jede 10. Zeile eine Kommentarzeile sein"[1]

Wie alle Faustregeln sind solche Merksätze gefährlich, da sie nur Äußerlichkeiten beschreiben und nicht den Sinn der Kommentierung herausstellen. Myers warnt beispielsweise ausdrücklich vor exzessiver Kommentierung: Eine große Zahl von Kommentarzeilen sei entweder ein Indiz dafür, daß die Programmlogik obskur und trickreich ist, so daß sie ausführlicher Erläuterungen bedarf; oder der Programmierer sei einer der genannten Faustregeln gefolgt, die oft als Programmierkonventionen vorgegeben werden. Im letzteren Fall sei zu erwarten, daß die meisten Kommentare keine Aussagekraft besitzen[2].

Kommentare haben nur insoweit einen Sinn, wie sie geeignet sind, die Aussagefähigkeit des Programmtexts zu erhöhen. Kommentare müssen *zusätzliche* Informationen enthalten. Erläuterungen, die man häufig in Programmen findet, wie z.B.

---

1 Vgl. z.B. van Tassel (1974), S.6
2 Vgl. Myers (1976), S.160f.

```
c      i wird um 1 erhöht
       i = i+1
c      verzweigung nach 1500, wenn i > 100
       if (i.gt.100) go to 1500
```

sind sinnlos und schädlich. Sie drücken nichts aus, was der mit der Programmiersprache auch nur flüchtig vertraute Leser nicht ebenso schnell aus den beiden Anweisungen erkennen könnte.

Die Kommentierung eines Programms bringt also nicht nur Vorteile. Entscheidend ist die Art und Weise, wie die Kommentare eingesetzt werden. Einige gravierende *Nachteile* bei unzweckmäßigem Gebrauch müssen hervorgehoben werden:

- Eine Vielzahl in den Programmtext eingestreuter Kommentare bläht das Programm auf und behindert den Lesefluß. Die Programmlogik wird dadurch eher verschleiert als erhellt.
- Der Kommentartext muß genau mit der erläuterten Anweisung oder Vereinbarung übereinstimmen. Dies ist häufig nicht der Fall, vor allem dann, wenn vergessen wird, bei einer Programmänderung die betroffenen Kommentare ebenfalls anzupassen.
- Ungenaue oder falsche Kommentare haben katastrophale Auswirkungen auf die Verständlichkeit eines Programms, da sich der Leser bei der Interpretation des Texts zunächst vor allem auf verbale Erläuterungen verläßt. Kommentierte Anweisungen werden bewußt oder unbewußt meist weniger kritisch reflektiert. Im folgenden Programmbeispiel wird der Leser durch die verbale Erläuterung auf eine falsche Fährte gelockt[3]:

```
/* test, ob x eine ungerade zahl ist */

if mod (x,2) = 0
    then do;
         summe = summe + x;
         ungerade = ungerade + 1;
    end;
```

Der Kommentartext stimmt nicht mit dem erläuterten Stück Programmcode überein. Offensichtlich sollte x dann weiterverarbeitet werden, wenn es sich um eine ungerade Zahl handelt; die Bedingung bewirkt aber das Gegenteil! Ein Programmierer, der sich über die Bedeutung der mod-Funktion nicht ganz im klaren ist, wird sich von dem Kommentar möglicherweise in die Irre führen lassen!
- Das Beispiel zeigt zusätzlich, daß ungenaue oder falsche Kommentare die Fehlersuche erheblich erschweren und die Änderbarkeit eines Programms beeinträchtigen können.

Angesichts dieser möglichen Nachteile verwundert es nicht, daß der Sinn von Kommentaren nicht ganz unumstritten ist. Auch Testexperimente, über die Shneiderman und andere Autoren berichten, kommen teilweise zu unterschiedlichen Ergebnissen[4]. Umfänglich kommentierte Programme erwiesen sich dort tendenziell - aber

---

3  Vgl. Kernighan, Plauger (1974), S.118
4  Vgl. Shneiderman (1980), S.67

nicht immer – als leichter zu verstehen und leichter zu ändern. In einem Experiment zeigte sich, daß ungenau und irreführend kommentierte Programme weniger verständlich als völlig unkommentierte Programme sind!

Von besonderem Interesse sind Ergebnisse eines Experiments, die Aufschluß über eine zweckmäßige Kommentierungsstrategie – Art und Stellung von Kommentaren im Text – geben können. Shneiderman testete mit Studenten eines einführenden Fortran-Kurses zwei Kommentierungsstrategien[5]. Die Teilnehmer wurden in zwei Gruppen aufgeteilt und erhielten je ein Fortran-Programm vorgelegt, das nach einer der beiden Strategien kommentiert war:

(1) Kommentierung auf „höherem Niveau“: die Aufgabe des Programms und der Lösungsweg wurden am *Programmanfang* global charakterisiert.
(2) Kommentierung auf „niederem Niveau“: innerhalb des Programmtexts wurden *einzelne Anweisungen* detailliert erklärt.

Als Aufgaben sollten die Testpersonen zum einen gewisse Änderungen des Programms durchführen und zum andern den Programmtext aus dem Gedächtnis rekonstruieren. Bei beiden Aufgaben erzielten die Teilnehmer der Gruppe (1) signifikant bessere Ergebnisse als die der Gruppe (2).

Die Testergebnisse von Shneiderman deuten darauf hin, daß die Beschreibung *globaler Strukturen* für den Leser eines Programms eine hilfreichere Unterstützung darstellt als Erläuterungen von Programmdetails, die in den Programmtext eingestreut sind. In Verbindung mit dem Prinzip der Zerlegung und der Verfeinerung eines Programmsystems, das zu überschaubaren Komponenten führt, reicht es deshalb weitgehend aus, wenn die Kommentierung hauptsächlich am Kopf eines Zerlegungs- oder Verfeinerungskonstrukts bzw. am Kopf des Hauptprogramms erfolgt.

Die Richtlinien zur Kommentierung, die in Kapitel 4 behandelt und bei den Musterprogrammen in Kapitel 7 berücksichtigt wurden, orientieren sich an diesen Grundgedanken. Bei der Kommentierung am Programm- bzw. Prozedurkopf werden globale Informationen notiert, die der Leser zum Gesamtverständnis benötigt: Aufgabe, Lösungsweg, benutzte Unterprogramme und Dateien, Abkürzungen etc. Inhaltliche Erläuterungen im Algorithmus werden dann nur noch im Sinne von Abschnittsüberschriften gegeben, z. B. (aus der Prozedur auswertung des PL/I-Programms in 7.5):

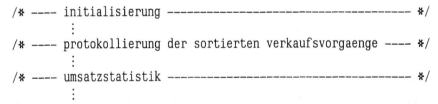

```
/* ---- initialisierung ------------------------------------- */
        ⋮
/* ---- protokollierung der sortierten verkaufsvorgaenge ---- */
        ⋮
/* ---- umsatzstatistik ------------------------------------- */
        ⋮
```

Darüber hinaus gelangen Kommentare nur zum Einsatz, wenn Ersatzkonstruktionen für fehlende Sprachkonstrukte gebildet werden müssen. Dies ist beispielsweise der Fall, wenn die Vereinbarung einer Datenstruktur simuliert wird (etwa die fehlende Record-Struktur in Fortran), und insbesondere bei der Nachbildung von

---

5 Vgl. ebd., S. 67 ff.

Steuerkonstrukten: die meisten Kommentare in den Beispielprogrammen sind Kommentare, die ein nachgebildetes Steuerkonstrukt beschreiben. Hier handelt es sich im Sinne der oben formulierten Forderung in der Tat um *zusätzliche* Informationen, die dem Leser zum Verständnis der Ersatzkonstruktion gegeben werden müssen!

## 5.1.2 Zur Wirkung von Einrückungen und Leerzeilen

In den Kap. 4 und 7 wurde ausgiebig von dem Stilmittel Gebrauch gemacht, logisch zusammengehörige Programmobjekte so zu gruppieren, daß die Zusammengehörigkeit auch optisch zum Ausdruck kommt. Zur Hervorhebung und Abgrenzung von der Umgebung wurden Leerzeilen und Zwischenräume in einer bestimmten Weise eingesetzt.

Wie die Abschnitte in einem Prosatext dazu dienen, eine Zäsur des Gedankengangs zu markieren, so bringen *Leerzeilen* im Programmtext zum Ausdruck, daß ein Einschnitt vorliegt, z. B. beim Beginn von Vereinbarungen, am Anfang eines Steuerkonstrukts u. ä. Logische Abhängigkeiten werden durch systematische Verwendung von *Leerstellen* hervorgehoben, etwa so, daß alle untergeordneten Textpassagen um die gleiche Anzahl von Leerstellen eingerückt sind.

Beispiele für diese Vorgehensweise findet man bei der Vereinbarung von Record-Strukturen, wo die Komponenten einer bestimmten Hierarchiestufe untereinander geschrieben werden, oder bei den Steuerkonstrukten, wo Schleifenrümpfe, Then-, Else-Zweige etc. stets um mehrere Spalten nach rechts verschoben sind. Bei mehrstufigen Abhängigkeiten setzt sich das Einrücken analog fort: die Record-Komponenten einer tieferen Hierarchiestufe oder die Anweisungen in einem geschachtelten Steuerkonstrukt werden um weitere Leerstellen nach rechts gerückt.

Die Hervorhebung durch Einrücken und Leerzeilen ist ein reines Stilmittel, das in keinem Fall durch die Syntax der Programmiersprache verlangt wird. Im Gegenteil: Fortran66 behindert beispielsweise den Gebrauch von Leerzeilen, und ältere Lehrbücher - vor allem Basic- und Fortran-Bücher - verleiten den Lernenden nachgerade dazu, die optische Strukturierung zu unterlassen. Programme werden dort häufig „linksbündig" und ohne jede Leerzeile notiert. Die Auswirkungen auf die Verständlichkeit sind entsprechend katastrophal.

Der Vorteil einer systematischen Auflockerung des Programmtexts liegt auf der Hand: der Leser wird dabei unterstützt, globale Programmstrukturen zu erfassen. Dies scheint so offensichtlich, daß heute nahezu in jedem Lehrbuch, das stilistische Aspekte nicht ganz vernachlässigt, der großzügige Gebrauch von Leerzeilen und Einrückungen empfohlen wird.

Um so erstaunlicher ist es, daß die Vorteilhaftigkeit empirisch nicht bewiesen werden konnte. Shneiderman gibt Ergebnisse verschiedener Testexperimente wieder, in denen ein Nachweis versucht wurde[6]. In einem ersten Fall ergab sich keine Verbesserung der Verständlichkeit durch Einrücken (gemessen auf dem Wege der Rekonstruktion eines Fortran-Programms). Bei einem zweiten Test wurde ermittelt, daß eingerückte und mit Kommentaren versehene PL/I- und Algol-W-Programme

---

6  Vgl. Shneiderman (1980), S. 72 ff.

schwieriger nachzuvollziehen waren (im Sinne eines Schreibtischtests). Das dritte
Experiment, über das Shneiderman berichtet, betraf die Aufgabe, in einem Pascal-
Programm einen Fehler zu suchen und zu beheben. Die Testpersonen, die eine eingerückte Programmversion erhielten, schnitten dort zwar etwas besser ab als die anderen, aber der Unterschied war nicht signifikant.

Die zunächst erstaunlichen Ergebnisse scheinen die oben herausgehobenen
Vorteile etwas zu relativieren. Dabei müssen aber die Rahmenbedingungen der Experimente berücksichtigt werden. In allen Fällen lagen relativ *kleine* Programme zugrunde. Die Vorteilhaftigkeit der Textstrukturierung als Unterstützung zur Muster-
erkennung tritt aber um so stärker zutage, je *größer* ein Programm ist! Außerdem
sind Schreibtischtest und Fehlersuche Tätigkeiten, die nicht unbedingt für das „Verstehen" eines Programms (im Sinne der Erfassung grundlegender Zusammenhänge) typisch sind. Vielmehr muß der Mensch bei diesen Tätigkeiten wie ein Prozessor
jede einzelne Anweisung nachvollziehen und auswerten. Bei dieser mühseligen Arbeit dürfte ein optisch aufgelockerter Programmtext tatsächlich keine Erleichterung
darstellen, und viele Kommentarzeilen stören eher.

Dennoch sind die Ergebnisse der Experimente bemerkenswert. Sie sollen zum
Anlaß genommen werden, zumindest auf zwei unerwünschte Begleiterscheinungen
beim Einrücken hinzuweisen:

- Wenn sich ein Algorithmus mit mehrfach geschachtelten Steuerkonstrukten über
  eine Seitengrenze erstreckt, geht der durch das Einrücken intendierte Effekt weitgehend verloren. Die logische Struktur erleidet einen optischen Bruch. Als Beispiel sei der Sortieralgorithmus genannt, der in den Musterprogrammen in Kapitel 7 enthalten und sehr tief geschachtelt ist. Wenn es nicht gelingt, die
  einrahmenden Anweisungen der äußeren Schleifen auf dieselbe Textseite zu
  bringen (insbesondere dann, wenn es sich um Ersatzkonstruktionen handelt), ist
  es schwierig, die Schachtelungsstruktur zu erfassen. Die Implementierungen in
  Fortran, die in 7.2 wiedergegeben sind, verdeutlichen diese Aussage.
- Mit zunehmender Schachtelungstiefe rücken die Anweisungen immer weiter an
  den rechten Textrand. Deshalb ist man oft gezwungen, den Anweisungstext auf
  mehrere Zeilen zu verteilen, sofern dies nicht (wie in Basic) verboten ist. Bei den
  Musterprogrammen leiden vor allem die Ausgabeanweisungen darunter, da Literale aufgespalten oder gar durch mehrere Anweisungen ausgegeben werden müssen (wie z. B. in Basic).

# 5.2 Weitere Einflußfaktoren

## 5.2.1 Einige Aspekte des Effizienzstrebens

Auf die Zusammenhänge zwischen dem Effizienzmerkmal und den anderen Anforderungen an die Programmqualität wurde bereits in Kap. 1 hingewiesen. Erfah-
rungsgemäß geht das Streben nach Laufzeit- und Speichereffizienz zu Lasten der
wichtigeren Qualitätsmerkmale Verständlichkeit, Zuverlässigkeit und Änderbarkeit, auf denen in diesem Buch die Ausführungen über Elemente des Programmier-

stils aufbauten. Einige spezielle Aspekte, die dem Effizienzstreben entspringen und die der Verständlichkeit, Zuverlässigkeit bzw. der Änderbarkeit entgegenstehen, sollen im folgenden skizziert werden.

Einmal handelt es sich um sogenannte *selbstmodifizierende Programme*[7]. Damit sind Programme gemeint, in denen sich der Objektcode (das Maschinenprogramm) bei der Ausführung selbst ändert. In Assemblersprachen ist es ein beliebter Programmiertrick, durch geeignete Adressierung die interne Darstellung des Befehlscodes zu manipulieren. In höheren Programmiersprachen läßt sich dies im allgemeinen nicht durchführen. Es gibt jedoch in den meisten Sprachen Elemente, die in ähnlicher Weise geeignet sind, die Ablauflogik zu verschleiern. Solche Elemente wurden bisher bewußt nicht behandelt. Da sie von Programmierern, die damit Effizienzverbesserungen zu erzielen glauben, oft verwendet werden, sollen sie nun kurz erwähnt werden.

In PL/I, Fortran und Cobol existieren Sprachelemente, mit deren Hilfe man Sprungziele dynamisch verändern kann. Dies führt dazu, daß man einem Sprungbefehl nicht mehr ansieht, wohin der Sprung tatsächlich führt. In PL/I steht zur dynamischen Veränderung von Sprungzielen die *Markenvariable* zur Verfügung. Eine Markenvariable ist eine Variable, die als Werte Marken(-konstante) annehmen kann. Wenn in einem Sprungbefehl eine Markenvariable, z.B. `ziel`, angegeben wird, so erfolgt ein Sprung an die Stelle im Programm, die durch den aktuellen Wert der Variablen `ziel` bestimmt ist:

```
go to ziel;
```

Der Sprungbefehl selbst läßt nicht erkennen, wo das Sprungziel liegt! (Vergleichbare Wirkungen hat der gesetzte Sprung - assigned goto - in Fortran, bei dem das Sprungziel in ähnlicher Weise manipuliert wird.)

Der Verständlichkeit noch abträglicher ist der `alter`-Befehl in Cobol. Dieser Befehl ändert intern ein angegebenes Sprungziel. Wenn im Prozedurteil beispielsweise der Paragraph

```
fortsetzung.
    go to einlesen.
```

steht und irgendwann der `alter`-Befehl

```
alter fortsetzung to proceed to fehlerbehandlung.
```

durchlaufen wird, dann hat dies folgende Wirkung: Intern wird in dem Paragraphen `fortsetzung` der Prozedurname `einlesen` durch `fehlerbehandlung` ersetzt. Wenn später der Sprungbefehl zur Ausführung gelangt, wird ein Sprung zu dem Paragraphen `fehlerbehandlung` hin vorgenommen, obwohl im statischen Programmtext nach wie vor

```
go to einlesen.
```

steht. Der Text drückt also etwas aus, was dem tatsächlichen Sachverhalt nicht entspricht. Dies ist ein schwerwiegender Verstoß gegen die Programmverständlichkeit und indirekt gegen die Zuverlässigkeit.

---

7  Vgl. Yourdon (1975), S. 198 ff.

Ein zweites Beispiel für die Begleiterscheinungen des Effizienzstrebens ist das Ausnutzen von implementationsabhängigen Sprachelementen. Übersetzer, die auf bestimmte Hardwaretypen oder Betriebssysteme zugeschnitten sind, akzeptieren oft einen anderen Sprachumfang als andere Übersetzer. Abweichungen findet man bei der Dateiverarbeitung und der Ein-/Ausgabe, aber auch in anderen Bereichen. Die herstellerbezogenen Sprachelemente nutzen meist spezielle Hardwareeigenschaften aus, so daß sie effizienter als die Standardsprachelemente sind. Der Nachteil liegt vor allem in der mangelnden Portabilität: die Programme können in einer anderen Hardware- oder Betriebssystemumgebung nicht eingesetzt werden.

An dritter Stelle sei auf die Gefahr von Richtlinien zur Effizienzsteigerung hingewiesen, die man oft in Programmierlehrbüchern findet. Solche Richtlinien gehen regelmäßig auf Kosten der Verständlichkeit. Beispiele sind etwa[8]:

- Ersetzen „komplizierterer" arithmetischer Operationen durch „einfachere" (z. B. sei i+i+i effizienter als 3*i, x*x effizienter als x**2, (x*x)*(x*x) effizienter als x**4 etc.)

- Vermeiden wiederholter Berechnungen: Für die beiden Lösungen einer quadratischen Gleichung solle man statt

```
x1 = (-b + sqrt(b**2 - 4.0*a*c) / (2.0*a)
x2 = (-b - sqrt(b**2 - 4.0*a*c) / (2.0*a)
```

lieber schreiben:

```
  d = a + a
dis = sqrt (b*b - 4.0*a*c)
 x1 = (-b + dis) / d
 x2 = (-b - dis) / d
```

- Vermeiden von Indexrechnungen; d.h., die Behandlung von Arrays soll so programmiert werden, daß bei der Ausführung möglichst selten die Werte von Indizes bestimmt werden müssen (interne Adreßrechnungen also minimiert werden). Beispielsweise sei es effizienter, den arithmetischen Ausdruck

```
x = (a(i) + 1/a(i)) + a(i)
```

mit Hilfe einer zusätzlichen Variablen zu berechnen, da dann zwei Indexrechnungen wegfallen:

```
ai = a(i)
 x = (ai + 1/ai) + ai
```

- Darstellung mehrdimensionaler Arrays durch eindimensionale; dies bedeutet, daß der Programmierer gewisse Indexrechnungen, die sonst maschinenintern erledigt werden, selbst vornimmt. Wenn matrix beispielsweise für eine (nxm)-Matrix steht, die durch einen vektor mit n*m Elementen simuliert wird, dann muß statt eines Zugriffs auf ein Matrixelement

```
matrix(i,j)
```

---

8  In Anlehnung an Van Tassel (1973), S. 53 ff.

ein Zugriff auf ein Vektorelement notiert werden. Bei zeilenweiser Speicherung der Matrix findet man dieses als

```
vektor(j + (m*(i-1))
```

wieder.

Diese Beispiele zur Effizienzsteigerung mögen genügen. Unter dem Aspekt der Lesbarkeit disqualifizieren sie sich, ohne daß zusätzliche Bemerkungen notwendig sind.

Effizienztricks auf der Ebene der Programmiersprache sind im allgemeinen Fehlerquellen und beeinträchtigen die Verständlichkeit ganz erheblich. Die Effizienzsteigerungen beruhen oft eher auf Vermutungen, und häufig ist die tatsächliche Verbesserung minimal. In vielen Fällen sind Effizienztricks auf Kosten der Verständlichkeit völlig abwegig, z.B. bei selten oder nur einmalig eingesetzten Programmen oder in Programmteilen, die nur einmal je Programmlauf ausgeführt werden (Vorarbeiten, Abschlußprozedur u.ä.).

Bei häufig eingesetzten Programmen, die tatsächlich zeitkritisch sind, kann manchmal auf Effizienzsteigerungen dennoch nicht verzichtet werden. In diesen Fällen wird eine *Nachoptimierung* empfohlen: Das Programm sollte zunächst verständlich und stilistisch einwandfrei entwickelt werden. Auf der Grundlage einer solchen Programmversion sollte dann versucht werden, Programmteile zu ermitteln, die einen Großteil der Laufzeit verursachen. Für Laufzeitmessungen stehen in jedem Betriebssystem und sogar in manchen Programmiersprachen Standardfunktionen zur Verfügung.

Die rechenzeitintensivsten Teile eines Programms sind meist die Schleifenrümpfe von mehrfach geschachtelten Schleifen. Wenn im innersten Schleifenrumpf, der am häufigsten durchlaufen wird, eine Effizienzmaßnahme gelingt, dann hat dies durchschlagende Wirkungen auf die gesamte Programmlaufzeit.

Ein Beispiel soll dies verdeutlichen. Die naheliegende Lösung für die Multiplikation zweier $(n \times n)$-Matrizen a und b lautet in Fortran[9]:

```
      do 15 i = 1,n
      do 15 k = 1,n
      c(i,k)  = 0.
      do 15 j = 1,n
      c(i,k)  = c(i,k) + a(i,j) * b(j,k)
   15 continue
```

Wenn man c(i,k) aus dem innersten Schleifenrumpf eliminiert, indem eine Hilfsvariable eingeführt wird – dies ist möglich, da die Werte von i und k in der innersten Schleife konstant sind –, dann entfällt jedesmal bei der Ausführung des Schleifenrumpfs die interne Adreßrechnung für den Array c:

---

9 Unverändert entnommen aus Singer (1980), S. 131

```
      do 160 i = 1,n
      do 160 k = 1,n
        summe  = 0.
        do 150 j = 1,n
          summe = summe + a(i,j) * b(j,k)
150     continue
        c(i,k) = summe
160   continue
```

Bei der zweiten Version beträgt die Laufzeit (für $n = 100$ und bei einem bestimmten Compiler) nur noch 41% der Laufzeit der ersten Version[10].

Im übrigen sei nochmals darauf hingewiesen, daß die durch Programmiertricks erreichbaren Effizienzsteigerungen eher von untergeordneter Bedeutung sind. Außerdem nehmen die heutigen Übersetzer, insbesondere *optimierende Übersetzer*, bereits von sich aus viele Programmoptimierungen vor (z.B. das Entfernen wiederholter, unveränderter Berechnungen aus einem Schleifenrumpf).

Ein sinnvollerer Ansatz für Effizienzverbesserungen, den der Programmierer verfolgen sollte, liegt auf der Ebene der Algorithmen und der Datenstrukturen. Wenn es gelingt, die Lösung eines Problems mit Hilfe wirkungsvollerer Algorithmen oder adäquaterer Datenstrukturen zu realisieren, dann lassen sich Effizienzsteigerungen in ganz anderen Größenordnungen erzielen, als es durch Programmiertricks je möglich ist. Beispielsweise kann die Auswahl eines effizienteren Sortieralgorithmus die Laufzeit eines Sortierprogramms um den Faktor 10–20 verkürzen[11]. Das heißt, daß die Laufzeit bei einem ineffizienten Algorithmus (z.B. Bubble-Sort) 1000% oder 2000% der für einen effizienten Algorithmus (z.B. Shell-Sort, Quick-Sort) benötigten Zeit beträgt!

## 5.2.2 Datenvereinbarungen

Bei den Ausführungen über Elemente des Programmierstils in Kap. 4 und bei den Beispielprogrammen in Kapitel 7 wurde stets auf eine bestimmte Darstellung und Verwendung von Datenvereinbarungen geachtet. Einige der zentralen Aspekte sollen an dieser Stelle noch einmal hervorgehoben werden.

Jedes Programm besteht aus Anweisungen und aus Daten, die von den Anweisungen bearbeitet werden. Daten und Anweisungen sind gleichgewichtige Bestandteile eines Programms, die auch gleichrangig behandelt werden sollten. Aus dieser Überlegung folgt, daß Datenvereinbarungen nicht über den algorithmischen Teil eines Programms verstreut, sondern an einer bestimmten Stelle zusammengefaßt sein sollten.

Die Trennung des Vereinbarungsteils vom algorithmischen Teil ist eine wichtige Voraussetzung für die Programmverständlichkeit. Sie hilft dem Leser, die Art der behandelten Datenobjekte zu erkennen und Informationen über die in einer Anweisung angesprochenen Operanden (z.B. den Datentyp, die Stellung in einer Record-Struktur u.a.) schnell aufzufinden.

---

10  Vgl. Singer (1980), S. 132
11  Vgl. Wirth (1979), S. 127

Die einzigen der hier berücksichtigten Programmiersprachen, die die Trennung explizit verlangen, sind Cobol und Pascal. Jedes Cobol-Programm hat einen eigenen Datenteil und einen Prozedurteil, und in Pascal müssen alle Arten von Vereinbarungen vor dem Anweisungsteil getroffen werden. Bei Fortran, Basic und PL/I bleibt es dagegen der Disziplin des Programmierers überlassen, Vereinbarungen am Anfang eines Programms zu treffen.

Innerhalb des Vereinbarungsteils ist eine weitere Aufgliederung nach Konstanten, Variablen und Formalparametern angebracht, sofern die Programmiersprache eine entsprechende Struktur nicht bereits vorschreibt, wie es teilweise in Cobol und in Pascal der Fall ist. Zu den einzelnen Kategorien sollen einige Hinweise angefügt werden:

## (1) Konstante

Konstante Werte, die sich im Programm nicht ändern, sollten als solche auch gekennzeichnet und erkennbar sein. Die Begründung hierfür wurde bereits mehrfach gegeben. Die einzigen Sprachen, in denen man echte Konstante vereinbaren kann, sind Pascal und Fortran77. Frühere Cobol-Versionen enthielten ebenfalls entsprechende Sprachelemente, die jedoch leider 1969 entfernt wurden[12]. In Fortran66, Basic, Cobol und PL/I ist man gezwungen, Konstante durch Variable zu simulieren.

Damit der Wert, den die (als) Konstante (gedachte Variable) hat, im Vereinbarungsteil auch sichtbar ist, wurde in Kap. 4 stets von der Möglichkeit der *Anfangswertzuweisung* (Initialisierung) Gebrauch gemacht. Außer Basic stellt jede der drei Sprachen ein entsprechendes Ausdrucksmittel zur Verfügung:

- value-Klausel in Cobol
- initial-Attribut in PL/I
- data-Anweisung in Fortran66

Es ist streng darauf zu achten, daß nur *Konstante* auf diese Weise initialisiert werden. Variable sollten ihre Anfangswerte dynamisch erhalten, z. B. durch eine Ergibtanweisung im algorithmischen Teil. Nur wenn man sich strikt an diese Regel hält, kann sich der Leser eines Programms darauf verlassen, daß die im Vereinbarungsteil notierten Werte Konstante sind und im Programmablauf unverändert bleiben.

Gegenüber echten Konstanten weisen simulierte Konstante zwei erhebliche Nachteile auf. Einmal sind sie nicht vor gewolltem oder ungewolltem Überschreiben geschützt, da es sich tatsächlich ja um Variable handelt. Zum andern können sie nicht in jedem Kontext wie Literale oder echte Konstante benutzt werden. Beispielsweise kann man eine in Fortran durch

```
c   konstante:
        integer max
        data    max /1000/
```

simulierte Konstante max zwar durchweg im algorithmischen Teil ansprechen, z. B. in einer Schleife:

---

12 Vgl. ANSI (1974), S. XIV-4

```
     do 5500 i = 1, max
       a(i) =  0
5500 continue
```

In der Vereinbarung des Arrays a darf max aber nicht auftreten. Dort muß nach wie vor das Literal 1000 niedergeschrieben werden:

```
integer a(1000)
```

### (2) Variable

Alle Variable eines Programms sollten explizit vereinbart werden. Auch hier sind Pascal und Cobol die einzigen Sprachen, die vollständige Deklarationen erzwingen. Fortran, Basic und PL/I sehen dagegen auch implizite Vereinbarungen vor, etwa anhand der Anfangsbuchstabenkonvention. Der Verzicht auf explizite Deklarationen beeinträchtigt die Verständlichkeit, da ein Programm nun keine Aufstellung aller verwendeten Namen mehr enthält. Außerdem wird der Programmierer dazu verleitet, die Wahl der Variablennamen an der Anfangsbuchstabenkonvention zu orientieren, was die Lesbarkeit noch weiter behindert. Als Name einer ganzzahligen Zwischensumme, die man mit

```
integer zwisum
```

noch einigermaßen sinnhaftig bezeichnen könnte, würde so mancher Fortran-Programmierer izwisu oder eine ähnliche Verstümmelung wählen!

Wenn explizite Deklarationen nicht möglich (wie in Basic) oder Abkürzungen unvermeidbar sind (wie in Fortran), dann sollte als Ersatz bzw. zur Ergänzung der Datenvereinbarungen zumindest ein Abkürzungsverzeichnis in Form eines Kommentars an den Programmanfang gestellt werden.

Implizit getroffene Vereinbarungen sind schließlich eine Fehlerquelle ersten Ranges. Ein klassisches und häufig zitiertes Beispiel ist ein Fehler in einem Fortran-Programm, der zum Scheitern der ersten amerikanischen Raumfahrtmission zur Venus führte. Der Fehler bestand darin, daß in einer Schleifenanweisung wie

```
do 10 i = 1,100
```

statt des Kommas versehentlich ein Punkt geschrieben wurde. Der Fortran-Übersetzer erkannte die Zeile nicht als eine fehlerhafte Do-Anweisung. Da Zwischenräume in Fortran grundsätzlich redundant sind und sogar innerhalb von Namen stehen dürfen, interpretierte der Compiler die Zeile als Wertzuweisung an eine Variable do10i:

```
do10i = 1.100
```

Diese Variable war natürlich nicht explizit vereinbart, sondern wurde vom Übersetzer aufgrund des Anfangsbuchstabens als Variable vom Typ real implizit angelegt!

Programmierrichtlinien enthalten oft den Hinweis, *temporäre Variable* (Hilfsvariable) möglichst zu vermeiden. Für diese Regel sprechen einige Gründe: Je mehr Variable in einem Programm vorkommen, um so stärker wird der Text aufgebläht. Außerdem werden temporäre Variable gern zum Zweck der Effizienzsteigerung verwendet, z. B. zur Vermeidung mehrfacher Indexrechnungen, wie im vorigen Abschnitt gezeigt wurde. Unter diesen Gesichtspunkten kann die Regel sinnvoll sein.

Temporäre Variable sind aber auch ein Verbalisierungsinstrument und können die Lesbarkeit eines Programms erhöhen. Beispielsweise gewinnt die Anweisung

```
gewinn = preis1 * menge1 + preis2 * menge2
        - (fixkst + v1 * menge1 + v2 * menge2)
```

an Aussagefähigkeit, wenn man die Komponenten benennt:

```
erloes = preis1 * menge1 + preis2 * menge2
kosten = fixkst + v1 * menge1 + v2 * menge2
gewinn = erloes - kosten
```

Beim Gebrauch von temporären Variablen sollten also beide Gesichtspunkte berücksichtigt werden.


### (3) Formalparameter

Daten, die als Parameter in einem Unterprogramm verwendet werden, müssen auch als solche erkennbar sein. Dies ist durch die Parameterlisten in der procedure-, subroutine-Anweisung etc. im allgemeinen gewährleistet. Die deutlichste Kennzeichnung sehen Cobol und Pascal vor. Cobol-Unterprogramme enthalten einen eigenen Vereinbarungsteil für Formalparameter (linkage section), und Pascal-Prozeduren weisen in der Parameterliste auch den Datentyp der Parameter aus.

Keine der Programmiersprachen verlangt jedoch, daß die Richtung der Parameterübergabe explizit festgelegt wird. Deshalb wurde in Kap. 4 stets die Stilregel angewendet, für jeden Parameter durch Kommentierung seine Rolle als Input-, Output- oder Input-Output-Parameter offenzulegen.


## 5.2.3 Einzelaspekte

Zum Abschluß werden einige Stilelemente angesprochen, die vor allem zur Klarheit des Programmtexts und zur Programmsicherheit beitragen. Grundsätzlich sollte der Programmtext möglichst einfach und übersichtlich gestaltet werden. Semantisch oder auch optisch nicht eindeutig zurechenbare Konstruktionen sollten vermieden werden. Daraus folgt beispielsweise:

- In eine Zeile wird nur 1 Anweisung geschrieben, auch wenn die Programmiersprache mehrere Anweisungen erlaubt. Optisch einfacher zu erfassen als

```
do i = 1 to n; c(i) = a(i) * b(i); d(i) = a(i)/b(i); end;
```

ist die Auflösung in einzelne Zeilen:

```
do i   = 1 to n;
  c(i) = a(i) * b(i);
  d(i) = a(i) / b(i);
end;
```

- Zweideutigkeiten und Unklarheiten bezüglich der Auswertungsreihenfolge bei logischen und arithmetischen Ausdrücken werden durch Klammersetzung eliminiert. Zwar gibt es in jeder Sprache eindeutige Prioritätsregelungen für Operatoren; aber nicht jeder Programmierer kennt alle Vorschriften mit hundertprozentiger Sicherheit. Außerdem sind die Regeln nicht in jeder Programmiersprache gleich. Mögliche Unklarheiten sollten von vornherein beseitigt werden. Bei der Anweisung

```
x = -y**2
```

könnte z. B. Unsicherheit darüber bestehen, ob

```
x = (-y)**2
```

oder

```
x = -(y**2)
```

gemeint ist. Klammern bringen den Zweck der Anweisung klar zum Ausdruck. Semantische Unklarheiten treten auch bei logischen Ausdrücken auf. Ist mit der Formulierung

```
if not ende and summe > grenze ...
```

beispielsweise

```
if not (ende and (summe > grenze)) ...    (1)
```

oder

```
if (not ende) and (summe > grenze) ...    (2)
```

oder gar

```
if ((not ende) and summe) > grenze ...    (3)
```

gemeint? Wenngleich die Auswertungsreihenfolge exakt definiert ist, sollte auch für den Leser jede Zweideutigkeit beseitigt werden, zumal programmiersprachenabhängige Unterschiede bestehen: während ein Cobol-Übersetzer die Anweisung im Sinne der Version (2) deutet, unternimmt ein Pascal-Übersetzer den unsinnigen Versuch, den logischen Ausdruck nach Version (3) zu interpretieren.

- Einfachere und klarere Programme erhält man auch dadurch, daß die von der Programmiersprache gebotenen Möglichkeiten voll ausgeschöpft werden. In den meisten Sprachen sind z. B. eine Reihe von *Standardfunktionen* oder *-prozeduren* für häufig vorkommende Aufgaben enthalten. Dennoch findet man in Programmen oft Teile, die solche Aufgaben durch eigene Codierung lösen. Dies bedeutet überflüssigen Programmieraufwand und unnötige Aufblähung des Programmtexts!
Ähnliche Arbeitserleichterungen bieten auch Anweisungen, die die Behandlung ganzer Datenstrukturen (Arrays oder Records) gestatten. Beispielsweise ist es unnötig - aber dennoch verbreitet - in PL/I oder (erweitertem) Basic Matrizen elementweise zu initialisieren:

| *PL/I* | *Basic (erweitert)* |
|---|---|
| ```
do i  = 1 to n;
  a(i) = 0;
end;
``` | ```
for i = 1 to n
  let a(i) = 0
next i
``` |

Einfacher und kompakter sind die Matrizenanweisungen:

| `a = 0;` | `mat a = zero` |
|---|---|

Zum Ende dieses Kapitels werden einige Hinweise notiert, die zur Korrektheit und Robustheit von Programmen beitragen können:

### (1) Vermeidung von Seiteneffekten

Ein Funktionsunterprogramm hat die Aufgabe, einen einzigen Wert zu ermitteln (den *Funktionswert*) und diesen dem aufrufenden Programmteil zur Verfügung zu stellen. Eine Prozedur ermittelt gegebenenfalls mehrere Werte, die über die *Parameterliste* weitergegeben werden.

Ein *Seiteneffekt* liegt vor, wenn durch den Unterprogrammaufruf Variable des aufrufenden Programms auch noch auf andere Weise verändert werden. Diese Möglichkeit besteht vor allem dann, wenn Prozeduren oder Funktionen intern zu anderen Programmeinheiten sind, da dann die Regeln über die globale Bekanntheit von Vereinbarungen in Kraft treten. In einer geschachtelten Prozedur oder Funktion kann man also auch außerhalb deklarierte Variable verändern. Bei einer Funktion spricht man außerdem von einem Seiteneffekt, wenn Parameter der Funktion manipuliert werden, denn Funktionsparameter sollten stets nur die Rolle von Inputparametern erfüllen.

Seiteneffekte können katastrophale Folgen für die Zuverlässigkeit eines Programms haben, da die Auswirkungen von Unterprogrammaufrufen nicht eindeutig sichtbar abgegrenzt sind. Deshalb wurden in Kap. 4 und 7 soweit wie möglich folgende Regeln eingehalten:

- Die Parametrisierung einer Prozedur wird *nicht gleichzeitig* mit der Verwendung global bekannter Daten eingesetzt.
- Das Instrument der Parametrisierung ist ein Hilfsmittel zur Implementierung von *Zerlegungskonstrukten*.
- Die globale Bekanntheit von Datenvereinbarungen wird nur bei *Verfeinerungskonstrukten* ausgenutzt.

### (2) Plausibilitätsprüfungen

Eingabedaten eines Programms werden sehr häufig manuell erzeugt; deshalb sind fehlerhafte Datenelemente keine Seltenheit. Die Robustheit eines Programms ist ein Maß dafür, inwieweit das Programm in der Lage ist, Eingabefehler zu erkennen und in einer definierten Weise zu behandeln. Zur Robustheit können Plausibilitätsprüfungen beitragen[13]. Dazu gehören etwa:

---

13 Kernighan, Plauger (1974), S. 60, charakterisieren die Notwendigkeit sehr pointiert: „Never trust any data!"

- Überprüfung des *Datentyps* (z. B.: Wurden auf eine numerische Variable auch nur numerische Zeichen eingelesen?)
- Überprüfung des *Wertebereichs* (z. B.: Wenn eine Kartenart durch ein Zeichen 'a', 'n' oder 'z' die Verarbeitungsform definiert, handelt es sich um einen Eingabefehler, falls ein anderes Zeichen gelesen wird.)
- Überprüfung des *Problemzusammenhangs* (z. B.: In einem Abrechnungsverfahren wird ein Datentripel auf die Variablen menge, preis, masseinheit eingelesen. Wenn masseinheit = 'stueck' lautet, liegt ein Fehler vor, falls menge keine ganze Zahl enthält. Wenn masseinheit = 'liter' ist, liegt vermutlich ein Fehler vor, falls preis > 1000 ist, da Getränke i. a. nicht so teuer sind etc.)

Je mehr Plausibilitätsprüfungen vorgesehen werden, um so sicherer ist ein Programm, um so mehr wächst aber auch sein Umfang an!

### (3) Testhilfen

Obwohl der Alltag eines Programmierers zum großen Teil aus Fehlersuchen besteht, schlägt sich diese Erfahrung selten in der Phase des Programmentwurfs nieder. Programmierer scheinen hoffnungslos optimistisch zu sein, daß ihnen Fehler der Vergangenheit nicht wieder unterlaufen. Programme werden meist so geschrieben, als ob sie beim ersten Testlauf gleich fehlerfrei ausgeführt würden - eine ziemlich unrealistische und naive Perspektive!

Der Programmtest und die Fehlersuche werden erheblich erleichtert, wenn man von vornherein Testhilfen in das Programm integriert[14]. Manche Programmiersprachen sehen hierzu spezielle Sprachelemente vor. Beispielsweise enthält die Sprachdefinition von ANS Cobol einen eigenen Testhilfeteil („Debug Module").

Wenn eine solche Unterstützung nicht geboten wird, muß der Programmierer Ersatzmaßnahmen ergreifen. Dazu gehört u. a., daß an verschiedenen Programmstellen Ausgabeanweisungen plaziert werden, die Variablenwerte - insbesondere die Werte von bestimmten Laufvariablen - sichtbar machen und das Durchlaufen verschiedener Programmteile anzeigen. Wenn man solche Testhilfeanweisungen in einer bestimmten und einheitlichen Weise kennzeichnet, ist es einfach, sie aus dem Programmtext zu entfernen, wenn das Programm schließlich fehlerfrei funktioniert (z. B. mit Hilfe eines Editors).

---

14 Eine ausführliche Darstellung des Programmtestens gibt z. B. Myers (1982).

# 6 Zusammenfassung und Ausblick

Fortran, Cobol, Basic, PL/I und Pascal sind die höheren Programmiersprachen, die zur Zeit am weitesten verbreitet sind. Die meisten dieser Sprachen sind bereits relativ alt. Sie werden den Ansprüchen, die man heute an eine „gute" Programmiersprache stellt, nur zum Teil gerecht. Manche Sprachen erfüllen wenigstens einige der Anforderungen, während andere als völlig unbefriedigend anzusehen sind. Die Anforderungen an eine Programmiersprache können im wesentlichen unter drei Aspekten beurteilt werden:

*Erstens* sollten Strukturierungshilfen im weitesten Sinn zur Verfügung stehen. Dazu werden Sprachelemente zur Zerlegung eines Programmsystems gezählt, ferner Sprachelemente zur algorithmischen Verfeinerung (Verfeinerungskonstrukte) sowie Steuerkonstrukte zur systematischen Strukturierung des Programmablaufs.

*Zweitens* sollten ausgeprägte Möglichkeiten der Datenbeschreibung vorhanden sein. Dazu gehört vor allem, daß die Sprache ein ausreichendes Spektrum an Datentypen und Datenstrukturen bietet.

*Drittens* ist eine Unterstützung bezüglich der Selbstdokumentation der Programme zu fordern. Dies bedeutet, daß eine angemessene Verbalisierung des Programmtexts sowie eine übersichtliche Anordnung der Textelemente möglich sein sollte.

Keine der hier behandelten Programmiersprachen erfüllt alle Anforderungen in befriedigender Weise. Deshalb bleibt es weitgehend der Disziplin des Programmierers überlassen, die verfügbaren Sprachelemente so einzusetzen, daß die erstellten Programme dennoch lesbar und verständlich sind. Die disziplinierte Verwendung einer Programmiersprache wird damit in besonderem Maße zu einer Frage des Programmierstils.

Im Hauptteil dieses Buchs wurde dargelegt, wie man mit den in der Praxis verbreiteten Sprachen umgehen sollte. Kapitel 3 gab einen Überblick über die wichtigsten Sprachkonzepte von Fortran, Cobol, Basic, PL/I und Pascal, die aus ihrer Entstehungsgeschichte heraus erläutert wurden. Anschließend wurde der gezielte Einsatz der Sprachelemente eingehend erörtert. Dabei zeigte sich sehr deutlich die unterschiedliche Qualität der verschiedenen Programmiersprachen:

*Fortran77* bietet beispielsweise nur für die Zerlegung eines Programmsystems eine angemessene Unterstützung. Dazu kann man die Subroutine- und Funktionsunterprogramme heranziehen, die getrennt übersetzt werden. Verfeinerungskonstrukte fehlen dagegen, und die Möglichkeiten zur Ablaufsteuerung sind unzureichend. Was die Datenbeschreibung anbelangt, so stehen zwar die wichtigsten skalaren Datentypen, aber nur eine einzige interne Datenstruktur (Array) zur Verfügung. Die Verbalisierungsmöglichkeiten sind mangelhaft; zahlreiche Restriktionen behindern die Gestaltung übersichtlicher Programme ganz erheblich.

*Fortran66* weist noch weitergehende Einschränkungen auf. Da keine sekundären Eingangsstellen in Unterprogramme vorgesehen sind, können Datenkapseln nicht so elegant wie in Fortran77 implementiert werden. Das Fehlen des Zeichenkettentyps (character) erschwert die Behandlung von Texten, und die Ablaufsteuerung ist in Ermangelung der Block-if-Anweisung noch unübersichtlicher als in Fortran77.

*Cobol* ist unter dem Aspekt der Programmverständlichkeit positiver zu beurteilen. Zur Zerlegung stehen getrennt übersetzte Unterprogramme zur Verfügung (wenngleich die Implementierung von Datenkapseln ähnlich umständlich wie in Fortran66 erfolgen muß). Als Verfeinerungskonstrukte sind die sogenannten Prozeduren hervorragend geeignet. Einige wichtige Steuerkonstrukte sind ebenfalls verfügbar, wenn auch die Notation stellenweise etwas ungewöhnlich ist (z. B. die perform-Anweisung). Cobol bietet umfassende Möglichkeiten der Datenbeschreibung; allerdings weicht auch hier die Notation von der üblichen Darstellung ab, da Datentypen im eigentlichen Sinne nicht existieren. Die Selbstdokumentation von Cobol-Programmen ist im allgemeinen recht gut. Da die Verbalisierung der Sprachelemente ein explizites Ziel beim Sprachentwurf war, sind ausgeprägtere Möglichkeiten als in jeder anderen Sprache vorhanden.

*Basic* (im Sprachumfang von Minimal Basic) muß, was den Programmierstil anbelangt, schlichtweg als katastrophal eingestuft werden. Zerlegungsmöglichkeiten existieren nicht. Die zur Verfeinerung einsetzbaren, sogenannten Unterprogramme weisen Nachteile auf, die dem Zweck der Verfeinerung eigentlich zuwiderlaufen. Außer der Zählschleife ist kein Steuerkonstrukt befriedigend implementiert. Der Vorrat an Datentypen und Datenstrukturen ist unzureichend. Die restriktiven Sprachvorschriften behindern die Selbstdokumentation entscheidend. Eine gewisse Verbalisierung kann nur durch extensiven Gebrauch von Kommentarzeilen erreicht werden.

Deutliche Verbesserungen erfährt Basic durch den neuen Normentwurf des American National Standards Institute. Allerdings muß bezweifelt werden, ob der umfangreiche Standard jemals auf breite Akzeptanz bei Anwendern und Implementierern von Basic-Systemen treffen wird.

*PL/I* stellt das extreme Gegenstück zu Minimal Basic dar. Für nahezu jeden Aspekt des Programmierstils existieren unterstützende Sprachelemente: Externe Prozeduren (einschließlich sekundärer Eingangsstellen) für die Zerlegung, interne Prozeduren zur Verfeinerung und Steueranweisungen für die wichtigsten Steuerkonstrukte. Der Aspekt der Datenbeschreibung findet durch eine Vielfalt von Datentypen und Datenstrukturen Berücksichtigung. Der Gestaltung selbstdokumentierender und übersichtlicher Programme stehen kaum restriktive Sprachvorschriften entgegen. Andererseits birgt der Reichtum an Sprachelementen aber auch Gefahren und Nachteile, auf die in 4.5.5 hingewiesen wurde. Deshalb ist es unbedingt notwendig, die mächtigen Sprachelemente diszipliniert einzusetzen.

*Pascal* als die jüngste der behandelten Sprachen baut auf wenigen, fundamentalen Konzepten auf, in denen sich wichtige Anforderungen an die Programmqualität widerspiegeln. Die Gestaltung lesbarer und selbstdokumentierender Programmtexte bereitet wie in PL/I keine Schwierigkeiten. Das Konzept der Datenstrukturierung und der Datentypen ist umfassend und konsistent, jedoch fehlt der Typ der direkten Datei. Zur Ablaufstrukturierung sind alle wichtigen Steuerkonstrukte implementiert; zur Verfeinerung stehen Prozeduren und Funktionen bereit. Dagegen wird die Zerlegung eines Systems in Module, die unabhängig voneinander entwickelt werden können, praktisch nicht unterstützt.

Die Elemente des Programmierstils und die Richtlinien, die für den gezielten Einsatz der Ausdrucksmittel der verschiedenen Programmiersprachen gegeben wurden, orientieren sich an Erkenntnissen, die die Programmiersprachenforschung hervorgebracht hat und die zum Teil aus der Disziplin des Software Engineering stammen.

Viele Argumente erscheinen unmittelbar einsichtig und sind auch empirisch belegt. Beispielsweise herrscht fast durchweg Einigkeit über die Vorteile der Strukturierten Programmierung und über den Sinn der verschiedenen Steuerkonstrukte. Eine Reihe von Testexperimenten und empirischen Untersuchungen bei großen Projekten legten die positiven Auswirkungen deutlich offen[1]. Auch die Bedeutung von Datentypen und Datenvereinbarungen ist unbestritten und durch Experimente belegt[2].

Andere Stilelemente erscheinen zwar plausibel; ihre Vorzüge konnten aber bislang empirisch nicht eindeutig nachgewiesen werden. Dazu gehören beispielsweise[3]:

- Kommentierung, Einrücken und Leerzeilen[4]
- Vermeidung von Schleifenunterbrechungen durch Seitengrenzen
- keine gleichzeitige Verwendung von globalen Variablen und Parametern
- Top-down-Entwurf und schrittweise Verfeinerung
- Beschränkung der Modulgröße

Richtlinien für den Programmierstil sollten nie schematisch angewendet werden. Die starre Beachtung vieler Einzelvorschriften ist nicht sinnvoll. Vielmehr sollte stets der Zweck einer Stilregel betrachtet und hinterfragt werden. Dies setzt eine bestimmte Auffassung vom Programmieren voraus, die Weinberg als „Egoless Programming"[5] bezeichnet hat: Der Programmierer sollte ein Programm nicht als sein Eigentum betrachten, es also niemals so gestalten, daß nur er allein es versteht. Ziel seiner Programmerstellung sollte es nicht sein, die eigene Kunstfertigkeit in der Anwendung von Programmiertricks unter Beweis zu stellen. Vielmehr kommt es darauf an, dem potentiellen Leser des Programms - z. B. einem anderen Programmierer oder einem Benutzer, der das Programm ändern muß - die Aufgabe und die Funktionsweise des Programms möglichst klarzumachen. An dieser Stelle sei nochmals die Funktion von Computerprogrammen hervorgehoben, auf die bereits in der Einleitung hingewiesen wurde: Programme sind nicht nur Kommunikationsmittel

---

1 Einen Überblick über verschiedene Experimente gibt Shneiderman (1980), S. 74 ff.; empirische Untersuchungen wurden z. B. von Walston, Felix (1977), Baker (1979), Holmes (1975) veröffentlicht.
2 Vgl. z. B. Gannon (1977), S. 288 f.
3 Vgl. Shneiderman (1980), S. 90
4 Vgl. dazu auch 5.1
5 Weinberg (1971), S. 56

zwischen Mensch und Maschine, sondern vor allem auch zwischen Mensch und Mensch!

Viele der stilistischen Richtlinien, die dieses Buch enthält, werden hinfällig, wenn neuere Programmiersprachen zum Einsatz gelangen. Bereits bei der Behandlung von Pascal zeigte sich, daß zahlreiche Stilregeln, die für die älteren Sprachen Fortran, Cobol und Basic gegeben werden mußten, nicht mehr notwendig sind. Pascal bildete denn auch die Grundlage für verschiedene Neuentwicklungen im Programmiersprachenbereich. Als Beispiele seien etwa *Modula-2, Lis, Euclid* und *Ada* genannt. Weitere neue Sprachen sind *Clu, Alphard* und *Elan.*

Schwerpunkte der neuen Programmiersprachen liegen vor allem bei der Unterstützung von Abstraktionskonzepten im weitesten Sinne. Einige der zentralen Ansätze erstrecken sich auf Ausdrucksmittel zur Modularisierung, zur Darstellung von abstrakten Datenstrukturen und abstrakten Datentypen sowie auf eine Verallgemeinerung des Typkonzepts von Pascal. Die genannten Sprachen verfügen hier über hervorragende Konzepte und Sprachelemente.

Die neuen Sprachen sind heute noch kaum verbreitet. Sie wurden weitgehend an Hochschulinstituten entwickelt und haben zum Teil experimentellen Charakter. Es erscheint fraglich, ob sie je in nennenswertem Umfang in die Praxis vorstoßen werden. Eine Ausnahme stellt allerdings die Sprache *Ada* dar. Ada wurde auf Initiative des amerikanischen Verteidigungsministeriums mit enormem organisatorischen und finanziellen Aufwand entwickelt.

Da hinter der Sprachentwicklung die Nachfragemacht des größten Softwareproduzenten der Welt, nämlich des amerikanischen Verteidigungsministeriums, und anderer interessierter Großunternehmen steht, darf man erwarten, daß sich Ada in den nächsten ein bis zwei Jahrzehnten stark ausbreiten und andere Sprachen zurückdrängen wird. Aus diesem Grund sollen exemplarisch einige Sprachkonzepte von Ada kurz skizziert werden:

- Die Zerlegung großer Systeme wird durch ein umfassendes Modulkonzept unterstützt. Es stehen Ausdrucksmittel für funktionsorientierte Module (Prozeduren und Funktionen) und für datenorientierte Module (Pakete) zur Verfügung. Mit letzteren können sowohl abstrakte Datenstrukturen als auch abstrakte Datentypen realisiert werden.
- Als Verfeinerungskonstrukte dienen Prozeduren und Funktionen. Diese können wie in Pascal geschachtelt werden. Umfangreichere Prozedur- oder Funktionsrümpfe kann man auslagern. Damit entfällt der unerwünschte Nebeneffekt bei einer Schachtelung wie in Pascal: schrittweise verfeinerte Programme brauchen nicht von hinten nach vorn gelesen zu werden.
- Alle Steuerkonstrukte außer der Until-Schleife sind implementiert. Sogar die Cycle-Schleife steht zur Verfügung.
- Ada besitzt ein umfassendes und strenges Datentypkonzept. Alle gängigen skalaren und strukturierten Typen sind implementiert. Darüber hinaus kann der Programmierer beliebige Typen selbst definieren.
- Die Selbstdokumentation von Ada-Programmen wird zum einen durch die Sprachstruktur und die Syntax und Semantik der Sprachelemente gefördert. Zum andern wird von einer Ada-Implementierung verlangt, daß sie auch unterstützende Dienstprogramme enthält. Dazu gehört unter anderem ein Textforma-

tierer („Pretty-printer"), der *automatisch* die Schachtelungsstrukturen auswertet und ein übersichtliches Programm-Layout erzeugt.

Dieser kurze Abriß beschränkt sich auf „traditionelle" Aspekte und Elemente, die in den vorigen Kapiteln bezüglich der anderen Sprachen erörtert wurden. Ada verfügt darüber hinaus über sehr viel weitergehende Sprachkonzepte, auf die hier nicht eingegangen werden kann, wie etwa die Generizität, Ausnahmebehandlung und Parallelverarbeitung (Tasking).

Der universelle Charakter und die Mächtigkeit der Sprache sind jedoch nicht unproblematisch. Ähnlich wie PL/I ist Ada sehr umfangreich. Die sinnvolle Anwendung der Sprache setzt bei dem Programmierer eine gewisse Vertrautheit mit Abstraktionsprinzipien und Konzepten des Software Engineering voraus. Ada ist also keine Sprache für Programmieranfänger.

Für den professionellen Einsatz besitzt Ada dagegen hervorragende Konzepte. Umfassende praktische Erfahrungen mit der Sprache liegen noch nicht vor, da sich die Sprachübersetzer weitgehend noch in der Entwicklung befinden. Eigene Erfahrungen des Autors in einem Pilotprojekt zeigen jedoch bereits die Eignung von Ada zur Entwicklung größerer Programmsysteme. Die Sprache ist logisch aufgebaut und bietet adäquate Ausdrucksmittel für die meisten Konstrukte, die in den klassischen Programmiersprachen mühsam simuliert werden müssen.

# 7 Musterprogramme

## 7.1 Beschreibung des Programmbeispiels

### 7.1.1 Aufgabenstellung

Zur Veranschaulichung der Kap. 3 bis 5 werden in diesem abschließenden Kapitel Musterprogramme in Fortran, Cobol, Basic, PL/I und Pascal wiedergegeben. Allen Programmen liegt eine einheitliche Aufgabenstellung zugrunde, so daß Vergleiche zwischen den Implementierungen in verschiedenen Programmiersprachen angestellt werden können. Dies soll dazu beitragen, den Leser bei der Bewertung der Ausdrucksmittel und der Leistungsfähigkeit verschiedener Programmiersprachen zu unterstützen.

Aus Platzgründen kann hier nur ein kleineres Problem behandelt werden. Die Aufgabenstellung besteht darin, aus Daten über Verkaufsvorgänge eines Großhändlers für einen bestimmten Zeitraum eine *Umsatzstatistik* zu erstellen. Im einzelnen sind folgende Angaben zu beachten:

Gegeben seien Daten über alle Verkaufsvorgänge, die in dem betrachteten Zeitraum stattfanden. Die Daten wurden in der Reihenfolge des Anfalls erfaßt und liegen in einer sequentiellen Datei vor. Jeder *verkaufsvorgang* ist durch eine einfache Recordstruktur charakterisiert:

Die Eingabedaten sollen protokolliert und nach Umsatzbeträgen (Umsatz = Menge * Preis) sortiert werden. Die sortierten Einzelumsätze, jeweils mit Artikelnummer und Kundenanschrift, sind ebenfalls aufzulisten. Zur Auswertung der Daten wird eine Umsatzstatistik gewünscht, die die Verkaufsvorgänge und Einzelumsätze nach Umsatzkategorien zusammenfaßt. Für *jede Kategorie* sind zu ermitteln:

- die Zahl der Verkaufsvorgänge (absolut)
- der Anteil an der Gesamtzahl der Verkaufsvorgänge (in Prozent)
- die Summe der Einzelumsätze (absolut)
- der Anteil am Gesamtumsatz (in Prozent)

Diese Angaben sollen in einer Tabelle wie in Abb. 7.1 angeordnet werden.

| Kategorie | Verkaufsvorgänge | | Umsätze | |
|---|---|---|---|---|
| | absolut | % | absolut | % |
| 0 – 100 | 265 | 54.19 | 13252.25 | 1.51 |
| 100 – 500 | 118 | 24.13 | 29522.80 | 3.37 |
| 500 – 2000 | 49 | 10.02 | 58850.00 | 6.72 |
| 2000 – 10000 | 39 | 7.98 | 234101.60 | 26.73 |
| 10000 – 100000 | 18 | 3.68 | 540123.00 | 61.67 |
| Summe: | 489 | 100.00 | 875849.65 | 100.00 |

**Abb. 7.1.** Schema der Umsatzstatistik (Beispiel)

## 7.1.2 Lösungsweg

Der Algorithmus zur Lösung des Gesamtproblems wird in drei Hauptteile zerlegt:

### (1) Datenbeschaffung

Die Daten der Verkaufsvorgänge werden eingelesen, protokolliert und in einem Array abgelegt. (Der Speicherung in einem Array liegt die Prämisse zugrunde, daß das Datenvolumen einen Umfang nicht übersteigt, der im Internspeicher bewältigt werden kann.)

### (2) Sortieren

Der Array der Verkaufsvorgänge wird nach dem Ordnungsbegriff „Umsatz" sortiert. Das verwendete Sortierverfahren ist in der Literatur unter dem Namen „Quicksort" bekannt. Die prinzipielle Vorgehensweise soll kurz skizziert werden[1].

Der Array wird zunächst durch Vertauschen von Elementen in zwei Teile zerlegt, so daß anschließend alle größeren Elemente im rechten und alle kleineren Elemente im linken Teil stehen. Auf die beiden Teile wird die gleiche Vorgehensweise angewendet. Zerlegt man den linken Teil weiter, so entstehen wiederum zwei Teile, ein linker und ein rechter. Behandelt man zunächst den neuen linken Teil, so erhält man wieder zwei Teile usw.

Das Problem bei dieser Vorgehensweise besteht darin, daß auch die jeweils übrig bleibenden rechten Teile noch analog zerlegt werden müssen. Geht man zunächst immer links weiter, so ist es notwendig, daß man sich die noch nicht behandelten rechten Intervalle merkt. Führt die fortgesetzte Intervallschachtelung links einmal auf ein leeres Intervall, so greift man auf ein noch nicht behandeltes rechtes Intervall zurück und zerlegt dieses analog. Wenn man schließlich nur noch auf leere Intervalle stößt, ist der Array sortiert.

Zur Zwischenspeicherung der Intervallgrenzen eignet sich ein *Stack*. Dort werden alle noch nicht behandelten Intervalle - in Form von Arrayindizes - eingetragen. Wenn ein späterer Zerlegungsversuch zu einem leeren Intervall führt, wird auf

---

1 Eine ausführlichere Darstellung findet man z. B. bei Wirth (1979), S. 113 ff.

den Stack zurückgegriffen. Als Beispiel sei ein Array mit 18 Elementen betrachtet. Die Intervallschachtelung ergibt folgende Teilarrays:

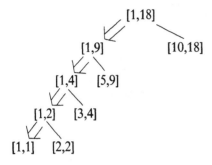

Die Zerlegung schreitet zunächst in der durch die Doppelpfeile angezeigten Reihenfolge voran. Die noch nicht zerlegten Intervalle [10,18], [5,9], [3,4], [2,2] werden dabei in den Stack eingetragen. Wenn das Intervall [1,1] erreicht ist, hat der Stack den Inhalt:

```
2,2
3,4
5,9
10,18
```

Daraus wird zunächst das Intervall [2,2] entnommen, später [3,4], dann [5,9] und schließlich [10,18], wobei jedes dieser Intervalle analog dem Intervall [1,18] zerlegt wird.

Bereits an dieser Stelle sei ein Hinweis angebracht: Der Grund für die etwas umständliche Beschreibung der Vorgehensweise liegt darin, daß der Quicksort eigentlich ein rekursiver Algorithmus ist. Da drei der fünf Programmiersprachen jedoch keine Rekursion erlauben, muß auf eine nicht-rekursive Version mit Hilfe eines Stack zurückgegriffen werden. Die rekursive Formulierung ist wesentlich eleganter. Bei den Sprachen, die Rekursion vorsehen (PL/I und Pascal), werden deshalb auch die rekursiven Prozeduren dargestellt.

## (3) Auswertung

Die nach Umsätzen sortierten Daten werden dahingehend ausgewertet, daß für jede Umsatzkategorie die Zahl der Verkaufsvorgänge, der kumulierte Umsatz sowie die jeweiligen prozentualen Anteile ermittelt werden. Die Ausgabe der aufbereiteten Ergebnisse erfolgt analog zu Abb. 7.1. Auf eine drucktechnische Perfektionierung der Tabelle wird jedoch verzichtet, um den Umfang der Programme nicht noch weiter zu vergrößern.

# 7.2 Implementierung in Fortran

Die Implementierung in Fortran wird unter anderem durch zwei Probleme behindert. Erstens sind keine Verfeinerungskonstrukte verfügbar. Deshalb wird das Lösungsverfahren nur in die drei Hauptteile zerlegt, denen jeweils ein Subroutine-Unterprogramm entspricht. Die Datenkommunikation zwischen den Subroutines muß durch Parametrisierung hergestellt werden. Die Implementierung des Stack erfolgt ebenfalls durch eine Subroutine. Neben dem Hauptprogramm umstat (= Umsatzstatistik) existieren damit vier Unterprogramme, die auch in Abb. 7.2 skizziert sind:

- daten:   Datenbeschaffung und Arrayaufbau
- sort:    Sortieren der Verkaufsdaten
- auswrt:  Auswertung und Erstellung der Statistiktabelle
- stack:   Kellerspeicher für Arrayintervallgrenzen

Das zweite Problem resultiert daraus, daß Fortran keine Record-Struktur kennt. Bei der Ein-/Ausgabe müssen deshalb die Record-Komponenten einzeln aufgeführt werden. Gravierender ist, daß die zu sortierenden Record-Daten Artikelnummer, Kunde und Umsatz pro Verkaufsvorgang nicht in *einem* Array abgelegt werden können, dessen Komponenten strukturiert sind. Statt dessen müssen *drei* getrennte Arrays angelegt und beim Sortieren mitgeschleppt werden.

## 7.2.1 Fortran77

Auf den folgenden Seiten sind zunächst die Programme in Fortran77 wiedergegeben. Die Fortran66-Versionen werden anschließend dargestellt.

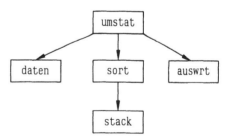

**Abb. 7.2.** Module des Fortran-Programmsystems

**PROGRAM UMSTAT**

```
*************************************************************************
*                                                                       *
*   AUTOR   : KARL KURBEL                    12. DEZEMBER 1983           *
*                                                                       *
*   AUFGABE : ERSTELLEN EINER UMSATZSTATISTIK, WELCHE - NACH UMSATZ-     *
*             KATEGORIEN GEGLIEDERT - DIE ABSOLUTEN UND PROZENTUALEN     *
*             ZAHLEN DER VERKAUFSVORGAENGE UND DER KUMULIERTEN UM-       *
*             SAETZE PRO KATEGORIE AUSWEIST.                            *
*                                                                       *
*             PROTOKOLLIERUNG DER EINZELUMSAETZE IN DER REIHENFOLGE      *
*             DES ANFALLS UND NACH UMSATZBETRAEGEN SORTIERT.             *
*                                                                       *
*   ABKUERZUNGSVERZEICHNIS :                                            *
*                                                                       *
*             UNTERPROGRAMME                                            *
*                  DATEN    =  DATENBESCHAFFUNG                         *
*                  SORT     =  SORTIEREN                                *
*                  AUSWRT   =  AUSWERTUNG DER DATEN                     *
*                                                                       *
*             VARIABLE                                                  *
*                  ARTNR (I) =  ARTIKELNUMMER I                         *
*                                                                       *
*   AUFGERUFENE UNTERPROGRAMME :                                        *
*                                                                       *
*             DATEN                                                     *
*             SORT                                                      *
*             AUSWRT                                                    *
*                                                                       *
*************************************************************************

*   KONSTANTE:

      PARAMETER    (N = 100)

*   VARIABLE:

      INTEGER      ANZAHL

      INTEGER      ARTNR   (N)
      CHARACTER*32 KUNDE   (N)
      REAL         UMSATZ  (N)


*   ---- GROBALGORITHMUS ------------------------

      CALL DATEN (ARTNR, KUNDE, UMSATZ, ANZAHL)
      CALL SORT  (ARTNR, KUNDE, UMSATZ, ANZAHL)
      CALL AUSWRT(ARTNR, KUNDE, UMSATZ, ANZAHL)

      STOP
      END
```

```
      SUBROUTINE DATEN (ARTNR, KUNDE, UMSATZ, ANZAHL)

***********************************************************************
*                                                                     *
*     AUTOR   : KARL KURBEL                 18. DEZEMBER 1983          *
*                                                                     *
*     AUFGABE : EINLESEN VON DATEN UEBER VERKAUFSVORGAENGE UND        *
*               SPEICHERUNG IN DREI ARRAYS                            *
*                                                                     *
*     ABKUERZUNGSVERZEICHNIS :                                        *
*                                                                     *
*               EARTNR  =  EINGELESENE ARTIKEL-NUMMER                 *
*               EKUNDE  =  EINGELESENE KUNDENANSCHRIFT                *
*               EMENGE  =  EINGELESENE MENGE                          *
*               EPREIS  =  EINGELESENER PREIS                         *
*               ARTNR   =  ARTIKELNUMMERN-ARRAY                       *
*               ANZAHL  =  ANZAHL DER VERKAUFSVORGAENGE              *
*                                                                     *
*     BENOETIGTE DATEIEN :                                            *
*                                                                     *
*               5 = SEQUENTIELLE EINGABEDATEI DER VERKAUFSVORGAENGE   *
*               4 = SEQUENTIELLE AUSGABEDATEI                         *
*                                                                     *
***********************************************************************

*   KONSTANTE :

     PARAMETER   (N = 100)

*   VARIABLE :

     INTEGER      I

*     VERKAUFSVORGANG
     INTEGER      EARTNR
     CHARACTER*32 EKUNDE
     REAL         EMENGE, EPREIS

*   FORMALPARAMETER (NUR OUTPUTPARAMETER) :

     INTEGER      ARTNR  (N)
     CHARACTER*32 KUNDE  (N)
     REAL         UMSATZ (N)
     INTEGER      ANZAHL
```

```
*   ----- ALGORITHMUS -------------------------------------------------

    WRITE (4, 11)
 11 FORMAT(' ', 'UNSORTIERTE EINGABEDATEN', /,
  1          ' ------------------------', /)
    I = 0

*    **** LESE-SCHLEIFE ****

2000 READ (5, 22, END=3000) EARTNR, EKUNDE, EMENGE, EPREIS
  22     FORMAT (I8, A32, 2F8.2)
         WRITE (4, 33) EARTNR, EKUNDE, EMENGE, EPREIS
  33     FORMAT (' ', I8, 3X, A32, 3X, F8.2, 3X, F8.2, /)
         I = I + 1

         IF (I. GT. N) THEN
             WRITE (4, 44)
  44         FORMAT (' ', '**** MODUL DATEN: PROGRAMMABBRUCH',
   1                 'WEGEN ZU VIELER EINGABEDATEN')
             STOP
         ELSE
             ARTNR  (I) = EARTNR
             KUNDE  (I) = EKUNDE
             UMSATZ (I) = EMENGE * EPREIS
         END IF

    GO TO 2000

*    **** LESE-SCHLEIFE-ENDE ****

3000 CONTINUE

    ANZAHL = I

    END
```

```
      SUBROUTINE SORT (ARTNR, KUNDE, UMSATZ, ANZAHL)

***********************************************************************
*                                                                     *
*     AUTOR :   KARL KURBEL          18. DEZEMBER 1983                 *
*                                                                     *
*     AUFGABE : SORTIEREN DER ARRAYS ARTNR, KUNDE, UMSATZ             *
*               NACH UMSAETZEN                                        *
*                                                                     *
*     LOESUNGSWEG : ALGORITHMUS QUICKSORT                            *
*                                                                     *
*     ABKUERZUNGSVERZEICHNIS :                                       *
*                                                                     *
*               LINKS  = LINKE INTERVALLGRENZE                       *
*               RECHTS = RECHTE INTERVALLGRENZE                      *
*               MITTEL = MITTLERES ELEMENT                           *
*               HILFUM = HILFSVARIABLE FUER UMSATZ                   *
*               HILFAN = HILFSVARIABLE FUER ARTIKEL-NR               *
*               HILFKD = HILFSVARIABLE FUER KUNDE                    *
*               ANZAHL = ANZAHL DER ARRAY-ELEMENTE                   *
*               ARTNR  = ARTIKELNUMMER                               *
*                                                                     *
*     AUFGERUFENE UNTERPROGRAMME :                                  *
*                                                                     *
*               STACK                                                 *
*                                                                     *
***********************************************************************

*    KONSTANTE:

         PARAMETER   (N = 100)

*    VARIABLE :

         INTEGER       I , J , LINKS , RECHTS , HILFAN
         CHARACTER*32 HILFKD
         REAL          MITTEL , HILFUM
         LOGICAL       LEER

*    FORMALPARAMETER :

*      INPUT :
         INTEGER       ANZAHL

*      INPUT/OUTPUT :
         INTEGER       ARTNR  (N)
         CHARACTER*32 KUNDE  (N)
         REAL          UMSATZ (N)

*    ----- ALGORITHMUS ---------------------------------------

         CALL NEW
         CALL PUSH (1, ANZAHL)

*    ****  CYCLE-SCHLEIFE  ****

 1000 CONTINUE

         CALL POP (LINKS, RECHTS, LEER)

         IF (LEER) GO TO 5000
```

```
*        ****  WHILE-SCHLEIFE  ****

 1500    IF (LINKS .GE. RECHTS) GO TO 3000

*            ----  ZERLEGEN DES INTERVALLS [LINKS,RECHTS]  ----

         I = LINKS
         J = RECHTS
         MITTEL = UMSATZ (( LINKS + RECHTS) / 2 )

*            ****  UNTIL-SCHLEIFE  ****

 2000    CONTINUE

*            ****  WHILE-SCHLEIFE  ****
 2200    IF (UMSATZ (I) .GE. MITTEL) GO TO 2400
             I = I + 1
         GO TO 2200
*            ****  WHILE-ENDE  *****

 2400    CONTINUE

*            ****  WHILE-SCHLEIFE  ****
 2600    IF (UMSATZ (J) .LE. MITTEL) GO TO 2800
             J = J - 1
         GO TO 2600
*            ****  WHILE-ENDE  ****

 2800    CONTINUE

         IF (I .LE. J) THEN

*                ---  VERTAUSCHEN DER ARRAYELEMENTE I UND J  ---

             HILFUM    = UMSATZ (I)
             HILFAN    = ARTNR  (I)
             HILFKD    = KUNDE  (I)

             UMSATZ (I) = UMSATZ (J)
             UMSATZ (J) = HILFUM

             ARTNR (I)  = ARTNR  (J)
             ARTNR (J)  = HILFAN

             KUNDE (I)  = KUNDE  (J)
             KUNDE (J)  = HILFKD

*                ---  ENDE DER VERTAUSCHUNG  ---

             I = I + 1
             J = J - 1

         END IF

         IF (I .LE. J) GO TO 2000

*        ****  UNTIL-ENDE ****

*        ----  ENDE DER INTERVALL-ZERLEGUNG -----
```

```
               IF (I. LT. RECHTS) CALL PUSH (I, RECHTS)
               RECHTS = J
          GO TO 1500

*      ****  WHILE-ENDE  ****

 3000     CONTINUE

     GO TO  1000

*    ****  CYCLE-ENDE  ****

 5000 CONTINUE

     END




     SUBROUTINE STACK

**********************************************************************
*                                                                    *
*      AUTOR   :     KARL KURBEL              18. DEZEMBER 1983       *
*                                                                    *
*      AUFGABE :     IMPLEMENTIERUNG EINES LAST-IN-FIRST-OUT-SPEICHERS *
*                    FUER PAARE VON GANZEN ZAHLEN.                    *
*                                                                    *
*      LOESUNGSWEG : VERWENDUNG EINES ARRAYS                          *
*                                                                    *
*      ZUGRIFFSFUNKTIONEN :                                          *
*                                                                    *
*                    NEW                  : ANLEGEN EINES NEUEN STACK *
*                    PUSH (ELEM1, ELEM2)  : EINKELLERN EINES PAARS    *
*                    POP (ELEM1,ELEM2,LEER): AUSKELLERN EINES PAARS   *
*                                                                    *
*      REIHENFOLGEBEDINGUNGEN :                                      *
*                                                                    *
*                    STACK : (NEW ; ( PUSH'* , POP'LEER)'* )'* .     *
*                                                                    *
*      BENOETIGTE DATEI :                                            *
*                                                                    *
*                    4 = SEQUENTIELLE AUSGABEDATEI                    *
*                                                                    *
**********************************************************************

*   KONSTANTE :

     PARAMETER (MAX = 100)

*   KELLERVEREINBARUNG :

     INTEGER    KELLER (2, MAX), ZEIGER

*   FORMALPARAMETER :

*    INPUT/OUTPUT :
     INTEGER    ELEM1 , ELEM2

*    OUTPUT :
     LOGICAL    LEER
```

```
* ---- OPERATION "NEW" : ANLEGEN EINES STACK -------------------------

      ENTRY NEW
         ZEIGER = 0
         LEER  = .TRUE.
      RETURN

* ---- OPERATION "PUSH" : EINKELLERN EINES PAARS ---------------------

      ENTRY PUSH (ELEM1, ELEM2)
         IF (ZEIGER .LT. MAX) THEN
            ZEIGER = ZEIGER + 1
            KELLER (1, ZEIGER) = ELEM1
            KELLER (2, ZEIGER) = ELEM2
         ELSE
            WRITE (4, 22) ELEM1, ELEM2
   22       FORMAT (' ', '**** MODUL "STACK": PROGRAMMABBRUCH WEGEN'
    1                ' UEBERLAUF BEI PAAR ', 2I8)
            STOP
         END IF
      RETURN

* ---- OPERATION "POP" : AUSKELLERN EINES PAARS ---------------------

      ENTRY POP (ELEM1, ELEM2, LEER)
         IF (ZEIGER .GT. 0) THEN
            LEER  = .FALSE.
            ELEM1 = KELLER (1, ZEIGER)
            ELEM2 = KELLER (2, ZEIGER)
            ZEIGER = ZEIGER - 1
         ELSE
            LEER  = .TRUE.
            ELEM1 = 0
            ELEM2 = 0
         END IF
      RETURN

* ---- ENDE MODUL "STACK" -------------------------------------------

      END
```

```
      SUBROUTINE AUSWRT (ARTNR, KUNDE, UMSATZ, ANZAHL)

************************************************************************
*                                                                    *
*  AUTOR :   KARL KURBEL                    18. DEZEMBER 1983         *
*                                                                    *
*  AUFGABE : PROTOKOLLIERUNG DER NACH UMSAETZEN SORTIERTEN ARRAYS     *
*            UND AUSWERTUNG NACH UMSATZ-KATEGORIEN                    *
*                                                                    *
*  ABKUERZUNGSVERZEICHNIS :                                          *
*                                                                    *
*    ANZKAT      =  ANZAHL DER UMSATZ-KATEGORIEN                      *
*    GESUMS      =  GESAMTUMSATZ                                      *
*    K           =  KATEGORIE (1 ... ANZKAT)                         *
*    GRENZE (K)  =  UNTERGRENZE DER UMSATZ-KATEGORIE K               *
*                   (MIT GRENZE (ANZKAT+1) = FIKTIVE OBERGRENZE       *
*                   DER HOECHSTEN KATEGORIE )                        *
*    KATUMS (K)  =  UMSATZ DER KATEGORIE K                           *
*    KATVK  (K)  =  VERKAUFSVORGAENGE IN KATEGORIE K                 *
*    RELUMS (K)  =  RELATIVER UMSATZ IN KATEGORIE K (%)              *
*    RELVK  (K)  =  RELATIVE ANZAHL DER VERKAUFSVORGAENGE IN KAT. K (%)*
*                                                                    *
*  BENOETIGTE DATEI :                                                *
*                                                                    *
*    4 = SEQUENTIELLE AUSGABEDATEI                                   *
*                                                                    *
************************************************************************

*  KONSTANTE :

      PARAMETER   (ANZKAT = 5, N = 100)
      REAL GRENZE (ANZKAT+1)
      DATA GRENZE /0.0, 100.0, 500.0, 2000.0, 10000.0, 100000.0/

*  VARIABLE :

      INTEGER     I, K
      INTEGER     KATVK (ANZKAT)
      REAL        GESUMS
      REAL        KATUMS (ANZKAT), RELUMS (ANZKAT), RELVK (ANZKAT)

*  FORMALPARAMETER :

*   INPUT :
      INTEGER     ARTNR  (N)
      CHARACTER*32 KUNDE (N)
      REAL        UMSATZ (N)
      INTEGER     ANZAHL

*  ===== ALGORITHMUS =================================================

      GESUMS = 0.0
      K = 1

      DO 1100 I = 1, ANZKAT
          KATUMS (I) = 0.0
          KATVK  (I) = 0
 1100 CONTINUE
```

```
*    === PROTOKOLLIERUNG DER SORTIERTEN ARRAYS  ========================

      WRITE (4, 22)
  22 FORMAT ('0', 'SORTIERTE LISTE DER EINZELUMSAETZE', /,
   1              ' ---------------------------------', /)

      DO 1500 I = 1, ANZAHL

          WRITE (4, 33) ARTNR (I), KUNDE (I), UMSATZ (I)
  33      FORMAT (' ', I8, 3X, A32, 12X, F10.2, /)

          IF (UMSATZ (I) .GE. GRENZE (K+1)) THEN

              GESUMS = GESUMS + KATUMS (K)

*             **** UNTIL-SCHLEIFE ****
 1200         CONTINUE
                 K = K + 1
              IF (UMSATZ (I) .GE. GRENZE (K+1)) GO TO 1200
*             **** UNTIL-ENDE ****

          END IF

          KATUMS (K) = KATUMS (K) + UMSATZ (I)
          KATVK  (K) = KATVK  (K) + 1

 1500 CONTINUE

      GESUMS = GESUMS + KATUMS (K)

*    === UMSATZSTATISTIK  =========================================

      WRITE (4, 44)
  44 FORMAT (' ')
      WRITE (4, 55)
  55 FORMAT (' ',
   1      '--------------------------------------------------------',
   2      '---------')
      WRITE (4, 66)
  66 FORMAT (' ',2X,'KATEGORIE',12X,'VERKAUFSVORGAENGE',12X,'UMSAETZE'/
   1 ' -------------------------------------------------------------',
   2 '-----',/, 23X, ' ABSOLUT     %            ABSOLUT      % ',/,
   3 ' -------------------------------------------------------------',
   4 '-----')

      DO 2000 K = 1, ANZKAT

          RELVK  (K) = KATVK (K) / FLOAT (ANZAHL) * 100
          RELUMS (K) = KATUMS(K) / GESUMS * 100
          WRITE (4, 77) GRENZE (K), GRENZE (K+1), KATVK (K), RELVK (K),
   1                    KATUMS (K), RELUMS (K)
  77      FORMAT (/,' ', F10.2, ' -', F10.2, I5, F9.1, 8X, F10.2, F10.1)

 2000 CONTINUE

      WRITE (4, 55)
      WRITE (4, 88) ANZAHL, GESUMS
  88 FORMAT (' ', 2X, 'SUMME:', 14X, I5, 4X, '100.0', 9X, F9.2, 5X,
   1      '100.0')
      WRITE (4, 55)

      END
```

UNSORTIERTE EINGABEDATEN
------------------------------

| | | | |
|---|---|---:|---:|
| 7123 | METZLER-COMPUTER DUISBURG | 1.00 | 5600.00 |
| 211 | DATASOFT GMBH BRAUNSCHWEIG | 123.05 | 1.20 |
| 118 | SOFTWARE-LAND OFFENBACH | 1.00 | 1300.00 |
| 201 | EDV-VERLAG SCHMIDT ESSEN | 13.75 | 2.50 |
| 187 | INFOSYSTEMS KG BERLIN | 1.00 | 780.00 |
| 89 | MICRO-SHOP WUPPERTAL | 1.00 | 1230.00 |
| 344 | INFOTECH GMBH BREMEN | 1.00 | 18000.00 |
| 878 | COMPUTERSHOP H.MOELLER BONN | 5.00 | 83.50 |
| 77 | INFODATA-SYSTEME FRANKFURT/M | 1.00 | 900.00 |

SORTIERTE LISTE DER EINZELUMSAETZE
------------------------------------

| | | |
|---|---|---:|
| 201 | EDV-VERLAG SCHMIDT ESSEN | 34.38 |
| 211 | DATASOFT GMBH BRAUNSCHWEIG | 147.66 |
| 878 | COMPUTERSHOP H.MOELLER BONN | 417.50 |
| 187 | INFOSYSTEMS KG BERLIN | 780.00 |
| 77 | INFODATA-SYSTEME FRANKFURT/M | 900.00 |
| 89 | MICRO-SHOP WUPPERTAL | 1230.00 |
| 118 | SOFTWARE-LAND OFFENBACH | 1300.00 |
| 7123 | METZLER-COMPUTER DUISBURG | 5600.00 |
| 344 | INFOTECH GMBH BREMEN | 18000.00 |

| KATEGORIE | VERKAUFSVORGAENGE | | UMSAETZE | |
|---|---|---|---|---|
| | ABSOLUT | % | ABSOLUT | % |
| 0.00 - 100.00 | 1 | 11.1 | 34.38 | 0.1 |
| 100.00 - 500.00 | 2 | 22.2 | 565.16 | 2.0 |
| 500.00 - 2000.00 | 4 | 44.4 | 4210.00 | 14.8 |
| 2000.00 - 10000.00 | 1 | 11.1 | 5600.00 | 19.7 |
| 10000.00 - 100000.00 | 1 | 11.1 | 18000.00 | 63.4 |
| SUMME: | 9 | 100.0 | 28409.53 | 100.0 |

## 7.2.2 Fortran66

Die Darstellung des Programmsystems in Fortran66 erfordert einige Änderungen
gegenüber der Fortran77-Version, da verschiedene Sprachelemente nicht vorhanden sind. Abweichungen ergeben sich vor allem in folgenden Punkten:

- Die *Block-if-Anweisung* steht nicht zur Verfügung. Die If-then-else-Konstruktio-
  nen müssen deshalb wie in 4.2.4.2 mit Sprungbefehlen simuliert werden.
- Da *sekundäre Eingangsstellen* nicht vorgesehen sind, müssen die Zugriffsfunktionen der abstrakten Datenstruktur Stack durch einen Parameter opcode beim Aufruf der primären Eingangsstelle spezifiziert werden. Anhand des opcode (= Operationscode) wird dann innerhalb des Moduls stack eine Fallunterscheidung
  getroffen.
- Die parameter-*Anweisung* zur Benennung von Konstanten fehlt. Als Ersatz dienen Variable, die mit Anfangswerten versehen sind.
- Die *Dimensionierung* mit benannten Konstanten ist somit nicht möglich. Alle Dimensionsgrenzen müssen durch ganze Zahlen ersetzt werden.
- Der *Datentyp* character steht nicht zur Verfügung. Zeichenketten werden deshalb durch Arrays vom Typ integer dargestellt. Operationen mit Zeichenketten-
  daten sind nun wie andere Arrayoperationen zu behandeln. Insbesondere ist zur
  Wertzuweisung eine Do-Schleife erforderlich, und bei der Ein-/Ausgabe werden
  explizit oder implizit Arrayelemente übertragen.

An mehreren Stellen werden bewußt einige Sprachelemente verwendet, die nicht im
ANSI-Standard definiert sind. Sie stehen jedoch bei den meisten Übersetzern zur
Verfügung und vereinfachen die Programmgestaltung. Es handelt sich um folgende
Elemente:

- Statt der Hollerith-Konstanten werden in Formatlisten Literale verwendet, die in
  Hochkommata eingeschlossen sind. Die Hollerith-Konstante

      24hunsortierte eingabedaten

  wird beispielsweise als Literal

      'unsortierte eingabedaten'

  geschrieben. Dies ist nicht nur übersichtlicher, sondern trägt auch zur Fehlervermeidung bei. Der Zwang zum Abzählen der Zeichen stellt vor allem bei längeren
  Hollerith-Konstanten eine Fehlerquelle ersten Grades dar!
- Zur Formulierung einer Leseschleife wird wie in Fortran77 auf die end-Option in
  der Kontrolliste der read-Anweisung zurückgegriffen.
- In arithmetischen Ausdrücken kommen sowohl Operanden vom Typ integer als
  auch Operanden vom Typ real vor (mixed mode). Aus Benutzersicht gibt es keinen plausiblen Grund, auf diese Kombination zu verzichten. Die strikte Trennung wird zwar häufig propagiert; sie ist jedoch letztlich nur für die Implementierung des Übersetzers von Bedeutung.

Unter Berücksichtigung der obengenannten Änderung erhält man das nachfolgende Programmsystem in Fortran66.

```
C********************************************************************
C                                                                  *
C   PROGRAMMNAME: UMSTAT    (UMSATZSTATISTIK)                       *
C                                                                  *
C   AUTOR   : KARL KURBEL                    12. DEZEMBER 1983      *
C                                                                  *
C   AUFGABE : ERSTELLEN EINER UMSATZSTATISTIK, WELCHE - NACH UMSATZ-*
C             KATEGORIEN GEGLIEDERT - DIE ABSOLUTEN UND PROZENTUALEN*
C             ZAHLEN DER VERKAUFSVORGAENGE UND DER KUMULIERTEN UM-  *
C             SAETZE PRO KATEGORIE AUSWEIST.                        *
C                                                                  *
C             PROTOKOLLIERUNG DER EINZELUMSAETZE IN DER REIHENFOLGE *
C             DES ANFALLS UND NACH UMSATZBETRAEGEN SORTIERT.        *
C                                                                  *
C   ABKUERZUNGSVERZEICHNIS:                                         *
C                                                                  *
C             UNTERPROGRAMME :                                      *
C                   DATEN    =   DATENBESCHAFFUNG                   *
C                   SORT     =   SORTIEREN                          *
C                   AUSWRT   =   AUSWERTUNG DER DATEN               *
C                                                                  *
C             VARIABLE :                                           *
C                   ARTNR (I) =  ARTIKELNUMMER I                    *
C                                                                  *
C   AUFGERUFENE UNTERPROGRAMME :                                    *
C                                                                  *
C             DATEN                                                 *
C             SORT                                                  *
C             AUSWRT                                                *
C                                                                  *
C********************************************************************
C
C   VARIABLE:
C
      INTEGER ANZAHL
C
      INTEGER ARTNR  (100), KUNDE (8, 100)
      REAL    UMSATZ (100)
C
C
C   ---- GROBALGORITHMUS --------------------------
C
      CALL DATEN (ARTNR, KUNDE, UMSATZ, ANZAHL)
      CALL SORT  (ARTNR, KUNDE, UMSATZ, ANZAHL)
      CALL AUSWRT(ARTNR, KUNDE, UMSATZ, ANZAHL)
C
      STOP
      END
```

```
      SUBROUTINE DATEN (ARTNR, KUNDE, UMSATZ, ANZAHL)
C
C**********************************************************************
C                                                                    *
C     AUTOR   : KARL KURBEL              5. DEZEMBER 1983             *
C                                                                    *
C     AUFGABE : EINLESEN VON DATEN UEBER VERKAUFSVORGAENGE UND       *
C               SPEICHERUNG IN DREI ARRAYS                           *
C                                                                    *
C     ABKUERZUNGSVERZEICHNIS :                                       *
C                                                                    *
C             EARTNR  =  EINGELESENE ARTIKEL-NUMMER                  *
C             EKUNDE  =  EINGELESENE KUNDENANSCHRIFT                 *
C             EMENGE  =  EINGELESENE MENGE                          *
C             EPREIS  =  EINGELESENER PREIS                         *
C             ARTNR   =  ARTIKELNUMMERN-ARRAY                       *
C             ANZAHL  =  ANZAHL DER VERKAUFSVORGAENGE               *
C                                                                    *
C     BENOETIGTE DATEIEN :                                           *
C                                                                    *
C             5 = SEQUENTIELLE EINGABEDATEI DER VERKAUFSVORGAENGE    *
C             4 = SEQUENTIELLE AUSGABEDATEI                          *
C                                                                    *
C**********************************************************************
C
C  KONSTANTE :
C
      INTEGER MAX
      DATA    MAX /100/
C
C  VARIABLE :
C
      INTEGER I, J
C
C     VERKAUFSVORGANG :
          INTEGER EARTNR, EKUNDE (8)
          REAL    EMENGE, EPREIS
C
C  FORMALPARAMETER (NUR OUTPUT-PARAMETER) :
C
      INTEGER ARTNR  (100), KUNDE (8, 100), ANZAHL
      REAL    UMSATZ (100)
C
C  ----- ALGORITHMUS -------------------------------------------------
C
      WRITE (4, 11)
   11 FORMAT(' ','UNSORTIERTE EINGABEDATEN',/,
     1       ' -----------------------',/)
      I = 0
C
C     **** LESE-SCHLEIFE ****
C
 2000 READ (5, 22, END=3000) EARTNR, EKUNDE, EMENGE, EPREIS
   22     FORMAT (I8, 8A4, 2F8.2)
          WRITE (4, 33) EARTNR, EKUNDE, EMENGE, EPREIS
   33     FORMAT (' ', I8, 3X, 8A4, 3X, F8.2, 3X, F8.2, /)
          I = I + 1
C
          IF (I. LE. MAX) GO TO 2100
```

```
C
C          **** ELSE-TEIL ****
C
               WRITE (4, 44)
   44          FORMAT (' ', '**** MODUL DATEN: PROGRAMMABBRUCH',
     1                 'WEGEN ZU VIELER EINGABEDATEN')
               STOP
C
C          **** THEN-TEIL ****
C
 2100          ARTNR (I) = EARTNR
               DO 2200 J = 1, 8
                  KUNDE (J, I) = EKUNDE (J)
 2200          CONTINUE
               UMSATZ (I) = EMENGE * EPREIS
C
C          **** IF-ENDE ****
C
      GO TO 2000
C
C     **** LESE-SCHLEIFE-ENDE ****
C
 3000 CONTINUE
C
      ANZAHL = I
C
      END
```

```
      SUBROUTINE SORT (ARTNR, KUNDE, UMSATZ, ANZAHL)
C
C***************************************************************
C                                                             *
C     AUTOR :   KARL KURBEL          18. DEZEMBER 1983         *
C                                                             *
C     AUFGABE : SORTIEREN DER ARRAYS ARTNR, KUNDE, UMSATZ      *
C               NACH UMSAETZEN                                 *
C                                                             *
C     LOESUNGSWEG : ALGORITHMUS QUICKSORT                      *
C                                                             *
C     ABKUERZUNGSVERZEICHNIS :                                 *
C                                                             *
C             LINKS   = LINKE INTERVALLGRENZE (INDEX)          *
C             RECHTS  = RECHTE INTERVALLGRENZE (INDEX)         *
C             MITTE   = INTERVALLMITTE (INDEX)                 *
C             MITELE  = MITTLERES ELEMENT                      *
C             HILFUM  = HILFSVARIABLE FUER UMSATZ              *
C             HILFAN  = HILFSVARIABLE FUER ARTIKEL-NR          *
C             HILFKD  = HILFSVARIABLE FUER KUNDE               *
C             ARTNR   = ARTIKELNUMMER                          *
C                                                             *
C     AUFGERUFENE UNTERPROGRAMME :                             *
C                                                             *
C             STACK                                            *
C                                                             *
C***************************************************************
```

```
C
C   VARIABLE :
C
      INTEGER I , J , K , LINKS , RECHTS , MITTE
      INTEGER HILFKD (8), HILFAN
      REAL    MITELE , HILFUM
      LOGICAL LEER
C
C   FORMALPARAMETER :
C
C     INPUT :
      INTEGER ANZAHL
C
C     OUTPUT :
      INTEGER ARTNR  (100)
      INTEGER KUNDE  (8, 100)
      REAL    UMSATZ (100)
C
C   STACK-OPERATIONEN :
C
      INTEGER NEW , PUSH , POP
      DATA    NEW /1/ , PUSH /2/ , POP /3/
C
C   ----- ALGORITHMUS -----------------------------------------
C
      CALL STACK (NEW, LINKS, RECHTS, LEER)
      CALL STACK (PUSH, 1, ANZAHL, LEER)
C
C   ****  CYCLE-SCHLEIFE  ****
C
 1000 CONTINUE
C
          CALL STACK (POP, LINKS, RECHTS, LEER)
C
      IF (LEER) GO TO 5000
C         ****  WHILE-SCHLEIFE  ****
C
 1500     IF (LINKS .GE. RECHTS) GO TO 3000
C
C             ----  ZERLEGEN DES INTERVALLS [LINKS,RECHTS]  ----
C
              I = LINKS
              J = RECHTS
              MITTE  = (LINKS + RECHTS) / 2
              MITELE = UMSATZ (MITTE)
C
C             ****  UNTIL-SCHLEIFE  ****
C
 2000         CONTINUE
C
C                 ****  WHILE-SCHLEIFE  ****
 2200             IF (UMSATZ (I) .GE. MITELE) GO TO 2400
                      I = I + 1
                  GO TO 2200
C                 ****  WHILE-ENDE  ****
C
 2400             CONTINUE
C
```

```
C                     ****  WHILE-SCHLEIFE  ****
 2600                 IF (UMSATZ (J) .LE. MITELE) GO TO 2800
                          J = J - 1
                      GO TO 2600
C                     ****  WHILE-ENDE  ****
C
 2800                 CONTINUE
C
                      IF (I .GT. J) GO TO 2960
C
C                         ---  VERTAUSCHEN DER ARRAYELEMENTE I UND J  ---
C
                          HILFUM = UMSATZ (I)
                          HILFAN = ARTNR  (I)
C
                          DO 2900 K = 1, 8
                              HILFKD (K) = KUNDE (K, I)
 2900                     CONTINUE
C
                          UMSATZ (I)  = UMSATZ (J)
                          UMSATZ (J)  = HILFUM
                          ARTNR  (I)  = ARTNR (J)
                          ARTNR  (J)  = HILFAN
C
                          DO 2950 K = 1, 8
                              KUNDE (K, I) = KUNDE  (K, J)
                              KUNDE (K, J) = HILFKD (K)
 2950                     CONTINUE
C
C                         ---  ENDE DER VERTAUSCHUNG  ---
C
                          I = I + 1
                          J = J - 1
C
 2960                 CONTINUE
C
                  IF (I .LE. J) GO TO 2000
C
C                 ****  UNTIL-ENDE ****
C
C                 ----  INTERVALL-ZERLEGUNG BEENDET ---------
C
                  IF (I. LT. RECHTS) CALL STACK (PUSH, I, RECHTS, LEER)
                  RECHTS = J
              GO TO 1500
C
C         ****  WHILE-ENDE  ****
C
 3000     CONTINUE
C
      GO TO  1000
C
C     ****  CYCLE-ENDE  ****
C
 5000 CONTINUE
C
      END
```

```
      SUBROUTINE STACK (OPCODE, ELEM1, ELEM2, LEER)
C
C***********************************************************************
C                                                                     *
C     AUTOR    :    KARL KURBEL              12. DEZEMBER 1983         *
C                                                                     *
C     AUFGABE :    IMPLEMENTIERUNG EINES LAST-IN-FIRST-OUT-SPEICHERS *
C                  FUER PAARE VON GANZEN ZAHLEN.                       *
C                                                                     *
C     LOESUNGSWEG : VERWENDUNG EINES ARRAYS                           *
C                                                                     *
C     ZUGRIFFSFUNKTIONEN :                                            *
C                                                                     *
C       OPCODE=1 :  NEW                  : ANLEGEN EINES NEUEN STACK *
C       OPCODE=2 :  PUSH (ELEM1, ELEM2)  : EINKELLERN EINES PAARS    *
C       OPCODE=3 :  POP (ELEM1,ELEM2,LEER): AUSKELLERN EINES PAARS    *
C                                                                     *
C     REIHENFOLGEBEDINGUNGEN :                                        *
C                                                                     *
C       STACK : (NEW ; ( PUSH'* , POP'LEER)'* )'* .                   *
C                                                                     *
C     BENOETIGTE DATEI :                                              *
C                                                                     *
C       4 = SEQUENTIELLE AUSGABEDATEI                                 *
C                                                                     *
C***********************************************************************
C
C   KONSTANTE :
C
      INTEGER MAX
      DATA    MAX /100/
C
C   KELLERVEREINBARUNG :
C
      INTEGER KELLER (2, 100), ZEIGER
C
C   FORMALPARAMETER :
C
C    INPUT :
      INTEGER OPCODE
C
C    INPUT/OUTPUT :
      INTEGER ELEM1 , ELEM2
C
C    OUTPUT :
      LOGICAL LEER
C
C   ---- ALGORITHMUS --------------------------------------------------
C
C      **** FALLUNTERSCHEIDUNG ****
C
      GO TO (1000, 2000, 3000) , OPCODE
C
C      **** SONST-FALL ****
C
         WRITE (4, 22)
  22     FORMAT (' ', '**** MODUL "STACK" : PROGRAMMABBRUCH,',
  1              ' UNZULAESSIGER OPERATIONSCODE: ', I8)
         STOP
```

```
C
C      **** 1.FALL : OPERATION 'NEW' (ANLEGEN EINES STACK)    ****
C
 1000       ZEIGER = 0
            LEER   = .TRUE.
            GO TO 4000
C
C      **** 2.FALL : OPERATION 'PUSH' (EINKELLERN EINES PAARS) ****
C
 2000       IF (ZEIGER .LT. MAX) GO TO 2500
C
C           **** ELSE-ZWEIG ****
C
                WRITE (4, 33) ELEM1, ELEM2
    33          FORMAT (' ', '**** MODUL "STACK" : PROGRAMMABBRUCH,',
     1                     'UEBERLAUF BEI PAAR: ', 2F9.1)
                STOP
C
C           **** THEN-ZWEIG ****
C
 2500           ZEIGER = ZEIGER + 1
                KELLER (1, ZEIGER) = ELEM1
                KELLER (2, ZEIGER) = ELEM2
C
C           **** IF-ENDE ****
C
            GO TO 4000
C
C      **** 3.FALL : OPERATION 'POP' (AUSKELLERN EINES PAARS) ****
C
 3000       IF (ZEIGER .GT. 0) GO TO 3500
C
C           **** ELSE-ZWEIG ****
C
                LEER  = .TRUE.
                ELEM1 = 0
                ELEM2 = 0
                GO TO 3800
C
C           **** THEN-ZWEIG ****
C
 3500           LEER  = .FALSE.
                ELEM1 = KELLER (1, ZEIGER)
                ELEM2 = KELLER (2, ZEIGER)
                ZEIGER = ZEIGER - 1
C
 3800       CONTINUE
C
C           **** IF-ENDE ****
C
 4000  CONTINUE
C
C      **** FALLUNTERSCHEIDUNG-ENDE ****
C
       END
```

```
      SUBROUTINE AUSWRT (ARTNR, KUNDE, UMSATZ, ANZAHL)
C
C**********************************************************************
C                                                                    *
C  AUTOR :    KARL KURBEL                     23. NOVEMBER 1983       *
C                                                                    *
C  AUFGABE : PROTOKOLLIERUNG DER NACH UMSAETZEN SORTIERTEN ARRAYS     *
C            UND AUSWERTUNG NACH UMSATZ-KATEGORIEN                    *
C                                                                    *
C  ABKUERZUNGSVERZEICHNIS :                                          *
C                                                                    *
C    ANZKAT      = ANZAHL DER UMSATZ-KATEGORIEN                      *
C    GESUMS      = GESAMTUMSATZ                                      *
C    K           = KATEGORIE (1 ... ANZKAT)                         *
C    GRENZE (K)  = UNTERGRENZE DER UMSATZ-KATEGORIE K               *
C                  (MIT GRENZE (ANZKAT+1) = FIKTIVE OBERGRENZE       *
C                  DER HOECHSTEN KATEGORIE )                        *
C    KATUMS (K)  = UMSATZ DER KATEGORIE K                           *
C    KATVK  (K)  = VERKAUFSVORGAENGE IN KATEGORIE K                 *
C    RELUMS (K)  = RELATIVER UMSATZ IN KATEGORIE K (%)              *
C    RELVK  (K)  = RELATIVE ANZAHL DER VERKAUFSVORGAENGE IN KAT. K (%)*
C                                                                    *
C  BENOETIGTE DATEI :                                               *
C                                                                    *
C    4 = SEQUENTIELLE AUSGABEDATEI                                  *
C                                                                    *
C**********************************************************************
C
C  KONSTANTE :
C
      INTEGER ANZKAT
      DATA    ANZKAT /5/
      REAL    GRENZE (6)
      DATA    GRENZE /0.0, 100.0, 500.0, 2000.0, 10000.0, 100000.0/
C
C  VARIABLE :
C
      INTEGER I, K, J
      INTEGER KATVK (5)
      REAL    GESUMS
      REAL    KATUMS (5), RELUMS (5), RELVK (5)
C
C  FORMALPARAMETER :
C
C   INPUT :
      INTEGER ANZAHL
      INTEGER ARTNR  (100)
      INTEGER KUNDE  (8,100)
      REAL    UMSATZ (100)
C
C  ===== ALGORITHMUS ===================================================
C
      GESUMS = 0.0
      K = 1
C
      DO 1100 I = 1, ANZKAT
          KATUMS (I) = 0.0
          KATVK  (I) = 0
 1100 CONTINUE
```

```
C
C    === PROTOKOLLIERUNG DER SORTIERTEN ARRAYS ======================
C
     WRITE (4, 22)
  22 FORMAT ('0', 'SORTIERTE LISTE DER EINZELUMSAETZE',/,
   1           ' ---------------------------------',/)
C
     DO 1500 I = 1, ANZAHL
C
        WRITE (4, 33) ARTNR (I), (KUNDE (J,I), J = 1, 8), UMSATZ (I)
  33    FORMAT (' ', I8, 3X, 8A4, 12X, F10.2, /)
C
        IF (UMSATZ (I) .LT. GRENZE (K+1)) GO TO 1300
C
           GESUMS = GESUMS + KATUMS (K)
C
C          **** UNTIL-SCHLEIFE ****
 1200      CONTINUE
              K = K + 1
           IF (UMSATZ (I) .GE. GRENZE (K+1)) GO TO 1200
C          **** UNTIL-ENDE ****
C
 1300      KATUMS (K) = KATUMS (K) + UMSATZ (I)
        KATVK  (K) = KATVK (K)  + 1
C
 1500 CONTINUE
C
     GESUMS = GESUMS + KATUMS (K)
C
C    === UMSATZSTATISTIK ==========================================
C
     WRITE (4, 44)
  44 FORMAT (' ')
     WRITE (4, 55)
  55 FORMAT (' ',
   1     '----------------------------------------------------',
   2     '---------')
     WRITE (4, 66)
  66 FORMAT (' ',2X,'KATEGORIE',12X,'VERKAUFSVORGAENGE',12X,'UMSAETZE'/
   1 ' ----------------------------------------------------------',
   2 '-----',/, 23X,' ABSOLUT    %          ABSOLUT      % ',/,
   3 ' ----------------------------------------------------------',
   4 '-----')
C
     DO 2000 K = 1, ANZKAT
C
        RELVK  (K) = KATVK (K) / FLOAT (ANZAHL) * 100
        RELUMS (K) = KATUMS(K) / GESUMS * 100
        WRITE (4,77) GRENZE (K), GRENZE (K+1), KATVK (K), RELVK (K),
   1                 KATUMS (K), RELUMS (K)
  77    FORMAT (/,' ', F10.2, ' -', F10.2, I5, F9.1, 8X, F10.2, F10.1)
C
 2000  CONTINUE
C
     WRITE (4, 55)
     WRITE (4, 88) ANZAHL, GESUMS
  88 FORMAT (' ', 2X, 'SUMME:', 14X, I5, 4X, '100.0', 9X, F9.2, 5X,
   1        '100.0')
     WRITE (4, 55)
C
     END
```

UNSORTIERTE EINGABEDATEN
-----------------------------

| 7123 | METZLER-COMPUTER DUISBURG | 1.00 | 5600.00 |
| 211 | DATASOFT GMBH BRAUNSCHWEIG | 123.05 | 1.20 |
| 118 | SOFTWARE-LAND OFFENBACH | 1.00 | 1300.00 |
| 201 | EDV-VERLAG SCHMIDT ESSEN | 13.75 | 2.50 |
| 187 | INFOSYSTEMS KG BERLIN | 1.00 | 780.00 |
| 89 | MICRO-SHOP WUPPERTAL | 1.00 | 1230.00 |
| 344 | INFOTECH GMBH BREMEN | 1.00 | 18000.00 |
| 878 | COMPUTERSHOP H.MOELLER BONN | 5.00 | 83.50 |
| 77 | INFODATA-SYSTEME FRANKFURT/M | 1.00 | 900.00 |

SORTIERTE LISTE DER EINZELUMSAETZE
-----------------------------------

| 201 | EDV-VERLAG SCHMIDT ESSEN | 34.38 |
| 211 | DATASOFT GMBH BRAUNSCHWEIG | 147.66 |
| 878 | COMPUTERSHOP H.MOELLER BONN | 417.50 |
| 187 | INFOSYSTEMS KG BERLIN | 780.00 |
| 77 | INFODATA-SYSTEME FRANKFURT/M | 900.00 |
| 89 | MICRO-SHOP WUPPERTAL | 1230.00 |
| 118 | SOFTWARE-LAND OFFENBACH | 1300.00 |
| 7123 | METZLER-COMPUTER DUISBURG | 5600.00 |
| 344 | INFOTECH GMBH BREMEN | 18000.00 |

| KATEGORIE | VERKAUFSVORGAENGE | | UMSAETZE | |
|---|---|---|---|---|
| | ABSOLUT | % | ABSOLUT | % |
| 0.00 - 100.00 | 1 | 11.1 | 34.38 | 0.1 |
| 100.00 - 500.00 | 2 | 22.2 | 565.16 | 2.0 |
| 500.00 - 2000.00 | 4 | 44.4 | 4210.00 | 14.8 |
| 2000.00 - 10000.00 | 1 | 11.1 | 5600.00 | 19.7 |
| 10000.00 - 100000.00 | 1 | 11.1 | 18000.00 | 63.4 |
| SUMME: | 9 | 100.0 | 28409.53 | 100.0 |

# 7.3 Implementierung in Cobol

Für die Implementierung in Cobol wird eine gegenüber den Fortran-Versionen leicht modifizierte Systemstruktur zugrunde gelegt. Da Cobol weitergehende Strukturierungsmöglichkeiten als Fortran zur Verfügung stellt, wird die Zerlegung an folgenden Überlegungen ausgerichtet:

- datenbeschaffung und auswertung der sortierten Verkaufsvorgänge sind Teile des Gesamtalgorithmus, die weitgehend auf denselben Daten arbeiten. Sie werden innerhalb des Hauptprogramms umstat als eigene Kapitel (section) im Sinne von Verfeinerungskonstrukten angesiedelt.
- sortieren ist ein klassisches Beispiel für eine prozedurale Abstraktion. Es handelt sich um einen klar abgegrenzten Teilalgorithmus, der durch ein getrennt übersetztes Unterprogramm implementiert wird.
- Der stack ist ein klassisches Beispiel für eine Datenabstraktion. Da in Cobol der Forderung nach Information Hiding bezüglich der internen Repräsentation der Datenstruktur nur bei getrennter Übersetzung entsprochen werden kann, wird dieses Modul ebenfalls als eigenes Unterprogramm realisiert.

Damit erhält man eine Systemstruktur, die in Abb. 7.3 skizziert ist.

Der Programmtext der Cobol-Version ist deutlich länger als bei den Fortran-Implementierungen. Dies liegt einmal an den ausgeprägten Möglichkeiten bzw. dem Zwang zur Verbalisierung. Obwohl die Prozedurteile nahezu keine Kommentare enthalten, verlangen sie sehr viel Schreibarbeit. Der zweite Grund ist in den umfangreichen Datenteilen, insbesondere im Hauptprogramm, zu sehen.

Da in einem Cobol-Programm die Arbeitsdaten vor der Ausgabe im allgemeinen aufbereitet und zudem alle Arten von Ausgabezeilen explizit vereinbart werden müssen, erhält man unter Umständen eine größere Zahl von Datensatzbeschreibungen, die nur der Ausgabe dienen. In dem Programm umstat sind dies die Vereinbarungen für verkaufssatz, einzelumsatz, statistik-satz und summenzeile sowie für 5 Zeichenkettenkonstante (ueberschrift-1, ueberschrift-2, ueberschrift-3, ueberschrift-4, linie), die über eine weitere Satzart (textzeile) ausgegeben werden!

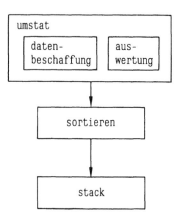

**Abb. 7.3.** Struktur des Cobol-Programmsystems

```
IDENTIFICATION DIVISION.

PROGRAM-ID.    UMSTAT.
AUTHOR.        KARL KURBEL.
DATE-WRITTEN.  19. NOVEMBER 1983.


**********************************************************************
*                                                                    *
* AUFGABE:  ERSTELLEN EINER UMSATZSTATISTIK, WELCHE - NACH UM-        *
*           SATZKATEGORIEN GEGLIEDERT - DIE ABSOLUTEN UND PRO-        *
*           ZENTUALEN ZAHLEN DER VERKAUFSVORGAENGE UND DER KUMU-      *
*           LIERTEN UMSAETZE PRO KATEGORIE AUSWEIST.                  *
*                                                                    *
* LOESUNGSWEG: DER ALGORITHMUS WIRD IN 3 TEILE ZERLEGT:              *
*                                                                    *
*           - "DATENBESCHAFFUNG" (SECTION IM HAUPTPROGRAMM):          *
*             EINLESEN,  PROTOKOLLIEREN UND AUFBEREITEN DER UNSOR-*
*             TIERTEN VERKAUFSVORGAENGE.                              *
*                                                                    *
*           - "SORTIEREN" (GETRENNT COMPILIERTES UNTERPROGRAMM):      *
*             SORTIEREN DER AUFBEREITETEN VERKAUFSVORGAENGE.          *
*                                                                    *
*           - "AUSWERTUNG" (SECTION IM HAUPTPROGRAMM):                *
*             PROTOKOLLIEREN DER SORTIERTEN VERKAUFSVORGAENGE UND *
*             AUSWERTEN NACH UMSATZKATEGORIEN.                        *
*                                                                    *
* AUFGERUFENE UNTERPROGRAMME:                                         *
*                                                                    *
*           SORTIEREN                                                 *
*                                                                    *
* BENOETIGTE DATEIEN:                                                 *
*                                                                    *
*           EINGABE  =  SEQUENTIELLE EINGABEDATEI                     *
*           AUSGABE  =  SEQUENTIELLE AUSGABEDATEI                     *
*                                                                    *
**********************************************************************


ENVIRONMENT DIVISION.

CONFIGURATION SECTION.
SOURCE-COMPUTER. TR440.
OBJECT-COMPUTER. TR440.

INPUT-OUTPUT SECTION.
FILE-CONTROL.
    SELECT EINGABE  ASSIGN TO TSP-01.
    SELECT AUSGABE  ASSIGN TO SDR-02.

DATA DIVISION.

FILE SECTION.

FD EINGABE, LABEL RECORD IS OMITTED,
        DATA RECORD IS EINGABESATZ.

01 EINGABESATZ.
    02 ARTIKEL-NR     PICTURE 9(7).
    02 KUNDE          PICTURE X(32).
    02 MENGE          PICTURE 9(7)V99.
    02 PREIS          PICTURE 9(6)V99.
    02 FILLER         PICTURE X(24).
```

```
FD  AUSGABE, LABEL RECORD IS OMITTED,
            DATA RECORDS ARE TEXTZEILE,
                            VERKAUFSSATZ,
                            EINZELUMSATZ.

01  TEXTZEILE        PICTURE X(132).

01  VERKAUFSSATZ.
    02 ARTIKEL-NR    PICTURE Z(6)9.
    02 FILLER        PICTURE X(4).
    02 KUNDE         PICTURE X(32).
    02 FILLER        PICTURE X(1).
    02 MENGE         PICTURE Z(6)9.99.
    02 FILLER        PICTURE X(3).
    02 PREIS         PICTURE Z(5)9.99.
    02 FILLER        PICTURE X(66).

01  EINZELUMSATZ.
    02 ARTIKEL-NR    PICTURE Z(6)9.
    02 FILLER        PICTURE X(4).
    02 KUNDE         PICTURE X(32).
    02 FILLER        PICTURE X(2).
    02 UMSATZBETRAG  PICTURE Z(8)9.99.
    02 FILLER        PICTURE X(75).

WORKING-STORAGE SECTION.

**** KONSTANTE ****

77  UEBERSCHRIFT-1    PICTURE X(132) VALUE IS
                       'UNSORTIERTE EINGABEDATEN'.
77  UNTERSTREICHUNG-1 PICTURE X(132) VALUE IS
                       '------------------------'.
77  UEBERSCHRIFT-2    PICTURE X(132) VALUE IS
                       'SORTIERTE LISTE DER EINZELUMSAETZE'.
77  UNTERSTREICHUNG-2 PICTURE X(132) VALUE IS
                       '---------------------------------'.
77  UEBERSCHRIFT-3    PICTURE X(132) VALUE IS
          '       KATEGORIE          VERKAUFSVORGAENGE            UMSAET
-         'ZE'.
77  UEBERSCHRIFT-4    PICTURE X(132) VALUE IS
          '                           ABSOLUT  %           ABSOLUT
-         '   %'.
77  LINIE             PICTURE X(132) VALUE IS
          '-----------------------------------------------------------
-         '-------'.
77  MAXIMUM           PICTURE 9(3)   VALUE IS 100.
77  ANZAHL-DER-KATEGORIEN
                      PICTURE 99     VALUE IS 5.

**** VARIABLE ****

77  ANZAHL-DER-VERKAEUFE  PICTURE 9(3).
77  GESAMTUMSATZ          PICTURE 9(11)V99.
77  KATEGORIE             PICTURE 99.
77  NAECHSTE-KATEGORIE    PICTURE 99.
77  VORGANG-NR            PICTURE 9(3).

77  EINGABE-SCHALTER      PICTURE X(5).
    88 EINGABE-ZU-ENDE    VALUE IS 'TRUE'.
```

```
01  VERKAUFSTABELLE.
    02 VERKAUFSVORGANG     OCCURS 100 TIMES.
       03 ARTIKEL-NR       PICTURE 9(7).
       03 KUNDE            PICTURE X(32).
       03 UMSATZ           PICTURE 9(9)V99.

01  STATISTIK-TABELLE.
    02 ANGABEN-PRO-KATEGORIE   OCCURS 5 TIMES.
       03 UMSATZSUMME      PICTURE 9(10)V99.
       03 VERKAUFSVORGAENGE PICTURE 9(3).

01  GRENZE-DER-UMSATZKATEGORIEN.
    02 GRENZE              PICTURE 9(7)V99 OCCURS 6 TIMES.

01  STATISTIK-SATZ.
    02 UNTERE-GRENZE       PICTURE ZZZBZZ9.99.
    02 STRICH              PICTURE X(3) VALUE IS ' - '.
    02 OBERE-GRENZE        PICTURE ZZZBZZ9.99.
    02 FILLER              PICTURE X(5) VALUE IS SPACES.
    02 VERKAEUFE-ABSOLUT   PICTURE ZZ9.
    02 FILLER              PICTURE X(3) VALUE IS SPACES.
    02 VERKAEUFE-RELATIV   PICTURE ZZ9.9.
    02 FILLER              PICTURE X(2) VALUE IS SPACES.
    02 UMSATZ-ABSOLUT      PICTURE ZBZZZBZZZBZZ9.99.
    02 FILLER              PICTURE X(3) VALUE IS SPACES.
    02 UMSATZ-RELATIV      PICTURE ZZ9.99.

01  SUMMENZEILE.
    02 FILLER              PICTURE X(7)  VALUE IS SPACES.
    02 SUMME               PICTURE X(6)  VALUE IS 'SUMME:'.
    02 FILLER              PICTURE X(16) VALUE IS SPACES.
    02 ANZAHL              PICTURE Z9.
    02 FILLER              PICTURE X(3)  VALUE IS SPACES.
    02 ANZAHL-100-PROZENT  PICTURE X(5)  VALUE IS '100.0'.
    02 SUMME-DER-UMSAETZE  PICTURE ZZZBZZZBZZZBZZ9.99.
    02 FILLER              PICTURE X(3)  VALUE IS SPACES.
    02 UMSAETZE-100-PROZENT PICTURE X(6) VALUE IS '100.00'.

*-----------------------------------------------------------------

PROCEDURE DIVISION.

GROBABLAUF SECTION.

ALGORITHMUS.
    PERFORM DATEIEN-OEFFNEN.
    PERFORM DATENBESCHAFFUNG.
    CALL 'SORTIEREN' USING VERKAUFSTABELLE, ANZAHL-DER-VERKAEUFE.
    PERFORM AUSWERTUNG.
    PERFORM ABSCHLUSS.

DATEIEN-OEFFNEN.
    OPEN INPUT EINGABE, OUTPUT AUSGABE.

ABSCHLUSS.
    CLOSE EINGABE, AUSGABE.
    STOP RUN.

GROBABLAUF-ENDE.
    EXIT.

*-----------------------------------------------------------------
```

```
DATENBESCHAFFUNG SECTION.

ALGORITHMUS.
    MOVE ZERO TO VORGANG-NR.
    WRITE TEXTZEILE FROM UEBERSCHRIFT-1.
    WRITE TEXTZEILE FROM UNTERSTREICHUNG-1.
    MOVE 'FALSE' TO EINGABE-SCHALTER.
    READ EINGABE ; AT END MOVE 'TRUE' TO EINGABE-SCHALTER.
    PERFORM LESESCHLEIFE UNTIL EINGABE-ZU-ENDE.
    MOVE VORGANG-NR TO ANZAHL-DER-VERKAEUFE.
    GO TO DATENBESCHAFFUNG-ENDE.

LESESCHLEIFE.
    MOVE SPACES TO VERKAUFSSATZ.
    MOVE CORRESPONDING EINGABESATZ TO VERKAUFSSATZ.
    WRITE VERKAUFSSATZ AFTER ADVANCING 2 LINES.
    ADD 1 TO VORGANG-NR.
    IF VORGANG-NR > MAXIMUM
            DISPLAY '*** DATENBESCHAFFUNG: PROGRAMMABBRUCH',
                    'WEGEN ZU VIELER EINGABEDATEN',
            STOP RUN;
        ELSE
            MOVE ARTIKEL-NR OF EINGABESATZ
                TO ARTIKEL-NR OF VERKAUFSVORGANG (VORGANG-NR),
            MOVE KUNDE OF EINGABESATZ
                TO KUNDE OF VERKAUFSVORGANG (VORGANG-NR),
            COMPUTE UMSATZ (VORGANG-NR) =
                MENGE OF EINGABESATZ  *  PREIS OF EINGABESATZ.
    READ EINGABE;  AT END MOVE 'TRUE' TO EINGABE-SCHALTER.

DATENBESCHAFFUNG-ENDE.
    EXIT.


*-----------------------------------------------------------------

AUSWERTUNG SECTION.

ALGORITHMUS.
    PERFORM VORARBEITEN.
    PERFORM SORTIERTEN-ARRAY-AUSWERTEN
            VARYING VORGANG-NR FROM 1 BY 1
            UNTIL VORGANG-NR > ANZAHL-DER-VERKAEUFE.
    PERFORM LETZTE-KATEGORIE-ERFASSEN.
    PERFORM UMSATZSTATISTIK-AUSGEBEN.
    GO TO AUSWERTUNG-ENDE.

VORARBEITEN.
    MOVE    ZERO  TO  GRENZE (1).
    MOVE     100  TO  GRENZE (2).
    MOVE     500  TO  GRENZE (3).
    MOVE    2000  TO  GRENZE (4).
    MOVE   10000  TO  GRENZE (5).
    MOVE  100000  TO  GRENZE (6).
    MOVE    ZERO  TO  GESAMTUMSATZ.
    PERFORM NULLSETZEN
        VARYING KATEGORIE FROM 1 BY 1
        UNTIL KATEGORIE > ANZAHL-DER-KATEGORIEN.
    MOVE 1 TO KATEGORIE.
    WRITE TEXTZEILE FROM UEBERSCHRIFT-2 AFTER ADVANCING 3 LINES.
    WRITE TEXTZEILE FROM UNTERSTREICHUNG-2.
```

```
NULLSETZEN.
    MOVE ZEROES TO UMSATZSUMME (KATEGORIE),
                   VERKAUFSVORGAENGE (KATEGORIE).


SORTIERTEN-ARRAY-AUSWERTEN.
    MOVE SPACES TO EINZELUMSATZ.
    MOVE ARTIKEL-NR OF VERKAUFSVORGANG (VORGANG-NR)
         TO ARTIKEL-NR OF EINZELUMSATZ.
    MOVE KUNDE OF VERKAUFSVORGANG (VORGANG-NR)
         TO KUNDE OF EINZELUMSATZ.
    MOVE UMSATZ OF VERKAUFSVORGANG (VORGANG-NR)
         TO UMSATZBETRAG OF EINZELUMSATZ.
    WRITE EINZELUMSATZ AFTER ADVANCING 2 LINES.
    COMPUTE NAECHSTE-KATEGORIE = KATEGORIE + 1.
    IF UMSATZ (VORGANG-NR) IS NOT LESS THAN
              GRENZE (NAECHSTE-KATEGORIE)
         ADD UMSATZSUMME (KATEGORIE) TO GESAMTUMSATZ,
         PERFORM WEITERGEHEN UNTIL UMSATZ (VORGANG-NR)
              IS LESS THAN GRENZE (NAECHSTE-KATEGORIE).
    ADD UMSATZ (VORGANG-NR) TO UMSATZSUMME (KATEGORIE).
    ADD 1 TO VERKAUFSVORGAENGE (KATEGORIE).


LETZTE-KATEGORIE-ERFASSEN.
    ADD UMSATZSUMME (KATEGORIE) TO GESAMTUMSATZ.


WEITERGEHEN.
    ADD 1 TO KATEGORIE.
    ADD 1 TO NAECHSTE-KATEGORIE.


UMSATZSTATISTIK-AUSGEBEN.
    WRITE TEXTZEILE FROM LINIE AFTER ADVANCING 3 LINES.
    WRITE TEXTZEILE FROM UEBERSCHRIFT-3.
    WRITE TEXTZEILE FROM LINIE.
    WRITE TEXTZEILE FROM UEBERSCHRIFT-4.
    WRITE TEXTZEILE FROM LINIE.
    PERFORM KATEGORIEN-SCHLEIFE
            VARYING KATEGORIE FROM 1 BY 1
            UNTIL KATEGORIE > ANZAHL-DER-KATEGORIEN.
    WRITE TEXTZEILE FROM LINIE.
    MOVE SPACES TO TEXTZEILE.
    MOVE ANZAHL-DER-VERKAEUFE TO ANZAHL IN SUMMENZEILE.
    MOVE GESAMTUMSATZ TO SUMME-DER-UMSAETZE IN SUMMENZEILE.
    WRITE TEXTZEILE FROM SUMMENZEILE.
    WRITE TEXTZEILE FROM LINIE.


KATEGORIEN-SCHLEIFE.
    COMPUTE NAECHSTE-KATEGORIE = KATEGORIE + 1.
    MOVE GRENZE (KATEGORIE) TO UNTERE-GRENZE.
    MOVE GRENZE (NAECHSTE-KATEGORIE) TO OBERE-GRENZE.
    COMPUTE VERKAEUFE-RELATIV =
        VERKAUFSVORGAENGE (KATEGORIE) * 100 / ANZAHL-DER-VERKAEUFE.
    COMPUTE UMSATZ-RELATIV =
        UMSATZSUMME (KATEGORIE) * 100 / GESAMTUMSATZ.
    MOVE VERKAUFSVORGAENGE (KATEGORIE) TO VERKAEUFE-ABSOLUT.
    MOVE UMSATZSUMME (KATEGORIE) TO UMSATZ-ABSOLUT.
    WRITE TEXTZEILE FROM STATISTIK-SATZ AFTER ADVANCING 2 LINES.


AUSWERTUNG-ENDE.
    EXIT.
```

```
IDENTIFICATION DIVISION.

PROGRAM-ID.    SORTIEREN.
AUTHOR.        KARL KURBEL.
DATE-WRITTEN. 20. NOVEMBER 1983.


**********************************************************************
*                                                                    *
* AUFGABE :     SORTIEREN EINES ARRAYS, DESSEN KOMPONENTEN RECORDS    *
*               SIND:                                                 *
*                                                                     *
*               01 ARRAY.                                             *
*                  02 ELEMENTE  OCCURS  100 TIMES.                    *
*                        03  ELEMENT-1    PICTURE 9(7).               *
*                        03  ELEMENT-2    PICTURE X(32).              *
*                        03  ELEMENT-3    PICTURE 9(9)V99.            *
*                                                                     *
*               SORTIERBEGRIFF IST "ELEMENT-3".                       *
*                                                                     *
* LOESUNGSWEG: ALGORITHMUS "QUICKSORT".                               *
*                                                                     *
* AUFGERUFENES UNTERPROGRAMM:                                         *
*                                                                     *
*               STACK                                                 *
*                                                                     *
**********************************************************************


ENVIRONMENT DIVISION.

CONFIGURATION SECTION.
SOURCE-COMPUTER. TR440.
OBJECT-COMPUTER. TR440.

DATA DIVISION.

WORKING-STORAGE SECTION.

**** SUBSKRIPTE ****

77  I                PICTURE 9(3).
77  J                PICTURE 9(3).
77  K                PICTURE 9(3).
77  MERKFELD         PICTURE 9(3).


**** STACK-OPERATIONEN ****

77  NEW              PICTURE X(4)  VALUE IS 'NEW'.
77  PUSH             PICTURE X(4)  VALUE IS 'PUSH'.
77  POP              PICTURE X(4)  VALUE IS 'POP'.


**** ANDERE VARIABLE ****

77  LEER             PICTURE X(5).
    88  LEERER-STACK VALUE IS 'TRUE'.
77  MITTLERES-ELEMENT  PICTURE 9(9)V99.
77  HILFSFELD        PICTURE X(50).


01  INTERVALL.
    02  LINKS        PICTURE 9(3).
    02  RECHTS       PICTURE 9(3).
```

```
LINKAGE SECTION.

**** INPUT-PARAMETER ****

77  ANZAHL-DER-ELEMENTE  PICTURE 9(3).

**** INPUT-OUTPUT-PARAMETER ****

01  ARRAY.
    02  ELEMENTE  OCCURS  100 TIMES.
        03  ELEMENT-1    PICTURE 9(7).
        03  ELEMENT-2    PICTURE X(32).
        03  ELEMENT-3    PICTURE 9(9)V99.


PROCEDURE DIVISION USING ARRAY, ANZAHL-DER-ELEMENTE.

GROBALGORITHMUS.
    PERFORM VORARBEITEN.
    PERFORM CYCLE-SCHLEIFE THRU CYCLE-ENDE.

RUECKKEHR.
    EXIT PROGRAM.

VORARBEITEN.
    MOVE ZEROES TO INTERVALL.
    MOVE HIGH-VALUE TO LEER.
    CALL 'STACK' USING NEW, INTERVALL, LEER.
    MOVE 1 TO LINKS.
    MOVE ANZAHL-DER-ELEMENTE TO RECHTS.
    CALL 'STACK' USING PUSH, INTERVALL, LEER.

CYCLE-SCHLEIFE.
    CALL 'STACK' USING POP, INTERVALL, LEER.
    IF LEERER-STACK GO TO CYCLE-ENDE.
    PERFORM INTERVALL-ZERLEGUNG-SCHLEIFE
            UNTIL LINKS IS NOT LESS THAN RECHTS.
    GO TO CYCLE-SCHLEIFE.

CYCLE-ENDE.
    EXIT.

**** VERFEINERUNGEN INNERHALB DER CYCLE-SCHLEIFE ****

INTERVALL-ZERLEGUNG-SCHLEIFE.
    MOVE LINKS TO I.
    MOVE RECHTS TO J.
    COMPUTE K = (LINKS + RECHTS) / 2.
    MOVE ELEMENT-3 (K) TO MITTLERES-ELEMENT.
    PERFORM ELEMENTE-VERTAUSCHEN-SCHLEIFE.
    PERFORM ELEMENTE-VERTAUSCHEN-SCHLEIFE UNTIL I > J.
    IF I < RECHTS
        MOVE LINKS TO MERKFELD,
        MOVE I TO LINKS,
        CALL 'STACK' USING PUSH, INTERVALL, LEER,
        MOVE MERKFELD TO LINKS.
    MOVE J TO RECHTS.
```

```
ELEMENTE-VERTAUSCHEN-SCHLEIFE.
    PERFORM VON-LINKS-NACH-RECHTS-GEHEN
        UNTIL ELEMENT-3 (I) IS NOT LESS THAN MITTLERES-ELEMENT.
    PERFORM VON-RECHTS-NACH-LINKS-GEHEN
        UNTIL ELEMENT-3 (J) IS NOT GREATER   MITTLERES-ELEMENT.
    IF I IS NOT GREATER THAN J
        PERFORM VERTAUSCHEN,
        ADD 1 TO I,
        SUBTRACT 1 FROM J.

VON-LINKS-NACH-RECHTS-GEHEN.
    ADD 1 TO I.

VON-RECHTS-NACH-LINKS-GEHEN.
    SUBTRACT 1 FROM J.

VERTAUSCHEN.
    MOVE ELEMENTE (I) TO HILFSFELD.
    MOVE ELEMENTE (J) TO ELEMENTE (I).
    MOVE HILFSFELD    TO ELEMENTE (J).



IDENTIFICATION DIVISION.

PROGRAM-ID.     STACK.
AUTHOR.         KARL KURBEL.
DATE-WRITTEN.   15. DEZEMBER 1983.


***********************************************************************
*                                                                     *
* AUFGABE:          IMPLEMENTIERUNG EINES LAST-IN-FIRST-OUT-           *
*                   SPEICHERS FUER PAARE VON GANZEN ZAHLEN             *
*                                                                     *
* LOESUNGSWEG:      VERWENDUNG EINES ARRAYS                            *
*                                                                     *
* ZUGRIFFSOPERATIONEN (MIT JEWEILIGEN PARAMETERN):                    *
*                                                                     *
*   OPERATIONSCODE = 'NEW':                ANLEGEN EINES NEUEN STACK   *
*                    'PUSH' (WERTEPAAR): EINKELLERN EINES PAARS        *
*                    'POP'  (WERTEPAAR, LEER): AUSKELLERN E. PAARS     *
*                                                                     *
* REIHENFOLGEBEDINGUNGEN :                                            *
*                                                                     *
*   STACK : (NEW; (PUSH'*, POP'LEER)'*)'*.                            *
*                                                                     *
***********************************************************************

ENVIRONMENT DIVISION.

CONFIGURATION SECTION.
SOURCE-COMPUTER. TR440.
OBJECT-COMPUTER. TR440.

DATA DIVISION.

WORKING-STORAGE SECTION.

**** KONSTANTE ****

 77 MAX   VALUE IS 100      PICTURE 9(3).
```

```
*** VARIABLE ****

77  ZEIGER                  PICTURE 9(3).
01  KELLER.
    02 KELLER-ELEMENTE  OCCURS  100 TIMES.
        03 KELLER-ELEMENT-1  PICTURE 9(3).
        03 KELLER-ELEMENT-2  PICTURE 9(3).


    LINKAGE SECTION.

**** INPUT-PARAMETER ****

77  OPERATIONSCODE          PICTURE X(4).
    88  NEUER-STACK  VALUE IS 'NEW'.
    88  EINKELLERN   VALUE IS 'PUSH'.
    88  AUSKELLERN   VALUE IS 'POP'.

**** OUTPUT-PARAMETER ****

77  LEER                    PICTURE X(5).

**** INPUT-OUTPUT-PARAMETER ****

01  WERTEPAAR.
    02 ELEMENT-1            PICTURE 9(3).
    02 ELEMENT-2            PICTURE 9(3).

PROCEDURE DIVISION  USING OPERATIONSCODE, WERTEPAAR, LEER.

OPERATIONSWAHL.
    IF NEUER-STACK PERFORM NEW;
        ELSE IF EINKELLERN PERFORM PUSH;
                ELSE IF AUSKELLERN PERFORM POP;
                        ELSE PERFORM SONST-FALL.
RUECKKEHR.
    EXIT PROGRAM.

NEW.
    MOVE ZERO TO ZEIGER.
    MOVE 'TRUE' TO LEER.

PUSH.
    IF ZEIGER < MAX
            ADD 1 TO ZEIGER,
            MOVE WERTEPAAR TO KELLER-ELEMENTE (ZEIGER);
        ELSE DISPLAY '**** MODUL "STACK": PROGRAMMABBRUCH,',
                    'UEBERLAUF BEI WERTEPAAR: ', ELEMENT-1,
                                        ' ', ELEMENT-2,
            STOP RUN.
POP.
    IF ZEIGER > ZERO
            MOVE 'FALSE' TO LEER,
            MOVE KELLER-ELEMENTE (ZEIGER) TO WERTEPAAR,
            SUBTRACT 1 FROM ZEIGER;
        ELSE MOVE 'TRUE' TO LEER,
            MOVE HIGH-VALUES TO WERTEPAAR.

SONST-FALL.
    DISPLAY '**** MODUL "STACK": PROGRAMMABBRUCH ',
            'WEGEN FEHLERHAFTEM OPERATIONSCODE: ', OPERATIONSCODE.
    STOP RUN.
```

UNSORTIERTE EINGABEDATEN
------------------------

| 7123 | METZLER-COMPUTER DUISBURG | 1.00 | 5600.00 |
|------|---------------------------|------|---------|
| 211 | DATASOFT GMBH BRAUNSCHWEIG | 123.05 | 1.20 |
| 118 | SOFTWARE-LAND OFFENBACH | 1.00 | 1300.00 |
| 201 | EDV-VERLAG SCHMIDT ESSEN | 13.75 | 2.50 |
| 187 | INFOSYSTEMS KG BERLIN | 1.00 | 780.00 |
| 89 | MICRO-SHOP WUPPERTAL | 1.00 | 1230.00 |
| 344 | INFOTECH GMBH BREMEN | 1.00 | 18000.00 |
| 878 | COMPUTERSHOP H.MOELLER BONN | 5.00 | 83.50 |
| 77 | INFODATA-SYSTEME FRANKFURT/M | 1.00 | 900.00 |

SORTIERTE LISTE DER EINZELUMSAETZE
----------------------------------

| 201 | EDV-VERLAG SCHMIDT ESSEN | 34.37 |
|------|---------------------------|-------|
| 211 | DATASOFT GMBH BRAUNSCHWEIG | 147.66 |
| 878 | COMPUTERSHOP H.MOELLER BONN | 417.50 |
| 187 | INFOSYSTEMS KG BERLIN | 780.00 |
| 77 | INFODATA-SYSTEME FRANKFURT/M | 900.00 |
| 89 | MICRO-SHOP WUPPERTAL | 1230.00 |
| 118 | SOFTWARE-LAND OFFENBACH | 1300.00 |
| 7123 | METZLER-COMPUTER DUISBURG | 5600.00 |
| 344 | INFOTECH GMBH BREMEN | 18000.00 |

| KATEGORIE | | VERKAUFSVORGAENGE | | UMSAETZE | |
|-----------|---|---|---|---|---|
| | | ABSOLUT | % | ABSOLUT | % |
| 0.00 - 100.00 | | 1 | 11.1 | 34.37 | 0.12 |
| 100.00 - 500.00 | | 2 | 22.2 | 565.16 | 1.98 |
| 500.00 - 2 000.00 | | 4 | 44.4 | 4 210.00 | 14.81 |
| 2 000.00 - 10 000.00 | | 1 | 11.1 | 5 600.00 | 19.71 |
| 10 000.00 - 100 000.00 | | 1 | 11.1 | 18 000.00 | 63.35 |
| SUMME: | | 9 | 100.0 | 28 409.53 | 100.00 |

# 7.4 Implementierung in Basic

Die Erstellung einer Umsatzstatistik kann auf der Grundlage von Minimal Basic nicht in einem Programm*system* durchgeführt werden, da unabhängige, getrennt übersetzte Programmeinheiten gar nicht vorgesehen sind. Das Problem muß folglich durch ein einziges großes (Haupt-)Programm gelöst werden.

Die gedankliche Abgrenzung des Sortieralgorithmus, der eine Datenkapsel (Stack) benutzt, von den mit der Datenbeschaffung und der Auswertung befaßten Teilen soll jedoch auch hier aufrechterhalten bleiben. Da eine Parametrisierung nicht möglich ist, kann der Sortierteil nicht im Sinne eines funktionsorientierten Moduls abgeschottet werden, sondern muß als Verfeinerungskonstrukt - bei globaler Bekanntheit aller Daten - implementiert werden.

Der Grobalgorithmus des Programms (Zeile 1410 bis 1550) nimmt nun auf drei Verfeinerungskonstrukte Bezug:

- datenbeschaffung
- sortieren
- auswertung

Diese werden durch Unterprogramme implementiert. Die abstrakte Datenstruktur Stack wird ebenfalls durch vier Unterprogramme

- new
- push
- pop
- top

nachgebildet. Diese sind in den Zeilen 6000 bis 7000 lokal zusammengefaßt. Die Parametrisierung erfolgt „von Hand", durch Verwendung reservierter Variablennamen. Die Struktur des so aufgebauten Programms ist in Abb. 7.4 dargestellt. Um dem Leser die Suche im Programmtext zu erleichtern, sind die Zeilenbereiche mit angegeben.

Der implementierte Funktionsumfang unterscheidet sich in einem Punkt von der in 7.1 skizzierten Aufgabenbeschreibung. Minimal Basic sieht keine Arrays vom Typ *zeichenkette* vor. Es ist also nicht möglich, Eingabedaten, die aus alphanumerischen Zeichen bestehen, in einem Array abzulegen und zu manipulieren. Deshalb muß die Problemstellung dahingehend abgeändert werden, daß nur die numerischen Daten

$$a0 \; = \; \text{Artikelnummer}$$
$$m0 \; = \; \text{Menge}$$
$$p0 \; = \; \text{Preis}$$

eingelesen und verarbeitet werden.

Das nachstehend aufgeführte Programm ist durchweg in Minimal Basic geschrieben. Nur in zwei Punkten werden bewußt Basic-Erweiterungen benutzt:

- Zur Ausgabe wird häufig die Anweisung print using herangezogen. Dies hat vor allem den Zweck, die Ausgabe reeller Zahlen in der unleserlichen Exponentialschreibweise zu verhindern; darüber hinaus erleichtert es die Gestaltung eines übersichtlichen Druckbildes. Die zugehörige Formatanweisung weicht von der

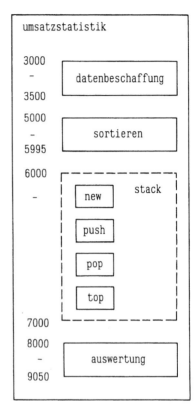

**Abb. 7.4.** Struktur des Basic-Programms

Beschreibung im ANSI-Entwurf ab. Dort ist eine Einleitung der Anweisung mit dem Schlüsselwort image vorgesehen, z. B.:

    4000    image:    ###.##

Der vorliegende Übersetzer akzeptierte aber nur den Doppelpunkt als Einleitung, d. h.:

    4000    :    ###.##

- Die Eingabedaten werden aus einer Datei gelesen. Dies erfolgt u. a. deshalb, weil es sehr mühsam wäre, beim Programmtest ständig die Daten von Hand am Bildschirm einzugeben[2]. Probleme von der Art der Umsatzstatistik sind ohne Dateiverarbeitungsmöglichkeiten nicht realistisch zu lösen.

Die zur Dateiverarbeitung verwendete Anweisung read&1 ist eine spezifische Anweisung des benutzten Basic-Systems. Sie ist auf einen bestimmten Anlagentyp zugeschnitten und stimmt auch nicht mit dem für Basic-Erweiterungen angestrebten ANSI-Standard überein. Auf ihre Erläuterung wird deshalb verzichtet. Hinweisen ist jedoch auf eine Eigenschaft der read&-Anweisung, die das Formulieren einer Leseschleife erleichtert. In der read&-Anweisung kann eine end-Klausel angegeben werden. Damit ist es möglich, die Leseschleife in der gleichen Weise zu implementieren, die für Fortran in 4.2.2 (8) vorgeschlagen wurde. Zeile 3190 enthält die read&-Anweisung mit der end-Klausel.

---

2 Das Lesen aus dem mit der data-Anweisung gefüllten Datenbereich wird nicht erwogen, da es sich hierbei nicht um eine Eingabe im eigentlichen Sinne handelt.

```
1000 REM    *************************************************************
1010 REM    *                                                           *
1020 REM    *   PROGRAMM :     UMSATZSTATISTIK                          *
1025 REM    *                                                           *
1030 REM    *   AUTOR :        KARL KURBEL        29. DEZEMBER 1983     *
1035 REM    *                                                           *
1040 REM    *   AUFGABE :      ERSTELLEN EINER UMSATZSTATISTIK, WELCHE - *
1050 REM    *                  NACH UMSATZKATEGORIEN GEGLIEDERT - DIE ABSO- *
1060 REM    *                  LUTEN UND PROZENTUALEN VERKAUFSHAEUFIGKEITEN *
1070 REM    *                  UND DIE KUMULIERTEN UMSAETZE PRO KATEGORIE *
1080 REM    *                  AUSWEIST.                                *
1090 REM    *                                                           *
1100 REM    *                  PROTOKOLLIERUNG DER EINZELUMSAETZE IN DER *
1110 REM    *                  REIHENFOLGE DES ANFALLS UND NACH UMSATZ- *
1120 REM    *                  BETRAEGEN SORTIERT.                      *
1130 REM    *                                                           *
1140 REM    *   LOESUNGSWEG : DER ALGORITHMUS BENUTZT 3 VERFEINERUNGSKON- *
1150 REM    *                  STRUKTE, DIE DURCH UNTERPROGRAMME IMPLEMEN- *
1160 REM    *                  TIERT WERDEN :                           *
1170 REM    *                                                           *
1180 REM    *                  - "DATENBESCHAFFUNG" (3000 BIS 3500) :   *
1190 REM    *                    EINLESEN, PROTOKOLLIEREN UND AUFBEREITEN *
1200 REM    *                    DER UNSORTIERTEN VERKAUFSVORGAENGE     *
1210 REM    *                                                           *
1220 REM    *                  - "SORTIEREN" (5000 BIS 5995) :          *
1230 REM    *                    SORTIEREN DER AUFBEREITETEN VERKAUFSVOR- *
1240 REM    *                    GAENGE                                 *
1250 REM    *                                                           *
1260 REM    *                  - "AUSWERTUNG" (8000 BIS 9050) :         *
1270 REM    *                    PROTOKOLLIEREN DER SORTIERTEN VERKAUFSVOR- *
1280 REM    *                    GAENGE UND AUSWERTEN NACH UMSATZKATEGORIEN *
1290 REM    *                                                           *
1300 REM    *   BENOETIGTE DATEIEN :                                    *
1305 REM    *                                                           *
1310 REM    *                  1 = EINGABE (SEQUENTIELLE EINGABEDATEI)  *
1320 REM    *                                                           *
1330 REM    *   ABKUERZUNGSVERZEICHNIS :                                *
1335 REM    *                                                           *
1340 REM    *                  VARIABLE : A (.) = ARRAY DER ARTIKEL-NUMMERN *
1350 REM    *                             U (.) = ARRAY DER EINZELUMSAETZE *
1360 REM    *                                                           *
1370 REM    *                  (WEITERE ABKUERZUNGEN IN DEN UNTERPROGRAMMEN)* 
1380 REM    *                                                           *
1390 REM    *************************************************************
1393
1396
1400      DIM A (100), U (100)
1405
1410 REM    **** GROBALGORITHMUS **********************
1420
1430 REM    --- AUFRUF 'DATENBESCHAFFUNG' ---
1450          GOSUB 3000
1460
1470 REM    --- AUFRUF 'SORTIEREN' ---
1480          GOSUB 5000
1490
1500 REM    --- AUFRUF 'AUSWERTUNG' ---
1510          GOSUB 8000
1520
1530      STOP
1540
1550 REM    **** GROBALGORITHMUS-ENDE *****************
```

```
3000 REM    ******* UNTERPROGRAMM 'DATENBESCHAFFUNG' ********************
3005 REM    *                                                            *
3010 REM    * AUFGABE :   EINLESEN VON DATEN UEBER VERKAUFSVORGAENGE AUS  *
3015 REM    *             DATEI 'EINGABE' UND SPEICHERUNG IN 2 ARRAYS     *
3020 REM    *             A UND U                                         *
3025 REM    *                                                            *
3030 REM    * ABKUERZUNGSVERZEICHNIS :                                    *
3035 REM    *                                                            *
3040 REM    *             VARIABLE :  AO = ARTIKEL-NR                     *
3045 REM    *                         MO = MENGE                          *
3050 REM    *                         PO = PREIS                          *
3055 REM    *                                                            *
3060 REM    *                         T  = TATSAECHLICHE ANZAHL DER       *
3062 REM    *                              VERKAUFSVORGAENGE              *
3065 REM    *                         I  = LAUFVARIABLE                   *
3070 REM    *                                                            *
3075 REM    *             KONSTANTE : N  = MAXIMALE ANZAHL VON            *
3076 REM    *                              VERKAUFSVORGAENGEN             *
3077 REM    *                                                            *
3080 REM    **************************************************************
3085
3090        LET N = 100
3095
3100        PRINT "UNSORTIERTE EINGABEDATEN"
3110        PRINT "-----------------------"
3120
3150        LET I = 0
3160
3170 REM    **** LESESCHLEIFE ****
3180
3190        READ&1, / END = 3440 /; AO, MO, PO
3200
3210           PRINT
3220           PRINT USING 3230, AO, MO, PO
3230           :#####   #####.## ##########.##
3240           LET I = I + 1
3250
3260           IF I > N THEN 3340
3270
3280 REM       **** ELSE-ZWEIG ****
3290
3300                 LET A (I) = AO
3310                 LET U (I) = MO * PO
3320                 GO TO 3400
3330
3340 REM       **** THEN-ZWEIG ****
3350
3360                 PRINT "UNTERPROGRAMM DATENBESCHAFFUNG :"
3370                 PRINT "PROGRAMMABBRUCH, ZU VIELE EINGABEDATEN"
3380                 STOP
3390
3400 REM       **** IF-ENDE ****
3410
3420        GO TO 3170
3430
3440 REM    **** LESESCHLEIFE-ENDE ****
3450
3460           LET T = I
3470
3480           RETURN
3490
3500 REM    **** ENDE UNTERPROGRAMM 'DATENBESCHAFFUNG' ******************
```

```
5000 REM    ******** UNTERPROGRAMM 'SORTIEREN' **************************
5010 REM    *                                                          *
5020 REM    * AUFGABE :    SORTIEREN DER BEIDEN ARRAYS A UND U NACH     *
5030 REM    *              UMSAETZEN                                    *
5040 REM    *                                                          *
5050 REM    *              SORTIERBEGRIFF IST U (I)                     *
5060 REM    *                                                          *
5070 REM    * LOESUNGSWEG : ALGORITHMUS 'QUICKSORT'                     *
5080 REM    *                                                          *
5090 REM    *              ES WIRD EINE ABSTRAKTE DATENSTRUKTUR "STACK" *
5100 REM    *              BENUTZT (IMPLEMENTIERUNG: 6000 BIS 7000)     *
5120 REM    *                                                          *
5130 REM    * ABKUERZUNGSVERZEICHNIS:                                   *
5135 REM    *                                                          *
5140 REM    *              VARIABLE:  H   = HILFSVARIABLE               *
5150 REM    *                         M   = MITTLERES ARRAY-ELEMENT     *
5160 REM    *                         L   = LINKE INTERVALLGRENZE       *
5170 REM    *                         R   = RECHTE INTERVALLGRENZE      *
5180 REM    *                         I,J = LAUFVARIABLE                *
5190 REM    *                                                          *
5200 REM    ************************************************************
5210
5300
5310 REM    ---- AUFRUF 'NEW' ----
5320            GOSUB 6200
5330
5340 REM    ---- AUFRUF 'PUSH' ----
5350            LET I1 = 1
5360            LET I2 = T
5370            GOSUB 6400
5380
5390 REM    **** UNTIL-SCHLEIFE ****
5400
5410 REM        ---- AUFRUF 'POP' ----
5420              GOSUB 6600
5430              LET L = O1
5440              LET R = O2
5450
```

```
5460 REM        **** UNTIL-SCHLEIFE (ZERLEGEN DES INTERVALLS [L,R]) ****
5470
5490                LET I = L
5500                LET J = R
5510                LET M = U ((I+J)/2)
5520
5530 REM            **** UNTIL-SCHLEIFE ****
5540
5550 REM                **** WHILE-SCHLEIFE ****
5560                IF U (I) >= M THEN 5590
5570                    LET I  = I + 1
5580                GO TO 5550
5590 REM                **** WHILE-ENDE ****
5600
5610 REM                **** WHILE-SCHLEIFE ****
5620                IF U (J) <= M THEN 5650
5630                    LET J  = J - 1
5640                GO TO 5610
5650 REM                **** WHILE-ENDE ****
5670
5680                IF I > J THEN 5810
5690
5700                    LET H     = A (I)
5710                    LET A (I) = A (J)
5720                    LET A (J) = H
5730
5740                    LET H     = U (I)
5750                    LET U (I) = U (J)
5760                    LET U (J) = H
5770
5780                    LET I     = I + 1
5790                    LET J     = J - 1
5800
5810 REM                **** IF-ENDE ****
5820
5830                IF I <= J THEN 5530
5840
5850 REM            **** UNTIL-ENDE ****
5860
5870                IF I >= R THEN 5940
5880
5890 REM                ---- AUFRUF 'PUSH' ----
5900                    LET I1 = I
5910                    LET I2 = R
5920                    GOSUB 6400
5930
5940 REM            **** IF-ENDE ****
5945
5950                LET R = J
5955
5960            IF L < R THEN 5460
5965
5970 REM        **** UNTIL-ENDE ****
5975
5980        IF L$ = "FALSE" THEN 5390
5982
5984 REM    **** UNTIL-ENDE ****
5986
5990        RETURN
5992
5995 REM    **** ENDE UNTERPROGRAMM 'SORTIEREN' *************************
5996
```

```
6000 REM    ******** DATENKAPSEL 'STACK' *********************************
6005 REM    *                                                            *
6010 REM    * AUFGABE :     IMPLEMENTIERUNG EINES LAST-IN-FIRST-OUT-      *
6015 REM    *               SPEICHERS FUER PAARE VON GANZEN ZAHLEN        *
6025 REM    *                                                            *
6030 REM    * LOESUNGSWEG : VERWENDUNG EINES ARRAYS S MIT ZEIGER          *
6035 REM    *               Z AUF DAS OBERSTE STACK-ELEMENT               *
6040 REM    *                                                            *
6045 REM    * ABKUERZUNGSVERZEICHNIS :                                    *
6050 REM    *                                                            *
6055 REM    *    VARIABLE :  S (.,.) = ARRAY DER STACK-ELEMENTE           *
6060 REM    *               Z       = ZEIGER AUF OBERSTES ELEMENT         *
6065 REM    *               L$      = LEER (STACKZUSTAND; "TRUE"/"FALSE")*
6075 REM    *                                                            *
6080 REM    *    KONSTANTE : G       = GROESSE DES STACK (= 100)          *
6085 REM    *                                                            *
6090 REM    *                                                            *
6095 REM    * PSEUDO-PARAMETER :                                          *
6100 REM    *                                                            *
6105 REM    *    INPUT :       I1,I2 = EINZUKELLERNDE ELEMENTE            *
6110 REM    *                                                            *
6115 REM    *    OUTPUT :      O1,O2 = AUSZUKELLERNDE ELEMENTE            *
6120 REM    *                                                            *
6125 REM    * REIHENFOLGEBEDINGUNGEN :                                    *
6130 REM    *                                                            *
6135 REM    *    STACK : (NEW; (PUSH'*, (POP, TOP)'(L$="TRUE") )'* )'*.   *
6136 REM    *                                                            *
6140 REM    **************************************************************
6150
6160        DIM S (2, 100)
6180
6200 REM    ---- OPERATION 'NEW' : ANLEGEN EINES NEUEN STACK ----
6210
6220        LET G  = 100
6230        LET Z  = 0
6240        LET L$ = "TRUE"
6250        RETURN
6260
6400 REM    ---- OPERATION 'PUSH' : EINKELLERN EINES PAARS ----
6410
6420 REM    INPUT-PARAMETER : I1, I2
6430
6440        IF   Z < G THEN 6510
6450
6460 REM    **** ELSE-ZWEIG ****
6470
6480            PRINT "PROGRAMMABBRUCH WEGEN STACK-UEBERLAUF"
6490            PRINT "BEI WERTEPAAR :", I1, I2
6500            STOP
6505
6510 REM    **** THEN-ZWEIG ****
6515
6520            LET Z       = Z + 1
6525            LET L$      = "FALSE"
6530            LET S (1,Z) = I1
6535            LET S (2,Z) = I2
6540
6545 REM    **** IF-ENDE ****
6560
6555        RETURN
6560
```

```
6600 REM    ---- OPERATION 'POP' : AUSKELLERN EINES PAARS ----
6610
6620 REM    OUTPUT-PARAMETER : O1, O2
6630
6640        IF  Z > 0  THEN 6730
6650
6660 REM    **** ELSE-ZWEIG ****
6670
6680            PRINT "UNZULAESSIGER ZUGRIFF AUF LEEREN STACK"
6690            LET O1 = 99999
6700            LET O2 = 99999
6710            GO TO 6785
6720
6730 REM    **** THEN-ZWEIG ****
6740
6750            LET O1 = S (1, Z)
6760            LET O2 = S (2, Z)
6765            LET Z  = Z - 1
6770            IF  Z > 0  THEN 6785
6775                LET L$ = "TRUE"
6780
6785 REM    **** IF-ENDE ****
6790
6793        RETURN
6796
6800 REM    ---- OPERATION 'TOP' : INSPIZIEREN EINES PAARS ----
6810
6820 REM    OUTPUT-PARAMETER : O1, O2
6830
6840        IF  Z > 0  THEN 6940
6850
6860 REM    **** ELSE-ZWEIG ****
6870
6880            PRINT "UNZULAESSIGER ZUGRIFF AUF LEEREN STACK"
6890            LET O1 = 99999
6900            LET O2 = 99999
6910            GO TO 6980
6930
6940 REM    **** THEN-ZWEIG ****
6950
6960            LET O1 = S (1, Z)
6970            LET O2 = S (2, Z)
6975
6980 REM    **** IF-ENDE ****
6985
6990        RETURN
6995
7000 REM    **** ENDE DATENKAPSEL 'STACK' ********************************
7100
7200
```

```
8000 REM    ********* UNTERPROGRAMM 'AUSWERTUNG' ***********************
8010 REM    *                                                         *
8020 REM    * AUFGABE :    PROTOKOLLIERUNG DER NACH UMSAETZEN SORTIER- *
8030 REM    *              TEN VERKAUFSVORGAENGE UND AUSWERTUNG NACH    *
8040 REM    *              UMSATZKATEGORIEN                            *
8050 REM    *                                                         *
8060 REM    * ABKUERZUNGSVERZEICHNIS :                                 *
8075 REM    *                                                         *
8070 REM    *    VARIABLE : F (.) = UNTERGRENZEN DER UMSATZKATEGORIEN; *
8080 REM    *                      F (6) BEZEICHNET DIE OBERGRENZE DER *
8090 REM    *                      5. KATEGORIE                        *
8100 REM    *              X (.) = SUMME DER VERKAUFSVORGAENGE         *
8110 REM    *              Y (.) = SUMME DER UMSAETZE                  *
8120 REM    *              P1    = VERKAUFSVORGAENGE IN PROZENT        *
8130 REM    *              P2    = UMSAETZE IN PROZENT                 *
8140 REM    *              S3    = GESAMTSUMME DER UMSAETZE            *
8150 REM    *              K     = KATEGORIE (LAUFVARIABLE)           *
8160 REM    *              J     = LAUFVARIABLE                        *
8170 REM    *              T     = TATSAECHLICHE ANZAHL DER VERKAUFS-  *
8180 REM    *                      VORGAENGE                           *
8180 REM    *                                                         *
8182 REM    *    KONSTANTE: KO    = ANZAHL DER KATEGORIEN             *
8185 REM    *                                                         *
8190 REM    **********************************************************
8195
8200        DIM F (6), X (5), Y (5)
8220        LET KO = 5
8230
8240 REM    ---- INITIALISIERUNG -------------------------------------
8250
8260        LET F (1) = 0
8270        LET F (2) = 100
8280        LET F (3) = 500
8290        LET F (4) = 2000
8300        LET F (5) = 10000
8310        LET F (6) = 100000
8320
8330        LET S3   = 0
8340
8350        FOR K = 1 TO KO
8360            LET X (K) = 0
8370            LET Y (K) = 0
8380        NEXT K
8390
8400        LET K = 1
8410
```

```
8420 REM    ---- PROTOKOLLIERUNG DER SORTIERTEN VERKAUFSVORGAENGE --------
8430
8450        PRINT
8460        PRINT
8470        PRINT "SORTIERTE LISTE DER EINZELUMSAETZE"
8480        PRINT "---------------------------------"
8490
8500        FOR J = 1 TO T
8510            PRINT
8520            PRINT USING 8530, A (J), U (J)
8530            :#####      ##########.##
8540
8550            IF U (J) < F (K+1) THEN 8640
8560
8570                LET S3 = S3 + Y (K)
8580
8590 REM            **** UNTIL-SCHLEIFE ****
8600                    LET K = K + 1
8610                    IF U (J) >= F (K+1) THEN 8590
8620 REM            **** UNTIL-ENDE ****
8630
8640 REM        **** IF-ENDE ****
8650
8660            LET X (K) = X (K) + 1
8670            LET Y (K) = Y (K) + U (J)
8680
9690        NEXT J
8700
8710        LET S3 = S3 + Y (K)
8720
8730 REM    ---- UMSATZSTATISTIK -----------------------------------------
8740
8750        PRINT
8760        PRINT
8780        PRINT USING 8800
8800        :-------------------------------------------------------------
8810        PRINT USING 8820
8820        :    KATEGORIE        VERKAUFSVORGAENGE             UMSAETZE
8830        PRINT USING 8800
8840        PRINT USING 8860
8860        :                     ABSOLUT      %        ABSOLUT      %
8870        PRINT USING 8800
8880
8890        FOR K = 1 TO K0
8900            LET P1 = X (K) * 100 / T
8910            LET P2 = Y (K) * 100 / S3
8920            PRINT
8930            PRINT USING 8940, F (K), F (K+1), X (K), P1, Y (K), P2
8940            : ###### -#######   #####   ####.##    ######.##  ####.##
8950        NEXT K
8960
8980        PRINT USING 8800
8990        PRINT USING 9000, T, S3
9000        :    SUMME:      #####    100.00  ##########.##  100.00
9010        PRINT USING 8800
9020
9030        RETURN
9040
9050 REM    **** ENDE UNTERPROGRAMM "AUSWERTUNG" ************************
9060
9999        END
```

UNSORTIERTE EINGABEDATEN
------------------------

| 7123 | 1.00 | 5600.00 |
|------|------|---------|
| 211 | 123.05 | 1.20 |
| 118 | 1.00 | 1300.00 |
| 201 | 13.75 | 2.50 |
| 187 | 1.00 | 780.00 |
| 89 | 1.00 | 1230.00 |
| 344 | 1.00 | 18000.00 |
| 878 | 5.00 | 83.50 |
| 77 | 1.00 | 900.00 |

SORTIERTE LISTE DER EINZELUMSAETZE
----------------------------------

| 201 | 34.38 |
|-----|-------|
| 211 | 147.66 |
| 878 | 417.50 |
| 187 | 780.00 |
| 77 | 900.00 |
| 89 | 1230.00 |
| 118 | 1300.00 |
| 7123 | 5600.00 |
| 344 | 18000.00 |

| KATEGORIE | VERKAUFSVORGAENGE | | UMSAETZE | |
|-----------|---------|---------|----------|--------|
| | ABSOLUT | % | ABSOLUT | % |
| 0 - 100 | 1 | 11.11 | 34.38 | .12 |
| 100 - 500 | 2 | 22.22 | 565.16 | 1.99 |
| 500 - 2000 | 4 | 44.44 | 4210.00 | 14.82 |
| 2000 - 10000 | 1 | 11.11 | 5600.00 | 19.71 |
| 10000 - 100000 | 1 | 11.11 | 18000.00 | 63.36 |
| SUMME: | 9 | 100.00 | 28409.54 | 100.00 |

# 7.5 Implementierung in PL/I

Das Programmsystem wird in PL/I auf der Grundlage des Prozedurkonzepts zerlegt und verfeinert. Als Zerlegungskonstrukte dienen externe Prozeduren, die parametrisiert und getrennt übersetzt werden. Als Verfeinerungskonstrukte kommen interne Prozeduren zum Einsatz, die – bis auf einen Sonderfall – nicht parametrisiert sind. Im folgenden werden zwei Versionen dargestellt.

### 7.5.1 Verwendung einer rekursiven Prozedur

Abbildung 7.5 zeigt die Struktur der ersten Systemversion. Die beiden Komponenten datenbeschaffung und auswertung werden wie früher als Verfeinerungskonstrukte aufgefaßt und durch interne Prozeduren implementiert, die in dem Hauptprogramm umstat enthalten sind.

Die externe Prozedur sortieren stellt dagegen ein Zerlegungskonstrukt dar. Da in PL/I rekursive Proceduraufrufe möglich sind, wird der Sortieralgorithmus mit Hilfe einer rekursiven Prozedur formuliert. Diese heißt umordnen und ist eine zu sortieren interne Prozedur. Wegen der Rekursionsbeziehung muß sie parametrisiert werden.

Aufgabe der Prozedur umordnen ist es, die Elemente eines mit Intervallgrenzen übergebenen Arrayintervalls zu sortieren. Ein Aufruf der Prozedur bewirkt unmittelbar zunächst nur, daß die in dem Intervall x(links) bis x(rechts) liegenden Elemente des Arrays x in einer bestimmten Weise umgeordnet werden: in der linken Hälfte stehen anschließend nur noch Elemente, die *kleiner oder gleich* dem mittleren Element sind, und in der rechten Hälfte stehen nur noch Elemente, die *größer oder gleich* dem mittleren Element sind.

Auf die beiden Intervallhälften wird *innerhalb* der Prozedur umordnen nun die gleiche Vorgehensweise angewendet; d.h., die Prozedur ruft sich zweimal selbst auf: einmal für das linke Intervall x(links) bis x(mitte-1), einmal für das rechte Intervall x(mitte+1) bis x(rechts)[3]. Innerhalb der beiden Teilintervalle findet

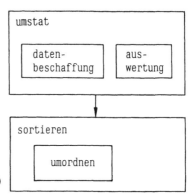

**Abb. 7.5.** Struktur des PL/I-Programmsystems (Version 1)

---

3 mitte dient in dieser verbalen Umschreibung des Algorithmus als Index des in der Intervallmitte liegenden Arrayelements. Eine exakte Darstellung des rekursiven Algorithmus findet man z. B. bei Wirth (1979), S. 113 ff.

dann eine analoge Umordnung statt, wobei die dort entstehenden Teilintervalle sofort durch erneute Prozeduraufrufe (mit den jeweiligen Grenzen) behandelt werden etc. Die rekursiven Prozeduraufrufe sind beendet, wenn die verbleibenden Teilintervalle so weit geschrumpft sind, daß keine Elemente mehr umgeordnet werden können. Dann ist der gesamte Array sortiert.

Das Umordnen wird zunächst im Modul sortieren für das Gesamtintervall x(1) bis x(anzahl) angestoßen und innerhalb der rekursiven Prozedur fortgesetzt. Der gesamte Sortierteil des Systems ist nun sehr kompakt. Insbesondere entfällt die Benutzung eines Stack, so daß ein ganzes Modul eingespart wird!

```
UMSTAT : PROCEDURE OPTIONS (MAIN);

/************************************************************************
*                                                                      *
*  AUTOR:        KARL KURBEL                        2. JANUAR 1983      *
*                                                                      *
*  AUFGABE:      ERSTELLEN EINER UMSATZSTATISTIK, WELCHE - NACH         *
*                UMSATZKATEGORIEN GEGLIEDERT - DIE ABSOLUTEN UND        *
*                PROZENTUALEN VERKAUFSHAEUFIGKEITEN UND DIE             *
*                KUMULIERTEN UMSAETZE PRO KATEGORIE AUSWEIST.           *
*                                                                      *
*                PROTOKOLLIEREN DER EINZELUMSAETZE IN DER REIHEN-       *
*                FOLGE DES ANFALLS UND NACH UMSATZBETRAEGEN SORTIERT.   *
*                                                                      *
*  LOESUNGSWEG: DER ALGORITHMUS WIRD IMPLEMENTIERT MIT HILFE VON        *
*                2 VERFEINERUNGEN (INTERNE PROZEDUREN)                  *
*                                                                      *
*                - "DATENBESCHAFFUNG" : EINLESEN, PROTOKOLLIEREN UND    *
*                  AUFBEREITEN DER UNSORTIERTEN VERKAUFSVORGAENGE       *
*                                                                      *
*                - "AUSWERTUNG": PROTOKOLLIEREN DER SORTIERTEN VER-     *
*                  KAUFSVORGAENGE UND AUSWERTEN NACH UMSATZKATEGORIEN   *
*                                                                      *
*                UND EINEM ZERLEGUNGSKONSTRUKT (EXTERNE PROZEDUR)       *
*                                                                      *
*                - "SORTIEREN": SORTIEREN DER AUFBEREITETEN VERKAUFS-   *
*                  VORGAENGE                                            *
*                                                                      *
* BENOETIGTE DATEIEN :                                                  *
*                                                                      *
*                EINGABE  = SEQUENTIELLE EINGABEDATEI (STREAM INPUT)    *
*                SYSPRINT = SEQUENTIELLE AUSGABEDATEI (STREAM OUTPUT)   *
*                                                                      *
* AUFGERUFENE EXTERNE PROZEDUREN :                                      *
*                                                                      *
*                SORTIEREN                                              *
*                                                                      *
************************************************************************/

/* ---- KONSTANTE ------------------------------------------- */

DECLARE   N                     /* MAXIMALE ANZAHL VON VERKAEUFEN */
                                BINARY FIXED  INITIAL (100) ,
          TRUE                  BIT (1)       INITIAL ('1'B),
          FALSE                 BIT (1)       INITIAL ('0'B);

/* ---- VARIABLE -------------------------------------------- */

DECLARE 1 EINGABESATZ,
          2 ARTIKEL_NR          BINARY FIXED,
          2 KUNDE               CHARACTER (32),
          2 MENGE               DECIMAL FIXED (8,2),
          2 PREIS               DECIMAL FIXED (12,2);

DECLARE 1 VERKAUFSVORGAENGE (1:100),
          2 ARTIKEL_NR          BINARY FIXED,
          2 KUNDE               CHARACTER (32),
          2 UMSATZ              DECIMAL FIXED (12,2);

DECLARE   ANZAHL                BINARY FIXED  /* TATSAECHLICHE ANZAHL
                                                 DER VERKAUFSVORGAENGE */,
          EINGABE_ENDE          BIT (1);
```

```
/* ----- DATEIEN ---------------------------------------------- */

DECLARE   EINGABE            FILE STREAM INPUT,
          SYSPRINT           FILE STREAM OUTPUT;

/* ---- EXTERNE PROZEDUREN ------------------------------------ */

DECLARE   SORTIEREN          ENTRY;

/* ---- AUSNAHMEBEHANDLUNG ------------------------------------ */

ON ENDFILE (EINGABE)         EINGABE_ENDE = TRUE ;



/* ---- GROBALGORITHMUS --------------------------------------- */

CALL DATENBESCHAFFUNG;
CALL SORTIEREN (VERKAUFSVORGAENGE, ANZAHL);
CALL AUSWERTUNG;

/* ---- GROBALGORITHMUS-ENDE ---------------------------------- */
```

```
/* ---- VERFEINERUNGEN ------------------------------------------ */


DATENBESCHAFFUNG: PROCEDURE;
/*******************************************************************
*                                                                 *
* AUFGABE: EINLESEN VON DATEN UEBER VERKAUFSVORGAENGE (RECORD     *
*          "EINGABESATZ") UND SPEICHERUNG IN EINEM ARRAY          *
*          ("VERKAUFSVORGAENGE")                                  *
*                                                                 *
*******************************************************************/


/* ---- VARIABLE ---------------------------------------------- */

DECLARE   I BINARY FIXED;        /* ZAEHLER */

/* ---- HILFSPROZEDUREN -------------------------------------- */

EINGABESATZ_LESEN: PROCEDURE;
   GET FILE (EINGABE) EDIT (EINGABESATZ)
                           (COL(1), F(7), A(32), 2 F(8,2));
END;


EINGABESATZ_SCHREIBEN: PROCEDURE;
   PUT EDIT (EINGABESATZ)
           (SKIP(2), F(8), X(3), A(32), 2 (X(3), F(8,2)));
END;

/* ---- ALGORITHMUS ----------------------------------------- */

PUT EDIT ('UNSORTIERTE EINGABEDATEN', (24) '-') (A, SKIP, A);
I = 0;
EINGABE_ENDE = FALSE;
CALL EINGABESATZ_LESEN;

LESESCHLEIFE: DO WHILE (¬ EINGABE_ENDE);
   CALL EINGABESATZ_SCHREIBEN;
   I = I + 1;
   IF I <= N
     THEN DO;
              VERKAUFSVORGAENGE(I).ARTIKEL_NR = EINGABESATZ.ARTIKEL_NR;
              VERKAUFSVORGAENGE(I).KUNDE     = EINGABESATZ.KUNDE;
              VERKAUFSVORGAENGE(I).UMSATZ    = MENGE * PREIS;
          END;
     ELSE DO;
              PUT LIST ('*** PROZEDUR "DATENBESCHAFFUNG: "',
                        'PROGRAMMABBRUCH, ZU VIELE EINGABEDATEN');
              STOP;
          END;
   CALL EINGABESATZ_LESEN;
END LESESCHLEIFE;

ANZAHL = I;

END DATENBESCHAFFUNG;
```

```
AUSWERTUNG : PROCEDURE;
/************************************************************************
*                                                                      *
*   AUFGABE :  PROTOKOLLIERUNG DER NACH UMSAETZEN SORTIERTEN VER-       *
*              KAUFSVORGAENGE UND AUSWERTUNG NACH UMSATZKATEGORIEN      *
*                                                                      *
************************************************************************/

/* ---- KONSTANTE -------------------------------------------------- */

DECLARE  ANZAHL_DER_KATEGORIEN  BINARY FIXED          INITIAL (5),
         HUNDERT                DECIMAL FIXED (7,3) INITIAL (100.000),
                  /* HILFSKONSTANTE ZUR VERMEIDUNG VON RUNDUNGSFEHLERN! */

         UNTERGRENZE (1:6)      DECIMAL FIXED (8)
                 INITIAL (0, 100, 500, 2000, 10000, 100000),
                  /* UNTERGRENZEN DER UMSATZKATEGORIEN ; UNTERGRENZE (6)
                     BEZEICHNET DIE OBERGRENZE DER 5. KATEGORIE       */

         STRICHE                CHARACTER (65)      INITIAL ((65) '-');

/* ---- VARIABLE --------------------------------------------------- */

DECLARE  UMSATZSUMME (1:5)      DECIMAL FIXED (13,3),
         VERKAEUFE   (1:5)      BINARY FIXED,
         GESAMTUMSATZ           DECIMAL FIXED (13,3),
         PROZENT_UMSATZ         DECIMAL FIXED (7,3),
         PROZENT_VERKAEUFE      DECIMAL FIXED (7,3),
         KATEGORIE              BINARY FIXED  /* LAUFVARIABLE */,
         J                      BINARY FIXED  /* LAUFVARIABLE */;

/* ---- INITIALISIERUNG ---------------------------------------- */

GESAMTUMSATZ = 0;
UMSATZSUMME  = 0;
VERKAEUFE    = 0;
KATEGORIE    = 1;

/* ---- PROTOKOLLIERUNG DER SORTIERTEN VERKAUFSVORGAENGE ----------- */

PUT EDIT ('SORTIERTE LISTE DER EINZELUMSAETZE', (34) '-')
                             (SKIP (3), A, SKIP, A);
DO J = 1 TO ANZAHL;
    PUT EDIT (VERKAUFSVORGAENGE (J))
           (SKIP(2), F(8), X(3), A(32), X(4), F(10,2));
    IF UMSATZ (J) >= UNTERGRENZE (KATEGORIE + 1)
       THEN DO;
               GESAMTUMSATZ = GESAMTUMSATZ + UMSATZSUMME (KATEGORIE);
               DO WHILE (UMSATZ (J) >= UNTERGRENZE (KATEGORIE + 1));
                  KATEGORIE = KATEGORIE + 1;
               END;
            END;
    UMSATZSUMME (KATEGORIE) = UMSATZSUMME (KATEGORIE) + UMSATZ (J);
    VERKAEUFE   (KATEGORIE) = VERKAEUFE   (KATEGORIE) + 1;
END;

GESAMTUMSATZ = GESAMTUMSATZ + UMSATZSUMME (KATEGORIE);
```

```
/* ---- UMSATZSTATISTIK ------------------------------------------ */

PUT EDIT (STRICHE, 'KATEGORIE', 'VERKAUFSVORGAENGE', 'UMSAETZE',
          STRICHE, 'ABSOLUT   %', 'ABSOLUT      %', STRICHE)
          (SKIP (3), A, SKIP, X(4), A, X(9), A, X(13), A, SKIP,
          A, SKIP, X(23), A, X(14), A, SKIP, A);

DO KATEGORIE = 1 TO ANZAHL_DER_KATEGORIEN;

    PROZENT_VERKAEUFE = VERKAEUFE   (KATEGORIE) * HUNDERT / ANZAHL;
    PROZENT_UMSATZ    = UMSATZSUMME (KATEGORIE) * HUNDERT
                                              / GESAMTUMSATZ;

    PUT EDIT (UNTERGRENZE (KATEGORIE), ' -', UNTERGRENZE (KATEGORIE+1),
             VERKAEUFE (KATEGORIE), PROZENT_VERKAEUFE,
             UMSATZSUMME (KATEGORIE), PROZENT_UMSATZ)
             (SKIP(2),F(10,2),A,F(10,2),F(5),F(9,2),X(8),2(F(10,2)));
END;

PUT EDIT (STRICHE, 'SUMME:', ANZAHL, '100.00', GESAMTUMSATZ, '100.00')
         (SKIP,A,SKIP,X(4),A,X(12),F(5),X(3),A,X(7),F(11,2),X(4),A);
PUT EDIT (STRICHE) (SKIP, A);

END AUSWERTUNG;

END UMSTAT;
```

```
SORTIEREN:  PROCEDURE (X, ANZAHL);

/**********************************************************************
*                                                                    *
* AUTOR    :    KARL KURBEL                      3. JANUAR 1984       *
*                                                                    *
* AUFGABE :     SORTIEREN EINES ARRAYS X, DESSEN KOMPONENTEN         *
*               RECORDS SIND :                                       *
*                                                                    *
*                  DCL 1 X (1:100),                                  *
*                        2 ELEMENT_1 BINARY FIXED,                   *
*                        2 ELEMENT_2 CHARACTER (32),                 *
*                        2 ELEMENT_3 DECIMAL FIXED (12, 2);          *
*                                                                    *
* LOESUNGSWEG : ALGORITHMUS "QUICKSORT"                              *
*                                                                    *
*               HIER : REKURSIVE VERSION (VERWENDUNG DER REKUR-      *
*               SIVEN PROZEDUR "UMORDNEN")                           *
*                                                                    *
**********************************************************************/

/* ---- FORMALPARAMETER --------------------------------- */

DECLARE ANZAHL         BINARY FIXED;  /* INPUT-PARAMETER  */

DECLARE 1 X (1:100),              /* INPUT-OUTPUT-PARAMETER  */
          2 ELEMENT_1   BINARY FIXED,
          2 ELEMENT_2   CHARACTER (32),
          2 ELEMENT_3   DECIMAL FIXED (12, 2);

/* ---- ALGORITHMUS ------------------------------------- */

CALL UMORDNEN (X, 1, ANZAHL);


UMORDNEN:  PROCEDURE (X, LINKS, RECHTS) RECURSIVE;
/**********************************************************************
*                                                                    *
* AUFGABE : SORTIEREN DES ARRAYINTERVALLS X (LINKS) BIS X (RECHTS)   *
*                                                                    *
* LOESUNGSWEG : ZERLEGEN DES INTERVALLS AN EINER STELLE K, SO DASS   *
*                                                                    *
*                  X (I) <= X (K)    FUER    LINKS <= I < K          *
*                  X (I) >= X (K)    FUER    RECHTS >= I > K,        *
*                                                                    *
*           UND ANWENDEN DER GLEICHEN VORGEHENSWEISE AUF DIE         *
*           BEIDEN TEILINTERVALLE (REKURSIVER AUFRUF DER PROZE-      *
*           DUR), SO DASS DARUEBER HINAUS                            *
*                                                                    *
*                  X (I) <= X (I+1)  FUER    LINKS  <= I < K         *
*                  X (I) >= X (I-1)  FUER    RECHTS >= I > K         *
*                                                                    *
*           UND DAS ARRAYINTERVALL SOMIT SORTIERT IST.               *
*                                                                    *
**********************************************************************/

/* ---- VARIABLE ---------------------------------------- */

DECLARE (I, J)         BINARY FIXED,     /* LAUFVARIABLE */
        ELEMENT_MITTE  DECIMAL FIXED (12, 2);
```

```
DECLARE 1 HILF,
          2 HILF_EL_1     BINARY FIXED,
          2 HILF_EL_2     CHARACTER (32),
          2 HILF_EL_3     DECIMAL FIXED (12, 2);

/* ---- FORMALPARAMETER -------------------------------- */

DECLARE 1 X (1:100),
          2 ELEMENT_1     BINARY FIXED,
          2 ELEMENT_2     CHARACTER (32),
          2 ELEMENT_3     DECIMAL FIXED (12, 2);

DECLARE (LINKS, RECHTS)   BINARY FIXED /* INTERVALLGRENZEN */;


/* ---- ALGORITHMUS "UMORDNEN" ------------------------- */

I = LINKS;
J = RECHTS;
ELEMENT_MITTE = X ((LINKS + RECHTS)/2).ELEMENT_3;

UNTIL_SCHLEIFE_ANFANG :
    DO WHILE (X(I).ELEMENT_3 < ELEMENT_MITTE);
      I = I + 1;
    END;

    DO WHILE (X(J).ELEMENT_3 > ELEMENT_MITTE);
      J = J - 1;
    END;

    IF I <= J THEN DO; VERTAUSCHEN:
                       HILF  = X (I);
                       X (I) = X (J);
                       X (J) = HILF;
                       I     = I + 1;
                       J     = J - 1;
                   END;
    IF I <= J THEN GO TO UNTIL_SCHLEIFE_ANFANG;

IF J > LINKS  THEN CALL UMORDNEN (X, LINKS, J);
IF I < RECHTS THEN CALL UMORDNEN (X, I, RECHTS);

END UMORDNEN;

END SORTIEREN;
```

UNSORTIERTE EINGABEDATEN
-----------------------

| 7123 | METZLER-COMPUTER DUISBURG | 1.00 | 5600.00 |
|---|---|---|---|
| 211 | DATASOFT GMBH BRAUNSCHWEIG | 123.05 | 1.20 |
| 118 | SOFTWARE-LAND OFFENBACH | 1.00 | 1300.00 |
| 201 | EDV-VERLAG SCHMIDT ESSEN | 13.75 | 2.50 |
| 187 | INFOSYSTEMS KG BERLIN | 1.00 | 780.00 |
| 89 | MICRO-SHOP WUPPERTAL | 1.00 | 1230.00 |
| 344 | INFOTECH GMBH BREMEN | 1.00 | 18000.00 |
| 878 | COMPUTERSHOP H.MOELLER BONN | 5.00 | 83.50 |
| 77 | INFODATA-SYSTEME FRANKFURT/M | 1.00 | 900.00 |

SORTIERTE LISTE DER EINZELUMSAETZE
---------------------------------

| 201 | EDV-VERLAG SCHMIDT ESSEN | 34.37 |
|---|---|---|
| 211 | DATASOFT GMBH BRAUNSCHWEIG | 147.65 |
| 878 | COMPUTERSHOP H.MOELLER BONN | 417.50 |
| 187 | INFOSYSTEMS KG BERLIN | 780.00 |
| 77 | INFODATA-SYSTEME FRANKFURT/M | 900.00 |
| 89 | MICRO-SHOP WUPPERTAL | 1230.00 |
| 118 | SOFTWARE-LAND OFFENBACH | 1300.00 |
| 7123 | METZLER-COMPUTER DUISBURG | 5600.00 |
| 344 | INFOTECH GMBH BREMEN | 18000.00 |

| KATEGORIE | VERKAUFSVORGAENGE | | UMSAETZE | |
|---|---|---|---|---|
| | ABSOLUT | % | ABSOLUT | % |
| 0.00 - 100.00 | 1 | 11.11 | 34.37 | 0.12 |
| 100.00 - 500.00 | 2 | 22.22 | 565.15 | 1.98 |
| 500.00 - 2000.00 | 4 | 44.44 | 4210.00 | 14.81 |
| 2000.00 - 10000.00 | 1 | 11.11 | 5600.00 | 19.71 |
| 10000.00 - 100000.00 | 1 | 11.11 | 18000.00 | 63.35 |
| SUMME: | 9 | 100.00 | 28409.52 | 100.00 |

## 7.5.2 Auflösung der Rekursion

In der Folge wird eine alternative Implementierung des Programmsystems dargestellt. Sie enthält keine rekursiven Prozeduraufrufe. Die Rekursion wird dadurch
aufgelöst, daß der Sortieralgorithmus die zu zerlegenden Arrayintervalle stets explizit aufruft. Die Information, welche Intervalle noch zu behandeln sind, wird in einem Stack verwaltet. Diese Vorgehensweise lag auch den Implementierungen in
Fortran, Cobol und Basic zugrunde.

Die Darstellung einer Datenkapsel bereitet in PL/I keine Schwierigkeiten. Die
Stack-Operationen werden durch die Entry-Prozeduren

```
new
push
pop
top
empty
```

zur Verfügung gestellt. Damit die Informationen, die den Stackzustand definieren,
zwischen verschiedenen Prozeduraufrufen nicht verloren gehen, erhalten die entsprechenden Vereinbarungen (`keller` und `hilf`) das Attribut `static`.

Abbildung 7.6 zeigt die modifizierte Version des Programmsystems. Das Hauptprogramm `umstat` mit seinen internen Prozeduren bleibt völlig unberührt davon,
daß die externe Prozedur `sortieren` nun anders als zuvor implementiert ist (und eine weitere externe Prozedur `stack` benutzt). Die Parameterschnittstelle ist die gleiche wie zuvor; d.h., selbst der Prozeduraufruf

```
call sortieren (verkaufsvorgaenge, anzahl);
```

braucht nicht verändert zu werden. Deshalb werden im folgenden nur die beiden
Module `sortieren` und `stack` wiedergegeben.

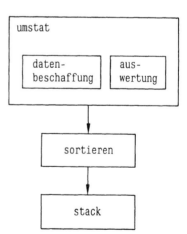

**Abb. 7.6.** Struktur des PL/I-Programmsystems (Version 2)

```
SORTIEREN: PROCEDURE (X, ANZAHL);

/****************************************************************
*                                                              *
* AUTOR      : KARL KURBEL                    3. JANUAR 1984    *
*                                                              *
* AUFGABE    : SORTIEREN EINES ARRAYS X, DESSEN KOMPONENTEN     *
*              RECORDS SIND :                                   *
*                                                              *
*              DCL 1 X (1:100),                                 *
*                      2 ELEMENT_1 BINARY FIXED,               *
*                      2 ELEMENT_2 CHARACTER (32),             *
*                      2 ELEMENT_3 DECIMAL FIXED (12,2);       *
*                                                              *
*              SORTIERBEGRIFF IST "ELEMENT_3".                 *
*                                                              *
* LOESUNGSWEG : ALGORITHMUS "QUICKSORT"                        *
*                                                              *
*              HIER : NICHT REKURSIVE VERSION (UNTER VERWEN-   *
*              DUNG EINES STACK)                               *
*                                                              *
* AUFGERUFENE EXTERNE PROZEDUREN :                             *
*                                                              *
*              STACK                                           *
*                                                              *
****************************************************************/


/* ---- VARIABLE -------------------------------------------- */

DECLARE (I, J,                           /* LAUFVARIABLE      */
         LINKS, RECHTS)      BINARY FIXED /* INTERVALLGRENZEN */,
         ELEMENT_MITTE       DECIMAL FIXED (12,2);

DECLARE 1 HILF,
          2 HILF_EL_1        BINARY FIXED,
          2 HILF_EL_2        CHARACTER (32),
          2 HILF_EL_3        DECIMAL FIXED (12,2);

/* ---- FORMALPARAMETER ------------------------------------- */

DECLARE ANZAHL               BINARY FIXED; /* INPUT-PARAMETER */

DECLARE 1 X (1:100),                     /* INPUT-OUTPUT-PARAMETER */
          2 ELEMENT_1        BINARY FIXED,
          2 ELEMENT_2        CHARACTER (32),
          2 ELEMENT_3        DECIMAL FIXED (12,2);

/* ---- STACK-OPERATIONEN ----------------------------------- */

DECLARE ( NEW, PUSH, POP, TOP, EMPTY RETURNS (BIT (1)) ) ENTRY;
```

```
/* ---- ALGORITHMUS "QUICKSORT" ------------------------------- */

CALL NEW;
LINKS  = 1;
RECHTS = ANZAHL;
CALL PUSH (LINKS, RECHTS);

UNTIL_SCHLEIFE_1_ANFANG:
    CALL POP (LINKS, RECHTS);

    UNTIL_SCHLEIFE_2_ANFANG:      /* ZERLEGEN DES INTERVALLS    */
        I = LINKS;                /* [LINKS, RECHTS]            */
        J = RECHTS;
        ELEMENT_MITTE = X ((LINKS+RECHTS)/2).ELEMENT_3;

        UNTIL_SCHLEIFE_3_ANFANG:
            DO WHILE (X(I).ELEMENT_3 < ELEMENT_MITTE);
                I = I + 1;
            END;
            DO WHILE (X(J).ELEMENT_3 > ELEMENT_MITTE);
                J = J - 1;
            END;
            IF I <= J THEN DO; VERTAUSCHEN:
                            HILF  = X (I);
                            X (I) = X (J);
                            X (J) = HILF;
                            I     = I + 1;
                            J     = J - 1;
                        END;
        IF I <= J THEN GO TO UNTIL_SCHLEIFE_3_ANFANG;

        IF I < RECHTS THEN CALL PUSH (I, RECHTS);
        RECHTS = J;

    IF LINKS < RECHTS THEN GO TO UNTIL_SCHLEIFE_2_ANFANG;

IF ¬ EMPTY THEN GO TO UNTIL_SCHLEIFE_1_ANFANG;

END SORTIEREN;
```

```
STACK: PROCEDURE;

/**********************************************************************
*                                                                    *
* AUTOR    : KARL KURBEL                         3. JANUAR 1984       *
*                                                                    *
* AUFGABE : IMPLEMENTIERUNG EINES LAST-IN-FIRST-OUT-SPEICHERS FUER   *
*           PAARE VON GANZEN ZAHLEN (BINARY FIXED)                   *
*                                                                    *
* LOESUNGSWEG : VERWENDUNG EINES ARRAYS MIT ZEIGER AUF DAS OBERSTE   *
*           STACK-ELEMENT                                            *
*                                                                    *
* ZUGRIFFSOPERATIONEN :                                             *
*                                                                    *
*         NEW   = ANLEGEN EINES NEUEN STACK                         *
*         PUSH  = EINKELLERN EINES PAARS                            *
*         POP   = AUSKELLERN EINES PAARS                            *
*         TOP   = INSPIZIEREN EINES PAARS                           *
*         EMPTY = STACK LEER ?                                      *
*                                                                    *
* REIHENFOLGEBEDINGUNGEN :                                          *
*                                                                    *
*         STACK: (NEW; (PUSH'*, (POP, TOP)'EMPTY)'* ) '*.           *
*                                                                    *
**********************************************************************/

/* ---- REPRAESENTATION DES STACK ------------------------------- */

DECLARE N  BINARY FIXED  INITIAL (100); /* KONSTANTE: STACKGROESSE */

DECLARE 1 KELLER (1:100) STATIC,
        2 ELEMENT_1    BINARY FIXED,
        2 ELEMENT_2    BINARY FIXED;

DECLARE ZEIGER    STATIC BINARY FIXED;

/* ---- FORMALPARAMETER ------------------------------------------ */

DECLARE (WERT_1,
        WERT_2)         BINARY FIXED;

/* ---- STACK-OPERATIONEN ---------------------------------------- */

NEW :   ENTRY;
            ZEIGER = 0;
        RETURN;

PUSH :  ENTRY (WERT_1, WERT_2);
            IF ZEIGER < N
                THEN DO;
                        ZEIGER = ZEIGER + 1;
                        KELLER (ZEIGER).ELEMENT_1 = WERT_1;
                        KELLER (ZEIGER).ELEMENT_2 = WERT_2;
                    END;
                ELSE DO;
                        PUT LIST ('*** MODUL "STACK" : UEBERLAUF BEI ',
                                  'WERTEPAAR:', WERT_1, WERT_2,
                                  ' PROGRAMMABBRUCH ');
                        STOP;
                    END;
        RETURN;
```

```
POP :    ENTRY (WERT_1, WERT_2);
             IF ZEIGER > 0
                 THEN DO;
                         WERT_1 = KELLER (ZEIGER).ELEMENT_1;
                         WERT_2 = KELLER (ZEIGER).ELEMENT_2;
                         ZEIGER = ZEIGER - 1;
                     END;
                 ELSE DO;
                         WERT_1 = 9999;
                         WERT_2 = 9999;
                         PUT LIST ('*** MODUL "STACK": UNZULAESSIGER ',
                                     'ZUGRIFF AUF LEEREN STACK; WARNUNG');
                     END;
         RETURN;

TOP :    ENTRY (WERT_1, WERT_2);
             IF ZEIGER > 0
                 THEN DO;
                         WERT_1 = KELLER (ZEIGER).ELEMENT_1;
                         WERT_2 = KELLER (ZEIGER).ELEMENT_2;
                     END;
                 ELSE DO;
                         WERT_1 = 9999;
                         WERT_2 = 9999;
                         PUT LIST ('*** MODUL "STACK": UNZULAESSIGER ',
                                     'ZUGRIFF AUF LEEREN STACK; WARNUNG');
                     END;
         RETURN;

EMPTY : ENTRY RETURNS (BIT (1));
             IF ZEIGER > 0
                 THEN RETURN ('0'B);   /* FALSE */
                 ELSE RETURN ('1'B);   /* TRUE  */

END STACK;
```

# 7.6 Implementierung in Pascal

Nach dem Pascal-Standard, der hier zugrunde gelegt wird, gibt es keine externen, getrennt übersetzten Prozeduren. Jede Prozedur ist in einer anderen, umfassenderen Programmeinheit enthalten und damit den Regeln über die Gültigkeit von Vereinbarungen unterworfen, die in 4.6.1 dargelegt wurden.

Ob Prozeduren im Sinne von Verfeinerungskonstrukten oder im Sinne von Zerlegungskonstrukten verwendet werden, läßt sich nur auf der konzeptionellen Ebene, beim Programmentwurf, klar auseinanderhalten. Um den Zweck einer Prozedur auch im Programmtext hervorzuheben, werden Prozeduren, die als Hilfsmittel zur *Zerlegung* dienen, parametrisiert und, soweit es sich nicht um Zugriffsoperationen einer abstrakten Datenstruktur handelt, ohne Bezugnahme auf global bekannte Vereinbarungen formuliert. Prozeduren zur *Verfeinerung* verwenden dagegen die global bekannten Namen und erhalten keine Parameter.

Als Verfeinerungskonstrukte werden wie früher die Prozeduren datenbeschaffung und auswertung aufgefaßt. Die Prozedur sortieren implementiert dagegen ein Zerlegungskonstrukt.

## 7.6.1 Verwendung einer rekursiven Prozedur

Die Struktur des Pascal-Programms ist in Abb. 7.7 wiedergegeben. Alle Prozeduren sind textuell in dem Hauptprogramm umstat enthalten. Der Sortieralgorithmus wird wie in PL/I unter Verwendung einer rekursiven Prozedur (umordnen) formuliert. Diese Prozedur ordnet die Elemente eines übergebenen Arrayintervalls so um, daß in der linken Hälfte nur noch Elemente stehen, die kleiner oder gleich dem mittleren Element sind, und in der rechten Hälfte nur noch Elemente, die größer oder gleich dem mittleren Element sind.

Auf die beiden Intervallhälften wird die gleiche Vorgehensweise angewendet. Dazu ruft sich die Prozedur mit den jeweiligen Intervallgrenzen selbst auf. Die rekursiven Prozeduraufrufe sind beendet, wenn die verbleibenden Teilintervalle weniger als zwei Elemente enthalten. Durch das Ausnutzen der Rekursion erhält man einen sehr kompakten Sortieralgorithmus. Die Intervallzerlegung wird zunächst im Modul sortieren für das Gesamtintervall x[1] bis x[anzahl] angestoßen und durch die rekursiven Aufrufe innerhalb der Prozedur umordnen fortgesetzt. Das vollständige Pascal-Programm, das von dem Modul sortieren Gebrauch macht, ist nachstehend angegeben.

umstat

```
┌─────────────────────────────────────────────────────────────┐
│ datenbeschaffung                                             │
│   ┌─────────────────────────────────────────┐               │
│   │ recordlesen                             │               │
│   │   ┌───────────────────────────────┐     │               │
│   │   │                               │     │               │
│   │   └───────────────────────────────┘     │               │
│   │ recorddrucken                           │               │
│   │   ┌───────────────────────────────┐     │               │
│   │   │                               │     │               │
│   │   └───────────────────────────────┘     │               │
│   └─────────────────────────────────────────┘               │
│                                                              │
│ sortieren (var x: verkaufstabelle; anzahl: integer)          │
│   ┌─────────────────────────────────────────────┐           │
│   │ umordnen (var x: verkaufstabelle;           │           │
│   │           links, rechts: integer)           │           │
│   │   ┌───────────────────────────────────┐     │           │
│   │   │                                   │     │           │
│   │   └───────────────────────────────────┘     │           │
│   └─────────────────────────────────────────────┘           │
│                                                              │
│ auswertung                                                   │
│   ┌─────────────────────────────────────────────┐           │
│   │ initialisierung                             │           │
│   │   ┌───────────────────────────────┐         │           │
│   │   │                               │         │           │
│   │   └───────────────────────────────┘         │           │
│   │ recorddrucken                               │           │
│   │   ┌───────────────────────────────┐         │           │
│   │   │                               │         │           │
│   │   └───────────────────────────────┘         │           │
│   │ striche                                     │           │
│   │   ┌───────────────────────────────┐         │           │
│   │   │                               │         │           │
│   │   └───────────────────────────────┘         │           │
│   └─────────────────────────────────────────────┘           │
└─────────────────────────────────────────────────────────────┘
```

**Abb. 7.7.** Schachtelungsstruktur des Pascal-Programms bei Verwendung einer rekursiven Prozedur

```
PROGRAM UMSTAT (INPUT, OUTPUT);

{---------------------------------------------------------------------}
{                                                                     }
{  AUTOR :    KARL KURBEL                      11. DEZEMBER 1983       }
{                                                                     }
{  AUFGABE :  ERSTELLEN EINER UMSATZSTATISTIK, WELCHE - NACH UMSATZ-   }
{             KATEGORIEN GEGLIEDERT - DIE ABSOLUTEN UND PROZENTUALEN   }
{             VERKAUFSHAEUFIGKEITEN UND DIE KUMULIERTEN UMSAETZE PRO   }
{             KATEGORIE AUSWEIST.                                      }
{                                                                     }
{             PROTOKOLLIERUNG DER EINZELUMSAETZE IN DER REIHENFOLGE    }
{             DES ANFALLS UND NACH UMSATZBETRAEGEN SORTIERT.           }
{                                                                     }
{  LOESUNGSWEG : DER ALGORITHMUS WIRD IN DREI HAUPTTEILE ZERLEGT :     }
{                                                                     }
{             - "DATENBESCHAFFUNG" (NICHT PARAMETRISIERTE PROZEDUR I.S.}
{               EINES VERFEINERUNGSKONSTRUKTS): EINLESEN, PROTOKOLLIEREN}
{               UND AUFBEREITEN DER UNSORTIERTEN VERKAUFSVORGAENGE.    }
{                                                                     }
{             - "SORTIEREN" (PARAMETRISIERTE PROZEDUR I.S. EINES ZER-  }
{               LEGUNGSKONSTRUKTS - FUNKTIONSORIENTIERTES MODUL):      }
{               SORTIEREN DER AUFBEREITETEN VERKAUFSVORGAENGE.         }
{                                                                     }
{             - "AUSWERTUNG" (NICHT PARAMETRISIERTE PROZEDUR I.S. EINES}
{               VERFEINERUNGSKONSTRUKTS): PROTOKOLLIEREN DER SORTIERTEN}
{               VERKAUFVORGAENGE UND AUSWERTEN NACH UMSATZ-KATEGORIEN. }
{                                                                     }
{  BENOETIGTE DATEIEN :                                               }
{                                                                     }
{             INPUT  = SEQUENTIELLE EINGABEDATEI (TYP : TEXT)          }
{             OUTPUT = SEQUENTIELLE AUSGABEDATEI (TYP : TEXT)          }
{                                                                     }
{---------------------------------------------------------------------}

LABEL 999;                           { MARKE FUER PROGRAMMABBRUCH }

CONST LAENGE = 32;                   { ZEICHENKETTENLAENGE }
      N = 100;                       { MAXIMALE ANZAHL VON VERKAEUFEN }

TYPE  ZEICHENARRAY    = ARRAY [1..LAENGE] OF CHAR;
      ZEICHENKETTE    = PACKED ARRAY [1..LAENGE] OF CHAR;

      VERKAUFSDATEN   = RECORD
                            ARTIKELNR : INTEGER;
                            KUNDE     : ZEICHENKETTE;
                            MENGE     : REAL;
                            PREIS     : REAL
                        END;

      EINZELUMSATZ    = RECORD
                            ARTIKELNR : INTEGER;
                            KUNDE     : ZEICHENKETTE;
                            UMSATZ    : REAL
                        END;

      VERKAUFSTABELLE = ARRAY [1..N] OF EINZELUMSATZ;

VAR   EINGABESATZ      : VERKAUFSDATEN;
      VERKAUFSVORGAENGE: VERKAUFSTABELLE;
      ANZAHL           : INTEGER; { ANZAHL DER VERKAUFE }
```

```
PROCEDURE DATENBESCHAFFUNG;
{-------------------------------------------------------------------}
{                                                                   }
{   AUFGABE: EINLESEN VON DATEN UEBER VERKAUFSVORGAENGE (RECORD "EINGABE- }
{            SATZ") UND SPEICHERUNG IN EINEM ARRAY ("VERKAUFSVORGAENGE")  }
{                                                                   }
{-------------------------------------------------------------------}

VAR I : INTEGER;                    { ZAEHLER }

    PROCEDURE RECORDLESEN;
        VAR PUFFER : ZEICHENARRAY;
                J : 1..LAENGE       { LAUFVARIABLE };
        BEGIN  WITH EINGABESATZ DO
                    BEGIN
                        READ (ARTIKELNR);
                        FOR J := 1 TO LAENGE DO READ (PUFFER [J]);
                        PACK (PUFFER, 1, KUNDE);
                        READLN (MENGE, PREIS)
                    END
        END  { RECORDLESEN };

    PROCEDURE RECORDDRUCKEN;
        VAR PUFFER : ZEICHENARRAY;
                J : 1..LAENGE       { LAUFVARIABLE };
        BEGIN  WITH EINGABESATZ DO
                    BEGIN
                        WRITE (ARTIKELNR,'   ');
                        UNPACK (KUNDE, PUFFER, 1);
                        FOR J := 1 TO LAENGE DO WRITE (PUFFER [J]);
                        WRITELN (MENGE:10:2, PREIS:10:2)
                    END
        END  { RECORDDRUCKEN };

BEGIN
    WRITELN ('UNSORTIERTE EINGABEDATEN');
    WRITELN ('------------------------');
    I := 0;
    WHILE NOT EOF DO
        BEGIN
            RECORDLESEN;
            WRITELN;
            RECORDDRUCKEN;
            I := I + 1;
            IF I <= N
                THEN   WITH VERKAUFSVORGAENGE [I] DO
                        BEGIN
                          ARTIKELNR := EINGABESATZ.ARTIKELNR;
                          KUNDE     := EINGABESATZ.KUNDE;
                          UMSATZ    := EINGABESATZ.MENGE * EINGABESATZ.PREIS
                        END
                ELSE BEGIN
                        WRITELN ('*** PROZEDUR DATENBESCHAFFUNG :',
                                 'PROGRAMMABBRUCH WEGEN ZU VIELER ',
                                 'EINGABEDATEN');
                        GOTO 999    { *** PROGRAMMABBRUCH *** }
                     END
        END;
    ANZAHL := I

END  { DATENBESCHAFFUNG };
```

```
PROCEDURE SORTIEREN (VAR X : VERKAUFSTABELLE; ANZAHL : INTEGER);
{-------------------------------------------------------------------}
{                                                                   }
{ AUFGABE :      SORTIEREN EINES ARRAYS, DESSEN KOMPONENTEN RECORDS  }
{                SIND ( TYP "EINZELUMSATZ" );                        }
{                SORTIERBEGRIFF IST "X[I].UMSATZ".                   }
{                                                                   }
{ LOESUNGSWEG : ALGORITHMUS "QUICKSORT"                              }
{               HIER : REKURSIVE VERSION ( VERWENDUNG DER            }
{                      REKURSIVEN PROZEDUR "UMORDNEN")               }
{                                                                   }
{-------------------------------------------------------------------}

   PROCEDURE UMORDNEN (VAR X: VERKAUFSTABELLE; LINKS, RECHTS: INTEGER);
   {-------------------------------------------------------------------}
   {                                                                   }
   { AUFGABE :      SORTIEREN DES ARRAYINTERVALLS X [LINKS] BIS         }
   {                X [RECHTS]                                          }
   {                                                                   }
   { LOESUNGSWEG : ZERLEGEN DES INTERVALLS AN EINER STELLE K, SO DASS }
   {                                                                   }
   {                 X [I] <= X [K]    FUER    LINKS <= I < K          }
   {                 X [I] >= X [K]    FUER    RECHTS >= I > K,         }
   {                                                                   }
   {               UND ANWENDEN DER GLEICHEN VORGEHENSWEISE AUF         }
   {               DIE BEIDEN TEILINTERVALLE ( REKURSIVER AUFRUF        }
   {               DER PROZEDUR ), SO DASS DARUEBER HINAUS             }
   {                                                                   }
   {                 X [I] <= X [I+1]    FUER    LINKS <= I < K        }
   {                 X [I] >= X [I-1]    FUER    RECHTS >= I > K        }
   {                                                                   }
   {               UND DAS ARRAYINTERVALL SOMIT SORTIERT IST.          }
   {                                                                   }
   {-------------------------------------------------------------------}

   VAR HILF :              EINZELUMSATZ;
       ELEMENTMITTE :      REAL;
       I, J {LAUFVARIABLE} : INTEGER;

   BEGIN
       I := LINKS;
       J := RECHTS;
       ELEMENTMITTE := X [(LINKS + RECHTS) DIV 2].UMSATZ;
       REPEAT
          WHILE X [I].UMSATZ < ELEMENTMITTE DO I := I + 1;
          WHILE X [J].UMSATZ > ELEMENTMITTE DO J := J - 1;
          IF I <= J THEN
             BEGIN  {VERTAUSCHEN}
                HILF  := X [I];
                X [I] := X [J];
                X [J] := HILF ;
                I     := I + 1;
                J     := J - 1;
             END
       UNTIL I > J;
       IF J > LINKS  THEN UMORDNEN (X, LINKS, J);
       IF I < RECHTS THEN UMORDNEN (X, I, RECHTS)
   END {UMORDNEN};

BEGIN {ALGORITHMUS "SORTIEREN" }
   UMORDNEN (X, 1, ANZAHL)
END {SORTIEREN};
```

```
PROCEDURE AUSWERTUNG;
{--------------------------------------------------------------------}
{                                                                    }
{   AUFGABE : PROTOKOLLIERUNG DER NACH UMSAETZEN SORTIERTEN VER-      }
{             KAUFSVORGAENGE UND AUSWERTUNG NACH UMSATZKATEGORIEN     }
{                                                                    }
{--------------------------------------------------------------------}

CONST ANZKAT = 5;    { ANZAHL DER UMSATZKATEGORIEN }

VAR   UNTERGRENZE : ARRAY [1..6] OF REAL;
                        { UNTERGRENZEN DER UMSATZKATEGORIEN; UNTERGRENZE [6]
                          BEZEICHNET DIE OBERGRENZE DER 5. KATEGORIE      }
      UMSATZSUMME : ARRAY [1..ANZKAT] OF REAL;
      VERKAEUFE   : ARRAY [1..ANZKAT] OF INTEGER;

      GESAMTUMSATZ,
      PROZENTUMSATZ,
      PROZENTVERKAEUFE : REAL;
      KATEGORIE, J     : INTEGER   { LAUFVARIABLE };

   PROCEDURE INITIALISIERUNG;
      BEGIN
         UNTERGRENZE [1] := 0;
         UNTERGRENZE [2] := 100;
         UNTERGRENZE [3] := 500;
         UNTERGRENZE [4] := 2000;
         UNTERGRENZE [5] := 10000;
         UNTERGRENZE [6] := 100000;
         GESAMTUMSATZ    := 0;
         FOR KATEGORIE := 1 TO ANZKAT DO
             BEGIN
                 UMSATZSUMME [KATEGORIE] := 0;
                 VERKAEUFE [KATEGORIE]   := 0;
             END;
         KATEGORIE := 1
      END { INITIALISIERUNG };

   PROCEDURE RECORDDRUCKEN;

      VAR PUFFER : ZEICHENARRAY;
              I : 1..LAENGE   { LAUFVARIABLE };

      BEGIN    WITH VERKAUFSVORGAENGE [J] DO
         BEGIN
            WRITE (ARTIKELNR,'   ');
            UNPACK (KUNDE, PUFFER, 1);
            FOR I := 1 TO LAENGE DO WRITE (PUFFER [I]);
            WRITELN (UMSATZ:11:2)
         END
      END  { RECORDDRUCKEN };

   PROCEDURE STRICHE;
      BEGIN
         WRITE   ('----------------------------');
         WRITELN ('----------------------------')
      END;
```

```
BEGIN { ALGORITHMUS "AUSWERTUNG" }

   INITIALISIERUNG;

   {---- PROTOKOLLIERUNG DER SORTIERTEN VERKAUFSVORGAENGE ------------}

   WRITELN; WRITELN;
   WRITELN ('SORTIERTE LISTE DER EINZELUMSAETZE');
   WRITELN ('--------------------------------');
   FOR J := 1 TO ANZAHL DO
     WITH VERKAUFSVORGAENGE [J] DO
     BEGIN
       WRITELN;
       RECORDDRUCKEN;
       IF UMSATZ >= UNTERGRENZE [KATEGORIE+1] THEN
         BEGIN
           GESAMTUMSATZ := GESAMTUMSATZ + UMSATZSUMME [KATEGORIE];
           REPEAT
              KATEGORIE := KATEGORIE + 1;
           UNTIL UMSATZ < UNTERGRENZE [KATEGORIE+1]
         END;
       UMSATZSUMME [KATEGORIE] := UMSATZ + UMSATZSUMME [KATEGORIE];
       VERKAEUFE   [KATEGORIE] := VERKAEUFE [KATEGORIE] + 1
     END;
   GESAMTUMSATZ := GESAMTUMSATZ + UMSATZSUMME [KATEGORIE];

   {---- UMSATZ-STATISTIK ------------------------------------------}

   WRITELN; WRITELN;   STRICHE;
   WRITELN ('   KATEGORIE      VERKAUFSVORGAENGE        UMSAETZE');
   STRICHE;
   WRITELN ('                    ABSOLUT   %         ABSOLUT     %');
   STRICHE;

   FOR KATEGORIE := 1 TO ANZKAT DO
     BEGIN
       PROZENTVERKAEUFE := VERKAEUFE [KATEGORIE] * 100 / ANZAHL;
       PROZENTUMSATZ :=  UMSATZSUMME [KATEGORIE] * 100 / GESAMTUMSATZ;
       WRITELN;
       WRITELN (UNTERGRENZE [KATEGORIE]:7:0, ' -',
                UNTERGRENZE [KATEGORIE+1]:7:0, '   ',
                VERKAEUFE [KATEGORIE]:5, PROZENTVERKAEUFE:9:2,
                UMSATZSUMME [KATEGORIE]:13:2,
                PROZENTUMSATZ:9:2)
     END;

   STRICHE;
   WRITELN ('   SUMME:          ', ANZAHL:5, '   100.00',
            GESAMTUMSATZ:13:2, '   100.00');
   STRICHE;

END; { AUSWERTUNG ------------------------------------------------}


BEGIN   { GROBALGORITHMUS "UMSTAT" }

   DATENBESCHAFFUNG;
   SORTIEREN (VERKAUFSVORGAENGE, ANZAHL);
   AUSWERTUNG;

999: END.
```

UNSORTIERTE EINGABEDATEN
------------------------

```
      7123     METZLER-COMPUTER DUISBURG              1.00   5600.00

       211     DATASOFT GMBH BRAUNSCHWEIG          123.05      1.20

       118     SOFTWARE-LAND OFFENBACH               1.00   1300.00

       201     EDV-VERLAG SCHMIDT ESSEN             13.75      2.50

       187     INFOSYSTEMS KG BERLIN                 1.00    780.00

        89     MICRO-SHOP WUPPERTAL                  1.00   1230.00

       344     INFOTECH GMBH BREMEN                  1.00  18000.00

       878     COMPUTERSHOP H.MOELLER BONN           5.00     83.50

        77     INFODATA-SYSTEME FRANKFURT/M          1.00    900.00
```

SORTIERTE LISTE DER EINZELUMSAETZE
----------------------------------

```
       201     EDV-VERLAG SCHMIDT ESSEN             34.38

       211     DATASOFT GMBH BRAUNSCHWEIG          147.66

       878     COMPUTERSHOP H.MOELLER BONN         417.50

       187     INFOSYSTEMS KG BERLIN               780.00

        77     INFODATA-SYSTEME FRANKFURT/M        900.00

        89     MICRO-SHOP WUPPERTAL               1230.00

       118     SOFTWARE-LAND OFFENBACH            1300.00

      7123     METZLER-COMPUTER DUISBURG          5600.00

       344     INFOTECH GMBH BREMEN              18000.00
```

| KATEGORIE | VERKAUFSVORGAENGE | | UMSAETZE | |
|---|---|---|---|---|
| | ABSOLUT | % | ABSOLUT | % |
| 0 - 100 | 1 | 11.11 | 34.38 | 0.12 |
| 100 - 500 | 2 | 22.22 | 565.16 | 1.99 |
| 500 - 2000 | 4 | 44.44 | 4210.00 | 14.82 |
| 2000 - 10000 | 1 | 11.11 | 5600.00 | 19.71 |
| 10000 - 100000 | 1 | 11.11 | 18000.00 | 63.36 |
| SUMME: | 9 | 100.00 | 28409.54 | 100.00 |

## 7.6.2 Auflösung der Rekursion

Um einen Vergleich des Pascal-Programms mit den anderen Implementierungen zu ermöglichen, wird auch hier eine nicht-rekursive Version des Sortieralgorithmus angegeben. Wie in den anderen Sprachen muß dazu ein Stack herangezogen werden, der die jeweils noch nicht behandelten Teilintervalle aufnimmt und später zur Bearbeitung in der richtigen Reihenfolge wieder bereitstellt.

Die Implementierung einer Datenkapsel bereitet in Pascal einige Schwierigkeiten. Darauf wurde bereits in 4.6.1.2 hingewiesen. Insbesondere ist es nicht möglich, ein eigenes Modul zu bilden, das die Datenvereinbarungen zur Repräsentation der abstrakten Datenstruktur verbirgt und Zugriffsoperationen zur Verfügung stellt. Damit der *Zustand* der abstrakten Datenstruktur erhalten bleibt, müssen die entsprechenden Vereinbarungen vielmehr im Vereinbarungsteil derjenigen Programmeinheit getroffen werden, die auch die Vereinbarungen der als Zugriffsoperationen verwendeten Prozeduren enthält.

Im vorliegenden Fall bedeutet dies, daß die Repräsentation des Stack im Vereinbarungsteil der Prozedur sortieren angegeben wird. Die Zugriffsoperationen

```
newstack
push
pop
top
fullstack
emptystack
```

sind ebenfalls dort angesiedelt. Ihre Verwendung zum Zweck der Stack-Implementierung muß durch zusätzliche Kommentare zum Vorschein gebracht werden!

Abbildung 7.8 zeigt die Schachtelungsstruktur des Programms umstat, wenn beim Sortieren ein Stack verwendet wird. Die Parameterschnittstelle der Prozedur sortieren ist gegenüber der rekursiven Version unverändert. Der Aufruf der Prozedur und der Rest des Programms bleiben also unberührt, wenn man eine alternative Implementierung innerhalb des Moduls realisiert. Deshalb wird im folgenden nur die modifizierte Version der Sortierprozedur wiedergegeben.

umstat

```
┌─────────────────────────────────────────────────────────────┐
│  datenbeschaffung                                            │
│   ┌──────────────────────────────────────────────────┐     │
│   │  recordlesen                                       │     │
│   │   ┌──────────────────────────────────┐            │     │
│   │   │                                  │            │     │
│   │   └──────────────────────────────────┘            │     │
│   │  recorddrucken                                     │     │
│   │   ┌──────────────────────────────────┐            │     │
│   │   │                                  │            │     │
│   │   └──────────────────────────────────┘            │     │
│   └──────────────────────────────────────────────────┘     │
│                                                              │
│  sortieren (var x: verkaufstabelle; anzahl: integer)        │
│   ┌──────────────────────────────────────────────────┐     │
│   │  newstack              top                         │     │
│   │   ┌──────────────┐      ┌──────────────┐          │     │
│   │   │              │      │              │          │     │
│   │   └──────────────┘      └──────────────┘          │     │
│   │  push                  fullstack                   │     │
│   │   ┌──────────────┐      ┌──────────────┐          │     │
│   │   │              │      │              │          │     │
│   │   └──────────────┘      └──────────────┘          │     │
│   │  pop                   emptystack                  │     │
│   │   ┌──────────────┐      ┌──────────────┐          │     │
│   │   │              │      │              │          │     │
│   │   └──────────────┘      └──────────────┘          │     │
│   └──────────────────────────────────────────────────┘     │
│  auswertung                                                  │
│   ┌──────────────────────────────────────────────────┐     │
│   │  initialisierung        recorddrucken              │     │
│   │   ┌──────────────┐       ┌──────────────┐         │     │
│   │   │              │       │              │         │     │
│   │   └──────────────┘       └──────────────┘         │     │
│   │                         striche                    │     │
│   │                          ┌──────────────┐         │     │
│   │                          │              │         │     │
│   │                          └──────────────┘         │     │
│   └──────────────────────────────────────────────────┘     │
└─────────────────────────────────────────────────────────────┘
```

**Abb. 7.8.** Schachtelungsstruktur des Pascal-Programms bei Auflösung der Rekursion

```
PROCEDURE SORTIEREN (VAR X : VERKAUFSTABELLE; ANZAHL : INTEGER);
{------------------------------------------------------------------}
{                                                                  }
{  AUFGABE: SORTIEREN EINES ARRAYS, DESSEN KOMPONENTEN RECORDS     }
{           SIND  (TYP "EINZELUMSATZ");                            }
{                                                                  }
{           SORTIERBEGRIFF IST  "X [I].UMSATZ"                     }
{                                                                  }
{  LOESUNGSWEG : ALGORITHMUS "QUICKSORT"                           }
{           HIER: NICHT-REKURSIVE VERSION UNTER VERWENDUNG EINES STACK }
{                                                                  }
{  ZUGRIFFSOPERATIONEN DER ABSTRAKTEN DATENSTRUKTUR "STACK":       }
{                                                                  }
{           NEWSTACK   = ANLEGEN                                   }
{           PUSH       = EINKELLERN                                }
{           POP        = AUSKELLERN                                }
{           TOP        = INSPIZIEREN                               }
{           FULLSTACK  = STACK VOLL ?                              }
{           EMPTYSTACK = STACK LEER ?                              }
{                                                                  }
{  REIHENFOLGEBEDINGUNGEN:                                         }
{                                                                  }
{           STACK: (NEWSTACK; (PUSH'FULLSTACK,                     }
{                             POP'EMPTYSTACK, TOP'EMPTYSTACK)'*)'*. }
{                                                                  }
{------------------------------------------------------------------}


{**** REPRAESENTATION DES STACK **********************}

CONST N = 100;
VAR   KELLER : ARRAY [1..N] OF RECORD
                                  ELEMENT1 : INTEGER;
                                  ELEMENT2 : INTEGER
                              END;
      ZEIGER : 0..N;

{**** ANDERE VARIABLE ******************************}

   HILF :                     EINZELUMSATZ;
   ELEMENTMITTE :             REAL;
   LINKS, RECHTS,  { INTERVALLGRENZEN }
   I, J { LAUFVARIABLE }    : INTEGER;

{---- STACK-OPERATIONEN ------------------------------------------}

   PROCEDURE NEWSTACK;                          { ANLEGEN EINES STACK  }
      BEGIN
         ZEIGER := 0
      END;
```

```
PROCEDURE PUSH (WERT1, WERT2 : INTEGER);      { EINKELLERN            }
   BEGIN                                       { EINES WERTEPAARS      }
      IF ZEIGER < N
         THEN BEGIN
                  ZEIGER := ZEIGER + 1;
                  KELLER [ZEIGER].ELEMENT1 := WERT1;
                  KELLER [ZEIGER].ELEMENT2 := WERT2
              END
         ELSE BEGIN
                  WRITELN ('*** MODUL STACK: UEBERLAUF BEI',
                          ' WERTEPAAR : ', WERT1, WERT2 );
                  GOTO 999   { *** PROGRAMMABBRUCH *** }
              END
   END;

PROCEDURE POP (VAR WERT1, WERT2 : INTEGER);  { AUSKELLERN            }
   BEGIN                                      { EINES WERTEPAARS      }
      IF ZEIGER > 0
         THEN BEGIN
                  WERT1  := KELLER [ZEIGER].ELEMENT1;
                  WERT2  := KELLER [ZEIGER].ELEMENT2;
                  ZEIGER := ZEIGER - 1
              END
         ELSE BEGIN
                  WERT1  := MAXINT;
                  WERT2  := MAXINT;
                  WRITELN ('UNZULAESSIGER ZUGRIFF AUF LEEREN STACK')
              END
   END;

PROCEDURE TOP (VAR WERT1, WERT2 : INTEGER);  { INSPIZIEREN           }
   BEGIN                                      { EINES WERTEPAARS      }
      IF ZEIGER > 0
         THEN BEGIN
                  WERT1 := KELLER [ZEIGER].ELEMENT1;
                  WERT2 := KELLER [ZEIGER].ELEMENT2
              END
         ELSE BEGIN
                  WERT1 := MAXINT;
                  WERT2 := MAXINT;
                  WRITELN ('UNZULAESSIGER ZUGRIFF AUF LEEREN STACK')
              END
   END;

FUNCTION FULLSTACK : BOOLEAN;                 { STACK VOLL ?        }
   BEGIN
      IF ZEIGER >= N
         THEN FULLSTACK := TRUE
         ELSE FULLSTACK := FALSE
   END;

FUNCTION EMPTYSTACK : BOOLEAN;                { STACK LEER ?        }
   BEGIN
      IF ZEIGER > 0
         THEN EMPTYSTACK := FALSE
         ELSE EMPTYSTACK := TRUE
   END;

{---- ENDE DER STACK-OPERATIONEN -------------------------------------}
```

```
BEGIN    { ALGORITHMUS QUICKSORT }
   NEWSTACK;
   PUSH (1, ANZAHL);
   REPEAT
      POP (LINKS, RECHTS);
      REPEAT   { ZERLEGEN DES INTERVALLS [LINKS, RECHTS] }
         I := LINKS;
         J := RECHTS;
         ELEMENTMITTE := X [(LINKS + RECHTS) DIV 2 ].UMSATZ;
         REPEAT
            WHILE X [I].UMSATZ < ELEMENTMITTE DO I := I + 1;
            WHILE X [J].UMSATZ > ELEMENTMITTE DO J := J - 1;
            IF I <= J THEN
               BEGIN   { VERTAUSCHEN }
                  HILF  := X [I];
                  X [I] := X [J];
                  X [J] := HILF;
                  I     := I + 1;
                  J     := J - 1
               END
         UNTIL I > J;
         IF (I < RECHTS) AND (NOT FULLSTACK)
            THEN PUSH (I, RECHTS);
         RECHTS := J
      UNTIL LINKS >= RECHTS
   UNTIL EMPTYSTACK

END { SORTIEREN };
```

# Literatur

ACM (Association for Computing Machinery) (1978) Preprints ACM SIGPLAN History of Programming Languages Conference, Los Angeles, June 1–3, 1978; ACM SIGPLAN Notices 13, No 8

Addyman AM (1980) A Draft Proposal for Pascal; ACM SIGPLAN Notices 15, No 4; S 1–66

ANSI (American National Standards Institute) (1974) American National Standard Programming Language COBOL; ANSI X3.23-1974, New York

ANSI (1976) American National Standard Programming Language PL/I; ANSI X3.53-1976, New York

ANSI (1978a) American National Standard for minimal BASIC; ANSI X3.60-1978, New York

ANSI (1978b) American National Standard Programming Language FORTRAN; ANSI X3.9-1978, New York

ANSI (1982) Draft Proposed – American National Standard For Programming Language BASIC; Prepared by Technical Committee X3J2-BASIC, Washington

Backus JW (1978) The History of FORTRAN I, II and III; in: ACM, S 165–180

Baker TF (1979) Structured Programming in a Production Programming Environment; in: Tutorial: Software Design Strategies, IEEE Catalog No EHO 149–5, S 94–105

Barnes RA (1979) PL/I for Programmers; New York Oxford: North-Holland

Boehm B (1973) Software and Its Impact: A Quantitative Assessment; Datamation 19, S 48–59

Boehm B (1976) Software Engineering; IEEE Transactions on Computers C-25, S 1226–1241

Denert E (1979) Software-Modularisierung; Informatik-Spektrum 2, S 205–218

Denert E, Gottschalk H-J, Koster CHA (1973) Zur Unbrauchbarkeit von PL/I als Programmiersprache in der algorithmischen Grundausbildung; info 20, Nr 11, S 8–15; Hrsg: Fachbereichsrat 20 der Technischen Universität Berlin

Dijkstra EW (1972) Notes on Structured Programming; in: Structured Programming, hrsg von O-J Dahl u. a.; London New York: Academic Press, S 1–82

DIN (Deutsches Institut für Normung e. V.) (1983) Informationsverarbeitung Programmiersprache Pascal, DIN 66256, Entwurf Oktober 1983; in: Däßler K, Sommer M: Pascal; Berlin Heidelberg: Springer, Teil II, S 1–127

ECMA (European Computer Manufacturers Association) (1976) Standard for PL/I; Standard ECMA-50, Genf

Gannon JD (1977) An Experimental Evaluation of Data Type Conventions; Communications of the ACM 20, S 584–595

Goos G, Kastens U (1978) Programming Languages and the Design of Modular Programs; in: Constructing Quality Software, hrsg von Hibbard PG und Schumann SA; Amsterdam New York: North-Holland, S 153–186

Hahn R (1981) Höhere Programmiersprachen im Vergleich; Wiesbaden: Akademische Verlagsanstalt

Haindl T (1982) Einführung in die Datenorganisation; Würzburg Wien: Physica

Hansen HR (1983) Wirtschaftsinformatik I, 4. Auflage; Stuttgart: Fischer UTB

Hoare CAR, Wirth N (1973) An Axiomatic Definition of the Programming Language Pascal; Acta Informatica 2, S 335–355

Holmes CE (1975) Structured Programming at McAuto; Computer 8, No 6, S 41–43

Horning JJ (1976) Some Desirable Properties of Data Abstraction Facilities; ACM SIGPLAN Notices, Special Issue "Proceedings of Conference on Data: Abstraction, Definition and Structure", S 60–62

IBM (Hrsg) (1977) OS PL/I Checkout und Optimizing Compiler Handbuch; IBM Form GC12-3055-3

IBM (Hrsg) Installation Management - Eine Einführung in die strukturierte Programmierung mit COBOL; IBM Form GC12-1287-O, o J

Jensen K, Wirth N (1975) PASCAL User Manual and Report, Second Edition; New York Heidelberg: Springer

Kähler W-M (1980) Einführung in die Programmiersprache COBOL; Braunschweig Wiesbaden: Vieweg

Kaucher E, Klatte R, Ullrich C (1981) Programmiersprachen im Griff, Band 3: BASIC; Mannheim: Bibliogr Institut

Katzan H (1972) A PL/I Approach to Programming Languages; Philadelphia: Auerbach Publishers

Kemeny JG, Kurtz TE (1971) BASIC Programming, Second Edition; New York London: Wiley

Kernighan BW, Plauger PJ (1974) The Elements of Programming Style; New York St.Louis: McGraw-Hill

Kimm R, Koch W u.a. (1979) Einführung in Software Engineering; Berlin New York: de Gruyter

Kurbel K (1980) Die Qualität von Softwareprodukten - Ziele und Kosten der Entwicklung von Anwendersoftware; Die Unternehmung 34, Nr4, S 237-262

Kurbel K (1981) Programmierstil und Leseschleifen bei sequentiellen Dateien; Online, S 363-366

Kurbel K (1982) Programmierstil und Konventionen für die Basic-Programmierung; Output, Nr 11, S 25-30

Kurbel K (1983a) Programmentwicklung, 2. Auflage; Wiesbaden: Gabler

Kurbel K (1983b) Software Engineering im Produktionsbereich; Wiesbaden: Gabler

Kurtz TE (1978) BASIC; in: ACM, S 103-118

Li T (1981) Whose BASIC Does What? BYTE, Jan, S 318-327

Lientz BP (1976) A Comparative Evaluation of Versions of BASIC; Communications of the ACM 19, S 175-181

McClure CL (1978) Reducing COBOL Complexity through Structured Programming; New York Cincinatti: Van Nostrand

McManus P (1974) PL/I: A Status Report; in: Commercial Language Systems, Infotech State of the Art Report 19, S 215-230

Myers GJ (1976) Software Reliability - Principles and Practices; New York London: Wiley

Myers GJ (1982) Methodisches Testen von Programmen; München Wien: Oldenburg

Nicholls JE (1975) The Structure and Design of Programming Languages; Reading Menlo Park: Addison-Wesley

Nassi I, Shneiderman B (1973) Flowchart Techniques for Structured Programming; ACM SIGPLAN Notices 8, S 12-26

Parnas DL (1972) On the Criteria to Be Used in Decomposing Systems into Modules; Communications of the ACM 15, S 1053-1058

Radin G (1978) The Early History and Characteristics of PL/I; in: ACM, S. 227-241

Sammet JE (1969) Programming Languages: History and Fundamentals; Englewood Cliffs: Prentice-Hall

Schmitz P u.a. (1972) Die Wirksamkeit von Programmiersprachen; Wiesbaden: Gabler

Schnupp P (1978) Ist Cobol unsterblich? in: Informatik-Fachberichte, Band 12; Berlin, S 28-44

Schnupp P, Floyd C (1979) Software - Programmentwicklung und Projektorganisation, 2. Auflage; Berlin New York: de Gruyter

Schulz A (1976) Höhere PL/I-Programmierung; Berlin New York: de Gruyter

Shneiderman B (1980) Software Psychology - Human Factors in Computer and Information Systems; Cambridge/Mass.: Winthrop Publishers

Singer F (1980) Programmieren in der Praxis; Stuttgart: Teubner

Van Tassel D (1974) Program Style, Design, Efficiency, Debugging, and Testing; Englewood Cliffs: Prentice-Hall

Walston CE, Felix CP (1977) A Method of Programming Measurement and Estimation; IBM Systems Journal 16 (1977), S 54-73

Weber K, Türschmann CW (1981) BASIC 1, 2. Auflage; Bern Stuttgart: Paul Haupt UTB

Wedekind H (1975) Datenorganisation, 3. Auflage; Berlin New York: de Gruyter

Weinberg GM (1971) The Psychology of Computer Programming; New York Cincinatti: Van Nostrand

Wirth N (1971 a) The Design of a PASCAL Compiler; Software - Practice and Experience 1, S 309-333

Wirth N (1971 b) The Programming Language Pascal; Acta Informatica 1, S 35-63

Wirth N (1979) Algorithmen und Datenstrukturen, 2. Auflage; Stuttgart: Teubner

Wirth N, Hoare CAR (1966) A Contribution to the Development of ALGOL; Communications of the ACM 9, S 413-432

Yourdon E (1975) Techniques of Program Structure and Design; Englewood Cliffs: Prentice-Hall

# Sachverzeichnis

# N. Wirth

# Programmieren in Modula-2

Übersetzt aus dem Englischen von G. Pfeiffer
1985. Etwa 200 Seiten. (Springer Compass)
Gebunden DM 42,-. ISBN 3-540-13301-1

**Inhaltsübersicht:** Einleitung. – Ein erstes Beispiel. – Eine Notation zur Beschreibung der Syntax von Modula. – Die Repräsentation von Modula-Programmen. – Anweisungen und Ausdrücke. – Kontrollstrukturen. – Einfache Datentypen. – Konstanten- und Variablen-Deklarationen. – Die Datenstruktur Array. – Prozeduren. – Das Konzept der Lokalität. – Parameter. – Funktionsprozeduren. – Rekursion. – Typdeklarationen. – Aufzählungstypen. – Unterbereichstypen. – Mengentypen. – Recordtypen. – Variante Rekords. – Dynamische Datenstrukturen und Zeiger. – Prozedurtypen. – Module. – Definition- und Implementations-Teile. – Zerteilung von Programmen in Module. – Lokale Module. – Sequentielle Ein- und Ausgabe. – Bildschirmorientierte Ein- und Ausgabe. – Maschinennahe (niedere) Sprachelemente. – Nebenläufige Prozesse und Coroutinen. – Geräte-Prozesse, Nebenläufigkeit und Interrupts.

Springer-Verlag
Berlin
Heidelberg
New York
Tokyo

Die vorliegende Übersetzung des Buches „Programming in Modula-2" von Prof. Niklaus Wirth gibt eine Einführung in die Programmiersprache Modula-2. Es zeigt aber auch die Prinzipien und Methoden modernen Programmierens. Gerade diese Verbindung von Sprachmanual und „Stilfibel" macht deutlich, in welchem Maße Modula-2 den Prozeß der Programmentwicklung erleichtert und guten Programmierstil unterstützt.
„Programmieren in Modula-2" ist somit ein praxisorientiertes Lehr- und Handbuch für den Programmierer. Ein Buch, in dem man an konkreten Beispielen Modula-2 anwenden lernt, und zwar auf praktische Probleme, wie sie jeder Programmierer immer wieder lösen muß.

# J. Gulbins

# UNIX

**Eine Einführung in UNIX, seine Begriffe und seine Kommandos**

1984. IX, 414 Seiten. (Springer Compass)
Gebunden DM 59,-. ISBN 3-540-13242-2

**Inhaltsübersicht:** Einleitung. – Die Entwicklung von UNIX. – Erste Schritte in UNIX. – Konzepte und Begriffe des UNIX-Systems. – Die Kommandos des UNIX-Systems. – Editoren. – Die Shell als Kommandointerpretierer. – Programmentwicklung unter UNIX. – Textverarbeitung unter UNIX. – Systemanschlüsse und C-Bibliotheksfunktionen. – Systemverwaltung und Systempflege. – Übersichten und Tabellen. – Literaturverzeichnis. – Sachregister.

Diese Einführung in das Betriebssystem UNIX macht den Leser mit der Terminologie des Systems vertraut und stellt die Konzepte von UNIX vor. Viele in der Standard-UNIX-Dokumentation verstreuten Einzelheiten werden hier zusammenhängend in Übersichtskapiteln dargestellt. Neben einer vollständigen Kommandoübersicht (UNIX-Version III) werden die am häufigsten benutzten Kommandos detailliert und mit Beispielen versehen beschrieben. Den Themen „Editoren", „Textformatierung", „Systemschlüsse" und „Systempflege" sind zusätzliche Kapitel gewidmet. Ziel des Buches ist es, dem Benutzer den Einstieg in UNIX zu erleichtern und ihm ein Nachschlagewerk für die tägliche Arbeit mit dem Rechner zu bieten.
Das Buch setzt Grundkenntnisse im DV-Bereich voraus. Es kann sowohl demjenigen dienen, der sich einen ersten Eindruck von UNIX verschaffen möchte als auch dem, der täglich mit UNIX umgeht.

Springer-Verlag
Berlin
Heidelberg
New York
Tokyo

Printed by Books on Demand, Germany